목우가풍 지눌평전

보조국사의 생애와 사상

보조국사 열반 800주년 기념사업회

불일출판사

보조국사 진영

보조국사 감로탑

송광사 부도전

하가산 보문사

팔공산 거조암

지리산 상무주암

무등산 규봉암

백운산 상백운암

송광사 국사전

송광사 대웅보전

송광사 전경

차례

인사말씀

귀의삼보하옵고,

보조사상연구원은 1987년에 설립된 이후로, 지금까지 보조국사의 선사상과 정혜결사의 정신을 오늘날에 계승하고 발전시키기 위해서, 국제학술발표회, 정기 학술발표회, 다양한 학문적 토론의 장을 마련하여왔습니다.

금번에 보조국사의 열반 800주년을 맞이하여 국사의 가르침을 오늘에 다시 조명하는 학술회의와 보조전서의 역주, 보조평전 등을 기획하여 많은 노력을 다 하고 있습니다. 이점에 대해서 깊게 관계자 여러분들께 이 자리를 통해서 감사의 말씀을 전합니다.

주지하다시피, 보조국사의 선사상은 삼문의 세 영역으로 구별됩니다. 첫째는 성적등지문으로 『권수정혜결사문』, 『수심결』 등에서 보여주는 선정과 지혜를 함께 닦음이 여기에 해당됩니다. 정혜는 초기불교 이후로 불교의 핵심된 수행론으로 시대가 바뀌어도 여전히 중요한 위치를 차지하는 중요한 사상이고 실천체계입니다. 둘째로는 원돈신해문으로 『원돈성불론』과 『화엄절요』에서 보여주는 사상입니다. 여기서 주로 화엄과 선수행의 통합에 관심을 갖고 양자의 동질성과 그 차이점을 드러내는 중점을 두고 있습니다. 마지막으로는 간화경절문입니다. 대혜종고의 간화선을 중심으로 『간화결의론』에서 보여주는, 화두선의 입장과 수행의 방법들을 원돈화엄과의 차별성을 강조하고 있습니다.

보조국사의 삼문은 국사의 독창적인 선사상을 관통하는 핵심된 용어입니다. 물론 이런 선사상은 일시에 성립된 것이 아니고, 국사의 생애를 통해서 점진적으로 성립된 선사상의 체계입니다. 이번에 발간된 보조국사의 평전은 이런 선사상의 흐름을 국사의 생애라는 관점에서 되돌아보면서, 재조명하는 작업입니다.

국사께서 수행인으로 매우 단순하고 조용한 삶을 사셨기에, 역동적인 모습이나 극적인 측면을 발견하기는 어렵지만, 선사상의 형성이란 측면에서 볼 때는 내적으로 참으로 치열한 고민과 사유와 실험정신이 있다고 봅니다. 이런 부분을 잘 고려하면, 보조국사의 평전 또한 훌륭한 사례라고 사료됩니다. 아무쪼록 어려운 가운데 귀한 원고를 작성하여 주신 필자 여러 선생님과 연구위원 선생님들께 감사의 말씀을 드립니다.

바라옵건데, 이 모든 인연공덕으로 이웃과 법계의 모든 중생들이 자신이 곧 부처임을 깨달아 성불하여지이다.

나무 마하 반야바라밀.

불기 2555년 2월

승보종찰 송광사 보조사상연구원

이사장 玄虎 합장

발간사

귀의삼보하옵고

올해는 조계종의 중흥조인 보조국사 지눌스님(1158~1210)께서 시적(示寂)하신지 800주년 되는 해입니다. 조계종 종헌 제1장 1조에는 "본종은 대한불교조계종이라 칭한다. 본종은 신라 국사가 창수(創樹)한 가지산문에서 기원하여 고려 보조국사의 중천(重闡)을 거쳐 태고 보우국사의 제종포섭(諸宗包攝)으로서 조계종이라 공칭하여, 이후 그 종맥이 면면부절(綿綿不絶)한 것이다." 라고 되어 있습니다. 그러나 보조국사는 단지 조계종의 조사일 뿐만 아니라 한국불교의 중흥조라고 할 수 있는 분입니다. 신라 원효성사가 화엄을 위주로 한 회통불교이념으로 국론의 화합을 이끌었다고 한다면, 보조국사는 선사상과 교학을 회통한 정혜결사의 실천불교운동으로서 고려사회에 새로운 수행체제를 실현한 분입니다.

보조국사께서는 『육조단경』을 통하여 조계혜능의 정혜쌍수의 전통선지를 깨닫고, 『화엄경』을 통해서는 선교일치의 원돈사상을 깨달았으며, 『대혜어록』을 통해서는 간화경절의 활구선지를 깨달으셨습니다. 더욱이 『대혜어록』에서 구경의 깨달음을 체득한 수행체제가 바로 화두를 참구하여 깨달음을 완결하는 '간화선'이고, 보조국사가 도입한 간화선의 수행은 800여년이 지난 오늘날까지 한국불교의 전통수행으로 계승되고 있습니다. 이처럼 보조국사의 사상은 한국불교에 여전히 살아 있는 현재 진행형이며, 문자 속에만 존재하는 역사가 아닙니다.

이에 본원에서는 1987년 「보조사상연구원」을 설립하여, 보조국사의 큰 뜻을 널리 선양하고자, 국제학술대회와 국내학술대회 그리고 월례발표회를 지속적으로 하고 있습니다. 그 결과 본원의 학술지인 『보조사상』이 지금까지 35권이 발행되었습니다. 또한 그동안 학계에서는 보조국사 지눌스님과 관련한 학위논문 50여 편과 학술논문 600여 편, 그리고 단행본 10여 권이 출판되어 있습니다. 하지만 이런 많은 연구 및 저술 활동에도 불구하고 보조국사의 평전이 없어, 늘 마음의 죄로 남아 있었는데, 이번 「보조국사 열반 800주년 기념사업」의 일환으로 보조국사 평전을 발간하게 되어 더할 나위 없이 기쁘게 생각합니다.

이 모든 것이 사부대중의 힘이 모인 결과이기에 더욱 기쁩니다. 특히, 이 책의 각 주제를 맡아 집필해 주신 선생님들께 먼저 감사의 인사를 드립니다. 그리고 이번 기념행사를 후원해 주신 문화관광부와 전라남도와 순천시, 그리고 불교진흥원에도 감사를 드립니다. 더불어 본원의 이사장님이신 현호 큰스님과 송광사 주지 영조스님 그리고 법련사 주지 보경스님에게도 감사드립니다. 또한 이 책뿐만 아니라, 영문본 보조국사 평전과 『보조전서』도 맡아 수고하고 있는 본원의 기획실장인 황정일과 간사 안필섭에게도 감사의 마음을 전합니다.

부디, 이 인연공덕으로 일체중생 행복하고 자타일시성불도 하시길 발원합니다.

마하 반야바라밀

보조사상연구원 원장 법산 합장

보조 지눌 평전의 발간을 축하드리며

"죽도 밥도 충분하다."[粥足飯足]

소산 광인이 한 학인에게 "雪峰에 가 본 적이 있으냐"고 묻고는 "가보아서 충분하다"는 말에 대한 답이 '죽족반족'이다. 조계 수선사의 법은 어떤가. 조계를 가보았건 가보지 않았건 參學子는 부족함이 없으리라. 송광사 도량 입구에는 마른 향나무 한 그루가 봉긋한 돌무더기 위에 심어져 있다. 이는 국사의 지팡이가 자란 것으로 국사께서 환생하시면 잎이 돋아날 거라는 전설을 안고 있는데, 마른 나무는 두견새가 목에서 피가 나도록 봄이 왔노라고 울어도 소생의 기미가 아직 없다. 이를 무정설법으로 치자면 오랫동안 말을 하지 않아서 마른 흙손과 같이 입이 굳어 있다가도 물로 적시자마자 살아 움직이는 이치도 없지 않으나, 만약 분별에 떨어지면 당나귀 해에 이르러 꿈속에서나 알아들을 일이다.

국사 가신 지 어언 800년!

수선사 2세인 진각국사가 스승으로부터 공부의 견처를 인정받은 징표로 부채를 받고는 "예전에는 스승의 손에 있었으나 이제는 제자의 손바닥 안에 있다"는 말과 함께 더위가 몰아치면 시원한 바람을 일으키리라는 다짐을 하였다. 훗날, 이때의 일을 떠올리며 "희비가 교차하였는지 법을 받은 것은 기쁜 일이지만 더 이상 존안을 뵐 수도 대화를 할 수도 없음이 몹시 슬프다"고 하였다. 새삼 국사 열반에 즈음한 제자의 상당법문이 오늘 다시 되새겨진다.

봄 깊은 절 안에는 티끌하나 없이 깨끗한데
나부끼는 시든 꽃잎이 푸른 이끼에 떨어졌네.
누가 달마대사의 소식이 끊어졌다고 말하는가?
저녁바람에 실려 그윽한 꽃향기 날아오네.

이 땅에 불음이 전파된 1600년 역사의 중간에 국사께서 위치하고 계신다. 당시의 고려 불교는 혼미를 거듭하면서도 자각의 기미를 찾기 어려운 시기였다. 교는 부처님의 말씀이요, 선은 부처님의 마음인 것은 古來의 金言이다. 말 없는 선은 흔적이 없고 선 없는 말은 또한 내용이 없으니 이 둘은 파도와 바다처럼 드러난 모양은 다르나 근본에서는 차이가 없다. 종교전통에서는 이 둘이 균형을 이룰 때 가장 융성하였고, 분리되어 서로를 백안시하고 무시하려들었을 때는 교단 안과 밖으로 시련이 중첩되었음을 역사가 말해주고 있다. 어찌 선과 교의 대립뿐이겠는가. 출세간의 종교인 불교에서는 세간에 대한 바른 안목과 그들을 제도하기 위하여 정법의 깃발을 창공에 높이 드날렸을 때는 천자 권속부터 촌로에 이르기까지 불은에 감격하지 않은 이가 없었지만, 교단이 정화의 능력을 갖지 못했을 때는 오직 利養에만 관심이 쏠려 佛祖를 욕 먹이고 세상은 삼보를 원수 보듯 함으로서 法幢은 더 이상 나부끼지 못하였다. 이와 같은 절망적인 시대상황을 타파할 수 있는 이는 오직 투철한 시대적 안목으로 종교적 대안을 모색하는 예지력을 보여주어야 했다. 국사가 선·교 융합의 새로운 사상을 주창하기 위해 우선적으로 증명해 보인 것은 교학에 대한 이해, 그리고 선에 대한 안목이었다.

국사의 생애는 고려 의종 12년(1158)부터 희종 6년(1210)까지 4대 제위의 53년이다. 고려 초기의 지배계급인 문벌귀족들의 부패와 타락이 만연해지면서 기층민들의 저항이 본격적으로 일어나기 시작하였다. 당시의 주도세력인 교종은 몰락해가는 문신들과 운명을 같이 해가는 무지를 드러내면서 새롭게 부상하던 무신세력과 대척점을 이루고, 무신은 대안세력으로서 선종을 자신들의 지지기반으로 삼았다. 이런 혼란기에 국사께서 선와 교의 융합이론체계라 할 정혜쌍수를 이념으로 하는 결사를 천명하였다. 국사는 당시의 출세의 관문인 승과에 합격하고서도 평생도록 일체의 공직에 나아가지 않고 고려불교의 혁신을 위해 수행결사체를 결성할 뜻을 세웠다. 수행의 과정을 보면 창평 청원사, 하가산 보문사, 팔공산 거조사, 지리산 상무주암을 거치면서 깨달음을 성취하고 몰려드는 대중들을 제접하기 위해 조계산에 수선사를 차려 결사운동을 이끌며 다양한 전적의 저술에 심혈을 기울임으로서 '韓國禪'의 이론을 주창하셨다. 그것은 이론과 실참의 겸수, 세간과 출세간을 아우르는 역동적인 불교상이었다.

서양에서는 중세를 지나 근대로 접어들면서 이성을 중심으로 한 과학·합리주의, 그리고 계몽을 통한 민주시민혁명과 산업혁명, 나아가 서구열강의 자본주의라는 물질에 대한 인간욕구의 열망으로 이어졌다. 이 모든 중심에 교육이 있다. 종교로서는 교리의 탄력적인 해석의 노력이 더욱 필요해졌고, 이 모든 것이 '교육'으로 융합될 수 있음을 생각한다면 왜 그토록 갖은 교단 내외의 수난을 반복하면서 무기력한 교단의 모습을 보였는지 비로소 이해할 수 있으리라 믿는다. 나아가 삶이 점진적인 향상의 것이라면 우리는 보다 더 교단 내의 화합과 합리적인 교단 운영, 그리고 구성원들을 꾸준히 가르쳐내는 교육에 귀결될 수 있다.

국사께서 주창하셨던 '정혜결사'와 '정혜쌍수'의 핵심은 향상일로의 수행정신인 것이다. 보조사상의 통시대적인 가치라 함은 수선사의 16국사를 거쳐 고려의 청허와 백파, 근 현대의 경허, 한암, 용성, 그리고 송광사의 효봉 구산에 이르기까지 후대의 한국불교사에 이어진 영향에서 명확히 드러나고 있다.

국사의 사랑이 차고 넘친 것인지, 열반 800주년을 맞아 정부와 종단, 그리고 본사인 송광사와 보조사상연구원의 헌신적인 노력으로 성대한 학술대회와 함께 보조전서와 보조평전을 내놓게 되었다. 이 모든 행사의 중심을 잡아주신 방장 보성대종사와 연구원설립자이기도 한 이사장 현호 큰스님, 송광사 주지 영조스님, 작업을 이끄신 연구원 원장 법산 큰스님의 음덕이 계셨다. 또 연구원의 황정일 실장과 안필섭 간사의 특별한 근념이 아니었으면 불가능한 일이었다. 무엇보다 옥고를 맡아주신 제 필자들께 감사드리며 이 은공을 길이 기리고자 한다.

국사의 덕이 큰 바람이라면 오늘을 살아가는 우리는 낱낱의 풀과 같다. 바람이 불면 풀이 눕듯이 국사께서 남기신 간절한 뜻이 모두의 수행과 삶에 가득 입혀지기를 바라며 발간에 즈음한 말씀을 마치고자 한다.

삼각산 일로향실에서

법련사 주지 보경 분향

이 법 산
동국대학교 명예교수

01 출가 수행자로서의 지눌

보조국사 지눌(1158~1210)은 한국 역사상 가장 표본적인 출가수행자의 모습으로 평가할 수 있다. 지눌이 입적한지 800년을 기념하는 평전을 작성하여 그동안 계승되어 온 그의 업적을 기리고자 함에 가장 먼저 떠오르는 것이 청정한 출가수행자의 면모였다. 지눌이 52세의 한 생애를 살펴보면 오로지 출가수행자로서의 면목 외에 어떤 사회적이나 정치적인 사상이나 행위는 전혀 찾아 볼 수가 없다. 그러므로 지눌은 역사상 가장 투철한 출가수행자의 표본이라고 할 수 있다.

지눌은 8세에 당시 구산선문(九山禪門) 중의 하나인 사굴산(闍崛山)계 종휘(宗暉)선사의 문하에 출가하여 행자로서의 수행과정을 거쳐, 17세에 수계득도하여 승려로서의 위의를 갖추고 오로지 선문의 행해를 위주로 수행하였다. 25세에 선종의 과거인 담선법회에 합격하고 10여명의 도반과 명예와 이권을 탐하지 말고 철저한 출가 수행자로서 부처님과 조사의 길을 따르는 정진에 매진하기로 약속을 하였다.

> 법회가 끝난 후 명리를 버리고 산림에 은둔하여 함께 결사를 하여 습정균혜(習定均慧)에 힘쓰고 예불하고 독경하며 일하고 운력하는데 이르기 까지 각각 맡은 소임을 따라 경영하여 인연을 좇아 본성을 기르며 평생을 활달히 지내어 달사와 진인의 숭고한 행을 따르면 어찌 통쾌하지 않겠는가.(『정혜결사문』)

바로 여기에 출가인의 본분사가 다 들어 있다.

불교의 깨달음으로 가는 수행에 선정과 지혜를 벗어난 것이 없다. 수행인의 본분사를 해결하여 열반을 증득하는 길은 오직 계정혜(戒定慧)에 입각하는 것뿐이며, 그렇지 않으면 깨달음을 성취할 수 없다. 출가자의 보호는 계율로서 지켜지고 보장되는 것이다. 비단 출가자뿐만 아니라 가정이나 사회에서도 계율은 개인이나 단체를 유지하는 보호막이 된다. 지눌은 결사대중이 쉽게 이해하고 실천할 수 있는 규범을 만들어 보급하였다.

이것이 오늘날까지 한국불교에서 출가한 행자가 처음으로 배우는 익히는 『계초심학인문(誡初心學人文)』이다. 이 책은 지눌이 송광사에서 수선정혜결사를 할 때, 출가인이 수행에 꼭 필수적인 생활 규범을 기록한 것으로 일명 '송광청규'(松廣淸規)라고도 한다.

지눌이 지닌 출가 수행자로서의 정신은 철저히 청규에 입각하여 선정과 지혜를 균등히 수행하는 것이다. 출가인이 명예나 부귀를 탐한다는 것은 출가의 초심을 위배하고 출가인으로서의 가치가 없다는 의지를 표명하고 있는 것이다.

만일 수도하는 사람으로서 이름을 버리고 산에 들어갔더라도 이 행(삼학)을 닦지 않고 거짓으로 위의를 나타내어 신심이 있는 시주들을 속이면 그것은 차라리 명예와 부귀를 구하고 주색에 빠져 거칠고 어지러운 정신으로 일생을 허송하는 것만 못할 것이다.(『정혜결사문』)

이처럼 지눌이 지닌 출가 수행자의 정신은 불교의 전통을 계승하고 미래를 열어가는 현재의 우리가 실현해야 할 것이다.

02

회통의 실천자로서의 지눌

지눌이 생존했던 사회는 정치적·종교적 갈등이 심화되어 가는 시기였다. 정치적으로는 문무간의 갈등이 심하였고, 종교적으로는 선교의 갈등이 심하였으며, 사회적으로는 계층 간의 대립이 어려운 상황으로 치닫고 있었다.

지눌은 이러한 갈등이 모두가 본분을 망각하고 각자의 치우친 이기주의적 욕망에서 비롯되었다는 현실을 직감하였다. 그 단적인 예로서 당시 종교계의 대표격인 교학과 선자의 이견을 들었다.

> 교학자를 보니 권교(權敎)의 설한 것에 걸려서 진여와 망상을 따로 집착하여 스스로 물러나는 마음을 내며, 혹 입으로는 사사무애를 말하나 관행을 닦지 않

으며 자심의 깨달아 드는 비결이 있음을 믿지 않고, 어쩌다 겨우 선자의 견성성불을 들으면 돈교의 말을 여윈 이치에 지나지 않는다고 한다.

선학자를 보니 다만 과량기(過量機)의 단계를 수행하지 않고 바로 부처의 경지에 오른다는 뜻만 알고 오해(悟解)가 있는 뒤에 처음 십신위에 든다는 것을 믿지 않으므로 겨우 자신의 개발처(開發處)가 있으면 해행(解行)의 깊고 얕음과 물든 습관이 일어나고 멸함을 알지 못하여 다분히 법만(法慢)이 있어서 말하는 언구(言句)가 분수에 넘치고 머리에 지나도다.(『절요(節要)』)

지눌의 이와 같은 비판은 스스로 수행하여 얻은 결과에서 나온 것이다. 지눌은 24세 때 승과고시인 담선법회를 통과하고, 주지나 권력의 명예를 마다한 체 산중으로 들어가 선정수행에 몰두하였다. 그는 창평(昌平) 청원사(淸源寺)에서 조계선종의 지침서인 혜능의 『법보단경』을 읽다가 '진여자성이 생각을 일으키어 육근이 비록 보고 듣고 깨달아 알지만 만상에 물들지 않고 진성이 항상 자재하다.'라는 부분에서 일찍이 알지 못했던 진리를 깨달았다고 한다.

그 후 이 선지의 세계를 교학에서 확인하기 위하여 예천의 하가산(下柯山) 보문사(普門寺)에서 대장경을 열람하다가 『화엄경』의 여래출현품 중 "한 티끌 가운데 수많은 경전이 쌓여 있듯이 여래의 지혜가 중생신중(衆生身中)에 갖추어 있건만 어리석은 범부는 알지 못한다."라는 대목에서 새로운 안목이 열리게 되었다. 이는 곧 교학 속에 중생이 깨달아 부처가 되는 방범이 있다는 것이다. 지눌은 곧 이어서 이통현(李通玄)의 『화엄론(華嚴論)』을 보다가 선학과 교학을 연결하는 이론적 근거를 발견하게 된다.

> 모든 부처님이 입으로 말씀한 것이 교(教)가 되고 조사가 마음으로 전한 것이 선(禪)이 되었으니 부처님과 조사의 마음과 입이 반드시 서로 다르지 않으니 어찌 근원을 추궁하지 못하고 각기 익힌 습관에 집착하여 망령되이 쟁론을 일으키며 헛되이 세월만 보내겠는가?

여기에서 "선과 교는 그 근원이 한 부처님에서 비롯된 것인데 어찌 논쟁이 있을 수 있겠는가?"하는 점을 깨달아 선교의 회통이 성불로 가는 수행자의 길이라는 확신을 갖게 되었다.

이러한 확신을 가지고 팔공산 거조사(居祖寺)에서 『권수정혜결사문』을 발표하고 결사를 단행하려고 하였지만 마음에 미진한 무언인가가 남아있어서 실행을 하지 못하였다. 선정을 더욱 연마하고 지혜를 성숙시킬 수 있는 정진을 하기위하여 지리산 상무주암(上無住庵)에서 외연을 단절하고 오로지 선정에 집중하였다. 선정수행 중 접하게 된 송(宋)나라 『대혜어록(大慧語錄)』을 보다가 마음의 눈이 활짝 열리는 계기를 맞게 되었다.

> 선은 고요한 곳에 있는 것도 아니요, 시끄러운 곳에 있는 것도 아니며, 일상적으로 쓰는 인연에 순응하는 것에 있는 것도 아니고, 생각으로 헤아리는 것에 있는 것도 아니다. 그러나 고요하거나 시끄럽거나 일상적으로 쓰는 인연에 순응하는 것이나 생각으로 헤아리는 것을 여의지 않고 참구하라.

바로 이 대목에서 자기의 본분사를 확연히 깨달아 증득하게 되었다. 그동안 가슴을 짓누르고 있던 미진한 무엇인가가 확 터져버렸다. 얼마나 통쾌했을까. 지눌은 그 심경을 다음과 같이 말했다.

내가 보문이래로 10여 년 동안 회심적(會心的) 수행을 하여 시각을 허송한 일이 없건만 오히려 정견(情見)을 버리지 못하여 무슨 물건이 가슴에 걸려 있는 듯 원수와 동거하는 듯 하였는데, 지리산에서 어록을 보다가 … 홀연히 눈이 열리어 당하에 안락했다.

지눌은 종래의 선수행에서 교를 회통하고, 회심적 수행, 즉, 마음을 회통하는 회광반조(廻光返照)의 수행에서 간화선(看話禪)을 통하여 본분사인 진여지성을 완전히 회통하게 되었다.

지눌의 이와 같은 회통적 수행체제가 확립되어 후일 조계산 수선사(修禪社: 현 송광사)에서 수선정혜결사 운동을 전개하여 산문을 초월한 회통적 수행과 교화를 실현하게 되었다.

지눌의 정혜결사는 출가와 재가를 아우르는 신행과 수행결사였다고 할 수 있다. 이러한 회통적 수행결사가 사회적 소통의 관문이 되어 당시 고려의 '문무 간 갈등'과 '선교의 간과'가 융화되어 고려 불교의 중흥을 이루게 되었으며, 그 회통적 수용이 오늘날까지도 한국불교의 전통이 되고 있다.

03

학구적 이론가로서의 지눌

신라 말엽, 중국 선종의 초조인 달마의 선을 계승한 6조 조계혜능의 선이 도의와 범일 등에게 전래되었다. 이에 종래의 교학과 정토 위주의 수행 풍토는 "사람의 마음을 바로 가르쳐 성품을 깨달아 부처를 이룬다."라는 새로운 선수행법의 도입으로 큰 선풍을 일으키게 되었다. 이러한 선수행의 풍토에서 나타난 지눌은 '한국 선학'의 효시하고 할 수 있겠는데, 그것은 선학에 대한 최초의 논문을 발표했기 때문이다. 즉, 지눌의 『수심결(修心訣)』은 한국 최초의 선학 관련 논문이라 할 수 있다.

『수심결』은 『육조단경』을 중심으로 한 선정(사마타) 수행과 지혜(위빠사나)의 실현이 동시에 이루어진다는 '성적등지문'을 개설하여 수행의 제1 관문으로 제시하였다. 즉, 정혜쌍수의 수행을 '자성문정혜'와 '수상문정혜'로 구분하여 수행의 차제를 구분하였던 것이다. 이처럼 선수행을 이론적으로 전개한 것은 지눌의 독보적인 이론 체계라고 하겠다.

지눌은 당시 선교대립의 갈등을 해소하기 위한 학문적 논증을 찾기 위하여 대장경을 열람하다가 『화엄경』의 여래출현품과 이통현의 『화엄신론』에서 부처님의 교설과 마음이 둘이 아님을 발견하고 선교는 일치하다는 '원돈신해문'의 수행체계를 정립하여 『원돈성불론』을 발표하였다. 그리고 구경의 깨달음을 탐구하기 위하여 지리산 상무주암에서 절대절명의 마음의 진여자성을 참구하는 과정에서 송나라 대혜의 『어록』을 만나 마음이 확연히 열리어 『간화결의론』을 지어 간화선 수행의 학문적체계를 전개하였다.

깊은 공부와 수행으로 자신만의 이론 체계를 정립한 지눌의 선사상을 여기에서는 세 가지 측면, 즉, 심성론과 돈오점수론, 그리고 간화론으로 나누어 간략히 살펴보겠다.

1. 심성론(心性論)

선(禪)에서 가장 중요한 개념은 심(心)과 본성(本性)이다. 이 두 가지를 하나로 묶어 심성(心性)이라고 부르기도 한다. 불교의 기본 정신이라고 부르기에도 손색이 없는 이 두 개념은 '직지인심 견성성불(直指人心見性成佛: 문자에 집착하지 않고, 자신의 성품을 보아 마음을 깨닫는 것을 말함)'에도 잘 나타나 있다. 지눌은 『진심직설(眞心直說)』에서 선이 추구하는 세계를 진심(眞心: 참된 마음)이라 하고, 진심은 다음과 같다고 말하였다.

교에서는 이것을 심지(心地)라고 부르니 온갖 선(善)을 내기 때문이요, 보리

(菩提)라고 하니 깨달음을 본체(體)로 하기 때문이요, 법계(法界)라 하니 사물들이 서로 침투하고 포섭하기 때문이요, 여래(如來)라고 하니 온 곳이 없기 때문이며, 열반(涅槃)이라 하니 뭇 성인들이 돌아가는 곳이기 때문이요, 법신(法身)이라 하니 보신(報身), 화신(化身)이 의지하는 바이기 때문이요, 진여(眞如)라고 하니 생멸(生滅)이 없기 때문이요, 불성(佛性)이라 하니 삼신(三身)의 본체이기 때문이요, 총지(總持)라고 하니 그로부터 공덕이 흘러나오기 때문이요, 여래장(如來藏)이라 하니 여래를 감추고 덮고 포함하고 있기 때문이요, 원각(圓覺)이라 하였으니 어둠을 부수고 홀로 비추기 때문이다.

또한 진심에 반대되는 망심(妄心: 거짓된 마음)에 대하여 다음과 같이 말하였다.

망심은 대상을 대하면 앎이 있음을 알아서 순경과 역경에 대해 탐하고 성내는 마음을 일으키고, 또 그 중간 경계에 대해서는 어리석은 마음을 일으킨다. 그 대상에 대해 탐욕과 분노와 우치(愚癡)의 삼독(三毒)을 일으키면 그것이 망심임을 알 수 있다. 어떤 조사는 "역경과 순경이 서로 다투는 것은 마음의 병 때문이다"라고 했다. 그러므로 옳고 그름을 대립시키는 것이 바로 망심임을 알 것이다. 진심의 경우는 앎이 없이 알아서 공평하고 원만히 비추므로 초목과 다르고, 미워하거나 사랑하는 마음을 내지 않기 때문에 망심과 다르다. 대상을 대하여도 마음이 비고 맑아 미워하거나 사랑하지 않고, 앎이 없이 아는 것이 바로 진심이다.

이렇듯 지눌은 진심에 대해 명확한 결론을 내렸다. 다시 정리하면, 진심의 깨달음이 곧 진여의 본성에 속하는 것이며, 그것을 지혜와 혼동하지 말 것을 당부였다. 또한 성(性)은 곧 깨달음이므로, 망심(妄心)은 대상과 접할 때의 얕은 앎을 지니고 있는 것이다. 마음에 드는 대상에 대해서는 탐욕을, 마음에 들지 않는 대상에 대해서는 노여움을 나타내며, 이도 저도 아닌 대상에 대해서는 바보와 같은 마음을 낸다. 대상과 접하여 탐욕과 노여움, 그리고 무지의 삼독이 일어난다면 그것이 곧 망심임을 알아야만 한다. 한 조사(祖師)가 이르기를 '거슬리는 것과 마음에 드는 것, 서로 싸우는 것이 마음의 병'이라고 하였다. 옳다거나 옳지 않다거나 하는 마음을 내는 것이 망심임에 비해 진심은 앎이 없이 아는 것이다. 평온한 생각이 충만한 가운데 원만히 비추어 초목과 다르며, 미움과 애착을 내지 않기 때문에 망심과는 다르다. 즉, 대상을 접하여 비고 밝기 때문에 미움과 애착 없이 앎 없는 앎을 내는 것이 바로 진심이다.

지눌은 만일 흐름에 따라 성(性)을 인식할 수 있다면 모든 일상은 그 자체가 '진심의 묘용(妙用)일 뿐'이라고 하였다. 여기서 '흐름'이란 끊임없이 변화하는 일상과 무상한 세계를 말하며, '성(性)'은 우리들의 본래 마음 그 자체를 의미한다. 따라서 끊임없는 변화상에 이끌리거나 거기에 자신을 그대로 내맡기지 말고 자신의 참된 본성인 진실을 매 순간 놓지 말고 잡으라고 하였다.

이처럼 깨달은 바 생각을 여읜 마음의 본체(本體)는 곧 모든 진리(諸法)의 본성[性]이다. 그것은 온갖 묘(妙)한 것들을 포함하고 있다. 또한 그것은 언어를 초월하는 것이다. 언어를 초월하기 때문에 마음을 잊고 순간 깨달음의 문(門)과 합치된다. 온갖 묘한 것들을 내포하기 때문에 형상과 작용이 번거롭게 일어난다. 따라서 이 심성(心性)에는 간문(全揀門)과 전수문(全收門)이 있으므로 수행자는 이를 잘 살펴야만 한다. 종밀(宗密)은 다음과 같이 말했다.

하나의 참된 심성으로 깨끗하거나 더러운 제법을 상대하면 전간문과 전수문이 있다. 전간(全揀)이란 단지 본체(體)를 밝혀 신령스럽게 아는 것이 곧 마음의 본성임을 곧바로 가리키고, 그 외의 모든 것은 허망한 것으로 여기는 것이다 … 전수(全收)는 깨끗하거나 더러운 제법(諸法)이 곧 이 마음 아닌 것이 없다는 것이다.

진심이라는 것은 온갖 망념을 제거하고 오로지 영지로서 심성의 묘체(妙體)만을 떠올려 부정과 망상의 세계를 진심의 묘용(妙用)으로 바꾸어 곧게 가는 긍정의 길이라 하겠다. 그러나 여기서의 긍정은 피상적이며 단순한 차원의 현실 긍정을 의미하는 것은 아니다. 물론 부정과 현실도피를 뜻하는 것은 더욱 아니다. 교는 전수(全收)문에 가깝다고 하는데, 지눌은 종밀을 참고한 바, 법을 설하는 방식에서 전간(全揀)문에 가깝다. 선이나 교 모두 별도의 문(門)이 없으며, 전수나 전간 중 어느 문을 선택하든 방법 그 자체에 사로잡히기 보다는 심성과 현상에 막힘이 없어야 함을 당부하였다.

2. 돈오점수론

지눌은 범부가 여래로 변해가는 과정은 개인의 근기에 차이가 있지만 결국 그 종지를 보면 돈오점수(頓悟漸修: 담박 깨달아 점차로 닦음) 밖에 없음을 주장하였다.

돈오(頓悟)는 본래의 자기 마음을 깨닫는 것이기 때문에, 근본(根本)을 찾아내면 전체(全體)가 변하고 첫 생각을 바르게 하면 끝 생각 또한 바르게 되듯이, 깨닫는 마음속에는 돈연(頓然)히 깨달아진다는 뜻을 지닌다. 점수(漸修)는 자기 마음에 묻은 때를 닦는 것이기 때문에, 비록 그 근본을 밝혔을지라도 속에 있는 중생심(衆生心)이 일조일석(日朝一夕)에 사라지는 것은 아니므로 점진적(漸進的)인 수도를 하자는 뜻을 지닌다. 이러한 돈오(頓悟)와 점수(漸修)를 합하여 이르는 것이 돈오점수이다.

따라서 돈오는 진심의 체용(體用)이라고 할 수 있다. 이는 진심의 세계를 객관적인 진리로 이해하는 지적 행위가 아님을 밝히는 것이다. 즉, 자신의 존재와 마음 깊숙이 터득하는 실존적 각성을 뜻하는 것이 돈오이다. 그러므로 돈오는 자기 이해를 그 기본으로 하는 것이며, 그렇기 때문에 자신에 대한 깨달음이라 할 수 있다. 보조는 종밀의 말을 빌어 돈오를 다음과 같이 설명하였다.

> 시작도 없이 전도되어 이 사대(四大: 지, 수, 화, 풍)를 몸으로 망상(妄想)을 마음으로 인식하며, 통틀어 '나'라고 인식하다가 만약 좋은 벗을 만나서 위에 말한 바 불변(不變)과 수연(隨緣), 성(性)과 상(相), 체(體)와 용(用)의 이치를 듣고는 영묘하고 밝은 지견(知見)이 자기 자신의 진심(眞心)이며, 마음은 본래 언제나 공적(空寂)해서 성(性)도 상(相)도 없으니 이것이 곧 법신(法身)이며, 몸과 마음이 둘이 아니니 이것이 곧 진아(眞我)로서 모든 부처와 털끝만치도 다르지 않음을 홀연히 깨닫기 때문에 '돈(頓)'이라고 한다. 마치 어떤 대신(大臣)이 꿈에 감옥에 갇혀 몸에 형틀을 쓰고 갖가지로 괴로워하면서 백방으로 벗어날 길을 찾다가 어떤 사람이 그를 불러일으키면 홀연히 깨어나 자신이 본래 자기 집에 있고, 안락함과 부귀가 조정의 여러 동료 대신들과 조금도 다르지 않음을 비로소 보는 것과 마찬가지다.

돈오는 자신의 참된 자아와 마음을 홀연히 발견하게 되는 것을 의미한다. 다시 말하면, 돈오는 찰나에서 자신의 본성을 발견하는 것이며, 따라서 '자신의 본성[性]을 봄으로써 부처가 되는 경험'을 뜻한다. 여기서의 성(性)은 상(相)과 대립하는 개념이 아니다. 그렇다고 대립의 초월, 즉, 성(性)과 상(相)이 없다는 것도 아니다. 그것은 바로 동시에 성과 상을 더하게 되는 절대적인 성(性)을 뜻한다. 이러한 자기 본성의 발견을 견성성불(見性成佛)이라고 한다.

지눌은 『수심결(修心訣)』에서 돈오돈수에 대해 정리하였듯이, 『화엄경』을 인용하면서 선과 교가 둘이 아님을 밝히려고 노력하였다.

> 만일 그대가 (이 말을) 믿어 갑자기 의심이 사라지고 대장부의 뜻을 품고 진정(眞正)한 견해(見解)를 일으켜 친히 그 맛을 보아 스스로 자기를 긍정하는 곳에 이르게 되면, 이것이 바로 마음을 닦는 자의 해오(解悟)의 자리이다. (거기에는) 더 이상 (수행의) 등급이나 순서가 없으므로 돈(頓)이라 말하는 것이나, "신(信)의 인(因) 가운데에서 모든 부처님의 과덕(果德)에 부합해서 털끝만치도 차이가 없어야 비로소 신(信)을 이룬다"고 한 것과 같다.

지눌은 견성(見性)을 하나의 대상적 인식으로 간주하려는 것을 '어떤 사람이 자기가 자신의 눈을 볼 수 없어 그 눈을 찾으려 하는 어리석은 행위'에 비유한다. 자신이 자신의 눈을 볼 수는 없으며, 눈을 여윈 적이 없음을 깨닫고 눈을 찾으려는 마음을 내지 않는 것이 곧 자기 눈을 보는 것이다. 마찬가지로 영지(靈知) 또한 자신의 마음이기 때문에 자신이 스스로 알고자 할 필요 따위는 없으며, 오히려 알고자 하면 알지 못하게 되는 것이다. 다만 알려고 하면 알지 못한다는 것을 통감하고 알려는 마음을 내지 않는 것이 곧 견성(見性)이라는 것이다. 물론 이것은 깨달은 자의 차원으로, 잃어버렸다는 망상에서 이미 벗어난 자의 말이다. 지눌 역시 점수(漸修)에 대해 묻는 이에게 다음과 같이 말하였다.

차츰 닦음(점수)이란, 비록 본래의 성(性)이 부처와 다르지 않음을 깨달았으니 오랜 동안의 습기는 갑자기 버리기가 어려우므로 깨달음에 의해 차츰 닦아지고 익혀져서 공이 이루어지게 되어 성인의 태(胎)를 길러 오랫동안을 지나 서서히 성인이 되는 것이니, 이것을 차츰 닦는다고 한다. 마치 어린이가 태어났을 때 모두 갖추어진 것으로 보여 남들과 다르지 않을 것처럼 보이지만 날날이 그 모든 기관이 아직 충실하지 못하기 때문에 긴 세월이 지난 뒤에 비로소 제대로 된 사람이 되는 것이다.

점수는 돈오를 반드시 전제로 해야 하며, 돈오가 갖추어진 상태에서의 점수여야 비로소 그 빛을 발한다는 것에 대해 다음과 같이 말한다.

돈오의 거침이 없는 점수는 도저히 바른 수행이 될 수 없다. 그것은 단순한 억압일 뿐이고 처음부터 진 싸움이다.

이처럼 수행을 억압 행위로 보는 관점은 북종(北宗: 신수 계통의 선 수행법)을 비롯한 모든 방편적 가르침에서 발견된다. 하지만 참선을 공부하는 사람들은 이런 형태의 수행을 택하기 보다는 '마음을 닦되 닦을 것이 없고', '번뇌를 끊되 끊을 것이 없는' 경지에 도달하는 진정한 수행을 하도록 촉구한다.

어떤 사람들은 (부처님의) 거룩한 가르침 중에서 법의 상(相)에 관련된 방편적 가르침에 집착하여 스스로 비굴한 마음을 내어 수고롭게 점차적 수행을 닦음으로써 성종(性宗)을 어긴다. 그들은 여래가 말세의 중생을 위해 비밀을 여는 비결을 열어 놓은 것을 믿지 않고, 전에 들었던 바를 고집하여 황금을 버리고 삼을 지고 간다. 나는 이런 종류의 사람을 매우 빈번히 만났다. 비록 설명을 해주어도 그들은 끝내 믿고 받아들이려 하지 않고 단지 의심과 비방을 더할 뿐이다. 어떻게 그들의 심성은 원래 깨끗하고 원래 번뇌가 공(空)함을 먼저 믿고 이해하되 그 이해에 의거한 훈수(熏修)가 방해받지 않는 사람들과 같을소냐? 외적으로는 (이 후자의 사람들은) 계율(戒律)과 의례(儀禮)를 지키되 구속과 집착이 없으며, 내적으로는 정려(靜慮: 禪, 禪那)를 닦되 억누르지 않는다. 가히 악을 끊되 끊음이 없는 끊음이요, 선을 닦되 닦음이 없는 닦음이기에 참다운 닦음이요 참다운 끊음이라고 말할 수 있는 것이다.

닦음 가운데에서도 돈오 이후 비로소 가능해지는 것을 '역설적인 닦음'이라고 부른다. 번뇌가 번뇌가 아니고 중생이 중생이 아님을 깨친 후의 수행이 진정한 수행이다. 자신의 본성이 본래 청정하다는 통찰을 전제로 한 닦을 수(修)이므로 그것은 닦음이 아닌 수(修)라고 할 수 있으며, 쉽고 가벼운 닦음인 것이다. 지눌에 따르면 돈오는 점수에 반드시 선행해야만 하며, 따라서 점수를 천명함에도 불구하고 우리가 결코 깨달음(悟) 이전의 닦음, 즉 억압과 수고로움의 수행으로 다시 되돌아가지 않는 이유다. 지눌은 다음과 같이 천명한다.

비록 뒤에 닦을 이가 있다고 할지라도 본래 망념이 공하고 심성이 본래 깨끗함을 단박에 깨달았기 때문에 악을 끊음에 있어 끊되 끊음이 없고 선을 닦음에 있어 닦되 닦음이 없으니, 이것이 곧 참된 닦음이요 참된 끊음이다. 그런고로 이르기를 "비록 만 가지 행을 갖추어 닦는다 해도 오직 무념(無念)을 근본으로 삼는다."

또, 지눌은 다음과 같이 말하였다.

삿되고 바름을 분별하지 못하면 그는 미혹한 사람이다. 지금 도를 배우는 사람들이 입으로는 진리를 말하면서 마음은 비겁하여, 오히려 분수없는 잘못을 범하는 자들은 다 그대가 지금 의심하는 그것이다. 도를 배우면서 선후를 알지 못하고 이치를 말하면서 본말을 분간하지 못하면 그것은 삿된 견해로서 진실한 공부라고 할 수 없다. 자기만 그르칠 뿐 아니라 남까지 그르치는 것이니 어찌 삼가지 않겠는가? 대개 도에 들어가는 데는 문이 많지만 요약해서 말하면 돈오(頓悟)와 점수(漸修)의 두 문에 지나지 않는다.

돈오(頓悟)와 돈수(頓修)는 비록 최상의 근기(根機)를 갖춘 사람의 문이라고 하더라도, 과거생을 미루어 짐작해보면 중생은 이미 여러 생(生)을 지속해왔고, 그 동안 깨달음을 얻으며 차츰 익혀온 것이다. 따라서 그러한 깨달음을 통해 금생에 이른 것이므로 듣는 즉시 깨달아 한꺼번에 모두 마친 것이 가능하며, 그래서 그 역시 먼저 깨닫고 뒤에 닦는 근기라고 할 수 있다. 그렇다면 돈오와 점수라는 두 문(門)은 모든 성인이 걸었던 길이고, 과거의 모든 깨달은 자들은 깨침을 먼저 얻고 후에 닦은 것이며, 그 닦음을 통해 증득한 것이 된다. 그러므로 소위 신통변화는 깨달음을 통해 닦아 차츰 익히게 되면 나타난 것이지 깨달았을 때 곧 나타나는 것이 아니다. 규봉은 다음과 같이 언급한다.

얼어붙은 연못의 물이 온전히 물이라는 것은 알지만 햇빛을 받아야 비로소 얼음이 녹고, 범부가 곧 부처임을 깨달았지만 법의 힘을 빌리어서 익히고 닦아야 한다. 얼음이 녹아야 물이 풍족히 흘러 물을 대고 씻는 공덕을 나타내며, 망상이 사라지면 마음이 신령하게 통하여 신통광명의 작용을 나타낸다.

이치상으로는 단박에 깨달음을 얻고, 그것에 따라 녹아질지라도 실재로는 모든 일이 점차 사그라지는 것이지 단박에 사라지는 것은 아니다. 다시 말하면 깨달음의 경지라는 것은 하루아침에 이루어지는 것이 아니라 점차 익히며 얻는 것이다.

3. 간화론

세상 모든 사람들은 오랜 겁 동안 진화를 거듭하여 살아가며, 지혜나 깊이 있는 사유의 호득 여부와는 관계없이 찰나의 순간 그 한 생각을 통해 문제를 야기시킨다. 한 생각의 망념을 놓게 되면 그것이 바로 참이지, 그것을 간직한다면 아무리 꾸며놓더라도 망념이다. 망념에 사로잡힌 마음은 마음자리 한 구석에 그물을 쳐 놓아 거기에 스스로 걸리게 되어 병을 앓게 된다. 그래서 지눌은 『간화결의론(看話決疑論)』에서 다음과 같이 정리해 놓았다.

비록 『화엄경』의 뛰어나고 원묘(圓妙)한 도리(道理)일지라도 그것이 한갓 의리(義理)가 섞인 것이면 이것은 지해병(知解病: 알음알이의 지식 병)으로 간(揀)해야 하며, 또한 비록 10종병(① 화두를 알려는 것, ② 마음이니 불성이니 하여 다시 더 알 것 없다는 우견(愚見), ③ 어로(語路)문자에 의거하여 살아가려는 계책, ④ 글자에 끌어들여 들어내고 증명 받으려는 생각, ⑤ 화두를 들어 알아맞히려는 생각, ⑥ 모든 것을 털어 버리고 무사한 것만 지키고 있는 것, ⑦ 있고 없음의 알음알이를 짓는 것, ⑧ 절대를 안다고 생각을 짓는 것, ⑨ 도리를 안다고 생각하는 견해, ⑩ 어리석은[迷] 마음을 가지고 깨달음(悟)을 조급히 기다리는 견해)에 걸린 생각이라도 외부에 끌린 말이거나 그밖에 별도(別途)의 생각을 하지 않는 한 이는 성기지덕(性起之德)이요, 진리 그대로이다.

장애가 있든 없든, 생각을 얻든 잃든 일체 모든 것은 해탈 아닌 것이 없다고 한다. 즉, 한 생각 속에 사구(死句: 이치나 말로 따지는 어구)와 활구(活句: 마음의 문을 여는 깨달음의 어구)가 동시에 있다는 것이다. 무엇을 사구로, 무엇을 활구로 여기는지는 판단의 문제다. 지눌은 다음과 같이 말했다.

사구(死句)는 지식으로 인한 이로(理路)·의로(義路)의 경로가 필요한 것이며, 활구(活句)는 어느 것이나 경로(徑路)를 끊고 바로 비춰 응하는 공부니 이것이 곧 지해사구(知解死句)와 경절활구(徑截活句)의 갈림길이다.

즉, 아무리 교리와 진리를 깊이 지닌 자라고 할지라도 마음의 장애가 있다는 생각에 사로잡혀 있다면, 이는 지혜에 관하여 또 다른 장애에 묶인 것이 되어 공부의 길을 찾기 힘들다는 것이다.

모든 분별심을 떠나 사량 없는 마음으로 한 생각을 탁 끊고 살아간다면, 앞서의 10종병(참선하는데 일어나는 10가지의 마음의 병)은 진성연기(眞性緣起)로 승화되어 취할 것도 버릴 것도 없는 참된 진리의 길을 가게 된다.

이는 "개에게도 불성이 있습니까?"라고 조주(趙州)에게 어느 스님의 물음과 일맥상통한다. 조주는 이에 단지 "무(無)"라고 답했다.

> 단지 이것을 붙잡아 깨달음을 얻되, 왼쪽으로도 오른쪽으로도, 있다는 생각과 없다는 생각으로도 알려 하지 말아야 한다. 정말 없다는 뜻인지 헤아리려고 해서도 안 되며, 도리를 알려고도 하지 말아야 하며, 생각으로 헤아리려 하지 말며, (선사가) 눈썹을 치켜뜨고 눈이 깜박이는 곳을 향해 헤아리려고 해서도 안 된다. 말로써 살 방도를 찾지 말고, … 문자를 인용하여 증거로 삼지도 말고, 모른다 하여 깨치기를 기다리지도 말라. 모름지기 곧바로 마음 쓸 바 없게 할지니, 마음 둘 곳이 없을 때에도 공(空)에 떨어질까 두려워 말라. 그 안이야말로 오히려 좋은 곳이니 늙은 쥐가 갑자기 쇠뿔 안으로 들어가 곧 죽는 것을 보리라.

지눌은 선문에서 화두를 참구하는 이들이야말로 법계가 지니는 한계로부터 벗어나 온갖 훌륭한 것을 다 지멸해야 비로소 '정전백수자(庭前栢樹子), 마삼근(麻三斤: 삼세근), 간시궐(幹屎橛: 마른 똥막대기)' 등 격 밖의 의문 덩어리인 화두를 잘 깨달아 볼 수 있고, 한 글귀에도 갑자기 밝게 깨달아 법계의 한량없는 회향을 할 수 있다고 하였다. 화두 역시 참의(參意: 의미를 찾는 것)와 참구(參句: 화두를 찾는 것)라는 두 가지 이치를 가지는 것이므로, 다른 의구심을 깨뜨렸다는 것은 곧, 참의하는 마음으로 아직 참구하지 못했다는 것이기 때문에 몸소 한 마음을 내어 참 진리를 증득한 후 그 지혜를 밝힌 이와 같다고 하였다.

이와 같이 증득된 지혜를 갖추고 우리 앞에 나타나는 스승은 요즘 보기가 드물다. 그래서 다만 참의문에 의해 바른 지견을 밝히는 것이라고 귀하게 여길 뿐이다.

04
오늘날의 한국불교와 보조지눌

1. 조계종의 태동

고려시대는 왕실에서 불교를 국교로 삼았으며, 각 종파가 원만히 화합하도록 선교(禪敎)·교선융회적(敎禪融會的) 정책을 견지하여 균형 있는 발전을 모색하였다. 하지만 전제왕권이 지니는 한계 상 친분에 따라 치우침이 있었다. 또한 불교의 모든 행정까지도 왕실이 개입하여 주도하였기 때문에 스님들은 그러한 권위에 과도하게 우호적이거나 아첨하기에 이르렀으며, 그래서 일부 스님들은 당시 정치적 세력의 중심에 서 있었다.

특히 '이자겸(李資謙)의 난'과 '묘청(妙淸)의 난'은 국가 권력에 직접 가담된 큰 사건이었으며, 명종(明宗) 재위 시에는 무신을 제거하려는 불교계 주도의 반란이 빈번했다고 한다. 이러한 현상은 고려 중기의 문벌문신(門閥文臣)들과 교종승(敎宗僧) 간의 밀착 때문이며, 그럼에도 불구하고 선종 측에서는 이에 대해 큰 저항을 나타내지는 않았던 것 같다.

보조국사 지눌스님이 성장하던 의종(毅宗)·명종(明宗) 시대는 국가적으로 혼란이 가중되었고, 무엇보다도 교종계가 불교의 대권을 잡으면서 수행을 우선시하기보다는 출세를 꿈꾸며 권력을 지향하는 스님들이 증가하였다. 따라서 출가정신을 망각하고 그렇지 않아도 혼란스러웠던 당시 사회상에 편승하여 불안감을 가중시키고, 정치세력과 야합한 기복승과 권력정치승이 어지럽게 번져가고 있었다.

1170년 대장군 정중부(鄭仲夫)가 반란을 일으켜 문신들을 숙청하고 의종왕과 태자를 추방하여 왕제(王弟)를 왕위에 오르게 하였으니, 이것이 인종왕대(仁宗王代)의 시작과 동시에 벌어진 소위 '무신정권'이었으며, 이 때가 지눌스님이 13세 되던 때였다.

추방되었던 의종(毅宗)은 수행과 학문이라는 차원에서 사회적 순기능으로 불교를 활용하지 못하고 연등(燃燈)·팔관(八關)·인왕(仁王)·반승(飯僧)·소재(消災)·음양비축설제(陰陽秘祝說齊) 등 50여 종 이상의 기복적·무속적 의식을 권장하는 형식불교에만 치중하였다. 정치적·사상적 불안감에 형식만 좇던 정권은 마침내 문신의 그늘에 가려져 있었던 무신들의 반란으로 넘어가게 되었던 것이다.

이 무렵 일부 승려들의 타락상은 만연하였다. 명종(明宗) 4년(1174년)에는 귀법사(歸法寺) 승려 백여 명이 무신집권에 대한 반발로 의종을 살해한 이의방(李義方)의 군사와 충돌이 있기도 하였다. 이처럼 일련의 사태로 인해 불교계와 정치계는 동시에 어지럽게 되었다. 뿐만 아니라 맹목적 기복신앙에만 매달려 있던 명종 역시 무속적 기원 법회를 왕궁에서 반복하여 개최함으로써 스님들이 왕궁을 배회하도록 만들었고, 그러한 정권에 밀착되어 있던 일부 승려들은 온갖 비리와 불미스러운 사건의 중심에 있으면서 민심만 교란시켰다.

보조국사는 이 같은 퇴폐와 타락의 현실상을 목도하며 성장하였으니, 석존과 역대 조사의 진의를 참되게 알지 못하게 되고, 비록 출가하였지만 수도를 통해 중생을 제도한다는 본분을 망각한 승려들의 실상을 한 시대를 공유하는 동료로서 더 이상 묵인할 수 없었다.

보조국사의 『정혜결사문(定慧結社文)』을 살펴보자.

> 우리들의 아침저녁으로 행하고 있는 자취를 돌이켜 보건대, 불법을 빙자하여 아상(我相) · 인상(人相)만 장식하고 명예와 이해의 길로만 달리어, 풍진(風塵)의 세태에 빠져 도덕을 닦지 않고 의식만 허비하니, 비록 출가했다고는 하나 무슨 공덕이 있겠는가.
>
> 슬프다! 삼계(三界)를 여의고자 하되 객진번뇌망상을 끊는 수행이 있지 못하니 한갓 남자의 몸으로 태어났으나 장부의 뜻이 없음이라. 이는 위로 도(道) 넓힘을 어기고, 아래로 중생을 이롭게 하지 못하며, 가운데로 4가지 은혜(부처님 · 국왕 · 부모 · 시주자)를 져버렸으니 진실로 부끄러운 일이로다.

이는 당시 승려들이 해맑은 출가자의 본분을 망각하고, 세속의 권력으로 인한 명리만 추구하니 허울만 출가장부(出家丈夫)요, 정신은 풍진속한(風塵俗漢)이 많음을 심히 부끄럽게 여기며 하신 말씀이다.

보조국사는 기울어 가는 고려불교를 바로 세우고 부처님과 역대 조사께서 지닌 참 뜻의 근본으로 돌아가 수행(修行)에 힘쓰며, 중생제도에 전념할 혁신적 이념체계를 창안해 내게 되었으며, 새로운 기치를 세움으로써 한국불교를 조계종(曹溪宗)이라는 큰 강으로 합류시켜 역사의 새 장을 열게 되었다.

2. 조계종의 종지(宗旨) 성립

당시는 중국의 영향이 강한 불교학에서 한국적 전통 불교의 계승으로 전향하던 시기였다. 원효대사의 화엄(華嚴)을 위주로 한 제교(諸敎)의 회통사상(會通思想), 의상대사의 법계원융(法界圓融), 균여의 성상융회(性相融會), 탄문스님의 선교일치(禪敎一致), 혜거의 법안종풍(法眼宗風), 대각국사의 천태교관(天台敎觀), 탄연스님의 능엄(楞嚴)과 임제선(臨濟禪) 등의 한국적 전통사상이 보조국사에 이르러 완전히 선교일원(禪敎一元)의 원리로 자리 잡았다. 이로써 정혜쌍수·선교상자(禪敎相資: 선과 교가 서로 바탕이 됨을 말함)의 새로운 불교로 정비되었다. 이것이 바로 조계종지(曹溪宗旨)가 되어 조계종(曹溪宗)이 성립하게 된 것이다.

다만, 위에서 열거한 한국의 전통불교사상 중 원효대사의 영향이 가장 크고, 다음이 대각국사의 교관겸수(敎觀兼修) 교선일치(敎禪一致) 이론으로서 대각국사는 화엄(華嚴)·법화(法華)를 근본 교지로 한 천태교학(天台敎學)으로 한국불교를 통일하려 하였으나, 보조국사는 조계선(曹溪禪)을 주 골격으로 하고 화엄교(華嚴敎)를 그 살로서 선교일치이념(禪敎一致理念)을 전개한 데서 매우 큰 차이가 난다.

다음은 교학을 공부하여 선으로 귀결시키는 교학을 뛰어넘어 선으로 들어가는 회교귀선(會敎歸禪)의 원칙에서 성립된 원돈신해문(圓頓信解門)은 원돈성불론(圓頓成佛論)에 이론적 체계가 정립되어 있으며, 이론화엄을 실천화엄으로 승화시키는 대심범부(大心凡夫)를 위하여 설립된 것이다. 또, 사교입선(捨敎入禪)의 체계로서 간화결의론(看話決疑論)의 수심인(修心人)은 모든 경전공부인 언교(言敎)를 섭렵하고, 오수(悟修)의 본미(本味)를 결택한 뒤에 사교입선(捨敎入禪)하여 선지(禪旨)를 참구(參

究)해야 깨달음의 길을 얻을 수 있다고 하였다.

여기서 간화선(看話禪)의 한국 전래는 탄연스님의 시대로 보며, 탄연스님이 임제개심(臨濟介諶)으로부터 전해 온 임제간화선(臨濟看話禪)인 것으로 보아 보조국사는 『대혜어록(大慧語錄)』을 보기 전에도 임제선(臨濟禪)에 대해 상당히 많이 알고 있었던 것으로 본다. 그렇게 때문에 『대혜어록(大慧語錄)』을 중국으로 오가는 상선에 주문하여 구해보았을 것이다. 즉, 보조가 『대혜어록(大慧語錄)』을 구해보고 경절문(經截門)을 세우고, 간화결의론(看話決疑論)을 지음으로써 한국 간화선의 뿌리가 된 것이다.

이상에서 말한 삼종문(三種門) 외에도 조사선(祖師禪)의 극치인 "무심합도문(無心合道門)"과 정토문(淨土門)을 선의 방편으로 지양한 "염불삼매문(念佛三昧門)"을 개설하고 5문을 정비하여 조계종지(曹溪宗旨)를 확립하였다.

보조국사는 조계산(曹溪山) 수선사(현재의 송광사를 말함)를 근본 도량으로 하여 당시의 퇴폐된 불교를 부흥하는 운동을 전개하였다. 그 내용은 세속화된 기복·무속불교에서 바른 정법을 내세우는 불교(正法佛敎)로, 나라에서는 정치적인 도구화로서 내세우고 있는 형식불교에서 수도·수행이 근본인 불교(修道佛敎)로, 궁정·도시·귀족화된 불교에서 좀더 저변 확대되어 소박하고 민중에 가까운 불교로 개혁하는 선언문인 『정혜결사문(定慧結社文)』을 발표하고 그 정신의 실천도량을 송광사(松廣寺)로 하였다. 결사 정신(結社精神)의 교육 교재로서,

> 사람에 권하여 지송함에 금강경을 법으로 세우고, 연의(演義)함에는 반드시 『육조단경』을, 따라서 화엄 이론과 『대혜어록』으로 서로 우익을 하였다.

하였으니, 『금강경(金剛經)』은 조계종의 『소의경전(所依經典)』이요, 『육조단경』은 『종전(宗典)』이며, 『화엄경』과 『대혜어록』은 현재까지도 강원의 교재로 사용되고 있으니, 보조국사가 쓰시던 교재가 곧 현재 조계종의 교재임을 볼 때 보조가 정립한 『성적등지문(惺寂等持門)』·『원돈신해문(圓頓信解門)』·『경절문(徑截門)』·『무심합도문(無心合道門)』·『염불삼매문(念佛三昧門)』이 곧 조계종의 종지임에 틀림없다.

한국에 불교가 전래된 후 800여 년 만에 한국불교의 전통적 회통 불교의 조계종지가 보조국사 지눌에 의해 완성되어진 것이다.

3. 한국불교에 미친 영향

1678년에 지눌스님의 탑비를 중수하면서 그 비문에 지눌을 '동방의 위대한 성인'이라고 칭했다. 같은 해에 송광사의 기념 석주도 세워졌는데, 송광사를 '동방 최고의 도량'으로 칭하면서 과거의 많은 뛰어난 업적과 인물들을 꼽고 있다.

지눌의 선지(禪旨)를 가장 충실하게 계승한 이는 진각국사 혜심(慧諶 1178~1234)이며, 조선시대 불교를 거듭 일으켜 세운 서산대사 휴정(休靜 1520~1604)이 그 대표적 인물이다. 백암(栢庵, 1631~1700)은 지눌의 뜻을 계승하여 한국불교 교육체계를 세우고 교학과목을 정립하여 오늘날 까지도 그 틀이 유지되고 있으며, 새로운 불교 전적(典籍)의 간행과 보급에도 크게 공헌했다. 스님의 법맥에서 선과 교의 뛰어난 스님들이 배출되었는데, 무용수연(無用秀演, 1651~1719)과 묵암(默庵), 최눌(最訥, 1717~1790) 같은 고승들이다.

이 스님들은 지눌의 종지를 익히고 수행하여 한결같이 선과 교 모두에 통달한 스님들이다. 그러면서도 그들의 궁극적인 정체성은 어디까지나

선에 있었다. 그들 가운데 대다수가 『화엄경』에 정통했으며, 많은 수가 이와 관련된 저술을 남겼다. 그들이 선호했던 다른 경전들로는 『대승기신론(大乘起信論)』과 『선원제전집도서(禪源諸詮集都序)』, 『원각경(圓覺經)』, 그리고 지눌의 『절요(節要)』 등이 있었다.

앞에서 잠깐 언급한 강원(講院: 지방 승가대학)이라고 불리는 오늘날 승가대학의 교과과정은 바로 이와 같은 선과 교를 겸해서 공부하는 풍토에서 비로소 형성된 것이다. 17세기와 18세기에 이르러서 그 교과 과정은 더욱 확대되고 체계화되었다. 초심자 혹은 사미승은 지눌의 『계초심학인문(誡初心學人文)』, 원효의 『발심수행장(發心修行章)』, 그리고 야운(野雲)의 『자경문(自警文)』과 『치문경훈(緇門警訓)』을 가지고 공부를 시작하였으며, 이것을 등급으로 말하자면 사미과(沙彌科)이다.

사미과 과정을 마치고 나면 사집과(四集科)로 나가는데, 여기서는 『대혜어록』과, 종밀선사의 『도서(都序)』, 고봉선사의 『선요(禪要)』, 그리고 지눌의 『절요(節要)』(『法集別行錄節要幷入私記』)를 배운다. 그 후 『능엄경(楞嚴經)』, 『기신론(起信論)』, 『금강경(金剛經)』, 그리고 『원각경(圓覺經)』을 공부하는데, 이것을 사교과(四教科)라고 부른다. 마지막으로 『화엄경』을 공부하는데 이것을 대교과(大教科)라 부른다.

다음으로는 개인의 의사에 따라서 『법화경(法華經)』, 『경덕전등록(景德傳燈錄)』, 그리고 지눌의 제자 혜심(慧諶)이 1,000여 송의 공안을 엮은 『선문염송(禪門拈頌)』을 선택적으로 공부할 수 있으며, 이것을 수의과(隨意科)라고 부른다.

한국의 모든 스님들이 이 강원의 교과 과정을 다 순서대로 거치는 것은 아니지만, 어떤 스님들은 특별한 경전 공부 없이 선을 공부하기 위해 직접 선원(禪院: 선방)에 들어가기도 하며, 경전 공부나 선에는 진지한 관심 없이 절에서 맡은 바 자기 소임을 다 하면서 일생을 보내기도 한다.

그러나 선이나 교의 공부에 진지한 관심을 지닌 스님들에게 있어서는 좀 더 일반적인 과정으로 강원의 교육 과정을 부분적으로나마 거친 후에 선방에서 본격적인 선 공부에 전념하는 것이 수월하다고 할 수 있다.

현존하는 한국 고서(古書) 목록(目錄)을 보면 우리는 지눌의 저서들, 특히 그의 『절요(節要)』가 조선시대를 통틀어 가장 많이 발행되고 보급된 불교 문헌 가운데 하나임을 알 수 있다. 한국 스님들 사이에서 많이 읽히고 있는 『선문촬요(禪門撮要)』에는 지눌의 저술이 다섯 권이나 포함되어 있다. 또, 한국불교를 연구하는 대다수의 학자들은 조계종이 사실상 보조국사 지눌의 사상을 종지로 삼아 계승하고 있다는 데 놀라울 정도의 의견일치를 보이고 있다. 이미 우리가 고찰한 바와 같이 이는 역사적으로 충분히 정당화될 수 있는 견해로 보인다.

이상 보조국사가 창(唱)한 조계종지(曹溪宗旨)의 대의를 다시 한 번 더 간단히 말하자면, 고래(古來)의 선교(禪教) 양가(兩家)에서는 너무나 일방적으로 치우치는 감이 불무(不無)하여 선학자(禪學者)는 일향(一向) 천진자연(天眞自然)을 위주(爲主)로 하므로 수행을 힘쓰지 아니하고 교학자(教學者)는 일향(一向) 점수성공(漸修成功)을 위주로 하므로 견성오도(見性悟道)를 믿지 아니하던 것이다. 절충 조화하여 선가(禪家) 조계종(曹溪宗)의 본지(本旨)인 불립문자(不立文字) 직지인심(直旨人心) 견성성불(見性成佛)의 종지에 의하여 자기 자성(自性)을 돈오(頓悟)하고 교가(教家) 『화엄경』의 교리인 지위점차(地位漸次)의 보현행(普賢行)을 점수(漸修)하여 성불한다는 주장이다. 이것이 돈오점수(頓悟漸修)의 조계종지(曹溪宗旨)이다.

서산 이후 한국 선가에서 전해지고 있는 태고보우(太古普愚)대사의 중심, 임제종(臨濟宗) 중심의 법통설을 고찰한 후 다음과 같이 결론을 짓고 있다.

> 그러면 선종으로서의 조선 불교의 조사(祖師)는 역사와 실제 상으로 청구(靑丘)의 달마(達摩)라고도 부를 수 있는 고려의 보조국사 지눌로 하는 것이 타당할 것이며, 그 종파는 고려의 중엽부터 이조의 중엽까지 전후 500여 년의 역사를 가진 조선 특유의 선교 종합적 선종인 조계종의 이름으로 불러야 할 것이라고 생각한다.

고려 중기에 지눌에 의해 전개된 새로운 선불교 운동은 이미 오늘날 한국불교가 보이고 있는 수행 형태와 사상적 방향을 예고하고 있었다. 부분적으로는 지눌의 선사상은 지속적인 종교적・이념적 영향 때문에, 그리고 부분적으로 파란만장했던 조선 불교사의 우여곡절을 통해 지눌의 사상은 한국불교사 속에 현실로 구현된 것이다.

현, 조계종이 선종이면서도 교학과 염불 등을 수용하는 포괄적 종단으로 사실상 한국불교 전체를 대표하는 종단이라면 그것은 조선의 숭유억불 정책에 의해 많은 역사적 우여곡절 끝에 생겨난 결과물이라는 사실 못지않게 고려의 조계종, 특히 보조국사 지눌로부터 내려오는 선사상적 전통의 구현이라는 이념적 연속성의 결과이기도 하다.

보조국사 지눌은 고려불교계에서 위로는 대각국사(大覺國師)와 아래로는 태고국사(太古國師)와 아울러 대표적 고승(高僧)이요, 또는 한국불교사상사에서 가장 빛나는 업적과 영향을 끼친 위인이며, 보조국사는 한국불교사에서 가장 위대한 고승(高僧)으로 그의 저서 『정혜결사문』에서 명언한 바와 같이 명리를 버리고 수도에 전력하신 분이니 불교인은 물론이요, 사상사적 입장에서 온 국민이 다함께 추앙해야 하겠다.

4. 이 시대 지눌을 기다리며

우리가 살고 있는 이 시대는 물질적으로는 대단히 풍요하지만 정신적 갈등은 더욱 심화되어 가고 삶에 대한 불안과 초조함은 시간을 다투어 증가하고 있다. 이처럼 빠른 시대 상황의 변화는 다양한 사회계층간의 갈등을 낳고, 복잡한 국제정세는 이러한 갈등을 더욱 증폭시키는 원인이 된다.

이러한 사회적 혼란상에 종교계 역시 강력한 사상적 집단으로서 그 역할을 강요받고 있는 것이 현실이다. 어쩌면 종교계에 대한 사회의 요구에 휘말려들고 있을지도 모르겠다. 우리 불교계 역시 이에 자유롭지 못하여 개별적 사안에 대해 일일이 대응하지 않을 수 없는 형편이다. 하지만 이래서는 사상을 토대로 사회를 이끌어가야 하는 종교의 근본적인 기능을 발휘할 수 없다. 이러한 상황이 우리가 이 시대의 지눌을 기다리는 이유라고 할 수 있겠다. 잠깐만 돌아보아도 이 시대에 우리가 처한 현실은 지눌 당시의 고려사회와 큰 차이가 없다. 오히려 사회·계층 간의 갈등, 부의 재편성, 정치계와 종교계 간의 야합 또는 갈등 등의 상황은 놀라울 정도로 유사하다. 우리가 어떻게 이에 대처해야 하는가는 지눌스님께서 이미 몸소 보여주셨다. 답은 이미 제시되었다. 우리 불제자들은 스님의 그런 모습을 본받아 우리 자신이 스님의 사상을 계승한 이 시대의 지눌이 되어 행동해야한다고 생각한다. 마지막으로 스님의 정혜결사문의 일부를 소개하며 이 글을 마친다.

> 무릇 부처님과 조사의 말씀을 보고 듣고 외우고 익히는 사람은 불법을 만나기 어렵다는 마음으로 제 지혜로써 가만히 이치를 비추어 보고 그 말씀대로 수행하면 그것은 스스로 부처의 마음을 닦고 부처의 도를 이루어 부처님의 은혜

를 갚는 것이다.

그러나 우리들이 날마다 하는 소행을 돌이켜 보면 어떤가. 불법을 빙자하여 나와 남을 구별하여 이양(利養)의 길에서 허덕이고 풍진속의 일에 골몰하여 도덕은 닦지 않고 의식(衣食)만 허비하니, 비록 출가하였다 하나 무슨 덕이 있겠는가?

아아, 삼계를 떠나려 하면서 속세를 벗어난 수행이 없고, 한갓 사내의 몸이 되었을 뿐이요, 장부의 뜻은 없어 위로는 도를 닦는데 어긋나고 뒤로는 중생을 위롭게 하지 못하며 중간으로는 네 가지 은혜를 저버렸으니 진실로 부끄럽다. 나는 오래 전부터 이런 일을 한심스럽게 여겼다.(『정혜결사문』)

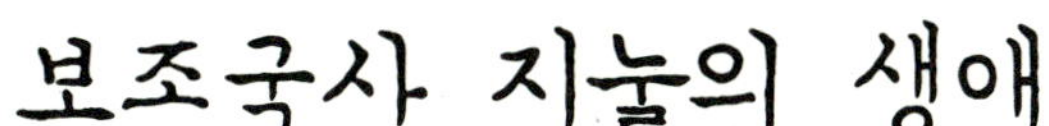

보조국사 지눌의 생애

강 건 기

전북대학교 명예교수

01

세계인이 우러르는 한국불교의 우뚝한 봉우리

보조국사 지눌(普照國師 知訥, 1158-1210)은 신라의 원효(元曉, 617-686)와 함께 한국불교의 가장 우뚝한 봉우리일 뿐만 아니라 한국을 대표하는 세계적 사상가이다. 신라의 원효가 불교 내의 여러 가지 흐름과 쟁론을 하나인 마음에 즉하여 화합시키고 회통불교의 초석을 놓았다면 지눌은 선과 교가 대립 갈등하는 타락한 고려불교를 바로잡아 선교가 둘이 아닌 회통불교의 전통을 확립하였다.

선불교는 신라 말에 들어와서 고려 초까지 아홉 개의 산문을 중심으로 발달하면서 이미 있던 교학불교와 경쟁하게 되었다. 이후로 어떻게 하면 선과 교의 조화를 이룰 것인가 하는 문제는 한국불교의 중요한 사상적 이슈가 되었다.

지눌보다 100여 년 앞서 살았던 대각국사 의천(大覺國師 義天, 1055-1101)은 천태종을 창립하고 교관겸수(敎觀兼修)를 주장하면서 교의 입장에서 선과 교를 아우르는 노력을 하였다. 그러나 그러한 노력이 그렇게 성공적이지는 못했던 것 같다. 왜냐하면 지눌 당시에도 선과 교가 서로 '원수처럼 보았다.'고 할 정도로 대립과 갈등은 심했기 때문이다.

보조국사 지눌은 젊은 시절부터 선과 교가 극심하게 대립, 갈등하는 문제에 대해서 심각하게 고뇌하고 선과 교가 하나 될 수 있는 길을 찾았다. 마침내 그는 '선은 부처님의 마음이요 교는 부처님의 말씀'임을 확인하고 선의 입장에서 선과 교가 둘이 아닌 불교를 확립하였다. 그는 선과 교는 "서로 어긋나지 않는다." 했으며 '말씀'을 통해 '마음'을 닦는 수심불교(修心佛敎)의 올바른 길을 바로 세웠다.

지눌의 이러한 선교일원(禪敎一元)의 수심불교는 오늘날까지 한국불교의 전통으로 전승되고 있다. 오늘날 한국의 총림에는 삼학(三學)을 함께 닦는 체제로 선원과 강원, 율원이 어깨를 나란히 하고 있으며 말씀을 통해 마음을 닦는 길 또한 보편적인 수행의 길로 받아들여지고 있다. 지금도 한국불교에는 안거 때마다 2-3000명의 눈 푸른 납자들이 '마음이 부처'라는 믿음을 기초로 화두를 참구(參究)하고 있다. 그들이 참구하는 화두선(話頭禪)이 지눌이 최초로 소개한 수행법이 아닌가. 그런가 하면 참선공부와 더불어 염불과 간경, 진언의 수행이 게을리 되지 않는 것이 한국불교의 수행풍토이다.

지눌의 영향은 한국불교 승려교육의 교과과정을 통해서도 확인된다. 지눌이 평소 중요시했던 경전과 어록, 논서들이 교과과정 전반에 반영되어 있고 '말씀을 통해 말씀이 끊어진 자리'까지 이르는 이른바 사교입선(捨敎入禪)의 교육의 기본 틀 또한 그의 불교관을 그대로 반영하고 있다. 또 그의 저술인 『계초심학인문(誡初心學人文)』과 『법집별행록절요병입사기(法集別行錄節要並入私記)』는 강원교육의 필수교재로 쓰이고 있다. 뿐만 아니라 지눌이 수선사(修禪社) 대중들의 생활규범으로 만든 청규(淸規)는 조선조에 이르러 한국불교 전체의 생활규범으로 채택되어 오늘에 이르고 있다. 따라서 오늘날 우리 스님들의 사원생활도 그의 가풍 속에서 이루어지고 있다 할 수 있다.

지눌의 깨친 체험에서 우러나온 말씀들은 시간과 공간을 뛰어넘어 많은 사람들의 심금을 울리고 또 진리의 눈을 뜨게 하고 있다. 근세 한국불교의 중흥조로 사라져가는 선풍을 다시 진작시킨 경허(鏡虛) 스님이 보조국사 지눌의 결사정신을 이었으며 그의 법을 이어 덕숭산 수덕사를 크게 빛낸 만공(滿空) 스님도 보조선을 계승 하였다. 또 경허 스님의 법을 이은 혜월(慧月)과 한암(漢岩) 스님, 조계종 종정을 역임한 석우(石牛) 스님도 지눌의 『수심결(修心訣)』을 읽다가 견성했다고 한다. 특히 한암 스님은 보조가풍으로 살았을 뿐만 아니라 『보조법어(普照法語)』를 간행하는 등 보조사상을 널리 선양 하였다. 그리고 조계종 통합종단의 초대 종정을 역임하고 판사 스님으로 유명한 효봉(曉峰) 스님은 꿈에 송광사 제16국사 고봉(高峰) 화상으로부터 『수심결』 법문을 듣고 효봉이란 법호를 받았으며, 그런 후 평생 지눌을 배운다는 뜻으로 스스로 법명을 학눌(學訥)이라 하였다. 그가 평생 조계선풍인 보조정신으로 살고 목우가풍을 선양했음은 말할 것도 없다. 통도사에 오래 주석했던 경봉(鏡峰) 스님 역시 『보조어록(普照語錄)』을 읽다가 견처(見處)를 얻고 지눌을 먼 스승으로 삼았다[遠師普照]고 한다. 그리고 보조국사의 근본도량인 조계산 송광사에 종합수도원인 조계총림을 개설하고 보조선을 세계 속에 널리 선양한 구산(九山) 스님도 보조국사 지눌의 보림(保任)처인 전라남도 광양 백운산 상백운암에서 『보조법어』를 읽고 용맹정진을 하다가 마침내 오도송(悟道頌)을 읊었다 한다.

보조국사 지눌의 영향은 한국불교에 국한되지 않는다. 그의 『화엄론절요』는 우리나라뿐만 아니라 일찍이 일본에도 전해져 화엄의 대가들이 즐겨 읽었고 그 유일한 필사본도 지금까지 일본에 남아 있다. 『화엄론절요』가 간행된 지 6년 만에 가마꾸라 시대의 명승(名僧) 명혜(明惠, 1173-1232)가 쓴 저술에 인용되고 있으며 또 원종(圓宗, 1254-1377)이란 승려가 구두점을 찍으며 탐독한 것은 출간 후 88년 뒤의 일이다. 특히 원종은 1권 끝에 붉은 글씨로 두 번째 읽었음을 명기하고 그 소감을 이렇게 적었다.

> 처다 보면 태산처럼 높고 굽어보면 대해처럼 넓구나. 전생에 어떤 인연이 있었기에 이제 이 『절요』를 만났을까. 나의 기쁨, 그리고 불법에 신순(信順)하는 마음 무엇에도 비교할 수가 없구나. 그저 유감스러운 것은 종일 화엄세계에 있으면서도 그 궁극을 타파하지 못했던 일이 부끄럽구나. 어찌할꼬.

또 지눌의 대표적 저술들은 일찍이 중국에 전래되어 명나라, 청나라 때 그들의 대장경에 수록되고 『대정신수대장경』을 위시한 일본의 대장경에도 수록되어 있다. 그의 『진심직설(眞心直說)』은 대만과 일본에서 주해서가 나오고 또 1997년에는 미국에서 역해서가 나오기도 하였다. 1983년에는 송광사에서 구산 스님으로부터 선을 배웠던 버스웰(Robert Buswell) 교수가 미국의 하와이 대학에서 『화엄론절요(華嚴論節要)』를 제외한 그의 모든 저술을 영문으로 번역, 출판하여 지눌사상 세계화의 기틀이 되고 있다.

『선학의 황금시대(The Golden Age of Zen)』란 명저를 낸 대만의 세계적 석학 오경웅(吳經熊) 선생은 지눌의 저술로부터 깊은 영향과 감동을 받았음을 한국어판 서문에서 이렇게 밝히고 있다.

본인은 중국의 선불교를 연구하는 동안 한편으로는 한국의 선불교로부터 깊은 영향을 받았음을 이 자리를 빌려 밝히고자 합니다. 『선학의 황금시대』를 집필하면서 본인은 특히 『보조법어』와 서산대사의 『선가귀감』의 도움을 많이 받았습니다. 『보조법어』 중에서도 특히 『수심결』은 저의 선학 이해를 심화시켰으며 깊은 영향과 감명을 주었습니다.

보조국사 지눌은 한국불교의 사상적 초석을 놓은 한국불교의 우뚝한 봉우리일 뿐만 아니라 세계인의 가슴을 울린 사상가이다.

보조국사의 근본도량인 승보종찰 송광사 조계총림의 제8차 중창불사가 원만히 회향될 즈음인 1987년 봄, 국사의 열반 777주년을 맞아 외형적인 불사와 함께 내실을 기하기 위한 불사로써 보조사상을 연구하는 사람들이 뜻을 함께 하여 송광사에서 보조사상연구원(普照思想硏究院)을 발족하였다. 그리하여 한국불교의 조계선풍인 보조사상을 널리 연구하면서 세계 속에 드높이 선양하고 있다.

그런 결과로 그의 사상을 주제로 지금까지 50여 편의 학위논문과 600여 편이 넘는 학술논문이 쓰여 졌다. 뿐만 아니라 그의 사상은 이제 불교사상으로써 뿐만 아니라 불교라는 울타리를 넘어 다양한 측면에서 조명되고 있다. 예컨대, 참 인간성과 그 실현을 목적으로 하는 그의 사상이 인간학, 인간 회복학으로 조명되기도 했고, 마이스터 에카르트, 토마스 머튼, 칼 발트의 신학, 아씨시의 프란치스코 등 기독교 사상과도 비교 되었으며, 화이트헤드의 과정철학과도 비교 되었다. 그런가 하면 요가철학, 베단타 사상, 위빠사나 선과도 비교 되었다. 또 퇴계의 사상, 정신분석, 교육학, 사회학, 심리치료 등 다양한 영역과의 비교도 이루어졌다. 이는 그가 치열한 구도를 통해 진리의 샘물을 직접 마셨고 '하나'인

세계에 살았으며 또 인간의 참 성품과 인간다운 삶의 길을 체계적으로 밝혔기 때문에 가능한 일이다. 이와 같이 보조 사상은 이제 '불일보조(佛日普照)'라는 지눌의 시호답게 부처님의 지혜광명으로 온 누리를 두루 비추고 있다.

지눌에 관해 서양철학을 전공했던 고 박종홍 교수의 다음과 같은 평가는 결코 지나치지 않다.

> 만일 외국학자들이 '너희 나라에도 철학자가 있느냐?'고 묻는다면 나는 서슴지 않고 순천 송광사에서 만년을 보내신 보조스님을 들겠다. 나는 평생 지눌이 지은 『절요』처럼 이슈가 뚜렷하고 논리가 명쾌한 철학서는 동서고금을 통틀어 따로 본 적이 없다.

우리는 지눌과 같은 위대한 선각자를 가질 수 있었던 것을 자랑스럽게 생각해야 할 것이다.

02

진리 속에 살다 진리 속에 가다

보조국사 지눌, 그는 어떤 삶을 살았을까? 한 사람의 삶은 생의 마지막 순간을 보면 잘 알 수 있다고 한다. 왜냐하면 생의 마지막 순간은 삶의 총결산이기 때문이다. 그래서 스님들은 공부가 익었다고 큰 소리 칠 때 '갈 때 보자'고 한다.

그러고 보면 역사적으로 위대한 삶을 살았던 분들은 한결같이 위대한 죽음을 한 분들이다. 소크라테스나 예수가 그러하며, 최후의 순간까지 진리의 말씀을 설하다 조용히 열반에 드신 부처님의 경우가 또한 그러하다.

그래서 우리도 지눌의 삶을 생을 마감하는 마지막 장면부터 살펴보려고 한다. 순천 송광사 큰 절에서 감로암 쪽으로 가파른 오르막길을 오르다보면 송광사 율원이 있고 그 옆에 역대 고승들의 비석을 모셔놓은 비전(碑殿)이 있다. 그 비전 맨 위편 중앙에 보조국사 지눌의 비석이 있다. 그 비석에 새겨진 글이 그의 생애에 관한 가장 중요한 자료이다. 그 비문(碑文)에는 지눌이 열반할 때의 모습을 다음과 같이 기록하고 있다.

열반하기 수십 일 전에 그는 미리 "내가 이 세상에 살면서 설법하는 것도 그리 오래지 않을 것이니 부디 각자 노력하라."고 하였다. 그 뒤 3월 20일에 병을 보이더니 8일 만에 열반에 들었다. 열반에 들기 전날 밤에도 밤이 이슥하도록 제자들과 도란도란 진리의 말씀을 나누고 새벽이 되자 "오늘이 며칠인가?" 하고 물었다. "3월 27일입니다." 하고 답을 하자 큰 북을 쳐서 전 대중을 지금의 송광사 설법전인 선법당(善法堂)에 모이게 하였다.

그는 육환장을 들고 법상에 앉아 대중들과 진리의 문답을 나눈다. 대중들의 질문에 평상시처럼 자상하게 답을 하였다. 마지막으로 한 제자가 "우리 스님께서 지금 병이 나셨는데, 그 병이 저 유마의 병과 같습니까, 다릅니까?[同別]" 하고 물었다. 그 질문에 스님은 "너는 같고 다른 것만을 배웠는가?" 하고는 들고 있던 법장으로 법상을 쾅쾅 두어 번 내리친 다음에 "일체의 모든 것이 이 가운데 있느니라." 하고는 법상에 앉은 채 조용히 열반에 들었다. 그때가 1210년 3월 27일(음력)이었다. 송광사에서는 매년 이날 보조국사를 추모하는 종재(宗齋)를 열어 보살계 살림 등 여러 가지 행사를 해오고 있다.

보조국사의 생을 마감하는 마지막 모습은 진리 속에 살다 진리 속에 간 참으로 '잘 가신[善逝]' 모습이다. 그 열반의 모습은 그 자체로 우리에게 한없는 교훈을 준다. 우리는 정신없이 살다가 정신없이 간다. 그러나 그런 열반의 모습은 우리로 하여금 생을 종점에서 다시 한 번 돌아보게 한다. 그리고 우리는 과연 '어떻게 갈까?'를 생각하게 한다.

03

호랑이 눈 소걸음의 삶

지눌은 어떤 삶을 살았던가? 비문에는 그의 몸가짐[威儀]을 '소걸음 호랑이 눈[牛行虎視]'이라 표현하고 있는데 그 말은 그의 삶을 상징적으로 나타내고 있다. 소걸음 호랑이 눈의 삶은 어떤 삶을 가리킬까?

호랑이는 무엇을 볼 때 우리처럼 고개만 돌려 보거나 흘겨보지 않고 몸 전체를 돌려 정면으로 쏘아본다고 한다. 따라서 호랑이 눈은 현실을 꿰뚫어보는 현실직시, 현실통찰을 가리키며, 그런 통찰을 통해 '나는 이렇게 살아야겠다' 하는 삶의 목표가 정립될 수 있다.

'소걸음'은 무엇을 가리킬까? 목표를 향해 꾸준히 나아가는 '실천의 발'을 가리킨다. 소가 걷는 모습을 한번 연상해 보라. 결코 빠르지는 않지만 육중한 체중을 싣고 한 걸음 한 걸음 걷는 모습에서 우리는 결코 서두르지 않고 그렇다고 게으르지도 않는 정진의 모습을 볼 수 있다. 지눌은 소걸음의 실천을 무엇보다 중시했다. 그래서 스스로를 '소치는 사람', 즉 목우자(牧牛子)라 즐겨 불렀다.

그러면 호랑이 눈, 소걸음의 삶의 내용은 무엇인가? 그것은 12-3세기 고려불교의 현실에 대한 통찰과 삶의 목표의 정립, 그리고 그것을 향한 실천을 가리킨다. 즉 타락한 고려불교의 현실에 대한 통찰을 통해 정법을 바로 잡으려는 정혜결사(定慧結社)의 서원을 세우고 그것을 실현하기 위해 평생을 소걸음의 실천으로 일관했던 삶을 가리킨다.

그 내용을 좀 더 구체적으로 살펴보자. 호랑이 눈의 통찰에 비친 고려불교의 현실은 어떠했는가? 한마디로 정법과 멀어진 불교이다. 우리는 그것을 두 가지로 나누어 볼 수 있다.

첫째는 불교가 밖으로 정치적 소용돌이 속에 휩쓸려 승려의 기강이 흐트러지고 타락한 것이다. 고려불교는 출발부터 국가적 성격이 강했다. 태조는 왕위에 오르게 된 것이 부처님의 위신력에 의한 것이라 믿고 자신은 물론, 대대로 불교를 받들도록 하였다. 따라서 불교는 고려의 건국 이래 왕실, 국가와 뗄 수 없는 관계에 있었다. 이러한 국가불교, 왕실불교는 나라의 평안을 비는 이른바 '복을 빌고 재앙을 없애는 불교'로 복잡한 의례에 빠지기 쉽고 형식화되기 쉽다. 실제로 고려에서는 대대로 왕이 국가적 규모의 불사를 열어 재앙을 소멸하는 재를 올리고 복을 빌었다. 그런데 그 규모는 상상을 초월할 정도였다. 예컨대, 왕이 승려들에게 음식을 베푸는 이른바 반승회(飯僧會)는 현종 9년에는 10만 명, 숙종 6년에는 6만 명, 그리고 3만 명 이상의 것은 자주 있었다. 지눌 당시만 해도 무신정권의 추대로 왕이 된 명종은 즉위한 해에 승려 3만 명에게 반승을 했다. 이렇게 국가와 왕실에 밀착된 불교는 왕실이나 국가가 불안정하고 위태로울 때 불교 자체도 덩달아 뒤흔들릴 수밖에 없다. 이것이 국가불교, 왕실불교의 맹점이다.

지눌이 살았던 12-3세기의 고려는 극도로 불안정한 시기였다. 예종까지의 안정기를 지나 고려를 변란의 소용돌이로 몰아넣기 시작한 이자겸의 난은 그가 태어나기 32년 전의 일이었고 인종 때의 묘청의 난은 그가 태어나기 23년 전의 일이었다. 그리고 의종 말 명종 초에 일어난 정중부, 이의방의 이른바 무신의 난은 지눌이 13세 때의 일이었다. 그 후 계속되는 무신들 간의 권력다툼으로 서로를 모략하고 살육하는 정변의 와중에서 지눌은 성장기의 대부분을 보냈다. 명종 26년, 마침내 최충헌이 무신 상호간의 투쟁에서 승리하여 강력한 무단정치를 확립한 것은 그가 39세 때였다.

무신의 난으로 왕실이 정변의 소용돌이 속에 휩싸이자 왕실과 밀접한 관계를 가지던 불교는 조용할 수가 없었다. 때로는 혁명군과 맞서 싸워 수백 명이 살상을 당하는 일도 있었다. 명종 4년에는 왕실파의 입장에서 귀법사 등의 승려 2,000여 명이 정중부, 이의방 토벌에 앞장섰다가 100여 명이 살해되기도 하였다. 또 거란군이 침입해 왔을 때 최충헌은 거란군을 물리치기 위해 흥왕사, 왕륜사, 경복사 등의 승려들을 동원 했다. 그러나 승군들은 거꾸로 성안으로 들어와 최충헌의 집을 공격해 그와 싸우다가 800여 명이 죽임을 당했다. 이렇게 정치적 소용돌이 속에 휘말리면서 불교는 종교 본연의 자세를 잃고 승려의 기강도 해이해질 수밖에 없었다.

뿐만 아니라, 왕실의 비호를 받은 불교는 납세의 의무를 면제 받는 특혜를 이용하여, 토지와 농노를 소유하고 각종 식화사업을 일삼아 사원을 이익의 소굴로 삼은 폐단도 없지 않았다. 그 결과는 불교의 타락이었다. 지눌은 당시 불교의 타락상을 이렇게 개탄하고 있다.

그러나 우리들이 날마다 하는 소행을 돌이켜 보면 어떠한가. 부처님 법을 빙자하여 나와 남을 꾸미고 구차하게 이양(利養)의 길에서 허덕이며 풍진(風塵)의 세상에 골몰하여 도덕은 닦지 않고 옷과 밥만 허비하고 있다. 비록 출가하였다 하나 무슨 덕이 있겠는가.

아아, 삼계(三界)를 벗어나려 하면서도 속세를 벗어날 수행이 없고 한갓 사내의 몸이 되었을 뿐 장부의 뜻이 없다. 위로는 도를 넓히는데 어긋나고 아래로는 중생을 이롭게 하지 못하며 중간으로는 네 가지 은혜를 저버렸으니 참으로 부끄럽다.

이처럼 있어야 할 불교 본연의 모습에 비해 호랑이 눈의 통찰에 비친 고려불교의 현실은 너무나 동떨어져 있었던 것이다. 마음 닦는 일에 충실해야 할 승려들이 세상일에 골몰하고 이익과 명예를 좇아 바쁘기만 했다. 그러니 깨침을 향한 정진과 일체의 모든 생명을 이롭게 하는 일은 뒷전이 될 수밖에 더 있겠는가. 이런 현실을 지눌은 "옷과 밥만 허비하고 있다."고 부끄러워했다.

그런가 하면, 고려불교는 안으로 선과 교가 극심한 대립과 갈등을 일으켜 '선과 교 두 종이 아주 원수처럼 보게 되었다.'고 할 정도였다. 즉, 비좁은 종파주의에 빠져 서로를 배척하고 있었던 것이다.

본래 부처님 당시나 원래의 불교는 선과 교의 구분이 없었다. 말씀으로 표현한 가르침이 교(敎)라면 그를 따라 실천하는 것이 다름 아닌 수행이고 선(禪)이었기 때문이다. 또 팔정도(八正道)나 삼학(三學), 육바라밀(六波羅密) 등 불교의 기본 수행은 종합적인 실천일 뿐 선과 교의 구분이 없다. 그러던 것이 불교가 발달하면서 수행의 분화 내지는 전문화 현상이 나타나고 급기야 중국에서 선종이 일어나게 되었다.

선종에서는 불교의 핵심은 마음을 깨치는 데 있고, 그것은 언어문자로 표현된 가르침을 통해서가 아니라 마음을 곧바로 직시해 보는 데 있다고 한다. 따라서 문자에 의존하지 않는 불립문자(不立文字)의 기치를 내세운다. 이런 선(禪)불교가 언어문자로 표현된 가르침을 중시하는 교(敎)불교와는 출발부터 긴장관계를 가질 수밖에 없었다.

선불교가 신라 말에 우리나라에 들어와서 고려 초에 이르기까지 아홉 개의 산문을 중심으로 발달하면서, 이미 있던 교 중심의 불교와 경쟁하게 되어 선과 교가 대립 갈등하는 문제가 일어났다. 지눌보다 100여 년 앞서 살았던 대각국사 의천은 천태종을 창립하고 교관겸수를 주장하면서 선과 교를 아우르는 노력을 한 바가 있다. 그러나 지눌 당시에도 선교의 대립과 갈등은 여전히 심각 하였다. 진각국사 혜심이 지눌의 『원돈성불론』과 『간화결의론』을 합본하면서 쓴 발문에는 이러한 사실이 잘 나타나 있다.

> 아아, 슬프다. 근래에 불법이 매우 쇠폐하였다. 혹은 선을 숭상하여 교를 배척하고 혹은 교를 숭상하여 선을 비방하면서 선은 부처님의 마음이요, 교는 부처님의 말씀이며, 교는 선의 그물[網]이요, 선은 교의 벼리[綱]임을 알지 못하였다. 그리하여 드디어는 선교의 두 종이 길이 원수처럼 보게 되고 법의의 두 학문이 도리어 모순의 종이 되어 마침내 무쟁문(無諍門)에 들어가 하나의 실다운[一實] 도를 밟지 못하였다.

선은 부처님의 마음이며, 교는 부처님의 말씀임을 모른 채 선과 교에 각기 편착하여 서로를 비방하고 배척하는 것이 마치 서로를 '원수처럼' 보았다는 것이다.

지눌은 고려불교가 안팎으로 처한 이러한 현실에 대해 호랑이 눈의 통찰을 하였다. 그리고 심각한 고뇌 끝에 타락한 고려불교를 정법불교(正法佛敎)로 바로 잡으려는 목표를 세웠다. 그것이 선정과 지혜를 함께 닦는 새로운 불교운동, 즉 정혜결사이다. 25세에 정혜결사를 통해 한국불교를 새롭게 하자는 뜻을 세우고 생을 마감하는 순간까지 정혜결사를 소걸음의 실천으로 실행에 옮겼던 것이다. 그의 삶은 오직 진리를 향한 끝없는 정진과 정혜결사로 일관한 삶이었다.

04 탄생과 출가 수학

보조국사 지눌은 고려 제18대 의종 12년(1158)에 황해도 서흥에서 아버지 정광우(鄭光遇)와 어머니 조(趙)씨 부인 사이에서 태어났다. 아버지는 국자감의 정9품직인 국학(國學)의 학정(學正)을 지냈다 한다. 지눌(知訥)은 법명(法名)이고 스스로 지은 호는 목우자(牧牛子)이며, 보조국사(普照國師)는 그가 열반에 든 이후 받은 시호(諡號)이다.

그는 어릴 적부터 잔병이 많아 의원을 찾아도 효험이 없었다고 한다. 그래서 그의 아버지는 병이 나으면 출가를 시키겠다고 발원하며 기원했다. 마침내 병이 쾌유되어 어릴 적 8세에 동진출가를 하고 17세에 수계득도 했다. 그는 구산선문(九山禪門) 중 하나인 사굴산(闍崛山)계의 종휘(宗暉) 선사의 제자로 출가하였으나, "배움에 일정한 스승이 없고 오직 진리만을 따랐다[學無常師 惟道之從]." 한다. 그는 결코 문중이나 종파에 얽매이는 편협한 삶을 살지 않았다.

출가 후 그가 어디에서 어떻게 공부를 했는지에 관한 명확한 기록은 없다. 그러나 "묘년(妙年)으로부터 조사의 세계에 몸을 던져 선방을 두루 참예하면서 부처님과 조사들이 중생을 위해 자비를 내린 가르침을 자세히 살펴보았다."는 『정혜결사문(定慧結社文)』의 표현 등을 미루어보아 선방을 두루 참예하며 수행을 하였고 또 경전과 조사의 어록도 폭넓게 읽었음을 알 수 있다. 실제 그의 저술에서 경전과 논서 및 조사의 어록이 종횡무진으로 인용되고 있음을 보면 참선 수행과 더불어 깊이 있는 경전공부를 함께 했음을 알 수 있다.

그러나 이 기간 동안 그는 개인적인 공부와 정진에만 머무르지 않고 현실에 대한 호랑이 눈의 통찰을 게을리 하지 않았다. 즉 날카로운 현실인식과 비판정신으로 불교의 나아갈 방향을 심각하게 고민하고 모색하였던 것이다. 고려불교를 바로잡아 정법을 바로 세우려는 새로운 불교운동인 정혜결사는 이런 호랑이 눈의 통찰을 통한 현실인식과 비판정신에 따른 것임은 말할 것도 없다.

05
정혜결사의 발의

지눌은 25세에 승선(僧選)에 합격하였다. 승선은 고려시대 승려를 대상으로 한 과거시험으로 그 합격은 바로 출세의 관문이었다. 승선에 합격을 하면 대선(大選)이란 정식 법계를 받고 단계를 거쳐 경륜이 쌓이면 왕사, 국사로 나아갈 수 있기 때문이다.

지눌은 보제사(普濟寺)에서 열린 담선법회(談禪法會)에서 동학 10여 명과 함께 타락한 고려불교를 정법불교로 바로잡는 결사(結社)를 제안한다. 결사란 현실의 불교가 불교 본연의 모습과 다를 때 본래의 불교로 돌아가자는 운동으로 혼자서가 아니라 여럿이 뜻을 모아 함께 하는 것을 가리킨다.

『정혜결사문』은 제안의 내용을 이렇게 전하고 있다.

> 하루는 동학 10여 인과 약속하기를 '이 법회를 마치거든 우리는 명예와 이익을 버리고 산속에 들어가 함께 결사를 만들자. 그래서 항상 선정과 지혜를 균등히 익히는 일에 힘쓰고, 예불과 경 읽기, 나아가서는 노동하고 운력(運力)하는 데까지 각각 제가 맡은 일을 다 하며 인연 따라 성품을 길러 평생을 걸림 없이 지내어 진인달사(眞人達士)의 높은 행을 따르면 어찌 즐겁지 않겠는가.' 라고 하였다.

똑같이 타락한 현실을 보고도 그에 대해 어떻게 대처하는가는 각기 다를 수 있다. 어떤 사람은 "야, 이럴 수가 있는가." 하고 통탄을 하지만 행동은 하지 않는다. 그런 사람은 '오호파(嗚呼派)'에 속하는 사람이다. 그런가 하면 어떤 사람은 "에라, 꼴 보기 싫다." 하고 외면해 버리고 만다. 그런 사람은 '은둔파'에 속하는 사람이라 할 것이다. 그런가 하면 또 어떤 사람은 잘못된 현실을 바로잡기 위해 발 벗고 나선다. 개혁적인 사람이라 할 것이다. 젊은 지눌은 세 번째 유형에 속한다. 그는 타락한 고려불교를 바로잡아 정법을 일으켜 세우기 위해 결사를 발의하고 나선 것이다. 이런 그를 우리는 '조용한 혁신가'라 불러도 좋을 것이다.

이 발의는 명예와 이익을 버리고 산속에 살며 선정과 지혜를 닦자는 것이다. 그러나 이 제안을 들은 사람들은 처음에 그 제안을 쉽게 받아들이지 못했다. 그들은 "지금처럼 법이 쇠퇴한 시대에 과연 선정과 지혜를 닦는 일이 쉽겠느냐며, 오히려 염불수행을 통해 정토에 날 업을 닦느니만 못하다."고 하였다. 이에 지눌은 "시대는 변하지만 마음의 성품은 변하지 않는 것"이라며 그들을 설득하여 마침내 뜻을 함께 하기로 맹약하고 결사의 이름을 '정혜결사'라 하기로 하였다.

그러나 당시의 상황은 곧바로 결사의 실행을 허락하지 않았다. 도반들이 선불장(禪佛場)의 이익과 손해되는 일로 사방으로 흩어졌기 때문이다. 선불장은 승선을 가리킨다. 그러므로 선불장의 이익과 손해되는 일은 승선의 합격, 불합격을 둘러싼 문제로 볼 수 있을 것이다. 아무튼 본격적인 결사의 시작은 후일을 기약할 수밖에 없었다.

06 혜능과의 만남

보제사 담선법회 이후 지눌은 당시 서울인 개경을 떠났다. 정혜결사를 위한 힘을 기르기 위해서였다. 남쪽으로 내려와 창평(昌平) 청원사(淸源寺)에 머물렀다. 현재 창평 청원사가 어디인지 정확히 확인이 되지 않고 있으나 전라남도 담양에 있던 절로 추정된다.

지눌은 이곳 청원사에서 진리에 눈뜨는 첫 체험을 하게 된다. 그 체험은 혜능의 『육조단경(六祖壇經)』을 통해서였다. 하루는 『육조단경』을 읽다가 "진여자성이 생각을 일으키면 육근이 비록 보고 듣고 알고 하더라도 대상에 물들지 않고 항상 자재하다."는 대목에 이르러, 놀라고 기뻐하며 일찍이 겪지 못했던 것을 체험하였다. 비문에는 당시의 정황을 "그는 일어나 불전을 돌고 외우고 생각하면서 스스로 그 깊은 뜻을 알았다.”고 전하고 있다.

지눌은 진리에 눈뜨는 체험, 즉 깨친 체험을 세 번에 걸쳐 하게 되는데 청원사에서의 체험은 그 첫 번째 체험이다. 그렇다면 그 체험의 내용은 어떤 것일까? 그것은 진여자성, 즉 본래 마음에 대한 확실한 눈뜸이다. 우리들은 감각기관, 즉 안이비설신의를 통해 대상을 보고 듣고 알고 한다. 그런데 그렇게 보고 듣고 알고 하는 바탕이 있다. 그것이 바로 진여의 자성이요, 본래 마음이며 부처인 마음이다. 그 마음은 나와 남, 나와 대상을 모르는 하나인 바탕이다. 그런데 우리는 그 바탕을 새까맣게 모르고 산다. 그러므로 무엇을 보고 듣고 알 때도 항상 '내가' 보고 듣고 안다고 한다. 그렇게 되면 보는 놈과 보이는 대상이 둘이 되고 만다. 이렇게 주객이 나뉜 채 보고 듣고 알기 때문에 대상에 물들고 대상에 먹혀 버리게 되어 자유롭지 못하다. 뿐만 아니라 사물을 있는 그대로 볼 수도 없게 된다.

그런데 진여자성, 즉 본래의 마음, 부처인 마음이 작동이 되면, 보고 듣고 알더라도 대상에 물들지 않고 자재하다는 것이다. 그것은 진짜 보고 듣고 아는 주인공은 본래 우주와 둘이 아닌 하나인 생명이요, 주객이 끊어진 하나인 바탕이기 때문이다. 그 하나인 바탕이 작동을 하면, 실은 보고 듣고 아는 일거일동이 모두 진리일 뿐이다. 이 본래 마음에 눈뜰 때 나오는 탄성이 다름 아닌 '마음이 부처'라는 소식이다. 지눌은 『육조단경』을 통해 이 진여자성, 즉 본래의 마음, 부처인 마음을 깨친 것이다.

이 본래 마음에 대한 눈뜸의 체험은 정혜결사, 나아가서는 지눌 사상에서 깊은 의미를 가진다. 왜냐하면 그의 사상이나 정혜결사가 마음을 닦자는 것이며, 따라서 마음의 실상에 대한 눈뜸은 수심불교의 기초가 되기 때문이다. 실제 선정과 지혜를 함께 닦는 실천의 원리도 이 마음의 실상에 기초하고 있다. 즉 마음의 텅 빈 바탕이 선정이며, 환히 아는 바탕이 다름 아닌 지혜이다. 때문에 선정과 지혜를 함께 닦아야 한다는 것이다.

청원사에서 『단경』과의 만남 이후 지눌은 『단경』을 "먼 스승으로 삼는다[遠師壇經]"고 했고, "내가 평생 받들어 공부하는 귀감"이라 했다. 또 "법을 세워 그 뜻을 펼 때는 반드시 『단경』으로 한다."고 했다. 지눌이 현재 송광사가 있는 산의 이름을 혜능이 있었던 산 이름을 따라 '조계산'이라 바꾼 것도 그가 혜능을 얼마나 좋아했는가를 단적으로 보여준다. 혜능과 『육조단경』이 오늘날 한국불교에서 부동의 위치에 있는 것도 지눌의 영향이 크다 하겠다.

07
화엄에서 찾은 선교일치

청원사에서 3년을 지낸 뒤 지눌은 28세(1185)에 하가산(下柯山) 보문사(普門寺)로 옮겼다. 하가산은 지금은 학가산(鶴駕山)으로 불리는데 경상북도 예천에 있으며, 보문사도 그곳에 있다. 그곳에서 그는 3년 동안 대장경을 열람한다. 선과 교가 대립하던 당시에 선승인 그가 대장경을 3년 동안이나 열람했다는 사실은 아주 파격적인 일이다.

무엇이 그로 하여금 그토록 대장경을 열람하게 했을까? 선과 교가 통하는 근거를 직접 부처님 말씀을 통해 확인하기 위해서였다. 당시에 선과 교는 극도로 대립갈등하고 있어서 서로 통할 수 없는 것처럼 여겨졌다. 그 문제에 관해 젊은 지눌은 심각하게 고뇌하고 '선과 교가 과연 그렇게 다르기만 할까?' 하는 의심을 가졌다. 그 의심을 풀기 위해 선사나

강사 스님들께 물어보았으나 서로를 비하 할 뿐 그 의문을 시원하게 풀어주는 이가 없었다. 그래서 그는 직접 그 문제를 확인하기 위해 대장경을 열람했던 것이다.

구체적으로 그가 가장 관심을 가진 것은 '마음이 부처'라는 선의 근본 요지와 계합하는 경전의 말씀을 찾는 일이었다. 드디어 『화엄경』 「출현품」을 읽다가 "한 티끌이 대천세계를 머금었다[一塵含大千經卷]."는 비유와 그것을 통틀어서 말한 "여래의 지혜도 그와 같아서 중생들 마음에 갖추어져 있지만, 어리석은 범부들은 그런 줄을 깨닫지 못한다."는 구절에서 비로소 선과 교가 계합하는 단서를 찾았다. 그때의 감격을 그는 "나는 그 경책을 머리에 이고 모르는 사이에 눈물을 떨어뜨렸다."고 전하고 있다. 얼마나 감격했으면 경책을 머리에 이고 눈물을 흘렸을까.

그런데 지눌의 또 다른 의문은 "교에서는 어떻게 공부해 들어가는가?" 하는 것이었다. 즉 믿어 들어가는 첫 걸음이 어떤 것인지에 대한 의문이었다. 지눌은 이통현(李通玄, 635-730) 장자(長者)의 『화엄론』을 읽다가, 중생들의 마음이 다름 아닌 부처[不動地佛]임을 확실히 깨닫는 것이 믿음에 들어가는 첫 걸음임을 발견하고 선과 교가 둘이 아님을 재차 확인하게 되었다. 그리하여 그는 읽던 책을 내려놓고 길게 탄식하였다.

> 부처가 입으로 말한 것이 교요, 조사가 마음에 전한 것이 선이다. 부처와 조사의 마음과 입은 서로 어긋나지 않는 것인데, 어찌 그 근원을 궁구하지 않고 각기 제가 익힌 데에 안주하여 망령된 논쟁으로 헛되이 세월을 보내겠는가.

마침내 지눌은 보문사에서 있은 두 번째 깨달음을 통해 선과 교가 둘이 아님을 체험으로 확신하게 되었다.

이 보문사에서의 체험은 개인적인 차원에서 뿐만 아니라 한국불교사에서도 중요한 의미를 가진다. 왜냐하면 그가 깨달은 "부처가 입으로 말한 것은 교요, 조사가 마음에 전한 것이 선"이라는 말은 "선은 부처님의 마음이요, 교는 부처님의 말씀"이란 말로 정형화 되었으며, 그것은 바로 선교일원(禪敎一元)의 원리가 되었다. 그리고 그 원리는 정혜결사의 중요한 초석이 되었고 오늘날까지 한국불교의 전통이 되었기 때문이다.

보문사의 체험이 기초가 되어 지눌은 후에 『원돈성불론(圓頓成佛論)』과 『화엄론절요(華嚴論節要)』를 지어, 화엄의 '마음이 부처'라는 믿음으로 깨쳐 들어가는 이른바 '원돈신해문(圓頓信解門)'을 열어 학인들을 지도하게 된다.

여기서 우리는 지눌이 이통현 장자의 『화엄론』을 만나고 좋아하게 된 사실을 주목하게 된다. 그는 『화엄론』을 좋아하여 시간이 날 때마다 학인들을 위해 강설했다고 한다. 그런데 그 책은 40권이나 되는 방대한 저술로 문장도 투박하여 강설하기 쉽지 않으므로 중요한 부분만 뽑아 3권으로 줄여 『화엄론절요』라 하였다. 이 저술을 할 때 지눌은 "뜻으로 맹세하고 정성을 일으켜 향을 피우고 부처님의 도움을 청했다."고 한다. 그가 얼마나 정성을 들여 저술했는가를 잘 알 수 있다.

그러면 왜, 지눌은 이통현의 화엄을 그토록 좋아했을까? 화엄종에서는 현수법장(賢首法藏, 643-712)이 정통인데 비해 이통현은 일개 거사요, 정통이 못 되는 인물이다. 그러나 그의 『화엄경』 주석은 체험적이고 실천적인 특성을 가진다. 지눌이 이통현을 좋아한 까닭이 여기에 있다. 이러한 지눌의 모습에서 실천을 중시하고 오직 진리만을 따랐던 그의 가풍을 보게 된다. 지눌은 법을 펼 때 『대혜어록』과 『화엄론』을 두 날개로 삼았다고 한다.

08

정혜결사의 기치를 올리다

개경을 떠난 지 6년, 치열한 구도와 진리에 눈뜬 체험을 통해 지눌은 이제 정혜결사를 실행에 옮길 수 있는 만반의 준비가 되었다. 본래 마음에 대한 눈뜸이 있었고 선교의 문제를 근본적으로 해결할 수 있는 단서도 확실히 잡게 되었다. 이제 30이 넘은 그는 체험을 통해 얻은 결실을 다른 사람들과 나누어야 할 때가 온 것이다.

마침 그때 보제사에서 함께 정혜결사를 약속했던 득재(得材)라는 스님이 팔공산 거조사(居祖寺)에 머물면서, 그곳에 와서 약속대로 정혜결사를 실행에 옮길 것을 재삼 간절히 청하였다. 그의 청에 따라 지눌은 31세 되던 해(1188) 봄에 강선자(舡禪子)와 함께 거조사로 옮겼다. 거조사는 현재 경상북도 영천에 있는 거조암으로 은해사의 말사이다. 국보인

오백나한전으로 유명한 곳이다.

그곳에서 지눌은 옛날 뜻을 함께 했던 도반들을 불러 모았다. 그러나 불과 서너 명만이 모일 수 있었다. 나머지는 죽거나 병들고 또 명예와 이익을 좇아 떠난 사람도 있었다. 그는 결사의 취지를 글로 써서 전국에 반포하였다. 그 취지문이 유명한 『권수정혜결사문(勸修定慧結社文)』이며, 그때 그의 나이 33세였다. 이로써 한국불교 최초의 체계적인 결사가 출범하게 되었다. "땅에서 넘어진 자 땅을 짚고 일어나야 한다."는 유명한 말로 시작하고 있는 『권수정혜결사문』은 타락한 고려불교를 정화하고 개혁하는 정법불교의 선언서이며, 또한 수심의 바른 길을 제시하는 수심불교의 지침서이다. 흔히 『정혜결사문』 혹은 『결사문』이라고 불리는 이 취지문은 만여 자(字)에 가까운 장문으로, 결사의 동기와 배경, 그리고 이념 등을 잘 보여주고 있다.

그렇다면 정혜결사의 취지는 어떠한가? 『결사문』을 중심으로 살펴보자. 첫째, 무엇보다도 부패하고 타락한 고려불교의 척결이다. 그가 결사를 발의할 때 첫 마디는 "명예와 이익을 버리고 산속에 살자."는 것이었다. 명예와 이익이 무엇인가. 세속의 사람들도 경계해야 할 대상이지 않은가. 그런데 하물며 출가한 승려들이 그런 것들에 사로잡혀 있다면 얼마나 잘못된 일인가.

그러나 명예와 이익을 버리자는 제안 속에는 당시 정치와 권력에 연결되어 있는 이른바 국가불교, 왕실불교에 대한 거부의 뜻이 포함되어 있다. 왜냐하면 명예와 이익은 항상 그런 불교와 함께 하기 때문이다. 또 국가불교, 왕실불교는 국가와 왕실의 안위를 빌어주는 기복과 의례불교를 수반할 수밖에 없다. '산속에 살자'는 제안에는 이런 기복불교, 의례불교에 대한 비판이 포함되어 있다. 따라서 명예와 이익을 버리고 산속에 살자는 제안은 잘못된 고려불교의 현실에 대한 강한 단절과 거부를 말한다.

둘째, 마음 닦는 수심불교, 수행불교 하자는 것이다. 그는 불교가 세속 일에 휩쓸려 타락하는 것이나 선교 간에 갈등을 일으키는 것도 승속(僧俗) 간에 가장 기본이 되는 수행을 게을리 하기 때문이라고 생각했다. 그러므로 타락한 고려불교를 바로잡기 위해서는 무엇보다도 마음 닦는 일에 철저해야 한다고 믿었다. 그러므로 그는 마음 닦는 바른 길을 제시하는 일에 진력 하였다. 실로 『결사문』은 마음 닦는 바른 길을 제시하는 지침서라 할 것이다.

마음 닦는 바른 길이란 어떤 것일까? 지눌에 의하면, 마음의 실상을 확실히 알고 닦아야 한다는 것이다. 『정혜결사문』에서 그는 이렇게 말하고 있다.

> 스님께서 지금 말씀한 바에 의하면, 먼저 자신의 본래 성품의 밝고 묘한 마음을 믿고 알아야 비로소 그 성품에 의지해서 선을 닦을 수 있으니, 그것이 옛날부터 스스로 부처의 마음을 닦고[自修佛心], 스스로 부처의 도를 이루는[自成佛道] 요긴한 방법이라는 것입니다.

여기서 지눌은 수심의 목표와 방향을 잘 드러내고 있다. 먼저 수심의 목표는 부처를 이루는데 있다. 그런데 지눌에 있어서 부처는 다름 아닌 본래 마음이다. 따라서 부처를 찾고 부처를 이루는 일은 밖으로부터가 아니라 한 마음의 문제일 뿐이다. 그러니 스스로 이룰 수 있는 것[自成佛道]이다.

닦음 또한 마음을 떠나서 있을 수가 없다. 왜냐하면 닦음의 전 과정은 부처인 본래 마음이 생활 속에 환히 드러나서 '끝없는 묘한 작용', 즉 일체의 모든 생명을 다 살리고 이롭게 하는 자비의 삶을 사는 것이기 때문이다. 그래서 닦음 또한 스스로의 마음을 닦을 뿐[自修佛心]이다.

실로 "스스로 부처의 마음을 닦고[自修佛心], 스스로 부처의 도를 이룬다[自成佛道]."는 말은 불교의 특성을 잘 나타내고 있다. 다른 종교에서는 어떤 절대적 존재를 믿고 그를 향해 가는 것이 종교적인 실천이요, 신앙이다. 그러므로 구원이 가능하다면, 그것은 나의 능력이나 노력에 의한 것이 아니라 절대적 존재, 즉 신(神)의 힘으로만 가능하다. 이러한 신앙유형을 타력신앙(他力信仰)이라 한다. 인간 문제의 해결은 오직 절대적 능력을 가진 존재에 의해서만 가능하기 때문이다.

그러나 불교, 특히 지눌에 있어서 인간은 비록 나고 죽는 괴로움 속에 던져져 있으나, 그는 본래부터 부처와 추호도 다르지 않은 성품, 즉 부처인 마음을 타고 난 것이다. 그러므로 본래의 부처인 마음을 확연히 깨치고 생활 속에 드러내도록 하는 노력이 필요할 뿐이다. 그것은 자신의 마음이 지닌 문제이기 때문에 스스로 할 수밖에 없다. 이런 유형의 실천을 종교학에서는 자력종교(自力宗敎)라 한다. 이처럼 "스스로 부처의 마음을 닦고, 스스로 부처의 도를 이룬다."는 말은 불교의 기본을 잘 드러내고 있다. 『결사문』에서 지눌은 몇 번이고 이 근본을 강조하고 있다. 그것은 모든 불자들이 승속 간에 그 근본에 충실해야 하기 때문이다.

다음으로 지눌은 스스로 부처인 마음을 닦고, 스스로 부처의 도를 이루는 요긴한 방법을 분명히 밝히고 있다. 즉 마음이 다름 아닌 부처라는 확실한 믿음과 앎[信解]에 기초해서 닦으라는 것이다. 마음에 대한 확실한 믿음과 앎을 기초로 한 닦음을 지눌은 『결사문』 곳곳에서 '믿음과 앎에 의한 닦음[信解而修]', '뜻을 얻은 닦음[得意修]', '뜻을 얻은 관행[得意觀行]' 등으로 강조하고 있으며, 이는 뒤에 마음이 부처임을 깨닫고 닦으라는 이른바 돈오점수(頓悟漸修)로 다시 표현 되고 있다.

마음이 부처라는 결정적인 믿음과 앎에 의한 닦음이 진정한 닦음[眞

修]이라면, 그런 기초 없이 닦는 것을 지눌은 '어리석은 이의 수행[愚夫觀行]'이라 하여 아주 잘못된 닦음이라 하고 있다. 그런 닦음은 안에 있는 부처를 밖에서 찾고 다니기 쉬우며, 말없이 앉아 있는 것을 선으로 여겨서 마침내는 퇴굴하여 물러나기 쉽다는 것이다. 그러므로 진정한 닦음은 마음이 부처라는 우리들 존재의 실상을 확실히 알고, 그 마음이 생활 속에 환히 드러나도록 해야 한다는 것이다.

셋째, 선정과 지혜를 함께 닦는 결사이다. 지눌에 있어서 바른 닦음은 마음이 부처라는 사실을 분명히 안 다음에, 그것을 기초해서 닦는 것이다. 즉 마음에 즉한 닦음이다. 이 마음에 즉한 닦음의 구체적 내용이 선정과 지혜를 함께 닦는 이른바 정혜쌍수(定慧雙修)이다. 선정과 지혜를 함께 닦는 정혜쌍수야말로 수심의 대원칙이요, 정혜결사의 정신이다. 지눌은 일찍이 "진리에 들어가는 천 가지 문이 모두 선정과 지혜 아님이 없다."고 하였다. 그가 결사의 이름을 정혜결사라 한 것에서도 선정과 지혜를 함께 닦는 것을 얼마나 중요시 했던가를 잘 알 수 있다.

지눌에 있어서 선정과 지혜는 계·정·혜 삼학(三學)을 가리킨다. 그러므로 선정과 지혜라 할 때, 그 앞에는 항상 계율이 전제되어 있음을 잊지 말아야 하겠다.

전통적으로 선정은 산란한 마음을 안정시키는 공부를 가리키며, 지혜는 사물을 사물대로 보는 것을 가리킨다. 그러나 지눌에 있어서 선정과 지혜는 항상 마음에 즉해서 쓰이고 있다. 지눌은 우리의 마음은 텅 비었으면서도 환히 밝은 바탕이라고 한다. 바로 그 텅 빈 마음이 선정이며, 환히 밝은 마음이 다름 아닌 지혜이다. 왜냐하면 텅 빈 바탕에는 일체의 분별이나 망상 등 산란한 것이 없고, 환히 밝은 바탕은 일체를 비춰 볼 수 있는 지혜의 바탕이기 때문이다. 한 마음의 두 면이므로 텅 빈 면[体]과 환히 밝은 면[用]이 분리할 수 없듯이 선정과 지혜 또한 분리할 수 없다. 선정과 지혜가 함께 하는 쌍수(雙修)이어야 할 근거가 여기에 있다.

선정과 지혜를 함께하는 수행의 실제는 어떠한가? 본질적으로 본래 부처인 마음을 드러내는 것이므로, 억지로 애써 악을 끊고 선을 닦는 것이 아니라 무념(無念)으로 닦을 뿐이다. 그 핵심을 지눌은 성성적적(惺惺寂寂)으로 표현하고 있다. 적적은 일체의 분별이나 생각이 일어나기 이전의 텅 빈 마음자리를 가리키는 말로 선정을 가리킨다. 그리고 성성은 환히 밝은 본래의 지혜를 가리킨다. 그러므로 참선을 하던 염불을 하던 수행의 실제에서 항상 '성성적적 하라'는 것이다. 그 구체적 예를 들어보자.

> 초저녁이나 밤중이나 새벽에 고요히 반연을 잊고, 오뚝이 단정하게 앉아 밖의 상(相)을 취하지 않고 마음을 거두어 안으로 비추어야 한다. 먼저 적적(寂寂)함으로써 반연하는 생각을 다스리고 다음으로 성성(惺惺)함으로써 혼침을 다스린다. 이렇게 혼침과 산란을 평등이 다스리되 취하고 버린다는 생각도 없어서 마음이 뚜렷하고 확 트여 어둡지 않고 생각 없이 알도록 해야 한다.

실제 수행에서 대상에 따라 놀아나는 산란한 마음과 졸리듯 멍청한 상태인 혼침(昏沈)에 떨어지는 것이 가장 큰 문제이다. 따라서 각기 적적하고 성성한 본래 마음을 드러내어 다스려 가라는 것이다. 인연 따라 일어나는 번뇌 망상은 본래 마음의 적적한 바탕이 드러나지 않을 때 나타나는 현상이다. 그러므로 그것을 다스리기 위해서는 억지로 끊으려 애쓰기보다는 본래의 적적한 바탕을 드러내는 것이 가장 효과적이다. 또 그러다 보면 마음이 졸리듯 멍청해질 수가 있다. 그를 혼침이라고 한다.

그 혼침은 역시 본래 마음의 밝음이 드러나면 저절로 없어진다. 그래서 밝게 깨어있는 성성(惺惺)함으로써 혼침을 다스리라는 것이다. 이렇게 고요하면서도 환히 밝은 본래의 마음대로 성성적적(惺惺寂寂)하게 하는 것이 수행의 묘이다.

좌선뿐만 아니라 일상생활에서도 마찬가지이다. 지눌은 "만일 세상 인연을 따라 어떤 일을 할 때에는 마땅히 할 일인지 하지 않을 일인지를 모두 관찰하여 모든 선행을 버리지 말아야 한다. 그러나 일을 할 때에는 텅 비고 밝은 마음을 잃지 않아 항상 맑고 고요해야 한다."고 말한다. 수행이 단순히 앉아서 하는 것에 머물고 만다면 한계가 있을 수밖에 없다. 본래 성성적적한 마음, 즉 텅 비고 환히 밝은 마음을 24시간 드러나도록 하는 것이 수행이기 때문이다. 그래서 일상생활에서 할 일과 하지 않을 일을 관찰해서, 해야 할 일은 버리지 말고 적극적으로 하라는 것이다. 그러나 일을 하되, '텅 비고 밝은 마음을 잃지 않아 항상 맑고 고요해야 한다.'고 하는 것이다. 즉 어떤 일이든지 해야 할 일은 하되, 단 본래 마음을 잃지 말라는 것이다. 그렇게 하면 그것이 청정심으로 하는 것이며, 허공 같은 마음으로 하는 것이요, 성성적적하게 하는 것이다.

넷째, 나와 남을 함께 제도하는 결사이다. 마음이 부처라는 확실한 믿음과 눈뜸을 통해서 선정과 지혜를 닦는 것이 수심의 바른 길이다. 그렇다면 선정과 지혜를 닦는 것이 닦음의 전부인가? 그렇지가 않다. 지눌은 선정과 지혜를 닦는 수행과 더불어 일체의 모든 생명을 위한 이타(利他)의 보살행을 함께 해야 된다고 한다. 『결사문』에서 지눌은 "만일 이와 같이 선정과 지혜를 쌍으로 운용하여, 모든 선행을 함께 닦으면 어찌 헛되이 침묵만 지키는 어리석은 선이나, 오직 문자만 찾는 미친 지혜에 비교하겠는가?"라고 말하고 있다.

심지어 그는 선정과 지혜를 닦는 것도 일체의 모든 생명을 이롭게 하는 ‘이타행을 위한 것’이라고까지 한다. 『정혜결사문』에서 그는 이렇게 말하고 있다.

이미 남을 제도하려는 원을 세웠으면 먼저 선정과 지혜를 닦아야 한다. 도의 힘이 있으면 자비의 문을 구름처럼 펴고, 행의 바다에 물결이 출렁이게 하여 미래세가 다하도록 고뇌하는 일체의 중생을 구제하고 삼보에 공양하여 부처의 가업(家業)을 이을 것이니, 어찌 고요함만 취하는 무리와 같겠는가.

이타행은 남을 제도 해야겠다는 생각이나 의욕만으로 되는 일은 아니다. 수행의 힘이 뒷받침 되어야 한다. 그러므로 남을 제도하려 하기 때문에 먼저 선정과 지혜를 닦아야 한다는 것이다. 선정과 지혜를 잘 닦으면 닦은 힘은 다시 자비를 펴는 데 나타난다. 그렇게 일체의 모든 생명을 이롭게 하려는 이타의 원으로 선정과 지혜를 닦고 다시 일체중생의 괴로움을 없애는 자비의 행을 나타내는 것이 부처님의 가업을 잇는 길이다. 그래서 그는 “만약 남을 이롭게 하는 행이 없다면, 곧 고요함만 취하는 무리들과 무엇이 다른가?”라고 묻고 있다.

이처럼 지눌에 있어서 마음 닦는 공부와 일체의 모든 생명을 이롭게 하는 이타의 실천은 함께 해야 할 수행이다. 따라서 그 둘의 분리는 병이다. 이타행 없이 오직 마음 닦는 것만을 수행이라 여기는 사람들을 ‘고요함만 취하는 무리’, 즉 취적지도(趣寂之徒)라 한 것도 이 때문이다. 마음 닦는 자기 수행과 함께 이타행의 강조는 보조선(普照禪)의 한 특성이라 할 수 있다. 지눌에 있어서 닦음은 마음에 즉한 것이며, 그것은 또한 나와 남을 함께 제도하는 이른바 자타겸제(自他兼濟)의 폭넓은 수행이다.

다섯째, 선과 교를 회통하는 결사이다. 선과 교가 지니는 문제의 연원은 깨침과 그 표현인 언어문자에 있다. 부처님께서 보리수 아래에서 새벽 별을 보고 얻은 큰 깨침은 상대(相對)가 끊어진 체험이다. 따라서 깨침 그 자체는 말로 표현하기도 어렵고 생각으로 헤아리기도 어렵다. 그래서 "말이 끊어지고 생각이 미치는 곳도 멸했다[言語道斷 心行處滅]."고 한다. 언어문자나 생각은 사량·분별하는 상대적인 세계의 도구들이기 때문이다. 여기에 깨친 사람과 그렇지 못한 사람 사이에 단절이 있다. 깨친 사람끼리는 깨친 소식을 구태여 말로 표현하지 않더라도 통할 수가 있다. 그러나 깨치지 못한 사람들을 위해서는 언어나 문자가 동원될 수밖에 없다. 그것이 상대적인 세계에 사는 사람들의 소통수단이기 때문이다.

부처님께서도 깨친 소식을 전하기 위해 45년 동안 많은 가르침을 설하셨다. 그것이 오늘의 『팔만대장경』이다. 언어문자로 표현된 팔만사천 법문은 상대적인 것이지만 절대적 세계, 즉 진리를 가리킨다. 말로 표현된 것이지만 말 이전의 세계, 말이 끊어진 세계를 가리키고 있다. 따라서 불교공부를 잘 해가는 길은 『팔만대장경』의 가르침을 따라 깨침 자체에 눈뜨는 것이다.

깨침과 가르침의 관계를 잘 나타낸 유명한 비유가 달과 손가락의 비유이다. 깨침, 즉 진리 자체가 '달'이라면 언어문자 등으로 표현된 가르침은 달을 가리키는 손가락[標月之指]이다. 이 비유의 목적은 달을 직접 보는 것이다. 그리고 그 목적을 위해 수단으로 동원된 것이 손가락이다. 그러므로 바른 불교공부의 방향은 손가락을 통해서 달을 직접 보듯이 언어문자로 표현된 가르침을 따라 깨침에 눈뜨는 것이다.

그런데 불교가 발달해가면서 손가락을 통해 달이라는 깨침과 가르침의 적절한 관계가 한쪽으로 치우치는 문제가 생기기도 하였다. 불교가 전문화되고 종파화 되면서 종파가 근거한 경전의 가르침을 체계화하는 작업이 경쟁적으로 일어났다. 특히, 중국에서 발달한 종파들에서는 다른 종파들과 경쟁하면서 자기 종파의 특수성, 우수성을 드러내기 위한 방법으로 경전을 주석하고 체계화하는 작업이 방대하게 이루어졌던 것이다. 그 결과는 한편으로 교학이나 사상의 발달을 가져왔지만, 다른 한편으로는 지나치게 언어문자의 세계에 떨어지는 문제를 낳게 되었다. 즉 '손가락'에 천착하다 보니 '달'을 직접 보는 일이 게을리 된 것이다. 교(敎)불교의 맹점이 여기에 있다. 이럴 때 '손가락'이 아니라 '달'을 직접 보는 것이 불교라는 기치를 들고 나타난 것이 선(禪)불교이다. 즉 언어문자의 가르침이 아니라 깨침에 눈뜨는 일이 부처님 가르침의 근본이라는 것이다.

그러므로 선불교는 첫 마디가 '언어문자로 표현된 가르침 밖에 따로 전하는 것[敎外別傳]'이 불교의 진리라 한다. 뒤따르는 말은 '문자에 의존하지 않는다[不立文字]'는 것이다. 그러면 어쩌자는 것이 선불교인가? '마음을 직접 가리켜서 그 성품을 깨쳐서 부처되자[直指人心 見性成佛]'는 것이다. 즉 마음자리를 깨쳐 부처되는데 언어문자로 된 가르침에 의존하지 않는다는 것이다.

이러한 선불교는 출발부터 언어문자로 표현된 가르침을 중시하는 교불교와 긴장과 갈등을 일으킬 소지가 충분히 있었다. 지눌 당시 고려불교의 상황도 선과 교간의 대립과 갈등이 심각하였다.

앞에서 본 것처럼, 지눌은 젊은 시절부터 선교간의 대립갈등 문제에 대해 심각하게 고뇌하였다. 선사나 강사를 찾아 그 둘이 통할 수 있는지를 물었으나 허사였다. 급기야 그는 부처님 말씀을 통해 선과 교가 통할 수 있는 단서를 찾기 위해 하가산 보문사에서 3년 동안이나 대장경을 읽었다. 선승인 그가 그토록 대장경을 읽은 것은 파격적인 일이 아닐 수 없다. 이는 그가 선교의 대립과 갈등의 해소를 위해 얼마나 고뇌하였으며, 진지하였는가를 잘 보여준다. 3년간의 대장경 열람이라는 긴 추구 끝에 마침내 그는 『화엄경』을 통해 선과 교가 둘이 아님을 확인하였다.

그때 그는 감격하여 읽던 경책을 머리에 이고 방안을 돌며 눈물을 흘렸다고 한다. 곧이어 이통현의 『화엄론』을 읽고 더욱 선과 교가 둘이 아님을 확신하고 드디어 "부처가 입으로 말한 것은 교요, 조사가 마음에 전한 것은 선이다."라고 설파했다. 이 말은 뒤에 '선은 부처님의 마음이요, 교는 부처님의 말씀'이란 말로 정형화되었으며, 선과 교를 아우르는 선교회통의 원리가 되었다. 마음의 표현이 말씀이요, 말씀의 바탕이 마음이니, 선과 교는 손바닥의 앞뒷면처럼 분리할 수 없다.

체험으로 얻은 확신을 통해 지눌은 선교가 둘이 아니라는 기본에서 마음 닦는 바른 길을 제시하였다. 실제 마음 닦는 길에서 선교 회통은 가르침을 놓고 선에 들어가는 이른바, 사교입선(捨敎入禪)으로 나타난다. 즉 손가락을 통해 달을 직접 보듯이 지눌에 있어서 말씀을 따라 마음을 깨치는 것이 수행의 바른 길이다. 그러나 당시 고려불교에는 이런 바른 수행의 길을 걷는 사람들이 많지 않았다. 명예와 이익이나 탐하는 사람들은 말할 것도 없거니와 공부를 한다는 사람들도 선과 교에 각기 치우쳐 바른 길을 걷지 못하였다. 선교간의 대립과 갈등을 일으키는 사람들도 바로 이런 사람들이었다.

지눌에 의하면 당시 교학자들의 병은 문자에 집착하여 마음을 관하지 않는 것이었다. 그는 그런 병에 걸린 사람들을 '세간의 문자법사[世間文字法師]', 혹은 '미친 지혜[狂慧]'라 하였다. 그들은 말을 따라 견해를 내고 글을 따라 알음알이를 지으며 가르침만 좇고 손가락과 달을 분간하지 못하는 사람들이요, 입으로는 사사무애를 말하지만 관행을 닦지 않는 사람들이다. 이들에 대한 지눌의 처방은 마음이 부처임을 확신하고 선정과 지혜를 닦으라는 것이다.

그런가 하면, 선학자의 병은 어리석은 선, 즉 치선(癡禪)이다. 이 병에 걸린 사람을 지눌은 암증선객(暗證禪客), 취적지도(趣寂之徒)라 불렀다.

어리석은 선에 빠진 암증선객, 취적지도란 다름 아닌 달이 있는 방향도 모르면서 덮어놓고 '손가락'을 무시하는 사람들이다.

이들에 대한 지눌의 처방은 무엇인가? 그는 "그러므로 삼가 바라노니, 참[眞]을 닦는 높은 인사는 위와 같은 간곡한 말에 의지하여 먼저 스스로의 마음이 바로 모든 부처님의 본래의 원천임을 깊이 믿고, 비추어 보는 선정과 지혜의 힘으로 일으켜 낼 것이요, 어리석음을 안고 단정히 앉아 있으며, 분별이 없음을 본받아 그것을 큰 도라 해서는 아니 된다."고 한다. 즉 수행에 앞서서 간곡한 말씀에 의지하여 스스로의 마음이 부처임을 믿고 선정과 지혜를 닦으라는 것이다.

미친 지혜에 떨어진 문자법사들에게는 손가락을 떠나 달을 직접 보라 하고, 어리석은 선에 빠진 암증선객들에게는 손가락을 통해 달이 어디에 있는지 그 방향을 분명히 알고 닦아야 한다고 지눌은 말한다. 손가락에 집착하여 달을 보지 못하는 것이나 손가락을 무시한 채 달의 방향을 모르는 것이나 잘못되기는 마찬가지이기 때문이다. 이처럼 지눌의 선교회통(禪敎會通)은 선과 교의 문제를 근원적으로 치유하고 바른 수심의 길을 제시하는 데까지 이르고 있다.

여섯째, 근기를 중시하는 결사이다. 『결사문』의 수심은 텅 비고 환히 밝은 마음에 대한 결정적인 믿음과 이해에 의해 선정과 지혜를 함께 닦는 것이다. 이런 선을 지눌은 '최상승선(最上乘禪)'이라 한다. 이 최상승선은 기본적으로 돈종(頓宗)에 해당되고, 그 닦음은 무념(無念)과 무작(無作)을 본령으로 한다. 그래서 끊어도 끊음이 없고 닦아도 닦음이 없다. 그러나 그럼에도 불구하고 그는 최상승선 뿐만 아니라 근기에 따라 다양한 방편을 수용하고 있다. 그런 입장을 『결사문』에서 이렇게 밝히고 있다.

지금 말한, 마음의 성품은 본래 청정하고 번뇌는 본래 공하다는 가르침은 최상승선에 해당된다. 그러나 공부를 해 가는 문에서 처음 마음을 낸 사람을 위해서는 권승(權乘)과 대치하는 가르침이 없을 수 없다. 그러므로 이 권수문(勸修文)에는 권(權)과 실(實)을 아울러 베풀어 놓았으니 잘 알아야 할 것이다.

권(權)과 실(實), 즉 방편과 실제를 함께 베풀어 놓은[權實竝陳] 것이 『결사문』이라는 것이다. 방편을 수용하는 까닭은 '처음 마음을 낸 사람[初心之人]'을 위해서이다. 여기서 우리는 지눌의 선이 가르침을 필요로 하는 사람의 능력과 소질을 소중히 여기는 폭넓은 것임을 확인할 수 있다.

삼학(三學)에 있어서도 무념, 무작을 기본으로 하는 돈종은 본래 마음에 그릇됨, 산란함, 어리석음이 없는 이른바 자성삼학(自性三學) 혹은 칭성삼학(稱性三學)을 본령으로 한다. 그러나 『결사문』에서 지눌은 자성삼학과 더불어 그릇된 것을 막고 악을 그치는 계학(戒學), 산란한 마음을 안정시키는 정학(定學), 그리고 법을 가리어 공을 관하는 혜학(慧學)의 이른바 수상삼학(隨相三學)을 함께 수용하고 있다. 『육조단경』에서 이 수상삼학은 점문(漸門)의 열등한 근기의 사람들이 닦는 수행으로 폄하, 배격되고 있다. 이렇게 보면 지눌은 『결사문』에서 이미 근기에 따라 돈과 점을 아우르는 회통적 입장에 있음을 알 수 있다.

근기에 따라 권과 실을 아울러 베푸는 폭넓은 가르침은 실제 다양한 수행방법으로 제시되고 있다. 『결사문』 끝 부분에서 지눌은 다양한 근기의 사람들이 닦아야 할 수행의 예를 구체적으로 밝히고 있다. 이에 의하면, 상근기는 최상승 법문에 따라 성성적적한 본래의 마음이 바로 부처의 마음이라는 결정적인 믿음과 앎을 일으키고 그것에 의해 습기(習氣)를 다스리고 보살의 행을 실천해 간다고 한다. 이들이 이른바 최상승선의 수행을 해가는 사람들이다.

다음은 중근기의 사람들이다. 이들은 스스로의 마음은 청정하고 묘한 덕을 가지고 있다는 말을 듣고, 믿고 좋아하여 닦아 익힌다. 그러나 비롯함이 없는 때로부터 '나' 라는 상(相)에 굳게 집착해 왔기 때문에 익힌 기운이 치우치고 무거워 여러 가지 번뇌의 장애를 일으켜 정(情)을 잊지 못한다. 즉 상근기의 사람들보다는 습기가 무거운 사람들이다. 이들은 자력적인 수행뿐 아니라 부처님의 위신력에 힘입는 타력적인 수행을 겸해야만 한다.

따라서 지눌은 자력과 타력을 함께 필요로 하는 중근기를 위해 또한 정토와 염불을 수용하고 있다. 즉 아직 진리에 안주하여 움직이지 않는 힘을 이루지 못하여, 이 예토에 머물면 여러 가지 고난을 만나 물러날 걱정이 있는 사람이 있다. 이런 사람은 정토에 나서 불퇴전의 위치를 얻고 다시 이 세계에 와서 중생을 제도할 수도 있다는 것이다.

물론 지눌이 수용하는 정토, 염불 수행은 '한 마음 청정한 것이 곧 정토'라는 유심정토(唯心淨土)의 차원임은 말할 것도 없다. 따라서 타방불, 타방정토를 구하는 것과는 다르다.

또 하근기의 사람들에게는 오로지 부처님의 백호광명(白毫光明)이나 범자(梵字)를 관하거나 경을 외고 염불하는 수행을 제시하고 있다.

> 또 어떤 수행하는 사람은 받은 기운이 굳세고 크며 정(情)의 반연은 가장 깊어 이 마음의 법을 들으면 뜻 둘 곳을 알지 못한다. 그러나 저 부처님의 백호광명을 관하거나, 범자(梵字)를 관하거나 경을 외고 염불을 하는 등 이런 수행의 문에는 오로지 하여 산란하지 않고 능히 망상을 다스려 미혹의 장애를 받지 않고 청정한 행을 이룬다. 이 사람은 처음에는 현상적인 것을 좇아 행하지만 감응의 길이 통하고 마침내 유심삼매(唯心三昧)에 들어간다.

그러므로 그도 역시 부처님의 뜻을 잘 아는 사람이다.

이처럼 지눌은 수행을 필요로 하는 사람들의 근기에 따라 선과 정토, 자력과 타력 등 다양한 수행법을 구체적으로 제시하고 있다. 이런 폭넓은 가르침은 부처님의 근기설법, 대기설법을 연상케 한다.

『결사문』에서 보여주는 이런 근기설법이 뒤에 돈오점수의 보편적인 수행의 길과 함께 화두를 참구하는 경절문(徑截門), 그리고 염불수행을 포괄하는 폭넓은 수행체계로 발달하게 되었다.

끝으로는 함께하는 결사이다. 즉 정혜결사는 타락한 고려불교를 정법으로 바로 세우는 일대혁신으로, 혼자서가 아니라 대중과 함께 하자는 것이다. 정혜결사는 승려들뿐만 아니라 재가의 신도, 나아가서는 다른 종교를 신봉하는 사람들에게도 열린 길이었다.

> 삼가 바라노니, 선(禪)이나 교(敎), 유교(儒敎)와 도교(道敎)에서 세상을 싫어하는 뜻이 높은 사람으로서, 티끌세상을 벗어나 세상 밖에 높이 노닐면서 안으로 행하는 도를 오로지하여, 이 뜻에 부합하는 사람이라면 비록 지난날 계(契)를 맺은 인연이 없더라도 이 결사문 뒤에 그 이름 쓰기를 허락한다.

이 얼마나 열린 자세인가. 결사에 동참할 수 있는 기준은 겉으로 나타난 모양이나 종교가 아니라 티끌세상을 벗어나 진리대로 살려는 의지에 있었다.

그는 『결사문』 뒤에 발원하기를 "함께 바른 인을 맺고 함께 선정과 지혜를 닦으며, 함께 행과 원을 닦아 함께 부처의 땅에 나고, 함께 보리를 증득하는 등 일체를 함께 배워서……, 서로 함께 도와 진리의 수레바퀴를 굴려서 널리 중생을 제도하여, 모든 부처님의 막대한 은혜를 갚으려는 것"이라 하고 있다. '함께 하는 불교'야말로 그가 이상으로 하는 불교였다. 거기서 우리는 일부 특권층의 불교가 아니라 모든 사람의 불교, 대중의 불교여야 한다는 높은 이상을 보게 된다. 실제 결사가 본격화되었을 때 승려뿐만 아니라 재가의 불자들, 나아가 진리를 사랑하는 모든 사람들이 동참하였음은 결코 우연한 일이 아니다. 이러한 '함께 하는' 결사정신은 그의 대사회적 의식의 표출이라 할 것이다. 선이나 수행이 개인적 차원에 머물지 않고 대중과 함께 하는 실천으로의 새로운 의미를 갖게 된 것이다. 이는 특기할만한 일이다.

아무튼 정혜결사는 타락한 고려불교를 정법불교로, 왕실과 국가 위주의 불교를 대중의 불교로, 기복과 의례불교를 수행불교로, 명리를 추구하는 불교에서 선정과 지혜를 함께 닦는 수심불교로의 일대전환을 촉구하고 있다.

결사문이 반포되자 거조사에는 전국에서 많은 사람들이 몰려들었다. 그곳에서 지눌은 명예와 이익을 버린 여러 종파의 높은 선비들을 널리 맞이하여 정성껏 권하고 청하여 밤낮으로 게으르지 않고 선정과 지혜를 함께 닦으며 10여 년을 보냈다.

그러나 거조사는 많은 사람들을 수용하기에는 도량이 너무 좁았다. 그래서 새로운 넓은 장소를 물색해야만 했다. 지눌은 40세 되던 해(1197), 제자 수우(守愚)를 남쪽으로 보내어 새 장소를 찾도록 하였다. 수우는 송광산(松廣山)에서 길상사(吉祥寺)라는 한 퇴락한 절을 발견했는데 도량이 넓고 경치가 뛰어났다. 이에 지눌은 땅이 비옥하고 물이 달며 숲이 우거져 있어서 수행하기 적합하다고 판단하여, 그 절을 개축하고 그곳으로 옮기기로 하였다. 그곳이 바로 지금의 순천 조계산 송광사이다.

후에 백련결사(白蓮結社)를 주도했던 원묘국사 요세(圓妙國師 了世,

1163-1245)를 만난 것도 이 무렵이다. 원묘국사의 비문에 의하면, 팔공산에 있던 지눌이 다음과 같은 게송을 보내 선을 닦으라고 권했다 한다.

> 파도가 어지러우니 달이 드러나기 어렵고
> 밤이 깊으니 등불이 더욱 빛나는구나.
> 그대에게 마음의 그릇 흔들리지 않도록 권하노니
> 감로장(甘露醬)을 쏟아지게 하지 말라.

원묘국사는 이 게송을 보고 지눌을 찾아가 함께 머물다가 그가 강남으로 옮길 때 그도 또한 남쪽으로 갔다고 한다. 이를 보면, 지눌은 찾아오는 사람뿐 아니라 적극적으로 결사에 동참하도록 권하여 함께 했음을 알 수 있다.

09

대혜와의 만남

송광산으로 옮기기 전 지눌은 지리산 상무주암(上無住庵)에서 몇몇 선승과 함께 또 한 번의 뼈를 깎는 정진에 들어간다. 이때가 1198년, 그의 나이 41세 때였다. 상무주암은 지금의 경남 함양군 마천면 삼정리에 있는 암자로 실상사에서 함양 쪽으로 가다가 오른쪽 다리를 건너 영원사 쪽으로 올라가면 영원사 뒷산 바위틈에 위치해 있다. 지리산 반야봉이 보이는 빼어난 곳이다. 비문에는 "경치가 그윽하고 고요하여 천하의 으뜸으로 수행하기에 좋은 곳이다."고 적고 있다. 지눌은 그곳에서 바깥 인연을 물리치고 오로지 안으로 자신을 관조하는 수행[內觀]에만 전념하여 궁극의 근원을 찾아 들어갔다.

지눌은 청원사와 보문사에서 마음의 눈을 뜬 후 거조사에서 정혜결사를 결성하고 10여 년간을 대중들과 함께 선정과 지혜를 닦아왔다. 그러나 그는 아직 진리와 하나 되지 못하였고 따라서 안심(安心)을 얻지 못했던 것 같다. 그 10여 년간의 심경을 그는 "내가 보문사에서 지낸 이후 10여 년인데, 비록 부지런히 닦는 데에 마음을 두어 헛되이 세월을 낭비한 적이 없으나 정견(情見)을 버리지 못하여 어떤 물건이 가슴에 걸려있는 것이 마치 원수와 함께 있는 것과 같았다."고 술회하고 있기 때문이다.

완전한 깨침은 '나'가 깨지는 것이요, 진리와 내가 둘이 아니게 되는 것이다. 그러므로 그런 깨침을 통한 삶은 더 이상 진리를 향해 가는 삶이 아니라 그대로 진리로 사는 삶이어야 한다. 진리와 세속이 둘이 아니기[眞俗不二] 때문이다. 그런데 지눌 자신의 술회에 따르면 아직은 정견을 버리지 못했고, 보문사 이래 10여 년간 부지런히 닦는 차원에 있었음을 알게 된다. 즉 '나다' 하는 벽이 완전히 깨진 차원과는 다른 것이다. 그러므로 무엇인가가 가슴에 걸려있는 듯 했고, 그것은 마치 원수와 자리를 함께 하는 것 같다고 했던 것이다. 큰 자유와 안심을 얻기 위해서는 마지막 정견을 타파해야만 했었다.

마침내 지눌은 대혜 종고(大慧宗杲, 1089-1163)의 어록을 읽다가 정견을 타파하고 대자유와 안심을 얻게 된다. 비문에는 그때의 일을 이렇게 전하고 있다.

> 지리산에 있을 때 『대혜보각선사어록』에 이르기를, "선은 고요한 곳에도 있지 않고 또한 시끄러운 곳에도 있지 않으며, 일상 생활하는 곳에도 있지 않고 사량 분별하는 곳에도 있지 않다. 그러나 먼저 고요한 곳, 시끄러운 곳, 일상생활 하는 곳, 사량 분별하는 곳을 버리지도 말고 참구하여야 한다. 홀연히 눈이 열리면 바야흐로 모두 자기 집안일임을 안다."라고 하였다. 나는 이에 뜻이 들어맞아 자연히 물건이 가슴에 걸리지 않고 원수와 처소를 같이 하지 않아 곧 마

음이 편안하였다.

『대혜어록』을 통해 그는 진리가 어디에나 있다는 사실을 확철대오(廓徹大悟) 하였다. 이 깨침으로 마지막 남은 정견, '나다' 하는 벽이 완전히 깨져버린 것이다. 그래서 나와 진리가 하나된 것이다. 더 이상 가슴에 걸리는 것이 없게 되었고 자리를 함께 할 '원수'도 없게 되었다. 비로소 큰 안심(安心)과 자유를 얻게 된 것이다. 이제 남은 것은 진리를 찾는 것이 아니라 생활 속에 진리를 펴는 것이요, 그것은 다름 아닌 세찬 이익중생의 삶이다.

『대혜어록』을 통한 지눌과 대혜의 만남은 한국불교 사상에서 중요한 의미를 가진다. 대혜의 간화선(看話禪)이 최초로 주목되고 또 소개된 것이 이 만남을 통해서였기 때문이다. 지눌은 뒤에 『간화결의론』을 지어 화두를 드는 간화선을 선양하고 있다. 오늘날 간화선이 한국불교의 대표적인 수행전통으로 굳건히 자리 잡게 된 것도 이 만남에서 그 뿌리를 찾을 수 있다. 지눌은 법을 펴는데 있어서도 『화엄론』과 『대혜어록』을 두 날개로 삼았다고 한다. 혜능의 『단경』을 먼 스승으로, 그리고 대혜의 『서장(書狀)』을 가까운 벗으로 했다[遠師壇經 近友書狀]는 말도 지눌이 대혜의 어록을 얼마나 중시하고 가까이 했는가를 잘 나타내고 있다.

뒤에 지눌은 원돈신해문과 성적등지문, 경절문의 이른바 세 가지 길[三門]을 열어 후학을 지도했다고 하는데, 화두를 참구해서 바로 깨쳐 들어가는 경절문의 연원이 바로 상무주암의 체험에 있다.

10

조계산 송광사에서

『대혜어록』은 "선은 조용한 곳에도 시끄러운 곳에도 있지 않다."고 했다. 그러나 취하고 버리는 마음만 내려놓으면 선은 고요한 곳, 시끄러운 곳 어디에나 있지 않는가. 상무주암에서 이런 큰 깨침을 얻은 지눌은 더 이상 고요한 곳에만 머물 필요가 없게 되었다. 그는 다시 대중 속으로 내려와 정혜결사를 본격적으로 펼치게 된다.

지눌은 43세에 송광산으로 옮겼다. 그러자 그의 명성을 듣고 많은 사람들이 그곳으로 몰려왔다. 그는 한편으로 그들을 지도하면서 다른 한편으로 절을 중창하는 일에도 힘을 기울였다. 많은 재가의 신도들이 이에 호응하여 도움을 주었다. 어떤 사람은 재물을 보시하기도 하고 또 어떤 사람은 기술을 제공하거나 노동으로 돕기도 하였다.

드디어 지눌이 48세 되던 해인 1205년에 중창불사가 마무리 되었다. 중창불사의 완성으로 결사운동은 더욱 박차를 가하게 되었다. 평소 지눌의 명망을 듣고 흠모하던 희종(熙宗)은 명을 내려 산의 이름을 송광산에서 조계산으로, 그리고 절의 이름은 수선사(修禪社)로 바꾸도록 하고 친필로 현판을 써서 보내기도 하였다.

조계산은 지눌이 마음의 스승으로 삼았던 육조혜능이 살던 산의 이름이었다. 우리는 이 산 이름의 개명에서도 그가 얼마나 혜능을 존경했는가를 알 수 있다. 그리고 이 새로운 도량으로 옮기고도 정혜사(定慧社)라는 이름을 계속 써왔는데 근처에 같은 이름의 절이 있어서 수선사라는 이름으로 바꾸게 된 것이다. 수선사 중창을 기념하기 위해서 같은 해 10월 1일에는 조정의 뜻을 받들어 약 120일 간의 경찬법회를 열어 낙성식을 봉행했는데, 낮에는 『대혜어록』을 강설하고 밤에는 좌선수행을 했다고 한다.

지눌은 한결같이 부처님의 계율에 의거해서 생활하여 안거(安居)할 때에도 흐트러짐이 없었고 운력 할 때에도 항상 대중에 앞장섰다고 한다. 다른 사람의 칭찬이나 비방에도 마음을 움직이지 않았고 오직 도로서 맡은 바를 다했다. 성품은 인자하고 참을성이 있어서 후학을 지도할 때 혹 뜻을 거스른 사람이 있어도 정성을 다하는 것이, 마치 어머니가 자식을 보살피는 것과 같았다고 한다.

그런 그의 가르침에 힘입어 사방에서 승려들은 물론 속인들도 그 명성을 듣고 명예와 벼슬을 버리고 머리를 깎고 또 친구를 권하여 함께 오는 이도 있었다 한다. 심지어 왕족이나 귀족, 선비와 일반 사람들도 수선사에 들어와 동참하는 이들이 수백 인이나 되었다 한다. 비문에는 수선사의 번성을 "선학의 왕성함이 근래에 비교할 수 없었다."고 전하고 있다.

수선사에서 지눌은 어떤 활동을 했을까? 말할 것도 없이 수선사에서 그의 삶은 '소걸음의 실천'으로, 결사정신을 몸소 실천하고 모든 사람들이 그렇게 살도록 지도하는 일 외에 다름이 없었다. 이에 비문은 몇 가지 중요한 일들을 전하고 있다.

첫째로 그는 승려생활의 규범을 계율에 근거하여 바로 세웠다. 마음 닦는 실천으로 그가 제시한 선정과 지혜는 계율을 지키는 지계(持戒)를 전제로 한 것이다. 『결사문』에서 지눌은 선정과 지혜는 계·정·혜 삼학(三學)의 줄인 말임을 분명히 밝히고 있다. 그는 고려불교가 그처럼 타락한 것도 불교적 삶의 기초인 계율을 게을리 했기 때문이라고 생각했다. 따라서 승풍(僧風)을 진작시키기 위해서 승려들이 계율에 근거한 청정한 삶을 살 수 있도록 하는 일은 무엇보다도 중요한 일이었다. 그는 중창불사가 끝나고 바로 그 해 『계초심학인문』을 써서 수선사의 '청정한 삶의 규범', 즉 청규(淸規)로 삼았다.

이 청규에서 지눌은 깨침의 길로 나아가는 초심학인이 지켜야 할 마음가짐, 몸가짐, 말하는 법은 물론 예불하고 참회하는 법을 비롯하여 잠자고 세수하고 밥 먹고 변소 가는 일에 이르기까지 일상생활의 규범을 자상하게 가르쳐 주고 있다.

이 수선사 청규는 화합과 청정을 기본으로 하는 공동체의 규범으로서 한국불교 최초의 청규이며, 조선조 태조 때부터는 전국의 모든 사찰의 청규로 시행하게 되었다. 그런 결과로 『계초심학인문』은 오늘날까지 한국 불교교육의 필수과목으로 채택되어 꼭 배워야 할 기본서가 되었고, 스님들의 생활규범이 되었다.

둘째, 그는 몸소 체험한 바에 따라 가르침을 폈다. 이를 비문에는 이렇게 전하고 있다.

> 사람들에게 읽기를 권할 때에는 언제나 『금강경』으로 하고 법을 세워 그 뜻

을 펼 때에는 반드시 『육조단경』으로 했으며, 『화엄론』과 『대혜어록』으로써 날개를 삼았다. 또 세 가지 문을 열었으니, 첫째는 성적등지문이요, 둘째는 원돈신해문이며, 셋째는 경절문으로써 그것에 의해 수행하여 믿어 들어가는 이가 많았으니, 선학의 왕성함이 근래에 비교할 수 없었다.

『금강경』은 대승불교, 나아가서는 불교의 가장 중요한 경전으로 일찍부터 선불교에서 중요시되었으며, 또 혜능이 그를 통해 진리의 눈을 뜬 것으로도 유명하다. 지눌이 사람들에게 읽기를 권할 때 항상 『금강경』으로 했던 것은 결코 우연한 일이 아니다. 오늘날 『금강경』이 대한불교조계종의 소의경전으로 된 것도 이와 무관하지 않다.

『육조단경』과 『화엄론』, 『대혜어록』은 각기 청원사, 보문사, 상무주암에서 지눌이 진리에 눈뜨는 직접 계기가 된 책들이다. 그것들을 중요시하고 가르침을 펼 때 활용한 것은 몸소 체험으로 확인한 내용을 설했다는 중요한 의미를 가진다.

그가 열었다는 세 가지 문[三種門], 즉 성적등지문(惺寂等持門), 원돈신해문(圓頓信解門), 경절문(徑截門)은 그가 체험한 바를 모든 사람들을 위한 깨침의 길로 제시하고 있는 특성을 보여주고 있다. 성적등지문은 환히 밝고 적적한 우리 마음에 근거해서 선정과 지혜를 함께 닦는 길로, 그 연원을 우리는 『육조단경』에서 찾을 수 있다. 그리고 원돈신해문은 무명으로 뒤덮인 중생의 마음이 바로 부처의 마음임을 확실히 믿고 수행해 들어가는 문으로, 이것은 지눌이 보문사에서 『화엄경』과 이통현 장자의 『화엄론』을 통해서 깨달은 체험을 바탕으로 하고 있다. 경절문은 돌아가는 길이 아니라 똑바로 가는 지름길로, 대혜종고가 강조한 간화선을 가리킨다. 지눌은 상무주암에서 이 대혜의 간화선 법문을 통해 완전한 깨침을 얻은 바 있다. 이상의 책들과 세 가지 길은 이처럼 지눌 자신의 깨친 체험에 기초하고 있다.

셋째로 지눌은 수선사에서 승풍을 진작시키고 깨침과 닦음의 길을 분명히 제시하기 위해서 많은 저술을 하였다. 이미 언급한 『권수정혜결사문』, 『계초심학인문』 이외에도 『수심결』, 『진심직설』, 『화엄론절요』, 『원돈성불론』, 『법집별행록절요병입사기』, 『간화결의론』 등 많은 저술을 남겼다. 그의 저술은 단순히 저술을 위한 저술이 아니라 깨침의 길, 마음 닦는 바른 길을 제시하기 위한 것이었다. 그러므로 한결같이 마음이란 어떤 바탕이며 그에 눈뜨는 깨달음이란 어떤 것인지, 그리고 닦는다는 것은 무엇인지를 밝히고 있다. 그 밖에도 설법집으로 『상당록(上堂錄)』과 『법어(法語)』 그리고 시문을 엮은 『가송(歌頌)』 각 1권이 있었다 하나 지금은 전해지지 않는다. 이것들이 전해졌으면 조계선풍인 보조선(普照禪)의 본래면목을 잘 보여 줄만한 자료들인데 아쉬움이 크다.

끝으로 비문은 지눌이 수선사에 있는 동안 여러 사암을 창건하고 그곳을 오가며 선정을 닦았음을 알리고 있다. 비문에는 서석산(瑞石山), 즉 지금의 광주 무등산의 규봉암(圭峰庵), 조월암(祖月庵) 그리고 지금의 전남 광양 백운산인 억보산(億寶山)의 백운정사(白雲精寺)와 적취암(積翠庵)의 이름이 보인다. 이들 사암 중 오늘날까지 남아 있는 절은 규봉암과 백운정사이다. 광주 무등산의 규봉암은 기암절벽을 배경으로 뛰어난 경관을 자랑하고 있다.

백운산의 백운정사는 상백운암(上白雲庵)으로 불리며, 근래에는 송광사 조계총림 초대 방장으로 보조선의 세계화에 진력했던 구산(九山, 1910-1983) 스님이 정진하던 토굴로 남아 있다. 구산 스님은 그곳에서 송광사 제8차 중창불사를 성공적으로 이룩한 현(現) 보조사상연구원 이사장 현호(玄虎) 스님을 제자로 맞았다고 한다.

또한 백운정사는 지눌의 법을 이은 진각국사 혜심(眞覺國師 慧諶,

1178-1234)을 만난 곳으로도 유명하다. 1205년 가을, 지눌이 백운산에 있을 때 혜심은 선승 몇 사람과 함께 스승을 뵈러 가다가 암자에서 1000여 보쯤 떨어져 있는 산 아래에서 쉬고 있었다. 그때 지눌이 암자에서 시자를 부르는 소리를 멀리서 듣고 다음과 같은 게송을 읊었다고 한다.

> 시자를 부르는 소리 소나무 숲 안개에 울려 퍼지고
> 차 끓이는 향기 돌길 바람 타고 전해 오네.
> 백운산에 들어서자마자 이미 암자 안의 노스님을 몸소 뵈었네.

이에 찾아뵙고 게송을 드리니 지눌이 크게 웃으며 손에 쥐고 있던 부채를 주었다. 이에 다시 혜심이 게송을 바쳤다.

> 전에는 스승의 손에 있었으나
> 지금은 제자의 손에 있네.
> 만약 번뇌 망상 뜨겁게 일어나면
> 마음대로 맑은 바람 일으키리.

이에 지눌은 또한 크게 기뻐하고 제자를 큰 그릇으로 여겼다고 한다.

수선사, 즉 오늘의 송광사에서 11년 간 주석하면서 지눌은 오직 '소걸음의 실천'으로 정혜결사를 통해 타락한 고려불교의 승풍을 일신하고 정법을 바로 세우는 일에 진력하였다. 그런 결과로 선과 교가 둘이 아니요, 돈과 점, 깨침과 닦음, 선정과 지혜, 자리와 이타를 함께 아우르는 독특한 수심불교의 전통을 확립하였다. 이러한 전통의 확립으로 한국의 선은 비로소 중국선으로부터 벗어나 독자적인 선풍을 이룩하게 되었다.

이런 보조선의 전통을 목우가풍(牧牛家風)이라 부른다. 목우가풍은 조선조까지 16국사를 배출한 송광사를 중심으로 오늘날까지 한국불교에 면면히 전승되고 있다. 송광사가 승보종찰(僧寶宗刹)로 불리는 것도 보조국사 이래 한국불교의 청정한 승맥(僧脈)을 이어오고 있기 때문이다.

1210년 2월, 모친을 천도하기 위해 법연을 베푼 지 수십 일이 지난 어느 날, 지눌은 대중들에게 "내가 이 세상에 살면서 설법하는 것도 오래지 않을 것이니, 부디 각자 노력하라."고 당부하였다. 그 뒤 3월 20일에 병을 보이어 그 달 27일에 돌아가셨다. 세상의 나이는 53세요, 법의 나이[法臘]는 36세였다. 그는 삶의 마지막 순간까지 제자들과 진리의 말씀을 나누다가 법상에 앉은 채 정혜결사로 일관한 삶을 조용히 마감하였다. 그가 열반에 드는 모습은 그가 어떤 삶을 살았는지를 잘 보여준다.

화장을 하여 유골을 수습하였는데 뼈는 모두 오색이었으며, 큰 사리 30과와 수많은 작은 사리들이 나와 수선사 북쪽 기슭에 부도를 건립하였다. 희종 임금이 이 소식을 듣고 슬퍼하며, '불일보조국사(佛日普照國師)'라 시호하고 그 탑을 '감로(甘露)'라 하였다. 감로탑은 오늘도 송광사 관음전 뒤 우뚝한 곳에서 묵묵히 송광사 도량과 대중들을 내려다보고 있다.

지눌의 돈오점수 사상

강 건 기

전북대학교 명예교수

01

한 생각 빛을 돌이키다: 돈오

지눌에 의하면 우리는 부처인 마음을 본래부터 다 갖추고 있다. 그러니 여여(如如)한 부처이다. 그러나 실제는 어떠한가? 부처로 살고 있는가? 그렇지 못하다. 실제로는 중생 중의 중생으로 살고 있다. 왜 그럴까? 마음이 부처, 내가 부처라는 사실을 모르고[迷] 환히 밝은 바탕을 등지고 '바깥살림'만 하고 살기 때문이다.

지눌은 "이 마음을 깨달아 지키는 사람은 꼼짝 않고 앉은 채 그대로 해탈할 것이며, 이것을 모르고 등지는 사람[迷此而背之者]은 오랫동안 육도에 윤회할 것이다."라 하고 있다. 본래 부처인 마음을 모르고 등지는 사람이 중생이요, 그가 사는 살림살이가 나고 죽고를 반복하는 윤회의 삶이다. 윤회하는 삶은 소아적(小我的) '나'가 주인이 된 삶으로 생사에 떨어진 삶이다. 그래서 나고 죽고를 반복하며 윤회한다. 그런 삶을 불교에서는 '괴롭다[苦]'고 한다. 언젠가는 죽어야 하며 항상 나와 남이 대립 갈등을 일으키는 삶이기 때문이다. 지눌은 그런 삶의 고통을 '불난 집' 속에 있는 것보다도 더하다고 했다. 마음 닦는 길이 필요한 것도 그런 불난 집의 고통으로부터 벗어나기 위해서이다.

중생으로 사는 과정, 즉 한 마음 등지고 윤회하는 과정을 지눌은 '가는 것이요, 흔들리는 것[去也動也]'이라 표현하고 있다. 어떻게 가고 어떻게 흔들리는가? 환히 밝은 본래 마음에 미혹하면 우리는 그 마음을 등지게 된다. 등지면 그늘이 생기고 그 그늘의 어둠 속에서 '나다' 하는 생각이 일어난다. 이것이 움직이는 시작이다. 그 움직임은 계속 되어 '남'이다 하는 생각으로 이어지고 이렇게 나와 대상이 나누어지면 그 대상에 대하여 마음에 든다, 들지 않는다는 분별이 일어나고 마음에 드는 것에 대해서는 욕심내고 마음에 들지 않는 것은 미워한다. 그 다음에는 그에 따른 말과 행동이 이어진다. 미혹한 우리들은 이렇게 업(業)을 짓고 그 결과로 윤회의 길에 떨어지는 것이다. 그러니 한 마음을 등지고 '가는 것[去也]'이며, 적적한 것이 아니라 '움직이는 것[動也]'이다. 그러므로 윤회에 떨어진 삶은 일심의 원천을 등지고 밖으로 치달으며 분주한 중생의 살림살이인 것이다. 그런 삶은 대상을 좇아 밖으로 치달으며 분별하고 집착하는 이른바 '바깥살림'에 떨어진 삶이다. 그런 살림살이로는 부처를 찾으면서도 항상 밖으로 헤맨다. 따라서 이런 삶은 본래의 나와 멀어지고 급기야 본래의 나, 참 나를 잃은 자기상실의 삶 외에 다름이 아니다.

어떻게 해야 할까? 본래의 마음, 원천으로 돌아가야[還源] 한다. 진리의 연꽃 경인 『법화경』에는 장자의 궁한 아들 이야기가 있다. 부러울 것 없이 모든 것이 갖추어진 장자의 아들이 우연히 집을 나갔다. 여기저기 떠돌며 거지신세가 되어 문전걸식을 하며 수십 년의 세월이 지났다. 이

제 고향이 어디인지도 잊은 지 오래 되었다. 그러던 어느 날 걸식을 하며 떠돌다 자기 집까지 오게 되었다. 수십 년이 지났지만 장자인 아버지는 자기 아들임을 알아보고 맞으려 하였으나 아들은 두려운 마음에 도망을 치고 만다. 장자는 하인을 시켜 아들을 유인하여 자기 집에 데려와 아들이란 내색을 않고 허드렛일에서부터 재산을 관리하는 일까지 몇 년 동안 훈련을 시킨다. 마침내 재산을 관리할 능력이 갖추어지자 장자는 동네 사람들을 모아 잔치를 베풀고 어릴 때 집을 나간 아들임을 밝히고 자기의 전 재산을 물려주었다.

이 이야기에서 모든 것이 갖추어진 집을 나가 거지신세가 된 아들이 누구인가? 부처인 마음, 그 원천을 등지고 윤회하는 세계를 여기저기 떠돌며 고생하고 있는 우리들의 모습이 아닌가. 그가 마침내 고향 집에 돌아가 아버지의 전 재산을 물려받듯이 우리도 본래의 마음으로 돌아가야 한다. 그것이 잘 사는 길이며, 우리답게 사는 길이다.

그 길을 지눌은 "법계를 깨달아 한 마음으로 돌아오는 사람은 오는 것이며, 조용한 것"이라 하고 있다. 고달픈 타향살이로부터 고향으로 돌아오듯이 일심의 원천으로 돌아오는 길이기 때문에 '오는 것[來也]'이며, 또 그것은 번뇌망상, 경거망동을 털어버리고 본래의 적적한 자리로 돌아오기 때문에 '조용한 것[靜也]'이다.

그러면 본래의 마음을 깨닫기 위해 필요한 것은 무엇인가? 무엇보다도 밖으로만 치닫던 우리의 의식의 빛이 일대 방향전환을 일으키지 않으면 안 된다. 방향전환을 일으켜 본래의 마음자리를 비추어 보아야 한다. 그것을 지눌은 '돌이켜 비춘다[返照]', 혹은 '한 생각에 빛을 돌이킨다[一念廻光]' 라고 한다. 즉 한 생각 일어나는 그 본래의 바탕으로의 내적인 전환이다. 그 돌이킴이 제대로 되면 본래 부처인 마음의 실상이 비로소 제 모습을 나타낸다. 그것이 본성을 보는 것[見自本性]이며, 돈오(頓悟)

이다. 그런데 이 때 눈 뜬 선지식의 한 마디 지적이 결정적 계기가 된다. 그래서 그는 돈오를 "선지식의 지시로 바른 길에 들어가 한 생각에 빛을 돌이켜 자기의 본래 성품을 보는 것"이라 하고 있다. 『수심결』은 선지식의 지시로 마음에 눈 뜨는 돈오의 예를 생생하게 보여주고 있다.

> 진리에 들어가는 길은 많지만, 그대에게 한 길을 가리키어 원천으로 돌아가게 하겠다.
>
> "그대는 저 까마귀 우는 소리와 까치 지저귀는 소리를 듣는가?"
>
> "예, 듣습니다."
>
> "그대는 듣는 성품을 돌이켜 들어 보아라. 거기에도 많은 소리가 있는가?"
>
> "거기에는 일체의 소리와 일체의 분별도 없습니다."
>
> "기특하고 기특하다. 이것이 바로 관음보살이 진리에 들어간 문이다. 내가 다시 그대에게 묻는다. 그대는 거기에 일체의 소리와 일체의 분별이 도무지 없다고 하였으니, 만약 그렇다면 그것은 허공과 같지 않은가?"
>
> "원래 공하지 않아서 밝고 밝아 어둡지 않습니다."
>
> "그러면 어떤 것이 공하지 않은 것의 본체인가?"
>
> "형상이 없으므로 말로 표현할 수도 없습니다."
>
> "이것이 모든 부처님과 조사의 생명이니, 다시는 의심하지 말라."

우리는 밖에서 들려오는 소리를 듣고 그 소리를 가지고 분별하고 마음에 든다 들지 않는다 등 시비를 하고 산다. 그래서 듣는 바탕, 듣는 놈에는 전혀 관심을 가지지 않고 산다. 그런데 '듣는 성품을 돌이켜 들어 보아라'는 말은 듣는 바탕, 듣는 원천으로 우리의 시선을 되돌려 놓는 선지식의 지시이다. 그런 지시로 제자는 한 생각에 빛을 돌이키게 되고, 스스로의 성품을 보게 된다. 한 생각에 빛을 돌이키는 것과 성품을 보는 것은 동시며, 오랜 시간이 걸리는 것이 아니라 한 순간이다. 그러니까 돈(頓)이다.

한 생각에 빛을 돌이켜 자기 본래 성품을 보았을 때 확인되는 것은 무엇인가. 그것은 본래 마음의 모습을 가리킨다. 첫째, 그 자리에는 '원래 번뇌가 없다'는 사실이다. 한 생각을 일으키기 이전 자리요, 듣기 이전 자리이며, 선악 이전 자리이니 번뇌가 있을 수 없다. 상대(相對)를 짓는 일체의 모든 것이 텅 빈 적적한 자리를 가리킨다.

둘째, "완전한 지혜의 성품[無漏智性]이 본래부터 스스로 갖추어져 있어서 모든 부처님과 조금도 다르지 않다."는 사실이다. 즉, 텅 비었다고 그저 허무공적한 바탕이 아니라 모든 부처님과 똑같은 완전한 지혜가 본래부터 갖추어져 있다는 것이다. '완전한 지혜'란 주・객을 나눈 채 분별을 통해 무엇을 아는 것이 아니라, 분별이 끊어진 지혜의 광명으로 사물을 있는 그대로 볼 수 있는 밝음을 가리킨다. '신령스런 앎[靈知]'이란 그런 지혜를 가리킨다. 분별, 선악 이전의 지혜광명의 작용이다. 그런데 텅 빈자리에 그런 지혜가 '본래부터 갖추어져 있다'는 것이다. 텅 비어 있으면서도 환히 밝은 지혜의 바탕, 이것이 한 생각 빛을 돌이켜 확인된 마음의 실상이다. 그렇게 확연히 마음의 실상에 눈뜨는 것이 돈오이다.

따라서 돈오는 어둠에서 밝음, 미혹에서 깨침으로의 대전환[轉迷開悟]이다. 그를 통해 우리는 비로소 중생이 다름 아닌 부처라는 존재의 실상에 눈뜨게 된다.

02

돈오돈수, 돈오점수

마음이 부처, 중생이 부처라는 존재의 실상에 눈 뜬 것이 돈오이다. 그러면 돈오로 공부 마친 것인가? 돈오하는 즉시 부처의 삶이 살아지는가? 우주와 둘이 아닌 부처의 마음이 끊이지 않고 생활 속에 그대로 살아 움직이면 더 닦을 필요가 없다. 그렇게 되면 그것을 돈오돈수(頓悟頓修)라고 한다. 그러나 그렇지 못한 경우, 돈오 이후에도 더 닦을 필요가 있다. 그것을 돈오점수(頓悟漸修)라고 한다. 근래에 우리 불교계에서는 돈오돈수, 돈오점수, 즉 돈점에 관한 많은 논의가 있어 왔다.

이 문제에 대한 보조국사 지눌의 입장은 어떠한가? 이를 알아보기 위해 우리는 돈점 문제에 대한 배경을 살펴볼 필요가 있다.

선에서 돈(頓)과 점(漸)의 논의가 본격적으로 전개된 것은 혜능의 『육조단경(六祖壇經)』이다. 오조 홍인(五祖 弘忍, 601-674)이 법을 전하기 위해 공부한 경지를 게송으로 제출하라 하자 신수(神秀, ?-706)는 이렇게 제시하였다.

몸은 보리의 나무	身是菩提樹
마음은 밝은 거울	心如明鏡台
때때로 부지런히 털고 닦아	時時勤拂拭
티끌이 일어나지 않도록 하라.	勿使惹塵埃

이에 대해 혜능은 이렇게 읊었다.

보리는 본래 나무가 아니요	菩提本無樹
밝은 거울 또한 대(台)가 있는 것은 아니다.	明鏡亦非台
본래 한 물건도 없는데	本來無一物
어디에 티끌이 일어날까보냐.	何處惹塵埃

이 게송으로 인해 혜능이 오조의 법을 이어 육조(六祖)가 되었다고 한다. 이 두 게송은 돈과 점의 전통을 잘 보여준다. 신수의 게송은 우리 마음을 밝은 거울에 비유하고 있다. 따라서 거울에 먼지가 끼지 않도록 부지런히 털고 닦으라는 것이다. 여기서 강조되는 것은 '닦는 것'이다. 그런데 그 닦음은 단번에 이루어지는 것이 아니라 꾸준히 점차적으로 할 수 밖에 없다. 그래서 점수이다. 점수를 강조하는 신수의 가풍을 점문(漸門) 혹은 점종(漸宗)이라고 한다.

여기에 비해 혜능의 게송의 핵심은 '본래 한 물건도 없다'는 데에 있다. 거울처럼 무엇이 있으니까 티끌이 앉을 수 있고 따라서 털고 닦아야 되지만, 아무것도 없는 것이라면 티끌이 낄 수도 없고 털고 닦을 것도 없다는 것이다. 여기에서 요청되는 것은 본래 한 물건도 없다는 사실을 분명히 깨치는 것이다. 그런데 그 깨침은 오래, 점차적으로 되는 것이 아니라 마치 어두운 방에 전기 스위치를 올렸을 때, 그 방이 일시에 밝아지듯 단박에 이루어지는 것이다. 그래서 돈오이다. 이 돈오를 강조하는 혜능의 가풍을 돈문(頓門) 혹은 돈종(頓宗)이라고 한다.

『육조단경』에 의하면 점차적인 닦음은 열등한 근기의 사람이 하는 수행이며, 그에 비해 단박에 깨치는 것은 최상근기의 공부법이라고 한다. 혜능은 '돈오돈수 역무점차(頓悟頓修 亦無漸次)'라 하여 점문의 수행을 폄하하고 있다.

근래 우리 불교계에서 돈·점의 논의는 뜨겁게 전개되고 있다. 그 결과 돈오돈수 돈오점수란 말도 널리 알려져 있다. 그렇다면 돈점문제에 대한 지눌의 입장은 무엇인가? 그는 돈오점수만을 주장하고 돈오돈수는 인정하지 않았던가? 그렇지는 않다. 그가 돈오점수를 강조한 것은 사실이지만, 그렇다고 결코 돈오돈수를 인정하지 않거나 무시하지는 않았다. 돈오하는 즉시 깨친 대로 본래 마음이 생활 속에 환히 들어나면 그대로 살면 된다. 왜 이를 부정하겠는가. 앞으로 보겠지만 돈오 이후 자성정혜의 경지는 돈오돈수와 다르지 않다. 그리고 그가 제시하는 특별한 근기를 위한 경절문도 근본적으로 돈오돈수를 주장하는 수행체계와 다르지 않다.

지눌은 혜능을 평생의 스승으로 삼았다. 그러나 혜능을 전적으로 따르지는 않았다. 그는 혜능의 돈문에 서지만 '최상근기'의 길인 돈오돈수를 그대로 수용하지는 않는다. 그는 아마 타락한 고려불교에서 돈오돈수할 수 있는 최상근기가 몇이나 있을까 하는 질문을 했음직하다. 그는 12-3세기 고려불교라는 현실에 굳건히 서서 고려불교를 정법불교로 바로 세우는 데 도움이 되는 길을 받아들이고 있다. 따라서 최상근기의 길인 돈오돈수의 체계가 훌륭하지만 그대로 받아들이지는 않았다.

그는 돈문에 서면서도 점문의 점수까지를 수용한다. 이것이 돈오점수이다. 돈오하는 즉시 깨친 것과 삶이 일치하면 얼마나 좋을까? 그러나 현실적으로 그렇지 못한 근기의 사람들이 있을 수 있다는 것이다. 실제 돈오돈수가 잘 되는 사람은 그대로 두어도 공부를 잘할 사람들이다. 그러나 그렇게 잘 안 되는 사람들이야말로 자상한 가르침과 철저한 지도가 필요하다. 그러므로 그는 돈오돈수보다 돈오점수의 길을 더 강조하고 있다.

돈오돈수가 일부 특수한 근기의 사람들을 위한 길이라면 돈오점수야말로 일반적인 사람들을 위한 보편적인 길이라 할 수 있다. 실제 지눌은 돈오점수는 '일천 성인이 걷는 길[千聖軌轍]'이라고까지 강조하고 있다. 그가 돈오점수의 길을 일반적인 지도체계로 채택하고 그토록 강조하는 까닭은 무엇일까? 그것은 돈오점수의 체계야말로 당시 고려불교의 문제를 풀어가고 정법을 바로 세우는데 가장 적합하다고 생각했기 때문이다.

좀 더 구체적으로 그는 선학자와 교학자의 병을 치유하고 선·교를 회통하여 불교 본연의 모습을 세우는 데에 돈오점수의 수증론(修證論)이야말로 가장 적합하다고 믿었기 때문이다. 왜 돈오점수를 강조하는지를 지눌은 이렇게 쓰고 있다.

> 내가 지금 먼저 깨닫고 그 뒤에 닦는 본말의 이치를 구구히 분별하는 것은 처음으로 마음을 내어 공부하는 사람들로 하여금 스스로를 낮추지도 높이지도 않아 스스로 그 곡절을 환히 보아 마침내 혼란하지 않게 하려는 것이다.

'스스로 낮추지도 높이지도 않도록[不自屈 不自高]' 하기 위하여 돈·점을 자세히 분별해 놓았다는 것이다. 즉 자기를 비하하여 '나 같은 사람이 어떻게 감히 깨침을' 하는 사람에게 용기를 북돋아 주는 처방이 돈오요, 반대로 스스로를 지나치게 높이 평가하여 닦음을 게을리 하는 사람에게 권하는 약이 점수이다.

그러면 자굴병과 자고병은 각기 어떤 사람들에게 나타나는 것일까? 물론, 둘 다 한결같이 공부를 잘못하는 사람들이지만, 특히 전자의 병은 교학자에게 많고 후자의 병은 선학자에게 심하다고 지눌은 진단하고 있다. 교(敎)에서는 일반적으로 성불에 이르는 길을 삼현십지(三賢十地)의 먼 과정을 거치고 또 3아승지겁(三阿僧祇劫)이라는 한량없는 시간이 걸리는 것으로 가르친다. 그러므로 말에 얽매이는 사람으로는 '야, 어렵구나'하는 현애심(懸碍心)을 일으키기 쉽고 그로부터 퇴굴하기 쉬운 것이다. 이들은 '마음이 부처'라는 사실을 실감하지를 못하므로 마음에 즉한 단도직입적인 공부를 하지 못한다. 이에 대한 지눌의 말을 들어보자.

> 나는 보건데, 교학자들은 권교(權敎)의 말에 걸리어 진실과 허망을 따로 따로 집착함으로써 스스로 물러날 마음을 내며, 혹은 입으로 '일과 일의 서로 걸림이 없음'을 말하면서 관행을 닦지 않으며, 제 마음이 깨달아 들어가는 비밀한 법이 있음을 믿지 않고, 참선하는 이들의 '성품을 보아 부처가 된다'는 말을 들으면 곧 말을 떠난 돈교의 이치에서 벗어나지 않았다 하면서 그 가운데 뚜렷이 깨달은 본마음의 불변과 수연, 성·상, 체·용과 안락부귀가 모든 부처와 같다는 뜻을 알지 못하니, 어찌 그들을 지혜 있는 사람이라고 하겠는가?

반면에 자고병으로서 선학자의 문제를 이렇게 지적하고 있다.

> 또 나는 보건데 선학자들은 층계를 밟지 않고 바로 부처의 지위에 오르는 뛰어난 근기만 알고, '깨달은 뒤에 처음으로 십신의 지위에 들어간다'는 이 『별행

록』의 글은 알지 못한다. 그러므로 제 마음이 열린 곳이 조금만 있으면 그 해행(解行)의 깊고 얕음과 더러운 습기의 일고 사라지는 것은 알지 못하고, 법의 교만이 마음에 가득하여 하는 말마다 분수에 넘치고 도에 지나친다.

이처럼 돈오점수의 체계는 당시, 선과 교의 문제에 대한 처방이었음을 알 수 있다. 즉 교학자의 자굴병과 선학자의 자고병을 함께 다스려 부자굴 부자고(不自屈 不自高)하도록 제시하고 있는 처방이 돈오점수의 수증론이었다.

여기서 우리는 몇 가지 사실에 주목을 하게 된다. 첫째, 지눌의 철저한 현실감각이다. 그는 12-3세기 고려불교라는 굳건한 현실에 서있다. 타락한 고려불교를 정법불교로 바로잡기 위해 대중과 함께 하는 정혜결사를 추진하며, 수심의 바른 길을 찾고 또 제시하고 있다. 따라서 소수엘리트가 아니라 결사대중에 맞는 보편적인 길을 제시하고 있는 것이다. '호랑이 눈'의 통찰은 여기서도 번뜩이고 있다.

둘째, 외래사상의 주체적 수용이다. 현실에 굳건히 서있기 때문에 그에 적합하면 적극적으로 받아들이고 그렇지 않으면 아무리 훌륭한 스승의 가르침이지만 과감히 배격할 수 있는 용기를 우리는 보게 된다. 이런 외래사상의 주체적 수용의 자세는 오늘날처럼 외래문화, 외래사상이 범람하고 있는 우리의 현실에 큰 스승으로 다가온다.

셋째, 가르침을 필요로 하는 사람의 능력과 소질을 중요시하고 살리는 근기설법의 훌륭한 예이다. 아무리 뛰어난 가르침이지만 필요로 하는 사람에게 맞지 않는다면 무슨 소용이 있겠는가. 돈과 점을 아우르는 지눌의 지도체계에서 우리는 부처님의 근기설법의 훌륭한 예를 보게 된다.

돈오돈수와 돈오점수, 즉 돈점문제를 다루면서 우리는 몇 가지 중요한 사실을 간과해서는 안 된다. 무엇보다도 돈이니 점이니 하는 것은 진리 자체, 부처인 마음 자체를 두고 하는 말이 아니라 사람들을 진리로 이끌어 들이기 위한 길에서 하는 말이라는 점이다. 즉 진리 자체가 아니라, 사람들을 위한 '위인문(爲人門)'에서 필요한 길로서의 의미를 가진다는 것이다. 『단경』에서도 '진리 자체는 돈과 점이 없다[法無頓漸]'고 밝히고 있다. 본래 부처인 마음 그 자체는 완성되어 있는 것이어서 깨친다, 닦는다는 말도 있을 수 없는 것이다. 따라서 돈오돈수와 돈오점수의 문제를 옳고 그른 정사(正邪)의 기준으로 평가하는 것은 옳지 못하다 하겠다. 그간 논의된 돈점의 문제가 정사의 잣대로 논의되지는 않았는가 하는 반성을 하게 된다.

다음은 돈과 점이 사람들을 진리로 이끌어 들이는 길로서의 의미를 가진다면 그런 가르침이 필요한 상황을 잘 이해해야 한다는 것이다. 즉 그런 가르침이 요청되는 배경을 잘 이해하는 것이 중요하다. 지눌이 돈오점수를 일반적인 지도체계로 받아들이는 데에는 그가 타락한 고려불교를 바로잡는 대중적 결사를 시행하고 있다는 사실을 간과해서는 안 된다. 그런 상황에서 최상근기의 길인 돈오돈수만을 유일한 길이라 할 수 있겠는가.

또 돈오돈수를 주장하는 것도 어떤 상황에서 본다면 충분히 이해할 수가 있다고 생각된다. 공부 좀 했다는 사람들이 조금만 어떤 경지가 보이면 견성(見性) 운운하며 마치 공부를 다 마친 양 한다면 어찌 되겠는가. 그런 사람들에게 돈오는 돈수까지 완성되는 것이라고 말하는 것은 하나의 방편이라 할 수 있다. 그러나 그것은 어디까지나 방편이어야지 '오직 이 길 뿐'이라고 한다면 그것은 독선이 아닐 수 없다. 아무튼 지눌은 수승한 근기의 사람에게는 돈오돈수의 길을, 일반적인 근기의 사람들에게는 돈오점수의 길을 열어놓고 있다.

03
점수는 왜 필요한가?

돈오란 우리의 본래 성품이 부처와 추호도 다르지 않다는 사실을 확연히 깨치는 것이다. 그러면 돈오하면 완전히 부처의 삶이 되는가? 즉 깨치는 즉시 부처의 삶이 실현 되는가? 지눌은 최상근기의 경우 그럴 수 있다는 가능성을 부정하지 않는다. 그러나 일반적으로 그렇게 되기는 어렵다고 본다. 이치로는 깨친 대로 삶이 일치해야 될 것 같지만 현실은 그렇지 못할 수 있기[理卽頓悟 事非頓除] 때문이다. 그러므로 깨친 뒤에 점차적으로 닦는 점수가 뒤따라야 한다는 것이다. 그래서 그는 돈오점수를 일반적인 수증론으로 제시한다.

점수는 왜 필요할까? 지눌의 말을 직접 들어보자.

점수란, 비록 본래의 성품이 부처와 다름이 없음을 깨달았으나 오랫동안 익혀온 습기를 갑자기 모두 없애기는 어렵다. 그러므로 깨달음에 의지하여 닦아 점차로 익히어 공이 이루어지고 오래오래 성인의 태를 길러서 성인이 되기 때문에 점수라고 한다.

점수가 필요한 것은 한마디로 습기(習氣) 때문이다. 돈오한다 해도 그 이전까지 익혀온 습기는 바로 없어지기가 힘들다는 것이다. 그래서 당장 부처의 삶이 나오지 못하고 따라서 그 습기를 없애는 점차적인 닦음이 요청된다는 것이다.

그러면 이 문제의 습기는 어떤 것이며 어떻게 쌓이는가? 습기는 중생으로 잘못 살아오면서 익힌 기운이니 잘못 사는 과정을 살펴보면 그것이 어떻게 생기는지 알 수 있다. 우리가 중생으로 잘못 살게 되는 것은 우리들 존재의 실상, 즉 참 마음의 실상을 모르는 무명(無明) 때문이다. 무명으로 인해 밝고 부족한 것이 없는 본래의 마음을 등지게 되고, 밝음을 등진 그늘 속에서 '나다'하는 착각이 일어난다. 또한 그것으로 인해 나와 남, 나와 대상을 나눈다.

이렇게 되면 이제 본격적인 중생의 살림살이가 시작된다. 그것이 자기중심적 삶이다. '나'를 중심으로 생각하고 말하며 행동하는 것이다. 그것을 불교에서는 업이라 한다. 때로는 선업(善業)도 있겠지만, 욕심내고 성내며 어리석은 이른바 탐진치(貪瞋癡) 삼독(三毒)의 업도 피할 수 없다. 왜냐하면 대상을 만나 마음에 든다, 마음에 들지 않는다, 분별하고 거기에 따라 반응을 나타내기 때문이다. 그렇게 대상을 만나 한 생각 일으키고 마침내 행동에 옮기기까지 계속 '나다'하는 무명의 기운이 작용을 하고 그에 따라 업을 짓는 것이다.

그런데 생각하고 말하고 행동한 그 자체로 모든 것이 끝나는 것이 아니라, 그 업의 기운이 우리들 잠재의식에 쌓이게 된다. 즉 업의 힘, 결과가 훈습되어 쌓이는 것이다. 우리의 습성이나 성격도 쌓인 결과에 따라 형성된다. 뿐만 아니라 쌓인 기운, 쌓인 보따리를 통해 사물을 보게 되니까 그 보따리에 따라 다르게 보인다. 사물을 사물대로 보지 못하는 까닭이 여기에 있다. 그 업의 쌓인 보따리는 무명의 기운으로 쌓인 것이기 때문에, 즉 '나다'하는 기운으로 쌓인 것이기 때문에 수행에 장애가 된다 하여 업의 장애, 즉 업장(業障)이라고도 한다. 습기란 이렇게 쌓인 업의 기운을 가리킨다. 수없는 생을 거치면서 업을 지어 왔으니 그 습기가 얼마나 많을까.

따라서 돈오하는 즉시 그 익혀 온 기운이 완전히 녹아나지 않을 수 있다는 것이다. 그렇게 되면 '나다'하는 놈으로 익혀온 기운이 순간순간 나타날 테니 부처의 삶이 깨친 대로 나타날 수 없는 것이다. 따라서 그 어두운 기운, 자기중심적 기운이 완전히 녹아날 때까지 닦아야 할 필요가 있는 것이다. 이것이 돈오 이후 점차적으로 닦는 점수가 필요한 이유이다.

돈오가 미혹으로부터 깨침으로의 전환[轉迷開悟]이라면 점수는 범부가 성인이 되는 과정[轉凡成聖]이다. 그래서 '깨달음에 의지해서 닦아 점차로 익히어 공이 이루어지고 오래오래 성인의 태를 길러서 성인이 되기 때문에 점수라고 한다.'고 하였다. 또 그는 '돈오에 의하여 점차로 닦되, 덜고 또 덜어 더 이상 덜 것이 없는 데에 이르면 그것을 성불이라고 한다.'고 하였다. 따라서 점수는 돈오 이후 성불에 이르는 전 과정을 가리킨다.

지눌은 여러 가지 비유를 들어 돈오와 점수의 관계를 설명하고 있다. 그 중 하나가 어린 아기와 어른의 비유이다. 어린 아기가 금방 태어났을 때 팔다리며 모든 기관이 어른과 다름없이 다 갖추어 있지만, 세월이 가고 자라야 어른처럼 팔다리를 쓰고 기관을 움직일 수 있는 것이다. 기관의 모양 자체로는 어른과 어린 아기가 조금도 차이가 없으나 그 기관을 쓸 수 있는 능력에는 큰 차이가 있다. 돈오는 아기의 탄생이며, 점수란 그 아기가 어른이 되기까지의 성장이며 개발과정이다. 그러므로 깨침만으로 모든 수행이 필요하지 않다고 하는 것은 마치 갓난아기가 어른 행세를 하는 것과 다름없는 일이다.

지눌은 이 깨친 후의 닦음을 '소 먹이는 행[牧牛行]'으로 비유한다. 소는 말할 것도 없이 우리 마음을 말하며, 먹인다는 말은 위에서 말한 덜고 덜음이며 쉬는 것, 즉 닦음이다. 지눌은 『진심직설』에서 이 소 먹이는 일에 대하여 좀 더 구체적으로 설명하고 있다. 그에 의하면 소가 길이 잘 들어서 어디든 몰고 다닐 수 있는 단계가 되었어도 아직은 감히 채찍과 고삐를 풀어서는 안 된다고 한다. 남의 곡식밭을 손상시킬 우려가 있기 때문이다. 그러므로 마음이 다스려지고 순해져서 곡식밭에 가도 곡식을 손상시키지 않게 될 때까지 좀 더 기다려야 한다. 그렇게 될 때라야 채찍과 고삐를 풀 수 있다. 채찍과 고삐를 풀어도 남의 곡식밭을 해치지 않을 정도라면 크게 쉰 경지이며 무위의 경지이다.

그러므로 한번 깨침으로 모든 일을 다 마쳤다고 닦지 않는 것은 위험한 일이다. 일찍 채찍과 고삐를 풀어줄 때 소가 남의 곡식밭을 해치는 것처럼 깨쳤다고 닦음을 포기하는 일은 망념의 해를 입어 다시 윤회의 쇠사슬에 얽매이게 되기 때문이다. 그러므로 지눌은 '가끔 영리한 무리들이 별 힘 들이지 않고 깨치고는 쉽다는 생각을 내어 닦지 않는 것'을 크게 경계하고 있다.

깨친 뒤에 닦지 않고 시간이 지나면 깨치기 이전의 상태로 돌아가고 말 뿐만이 아니라, 여기에는 더 큰 위험이 따른다. 즉 조그마한 깨침으로 자신을 속단하고 과대평가하는 병이다. 선가에서 흔히 부처와 조사를 함부로 모독하는 일도 대부분 이러한 병에서 저질러지는 잘못이다. 이러한 병은 자신은 물론 남에게까지 나쁜 영향을 끼친다. 그러므로 지눌은

『진심직설』에서 이런 사람들이야말로 '도의 멀고 가까움을 모르는 자[未知道之遠近]'들로 대단히 위험시 하고 경계한다. 깨친 후에 점차 닦는 소먹이는 행을 강조하는 것도 이러한 병을 예방하고 치유하려는 지눌의 자비가 담겨 있다. 그가 스스로를 '소치는 사람[牧牛子]'이라 이름 한 것도 소치는 행을 얼마나 중시했는지를 잘 보여준다.

04
점수의 성격

점수는 텅 비고 환히 밝은 마음의 실상을 깨친 다음에 닦는 수행이다. 그러므로 그 닦음은 본래의 마음을 드러내는 닦음이다. 지눌은 이런 닦음을 참다운 닦음[眞修]이라 하고, 깨치기 전의 닦음은 참다운 닦음이 아니라[非眞修]고 하였다. 그러면 참다운 닦음인 깨친 후의 점수는 어떤 닦음인가? 그 성격은 어떠한가?

우리는 깨친 후 참다운 닦음의 성격을 알아보기 위해 먼저 참답지 못한 닦음, 즉 깨치기 이전의 닦음을 알아볼 필요가 있다. 그것을 지눌은 이렇게 말하고 있다.

혹 어떤 사람은 선과 악의 성품이 빈 것임을 알지 못하고 굳게 앉아 움직이지 않으면서 몸과 마음을 눌러 조복하기를 마치 돌로 풀을 누르듯 하면서 마음을 닦는다고 한다. 그러나 이것은 아주 잘못된 것이다. 그러므로 '성문(聲聞)은 마음마다 미혹을 끊으려 하지만 그 끊으려는 마음이 바로 도적이다'라고 하였다.

깨치기 전의 닦음은 마음의 실상, 선과 악이 본래 공하다는 사실을 모른 채 무조건 애를 쓰는 닦음으로 '굳게 앉아 움직이지 않은 채 몸과 마음을 억제하여 조복 받으려 하는' 모습으로 나타난다. 지눌은 이러한 닦음을 '돌로 풀을 누르는 것[如石壓草]'과 같다고 하였다. 그러한 닦음은 일시적인 방법은 될는지 모르지만 근본적인 해결은 못된다. 제아무리 큰 돌로 눌러 놓아도 풀은 다시 살아 나오기 때문이다. 마음을 닦음에 있어서도 무턱대고 몸과 마음을 누르고 억제하는 일은 돌로 풀을 누르는 것처럼 옳은 방법이 못된다. 마음은 무조건 억제한다고 다스려지는 것이 아니라 그 성품을 알아야 하기 때문이다.

일찍부터 이러한 잘못된 수행에 대하여는 많은 지적이 있어 왔다. 유명한 마조 도일(馬祖道一) 스님은 출가하여 열심히 좌선을 하고 있었다. 하루는 그의 스승인 회양(懷讓)선사가 그에게 말을 걸었다. "자네는 좌선하여 무엇을 하려 하는가?" "부처가 되고자 합니다."라고 마조가 말하자 회양은 벽돌 하나를 가져와서 돌에다 갈기 시작하였다. 마조는 호기심에 차서 "스님, 그것은 왜 가십니까?"하고 물었다. 회양은 "갈아서 거울을 만들려고"라고 하였다. 이에 마조는 우습다는 듯이 "어떻게 벽돌을 갈아 거울을 만들 수 있습니까?" 하였다. 이에 회양은 "벽돌을 갈아서 거울을 만들 수 없다면 그렇게 앉아만 있어서 어떻게 부처를 이룰 것인가." 하였다. 이러한 대화를 통하여 마조는 마음의 실다운 모습을 깨쳤고 도는 앉거나 서는 등의 몸의 자세와는 무관하다는 것을 분명히 알았다.

깨치기 전 마조의 닦음은 바로 지눌이 지적하는 '돌로 풀을 누르는 것'

과 다를 바가 없었다. 이러한 수행의 잘못은 어디에 있는가?

첫째로 부처를 이루어야 할 대상으로 삼고 있다. 부처는 이루어지고 찾아지는 대상이 아니라 이루려고 찾고 있는 마음 그 자체이다. 따라서 대상화하는 한 이룰 수도, 찾을 수도 없는 것이다. 유한한 세계의 모든 일들은 찾고 구할 때 얻어지지만 부처는 찾는 마음, 구하는 마음조차 빌 때 드러나는 것이다. 그러므로 임제스님 같은 이는 "부처를 구하면 부처를 잃고 도를 구하면 도를 잃고 조사를 구하면 조사를 잃는다[若人求佛 是人失佛 若人求道 是人失道 若人求祖 是人失祖]."고 하였다. 부처는 찾는 대상이 아니라 바로 찾는 사람 자신이기 때문이다. 지눌은 이러한 찾음을 자기 눈을 보려고 애쓰는 사람에다 비유한 적이 있다.

둘째로 부처를 이루는 대상으로 알게 될 때에 벌써 이루려는 마음은 상대를 짓게 되는 잘못에 떨어진다. 마음의 본체는 일체의 대가 끊어진 자리이다. 그런데 부처와 중생, 성인과 범부라는 대립적인 논리가 계속될 때 성스러운 것과 속된 것을 분별한 채 속된 것을 버리고 끊는 방향의 수행이 될 수밖에 없다. 대립적인 상대세계에서는 선(善)이 될 수 있지만 대립이 끊어진 하나인 바탕에서는 용납하기 어려운 것이다. 본래 부처인 마음자리는 성속(聖俗), 선악(善惡)조차도 초월된 것이기 때문이다. 그러므로 버리는 것이나 끊는 것이 더 더럽히는 일이 될 수도 있다. 그래서 지눌은 '끊으려는 마음이 도적'이라고 말하고 있다. 망상이나 악을 '끊어야지' 하는 놈도 또 다른 생각에 불과하기 때문에 도적인 것이다. 마치 도적을 보고 도적을 지키라는 것과 같다. 지눌은 이런 잘못된 닦음을 '오염된 닦음[汚染修]'이라고도 했다. '나다' 하는 생각, '닦는다' 하는 생각으로 오염된 채 닦는 것이기 때문이다.

셋째로 이렇게 부처를 이루려는 대상으로 알고 성스러운 것과 속된 것, 선과 악을 나누어 속된 것과 악을 끊으려 할 때 고요함을 찾고 특별한 방법에 집착하게 되는 잘못에 빠지기 쉽다. 마음을 닦는 일은 조용한 곳에서나 할 수 있다거나 꼭 앉아서 해야 된다는 등의 생각이 그것이다. 조용한 곳, 앉는 자세 자체에 허물이 있다기보다 그렇게 함으로서 부처를 이룰 수 있다고 하는 집착이 잘못된 것이다. 마음은 조용하고 시끄러운 곳, 서 있고 앉고 눕는 모든 곳에 통하여 있는 것이기 때문이다.

이상의 잘못들은 한마디로 유념, 유위의 닦음일 때 일어나는 현상들이다. 유념, 유위의 마음은 '내가' 애쓰는 마음이며 상대적인 것이다. 따라서 진리의 세계와는 거리가 멀다. 이러한 잘못된 유념의 닦음은 마음의 성품을 분명히 모르는 데 기인한다. 즉 선과 악, 망념이 본래 공하다는 사실에 어둡기 때문에 벌어지는 현상이다. 그렇기 때문에 선악의 성품, 마음의 실상을 분명히 아는 깨침이 앞서야 참다운 닦음이 될 수 있다고 한다.

참 닦음은 어떠한가? 지눌의 말을 들어보자.

> 비록 뒤에 닦는다 하지만 이미 망념이 본래 공하고 마음의 성품이 청정한 것을 먼저 깨쳤기 때문에 악을 끊어도 끊을 것이 없으며 선을 닦아도 닦을 것이 없으니 이것이 바로 참다운 닦음이며 참다운 끊음인 것이다. 그러므로 '온갖 행을 다 닦지만 오직 무념으로 기본을 삼는다.' 하였다.

참다운 닦음은 마음의 실상을 깨친 뒤에 닦는 닦음이며, 그것은 무념으로 닦는 무념수(無念修)이다. 그것을 '끊음 없이 끊는 것이며, 닦음 없이 닦는 것'이라 하고 있다. 끊음 없이 끊고 닦음 없이 닦는다는 것은 무엇인가? 이 말은 끊되 '끊는다'는 생각과 상(相)이 없이 끊는 것이며, 닦되 '닦는다'는 생각과 상이 없이 닦음을 말한다. 마음의 성품을 분명히 모르는 사람들은 선악을 실체시하기 때문에 끊고 닦는다는 생각을 일으키고 따라서 상을 낸다.

예를 들어서, 다른 사람의 물건을 보고 탐내는 마음이 생겼을 때 범부들은 그 생각 자체를 나쁜 것으로 알아 나쁘니까 탐심을 버려야 된다고 생각한다. 즉 탐하는 마음을 실재하는 것으로 인정하고 나쁘니까 끊는다는 것이다. 훔치는 행동으로까지 옮기지 않으니 좋은 일이긴 하다. 그러나 이것은 최상의 길은 못된다. 탐심이라는 망념을 끊어야할 대상으로 생각하고 있기 때문이다. 지눌이 말하는 최상의 끊음은 탐심이라는 것의 정체를 알아차리는 것이다. 탐심이 사실은 그 실상이 비어 있는 것[妄念本空]임을 알 때 그 탐심은 연기처럼 사라질 수밖에 없다. 이런 끊음이야말로 탐심의 뿌리 자체를 뽑아버리는 끊음이며, 이것은 깨침을 통하여 마음의 실다운 모습을 명확히 안 사람이 할 수 있다. 바로 이런 마음의 성품에 즉한 끊음을 끊음 없이 끊는 것[斷而無斷]이라 하며, 참다운 끊음이라고 한다.

착한 일을 닦음에 있어서도 마찬가지이다. 남을 도울 때 보통은 내가 남을 돕는다는 생각을 가지고 돕기 때문에 상이 나고 발자국이 남게 된다. 정말 돕는 것은 돕는다는 생각조차 빈 채 흔적 없이 그저 '도울 뿐'인 것이다. 이러한 도움이야말로 돕는 대상에 관계없이 그야말로 조건 없는 순수한 도움이다. 이런 도움은 참 마음의 발현이요 무주상 보시이다. 이렇게 하는 것을 닦아도 닦음 없는 닦음[修而無修]이라 하여 참다운 닦음이라고 한다.

끊는다는 생각, 닦는다는 생각을 가지고 끊고 닦는 것이 유위(有爲)의 일이라면, 이러한 생각이 빈 채 끊고 닦음은 무위(無爲)의 일이다. 지눌에 있어서 이러한 무위의 일은 바로 무념으로 하는 일이다. 무념이란 마음 가운데 분별망상이 모두 빈 것을 말한다. 빈 병이라고 할 때 병 속에 아무 것도 없이 텅 빈 것을 말하는 것처럼 무념이란 마음 가운데 망상이 말끔히 빈 것을 말한다. 따라서 무념은 본래 텅 빈 마음의 본바탕을 가리킨다. 그러므로 무념의 닦음은 '나다' 하는 놈이 쑥 빠진 채 본래의 마음이 드러나는 것이다.

마음의 실상을 확연히 깨친 돈오는 닦음의 질을 유념에서 무념으로 승화시킨다. 그래서 닦음은 더 이상 '돌로 풀을 누르는' 억압이 아니라 본래 텅 비고 환히 밝은 마음이 나타나도록 하는 무념의 수행이다. 즉 이런 무념의 닦음은 '내가' 닦는 것이 아니라 부처인 마음이 스스로를 드러내는 것이라 할 수 있다. 중생에서 출발해서 부처 되려는 것이 아니라, 부처인 자리에서 시작해서 부처인 마음이 스스로를 발현하는 과정인 것이다. 구경의 성불은 이런 참 닦음으로 가능하다.

차 차 석

동방대학원대학교 불교문예학과 교수

01
서 언

보조스님이 중시한 정혜쌍수(定慧雙修)와 돈오점수(頓悟漸修)는 가장 중요한 동북아 불교의 사상체계라고 말할 수 있다. 특히 선정과 지혜를 동시에 수행해야 한다는 것을 중시하는 보조스님의 정혜쌍수사상은 그의 대표적인 작품을 통해 나타나고 있다. 이는 그의 수행이 지향하는 방향을 알려주는 것이기도 하다. 따라서 정혜쌍수에 대한 그의 신념은 정혜결사(定慧結社)라는 실천수행으로 완성된다. 결국 보조스님의 정혜사상은 일생을 꿰뚫는 '일이관지'의 사상이자 실천의 완성 형태였던 것이다.

먼저 보조스님이 중시한 정혜쌍수의 사상적 핵심에 접근하기 위해서는 이러한 정혜사상의 발생 배경과 그 전개과정을 깊이 살펴보는 것이 중요하다. 정혜사상에 대한 올바른 이해는 보조스님에 대한 정확한 이해로 연결될 수 있기 때문이다. 당시의 시대상황과 그것을 극복하고 새로운 불교적 실천을 추구하고자 한 그의 사상이 성숙하는 과정을 이해할 수 있다는 것은 특정한 수행자의 사상을 이해하는 차원을 넘어 불교의 올바른 방향이 무엇인가를 되돌아 볼 수 있는 계기가 되기 때문이다.

보조스님의 정혜쌍수는 다양한 시각에서 고찰할 수 있다. 그렇지만 여기서는 그의 사상을 나타내고 있는 저술과 그가 평생도록 추구했던 정혜결사운동의 양 측면에 입각해 접근하는 것이 무엇보다 필요하다고 본다. 보조스님의 생각과 그가 지향하고자 했던 수행의 세계, 승가상, 역사의식 등 실천가로서의 그의 면모를 살필 수 있다. 그렇다면 그가 생각하고 있던 정혜쌍수는 구체적으로 무엇을 말하는지 그의 설명을 들어보자.

> "진리에 들어가는 천 가지 문이 정과 혜 아님이 없고, 그 요강만 든다면 다만 자성위에 체와 용 두 가지뿐이니, 앞에서 말한 공적과 영지가 이것이다. 정은 체요 혜는 용이다. 체에 즉한 용이므로 혜는 정을 떠나지 않고, 용에 즉한 체이므로 정은 혜를 여의지 않는다. 정이 곧 혜이므로 공적하면서 항상 지를 갖추고 있고, 혜가 곧 정이므로 지의 작용이면서 항상 공적한 것이다."(『수심결』)

이상의 인용문에서 말하는 정혜란 선정과 지혜를 말한다. 이것을 체용론에 입각해 정(定)이란 마음의 본체이며, 혜(慧)란 마음의 작용을 지칭한다. 또한 마음을 닦는다는 측면에서 보면 닦음의 방법을 말하는 것이다. 그리고 정혜사상은 보조스님만의 독특한 사상은 아니었다. 『주유마힐경』 권제2의 「제자품」에 의하면 지관을 정과 혜로 해석하고 있다. 즉 "한 곳에 마음을 묶어두는 것을 지(止)라 하고, 고요한 것이 지극해지면 분명해진다. 밝음이 바로 지혜이며, 지혜를 관(觀)이라 이름한다."고 구마라집이 풀이하고 있으며, 그의 제자인 승조는 "지는 선정이고 관은 지혜이다."라 정의하고 있다.

다만 보조스님은 정혜사상을 단순한 수행의 방법으로 이해하는데 그친 것은 아니다. 그것을 현실 속에서 구체적으로 시행할 수 있는 실천이념이자 수행의 궁극적 지향점으로 받아들이고 있는 것이다. 즉 개개의 수행이 완성되었다고 하더라도 그것이 정적인 상태에 머무는 것이 아니라 밖으로 투영되어 자리이타라는 대승불교의 근본이념을 충족시켜야 한다는 의미가 내재되어 있다. 본고는 이러한 점에 주목하고 보조스님의 정혜사상이 지니는 특징이 무엇인가를 개략적으로 살펴보려고 한다.

02

정혜결사의 사상적 특징

1. 정혜결사의 성립 배경

고려 중엽인 제18대 왕 의종(毅宗) 29년에 정중부, 이의방 등 무신들은 반란을 일으켜 문신들을 대량 학살하고 왕을 축출하였으며, 왕제 익양공(翼陽公) 호(皓)를 영입하여 명종(明宗)을 세웠다. 명종은 27년 재위했는데, 보조스님의 출가·수도와 정혜결사는 이 시대에 이루어진다.

이 시대는 혼란의 연속이었다. 이자겸의 난과 묘청의 난이 있었으며, 정중부, 이의방의 난과 최충헌의 무신통치가 이어진다. 또한 새로운 권력이 등장할 때마다 그들은 불교의 세력을 자신들의 권력 장악과 유지에 이용하여 왔다. 이러한 와중에서 승려들은 정법으로부터 멀어져 이익을 찾기에 급급했으며, 교단의 현실은 선종과 교종으로 나뉘어 내부 다툼에 빠져 있었다. 이 무렵 나타나게 된 것이 정혜결사이다.

이처럼 혼란한 시대상과 더불어 고려의 불교계도 변질되고 있었다. 고려 초기에는 불교계의 최고 스승인 국사나 왕사가 통치문제에 개입하는 일이 없었고, 교권이 통치권보다 우위라는 상징적인 기능도 일정 정도 지니고 있었을 뿐이었다. 즉 국왕에게 불교의 가르침을 일반 백성들에게 널리 보급시켜 왕도 정치를 실현하고 국가의 태평을 도모하라고 권유하였을 정도였다. 왕사와 국사들의 이러한 태도에는 통치권과 야합하지 않고 백성들의 안녕을 유도한다는 의미가 있었다. 불교는 고려 사회의 사상을 통일하는 데 큰 역할을 하였고, 외적의 침입이 있을 때 국민을 하나로 결집시키는 영향력을 발휘하였던 것이다.

고려 태조 왕건은 삼한을 통일하여 왕업을 창건한 것이 오로지 삼보·천신의 가호력이라 믿고 불교를 국교로 삼았다. 역대로 창사(創寺), 조불(造佛), 건탑(建塔), 기복(祈福), 양재(禳災)하는 것이 호국과 안민의 비법이라 확신하고 백고좌, 연등, 반증, 도양, 법석의 의식행사를 지속적으로 시행했으며, 왕·공·귀족 역시 물심양면으로 불사에 헌신했다.

사회적으로 승려의 무리 중에서 진실하게 발심 수도자는 새벽하늘을 밝히는 별과 같다고 생각했다. 정치적으론 선종과 교종에서 실시하는 소정의 이력을 밟고 시험에 합격하면 대선에서 대사, 중대사의 법계로 승진되어 큰 대찰의 주지에 임명될 수 있었으며, 나아가 왕·공·귀족의 귀의를 받고 국가적으로도 고관이상의 대우를 받았다.

그러나 중기로 오면 불교는 일반 백성들 보다는 귀족들과 결탁하여 개인이나 소속 사찰의 번창을 도모하는 경우가 많아졌으며, 고려 중후기로 가면 왕사나 국사도 통치권의 정치적 이해관계와 결탁하는 모습을 보이게 된다. 또한 승려 각자의 출신 성분이 어떠한가에 따라 교단 내의 지위를 결정하는 경향이 두드러지면서 불교의 평등 이념도 점차 퇴색하게 된다. 그런 만큼 고려시대의 불교는 세속화의 과정을 심화시키고 있었으며, 반비례해서 불교의 가치관과 이상은 퇴색하고 있었다. 기복·양재 중심의 궁중불교, 기타 부처를 받드는 행사가 성행함에 따라 국민의 의무인 농·공·병역을 회피하고, 삭발하여 의식과 안일 내지 호사(豪奢)와 명리를 일삼는 명색승이 넘쳐나게 되었다.

승려들은 환관과 결탁하여 앞 다투어 사찰을 세웠으며, 왕을 위한 정자를 사원에 별도로 만들기도 했다. 또한 임금은 승려들에게 공양을 베풀거나, 30근의 은병을 만들고 그 속에 각각 다섯 종류의 향과 약을 담아 절에 헌납하기도 했다. 이처럼 화려한 행사는 국고의 낭비를 가중시켰을 뿐만 아니라 불교계의 타락을 재촉했다.

이와 같이 어지러운 사회적 분위기에서 불교는 종교로써의 본래 역할을 다 하지 못하였을 뿐 아니라 선종과 교종의 대립도 심각했다. 결국 불교계는 교종에서 화엄종과 법상종이, 선종에서는 천태종과 조계종이 상호 대립하며 우위를 점유하기 위해 노력했다. 그렇지만 불교라는 종교가 담지해야 할 사회적 기능 중의 하나인 대중들을 포용하는 일과는 점차 멀어졌다. 대중들의 현실적 고뇌를 무시하고 점차 귀족화, 정치화되고 있었던 것이다. 이들 종파는 왕실이나 귀족가문들과 특별한 관계를 맺었으며, 이에 소속된 사원은 많은 토지와 재산을 소유하고 세력을 확장하였다.

당시 문신귀족(文臣貴族)과 밀착되어 있던 교단은 정중부, 이의방 토벌운동에 나섰으며, 사찰 안에서 피비린내 나는 살육이 자행되었고, 승려 100여 명이 죽임을 당하는 사건이 벌어지기도 했다. 출가자의 본분을 잊고 세속의 명리에 눈이 어두워 정치현실에 깊이 개입한 결과 스스로 불러들인 참사였다.

불교교단은 개국 초부터 고려의 사회구조와 깊이 밀착되어 있었다. 불교는 '일체중생은 모두 불성을 지니고 있다'는 만인평등관에 입각하여 당시 고려사회의 수평적 구조형성에 이바지하였다. 사찰은 단순히 수도와 교화의 장소만이 아니라 예술과 사교의 중심지였으며, 사설(私設) 교육기관, 금융기관의 역할도 하고 있었다.

그러나 보조스님이 활동하던 시대가 되면서 출가교단은 정치권력과 지나치게 결탁되어 있었다. 일반대중의 대변자가 되기보다는 정치세력의 비호자로 나섰다는 표현이 지나치지 않을 정도였다. 불교가 국교였던 당시 사회에서 정신적인 지도자의 역할을 다하지 못했던 것이다. 보조스님은 이러한 시대상황 속에서 성장기를 보냈고, 구도의 길을 시작하였다. 그는 이런 시대의 문제는 나의 힘으로는 어쩔 수 없는 한계상황이라고 자위하면서 자신의 안일만을 추구하지는 않았다. 그는 청년 구도자답게 자신이 처한 시대상황을 올바로 인식하고, 극복의 방안을 모색하고자 고뇌하였다.

보조스님은 당시 불교계의 문란을 크게 네 가지로 지적했는데, 이 점에 대해 권기종은 「고려 후기 불교와 보조사상」이란 논문에서 다음과 같이 정리하고 있다. 첫째 불법을 빙자하여 나와 남을 구별하고, 둘째 이양의 길에 허덕이며, 셋째 풍진의 일에 골몰하고, 넷째 도덕을 닦지 않고 옷과 음식만 허비한다는 점이다. 이러한 표현은 표면적으로는 매우 유순하지만, 사실은 교단의 타락상이 극에 달해 매우 참담하였음을 말하는 것이다.

2. 정혜결사의 성립

당시의 혼란상을 극복하고 불교적 가치를 구현하기 위한 불교운동, 즉 새로운 수행의 움직임이 태동하기 시작했는데 그것이 바로 정혜결사이다. 정혜결사란 부처님의 가르침에 따라 수행자의 면모를 일신하자는 수행공동체의 운동과 그 정신을 밝히는 것이다. 그런 점에서 결사에서 뜻을 모아야 할 사람들에 대해 다음과 같이 말하고 있다. 첫째 한 마음을 미(迷)하여 끝없는 번뇌를 일으키는 이는 중생이요, 한 마음을 깨쳐서 끝없는 묘한 작용을 일으키는 이는 부처이다. 비록 미혹함과 깨침은 다르지만 요점은 한 마음에 달린 것이다. 따라서 마음을 떠나서 부처가 되려는 것은 옳지 않다. 둘째 부처님과 조사의 가르침의 요점은 모든 얽힌 생각을 쉬고 마음을 비워 조용히 본래의 마음에 계합하고 밖에서 찾지 말도록 한 것이다. 그러면서 다음과 같이 말하고 있다.

> 무릇 부처님의 가르침을 보고 듣고 외우고 익히는 사람은 마땅히 부처님 법 만나기가 어렵다는 마음을 일으키어 스스로 지혜로써 비추어 보고 그 말씀대로 닦아야만 한다. 그렇게 하면 곧 스스로 부처의 마음을 닦고(自修佛心), 스스로 부처의 도를 이루어(白成佛道) 부처님의 은해를 갚는 것이라 할 수 있다.(『권수정혜결사문』)

즉 스스로 부처의 마음을 닦고 스스로 부처의 도를 이룬다고 설명한 것은 너무나 지당한 것이라 생각할 수 있겠지만, 당시 불교계의 현실은 혼탁하고 스스로 각자가 서 있는 자리에서 부처가 되려는 모습이 보이지 않았던 것을 역설적으로 표현한 것이다. 허식과 명예에 집착해 수행자의 본분을 망각하고 있다는 질책은 결연했던 것이다.

> 그러나 우리들이 날마다 하는 소행을 돌이켜 보면 어떠한가? 부처님 법을 빙자하여 '나'와 '남'을 꾸미고 구차하게 이양(利養)의 길에서 허덕이며 풍진(風塵) 세상에 골몰하여 도덕은 닦지 않고 옷과 밥만 허비하고 있다. 비록 출가하였다 하나 무슨 덕이 있겠는가? 아아, 삼계(三界)를 벗어나려 하면서도 축생을

벗어날 수행이 없고 한갓 사내의 몸이 되었을 뿐 장부의 뜻이 없다. 위로는 도를 넓히는데 어긋나고 아래로는 중생을 이롭게 하지 못하며, 중간으로는 네 가지 은혜를 저버렸으니 참으로 부끄럽다. 보조스님은 이런 일을 깊이 탄식해 온지가 오래되었다.(『권수정혜결사문』)

이익에 따라 국가권력과 밀착하거나 혹은 승려들 자신의 이익만을 추구하고 있다는 탄식은 불교계의 타락이 어떠했는가를 말해주지만 동시에 새로운 불교운동의 필요성을 시사하는 것이기도 하였다. 당시 승려들의 문제와 무신정권 아래서 자행된 불교계의 행태는 새로운 자성을 요구했던 것이다. 불교의 변질은 단순한 내부적 변화에서 찾을 수 있는 일이 아니었다. 당시 사회의 정신적 주축인 불교계의 문제가 사회적 해악으로 어두운 그림자를 깊게 드리우고 있었기 때문이다. 이러한 문제에 대한 보조스님의 대처는 단호하면서도 직접적이었다.

이에 따라 그는 1182년 담선법회(談禪法會)에 참석한 10명에게 정혜결사를 제안한다. 1182년 임인년 정월에 수도의 보제사(普濟寺)에서 거행된 담선법회에 참석했을 때에 동지 10여 명과 약속하기를 이 모임을 파한 뒤에 명리(名利)를 버리고 산림에 은둔하여 함께 결사하되 '정혜쌍수로 목표를 삼자'라고 한 것이 정혜결사운동을 촉구하게 된 근본취지가 되었다.

그러다가 임인(壬寅)년 정월에 서울에 있는 보제사(普濟寺) 담선법회(談禪法會)에 참석하게 되었다. 하루는 동학(同學) 10여 명과 약속하기를, "이 법회를 마치거든 우리는 명예와 이익을 버리고 산속에 들어가 함께 결사를 만들자. 그래서 장차 선정을 익히고 지혜를 평등하게 하는 일에 힘쓰고 예불하고 경 읽기와 나아가서는 노동하고 운력하는 데까지 각각 스스로 맡은 일을 다 하며, 인연 따라 성품을 길러 평생을 걸림 없이 지내어 진인(眞人) 달사(達士) 높은 행을 따르면 어찌 즐겁지 않겠는가?"라고 하였다.(『권수정혜결사문』)

담선법회는 선종에서 선문답으로 선사의 공부를 시험하기 위한 법회로서, 곧 승과고시에 해당한다. 그때에 보조스님이 장차 결사를 약속하면서 선정과 지혜의 평등한 수행을 표방한 것은 선정을 익히되 지혜와 선정을 닦음에 치우침이 있어서는 안 된다는 의미를 지닌다. 당시 선종은 선정을 중시하는 정학(定學)에만 치우치고 있었으며, 반대로 교종은 혜학(慧學)에만 전력하며 균형 잡힌 모습을 보여주지 못하고 있었다. 그러므로 선정과 지혜의 평등한 수행, 즉 정혜쌍수를 주창하게 된 것이다. 말하자면 선정과 지혜 한 쪽에 치우치는 불교계의 폐단을 지양하고 '선교원융(禪敎圓融), 정혜쌍수(定慧雙修)'라는 융합적이면서도 통합적인 실천방향으로 나아가야 한다는 것을 제시한 것이었다.

보조스님은 정혜쌍수와 동일한 의미를 지니는 습정균혜(習定均慧)라는 어구도 애용했는데, 이것은 종밀(宗密)의 『선원제전집도서』에서 "애견(愛見)을 막기 어려워서 대중을 떠나 산에 들어가 습정균혜 하며, 참선하길 10여 년이었다."라는 문장에서 차용한 것이다. 종밀이 말하고자 한 것은 자신이 경·율·논·소 등을 찬술하여 계율·선정·지혜 삼학의 문을 널리 열었는데, 교학에만 치중하는 것은 문자나 이론의 함정에 떨어지거나 망상에 빠지기 쉬우므로 참선도 게을리 하지 않았다는 의미를 담고 있다.

그런데 보조스님이 그런 문구를 인용한 것은 특별한 이유가 있었다고 보아야 한다. 당시는 선종과 교종이 서로 차별화에 집중하다 보니, 교학을 하는 이들은 선정의 체험이 없이 전적으로 이론에 의지하는 경향이 짙어졌으며, 이것이 불법의 전부인양 주장하고 있었다. 또한 선정을 수행하는 이들은 불교에서 중시하는 진실한 말씀과 가르침[如實言敎]을 껍데기에 불과한 것이라 무시하는 등 선교 양가가 상호 적대시하고 있었다. 따라서 선은 부처의 마음[佛心]이요, 교는 부처의 말씀[佛語]으로써, 부처의 마음과 말씀은 둘이 아니라는 의미의 '선교상자 정혜쌍수(禪敎相資 定慧雙修)'를 새로운 지도이념으로 정립하고자 했던 것이며, 그것이 보조스님이 주창한 정혜결사의 근본취지였다.

보조스님이 제시한 정법은 선정과 지혜를 동시에 닦는 수행의 불교였다. 그러한 보조스님의 제안에 대해, '그것이 과연 가능할 지' 등에 대해 다양한 토론이 이어졌고, "여러 사람들이 이 말을 듣고 모두 옳다고 하며 말하기를, '다음날 이 약속을 이루기 위해 숲속에 은거하며 함께 결사를 맺게 되면, 그 이름을 선정과 지혜로 수행공동체를 맺는다고 하는 것이 좋겠다.'고 하였다. 그리고 이어서 맹세하는 글을 지어 그 뜻을 다졌다."(『권수정혜결사문』)고 한다.

그러나 그러한 맹약이 당장 현실로 나타날 수는 없었다. 이유는 "선불장(選佛場)의 이익과 손해되는 일로 인하여 모두 사방으로 흩어졌다.(『권수정혜결사문』)"고 밝히고 있기 때문이다. 선불장은 당시 있었던 승과시험을 시행한 도량으로 생각할 수 있다. 따라서 승과시험을 둘러싸고 이해가 상충하는 일이 있었고, 그 일로 뜻을 함께 했던 사람들이 사방으로 흩어지게 되어 다음 날을 기약할 수밖에 없었음을 밝힌 것이다.

그로부터 8년 후 1190년 팔공산 거조사에서 『권수정혜결사문』을 반포함으로써 비로소 정혜결사를 시작하게 되었다. 그것이 10년 뒤에는 송광산 길상사로 옮겨 '수선사'로 이름을 바꿨지만 결사의 이름은 바꾸지 않았다. 18년에 걸쳐 추구하던 결사의 모임이 비로소 완성되었던 것이다.

보조스님이 선정과 지혜의 균등한 수행을 주창하게 된 사상적 배경에는 『화엄경』의 영향도 있었다. 이 경전의 「여래출현품」에는 "다만 망상(妄想)만 여의면 무사지(無師智)·자연지(自然智)·일체지(一切智)가 본래 구족되어 있다."고 밝히고 있다. 즉 이 법문과 이통현(李通玄) 거사의 『신화엄경론』에서 말하는 화엄의 가르침과 선의 취지가 둘이 아님을 스스로 체험하고, "세존께서 입으로 설한 것이 가르침이라면 조사가 마음으로 전한 것이 선정이니, 부처나 조사의 마음과 입은 서로 어긋나지 않는다. 어찌 근원을 찾아보지 아니하고 부질없이 쟁론을 일으켜 헛되이 세월을 보내는가?"라고 선종과 교종의 우열에 집착하여 스스로 한계를 만드는 어리석은 선[癡禪] 내지 미친 지혜[狂慧]를 질타하게 된다. 중국에서 선종이 독립된 뒤 '가르침 이외에 별도로 전한 것이 있다[教外別傳]'는 기치를 내세우고 가르침의 내외, 선교의 우열에 망령되이 집착한 5백 년의 악습을 수습하고, 선정과 가르침의 일치[禪教一元] 내지 부처와 조사의 공통 가르침[佛祖一法]이라는 근본교지를 되찾았던 것이다.

새롭게 올바른 수행문화를 정립하고자 했던 보조스님은 그의 『권수정혜결사문』 말미에서 다음과 같이 수행의 공덕이 무엇인가를 재삼 강조하며 마음을 닦아야 한다고 말한다. 이는 스님이 어떠한 생각을 가지고 정혜결사운동을 촉구했는가를 알려주는 것이다.

> 「문수게(文殊揭)」에는 "한 생각 청정한 마음이 바로 도량이다. 그러므로 그것은 갠지스 강의 모래알 수와 같은 칠보의 탑을 만드는 것보다 그 공덕이 뛰어나다. 보배로 된 탑은 마침내 부서져 티끌이 되지만, 한 생각 청정한 마음은 정각을 이룬다."고 하였다. 그러므로 알라. 잠깐 동안이라도 생각을 거두어 잡은 깨달음의 씨앗은 비록 삼재(三災)가 휩싸더라도 그 행한 업은 흔들림이 없이 적적하다. 그러므로 이것은 특별하게 마음을 닦는 인사만이 그 이익을 성취하는 것이 아니다.

03

『권수정혜결사문』과 정혜사상

1. 결사문에 나타난 정혜사상의 핵심

보조스님의 정혜사상을 살피기 위해서 우리는 그가 사상운동의 핵심을 밝히며, 운동의 강령으로 삼았던 『권수정혜결사문』의 내용을 살펴볼 필요가 있다. 이 결사문에는 보조스님이 지향하고자 했던 수행의 방향과 목표가 분명하게 제시되어 있으며, 그런 점에서 보조스님의 정혜사상을 가장 명확하게 이해할 수 있는 기본적인 자료이기 때문이다.

『권수정혜결사문』은 보조스님이 25세 되던 해에 결사(結社)하기로 약속했던 동지들을 모아 정혜결사(定慧結社)를 하고, 선정과 지혜를 닦도록 권유하는 결사의 정신을 나타내고 있는 글이다. 여기서 그는 "땅에서 넘어진 자는 땅을 짚고 일어서나니 땅을 여의고 일어날 수는 없다."(『권수정혜결사문』)고 말하며, 또한 "한 마음 어두워 끝없는 번뇌를 일으키는 것은 중생이요, 한 마음 깨달아 끊임없는 묘용(妙用)을 일으키는 것은 부처이다. 어두움과 깨달음이 비록 다르지만 마음으로 말미암는 것이니, 마음을 여의고 부처를 찾아서는 안 되는 것이다."(『권수정혜결사문』)고 말한다. 수많은 불경이 있지만 그 핵심은 계율·선정·지혜의 삼학(三學)으로 귀착된다. 또한 그런 점에서 계는 도(道)에 들어가는 문턱이며, 그 핵심은 선정과 지혜를 균등하게 닦는 데 있다. 이 점에 대해 전문적으로 보조스님의 사상을 연구한 강건기는 다음의 일곱 가지로 정혜결사문의 내용을 정리하고 있다.

가) 바른 도가 어두워진 말법시대에 선정과 지혜를 닦는 것보다 차라리 염불하여 정토(淨土)에 나는 것이 좋지 않은가?

나) 왜 오늘날 수행하는 바람들은 신통한 지혜를 나타내지 못하는가?

다) 참 성품은 본래부터 완전한 것인데, 왜 수행이 필요한가?

라) 마음을 관하며 불도를 이루는 것은 뛰어난 근기의 사람이나 가능한 일이 아닌가?

마) 많은 수행의 계위[三賢十地, 等覺, 妙覺]를 거처 구경에 이른다고 하는데 선정과 지혜, 성성적적(惺惺寂寂)의 두 문에 의해 공부를 마칠 수 있다는 것은 잘못된 것이 아닌가?

바) 마음 닦는 수행에 있어서 법을 설하여 사람들을 제도하는 이타행은 필요한가?

사) 비록 선정과 지혜를 닦더라도 도의 힘이 충실치 못하여 정토를 구하지 않는다면 여러 가지 고난을 만나 물러나지 않을까?

「권수정혜결사문의 체계와 사상」(『보조스님사상』27집)

또한 보조스님의 『권수정혜결사문』에 나타나있는 선정과 지혜에 대한 전체적인 의미를 인경스님은 세 가지로 정리하고 있다. 이것을 도식하면 다음과 같습니다.

표층의식	심층의식
서문	
정토업(淨土業)	삿된 견해를 깨뜨림
신통(神通)	
정혜 닦음의 당위성	정혜를 드러냄
대승경전과 조사의 돈오문(頓悟門)	
수행과정과 정혜	
도인내조의 대승법문	
유심정토	모든 근기를 수용함

이상의 도표에서 알 수 있듯이 『권수정혜결사문』의 핵심사상은 삿된 견해를 물리치고 선정과 지혜를 온전하게 드러나게 하는 것이다. 그러면서도 어느 한 부분에 치우치는 것은 결국 분별이나 집착이기 때문에 본질에서 벗어나는 것이라 판단하고, 다양한 근기를 포용하고자 하는 대보살심이 내재되어 있다. 유심정토를 통해 상중하로 구별되는 다양한 중생을 남김없이 포용하고자 하는 자비심이 보이기 때문이다.

선정과 지혜라는 관점에서 보자면, 당시 불교계에 만연하고 있던 정토나 신통에 관한 문제는 지말적이거나 그릇된 견해일 수밖에 없다. 따라서 첫 번째와 두 번째 질문인 정토와 신통에 관한 문제는 선종의 입장을 잘 대변한다고 말할 수 있다. 정토종의 기본적인 사상은 말법이라는 시대적 상황의 이해가 전제되며, 시대적 상황인식 속에서 방편으로 인간들을 정토로 이끌어 가야 한다는 것이다. 여기서 수행의 문제를 보다 근본적으로 중요시하는 남종선의 입장과 차이를 드러내게 된다.

선종의 기본적인 입장은 시대적 방편에 관한 문제가 아니었다. 그것은 언제나 현재 나의 문제에 집중되어 있으며, 그것은 존재의 본질이나 삶의 근원성을 탐색하는 것이었다. 나아가 현실 속에서 깨달음이라는 궁극적인 세계를 체험하는 것이기도 했다. 불교 전시대를 통해 선정수행은 대·소승 공히 공통적으로 중시한 것이다. 선정을 중심으로 인간의 내면, 즉 마음의 움직임을 살피는 선종의 입장에서 보자면 말법이라든가 삼명, 육통과 같은 신통력에 관한 문제는 지극히 지말적인 문제가 아닐 수 없다. 『권수정혜결사문』은 이러한 입장을 분명하게 밝히고 있는 것이다.

또한 질문 다, 라, 마, 사는 정토나 선과 같은 밖의 견해가 아니라 선종의 입장에서 발생할 수 있는 의심이나 잘못된 점에 대한 자문자답 형식의 문제 제기이다.

첫째, 참 성품은 본래부터 완전한 것인데, 왜 수행이 필요한가?

둘째, 마음을 관하며 불도를 이루는 것은 상근기나 가능한 일이 아닌가?

셋째, 정해진 수행의 계위[三賢十地, 等覺, 妙覺]를 거처 구경에 이른다고 하는데 선정과 지혜나 성성적적의 두 문에 의해 공부를 마칠 수 있다는 것은 잘못된 것이 아닌가?

넷째, 마음 닦는 수행에 있어서 법을 설하여 사람들을 제도하는 이타행은 필요한가?

이 질문들은 수행의 과정에서 항상 존재하고 있는 기본적인 문제의식이 아닐 수 없다. 그리고 이러한 문제의식은 그 자체로 해결되지 않는다고 한다. 그것은 마음의 본성을 알아가는 과정이며, 수행의 완성을 통해 해결될 수 있는 것이기 때문이다. '마음은 본래 맑고 번뇌는 본래 공하다.'라는 보조스님의 말이 그것을 가리키고 있다.

'마음은 본래부터 맑고 번뇌는 공한 것'이란 바로 심성(心性)을 기초에 두고 논의를 전개하는 것이다. 선정과 지혜를 동시에 닦는다고 하는 것은 이러한 인간의 본질적인 심성론의 기초 위에서 출발한다. 이러한 인간 심성의 기초 위에 있는 마음을 중시하는 입장에서 보조스님은 본질을 의미하는 성종(性宗)의 가르침이야말로 궁극적인 것이며, 점차의 문제가 아닌 단박에 깨달아야 하는 문제이고, 법계와 일심이 하나 되는 것이라는 입장을 취하고 있다.

2. 정혜의 동시 수행과 그 필요성

보조스님에 의하면 '텅 비고 환하게 밝은 마음'에 대한 확실한 믿음과 이해에 기초해 닦는 것이 수심(修心)의 바른 길이다. 마음을 닦는 것은 본래 마음이 생활 속에 살아 움직이도록 드러내는 과정이며, 그것이 바로 선정과 지혜를 함께 닦아야 하는 이유이다. 선정과 지혜는 불교의 근본적인 계, 정, 혜 삼학의 줄임이다. 계율은 수행자의 일상 규범이며, 일체의 수행은 계율 위에서 전개되는 것이다. 그런 점을 고려하면, 선정과 지혜를 중시한다는 것은 불교의 근본적인 입장을 재조명한 것으로도 파악할 수 있으며, 이와 같이 불교의 근본적인 출발점으로 회귀했다는 것은 작은 다툼을 지양하고 대승적 차원에서 선정과 지혜를 융합한 것이기에 가능한 일이었다. 그러기에 수행은 필요하고, 수행자에게 있어서 무엇보다 중요한 일이라 간주한다. 본질에 어긋난 수행자들에게 비밀한 가르침을 가르쳐 주는 것이 수행이라 정의한다. 그런 점에서 수행을 하지 않는 것은 삼(麻)을 지고 금은 버리는 것과 같은 일이라고 한다.

근래 선문에서 공부하는 사람들이 이런 병통이 많아 다들 말하기를 '이미 스스로의 마음이 본래부터 청정하여 유에도 무에도 속해 있지 않은데 무엇 하러 몸을 수고로이 하여 헛되이 수행을 더할 필요가 있는가?' 라고 한다. 그러므로 걸림 없는 자유로운 행을 본받아 참 수행을 버리니 하만 몸과 입만 단정하지 못할 뿐 아니라 마음과 행 또한 구부러졌는데도 도무지 깨닫지 못한다.

혹 어떤 사람은 부처님의 가르침 중 법상의 방편설에 집착하여 스스로 퇴굴심을 내어 수고로이 점차적인 행을 닦는다. 그래서 성종에 어긋나 여래께서 말세 중생을 위해 열어 보인 비밀한 가르침이 있음을 믿지 않고 먼저 들은 것을 고집한다. 그것은 삼(麻)을 지고 금을 버리는 것과 같다.

그리고 구체적으로 수행이란 무엇이며, 그것은 어떠한 효과가 있는지 설명한다. 이들을 다음과 같이 정리할 수 있다.

첫째, 밖으로 계율을 지키면서도 구속되거나 집착하지 않고 안으로 선정을 닦지만 억지로 누르지 않는다. 그러므로 이른바 악을 끊되 끊음이 없고 선을 닦되 닦으면서도 닦음이 없어야 참으로 닦고 끊는 것이라 할 수 있다. 만일 이와 같이 선정과 지혜를 쌍으로 운용하여 모든 선행을 함께 닦으면 어찌 헛되이 침묵만 지키는 어리석은 선이나 오직 문자만 갖는 미친 지혜에 비교하겠는가?

둘째, 「익진기」에 말하였다. '선정과 지혜, 이 두 가지는 삼학의 약칭으로 갖추어 말하면 계율과 선정과 지혜이다. 계율이란 그릇된 것을 막고 악을 그친다는 뜻으로 세 가지 악도에 떨어지는 것을 막는다. 선정은 이치에 맞추어 산란한 마음을 거두어 잡는다는 뜻으로, 능히 여섯 가지 욕심을 뛰어 넘게 한다. 지혜는 법을 가리어 공을 관한다는 뜻으로 묘하게 생사를 벗어나게 한다. 그러므로 번뇌가 없는 성인들이 성인이 되기 전의 수행으로 다 이것을 배웠다. 그래서 삼학이라고 한다.

셋째, 또 이 삼학에는 상(相)을 따르는 것과 성품에 맞는 것의 구별이 있다. 상을 따르는 것은 위에서 말한 것과 같이 이치에 맞는 것은 이치에 본래 그릇된 것이 없는 것이 계율이며, 이치에 본래 산란한 것이 없는 것이 선정이며, 이치에 본래 어두울 것이 없는 것이 지혜이다. 단지 이 이치만 깨달으면 그것이 곧 참 삼학일 뿐이다.

넷째, 그러므로 조계스님께서 "본래 마음에 그릇됨이 없는 것이 성품의 계율이며, 본래 마음에 산란함 없는 것이 자기 성품의 선성이며, 본래 마음에 어리석음 없는 것이 자기 성품의 지혜이다."라 한 것이 이것이다.

다섯째, 또 선에는 깊고 얕은 것이 있으니, 이른바 외도선, 범부선, 이승선, 대승선, 최상승선이 있는데, "마음의 성품은 본래 청정하고 번뇌는 공하다."는 가르침은 최상승선에 해당된다. 그러나 공부를 해 가는 문에서 처음 마음을 낸 사람을 권승의 대치하는 가르침이 없을 수 없다. 그러므로 이 권수문에는 방편[權]과 진실[實]을 아울러 베풀어 놓았으니 잘 알아야 할 것이다.

여섯째, 초저녁이나 밤중이나 새벽에 고요히 오뚝 단정하게 앉아 밖의 상을 취하지 않고 마음을 거두어 안으로 비추어야 한다. 먼저 적적함으로써 반연하는 생각을 다스리고 다음으로 성성함으로 혼침을 다스리되 취하고 버린다는 생각도 없어서 마음이 뚜렷하고 확 트여 어둡지 않고 생각 없이 알도록 해야 한다.

일곱째, 만일 세상 인연을 따라 어떤 일을 할 때에는 마땅히 할 일인지 하지 않을 일인지를 모두 관찰하여 모든 선행을 버리지 말아야 한다. 그러나 일을 할 때에는 텅 비고 밝은 마음을 잃지 않아 항상 밝고 고요해야 한다.(『권수정혜결사문』)

이상은 선정과 지혜를 구체적으로 어떻게 닦는 것인가를 잘 보여주는 것이다. 그것은 방편과 진실을 활용할 줄 알아야 하는 것이며, 계율을 잘 지키되 계율에 얽매이어도 안 된다는 것이다. 그러면서도 부단히 쉬지 않고 수행에 집중해야만 한다. 정신은 언제나 성성적적(惺惺寂寂)해야 하는데 그것은 혼침(昏沈)과 산란을 다스리는 것이다. 실제 수행에서 대상에 따라 놀아나는 산란한 마음과 졸린 듯 멍청한 상태인 혼침에 떨어지는 것이 제일 문제가 된다. 그 혼침을 각기 적적하고 성성한 본래 마음을 드러내고 다스려야한다는 것이다. 그래서 우리의 마음이 항상 성성적적하도록 노력하라고 당부하는 것을 잊지 않는다. 보조스님은 당나라 시대에 활동한 선사 일숙각의 말을 빌어 성성적적하다는 것이 무엇이며, 그것이 어떻게 혼침을 다스릴 수 있는가에 대해서 다음과 같이 말한다.

일숙각은 말했다. "적적함이란 바깥 경계의 선과 악 등의 일을 생각하지 않는 것이요, 성성함이란 혼침에 머무는 것이나 무기 등을 일으키지 않는 것이다. 만약 적적하기만 하고 성성하지 못하면 그것은 혼침에 머무는 것이요, 성성하기만 하고 적적하지 못하면 그것은 반연하는 생각이다. 적적하지도 성성하지도 못하면 그것은 다만 반연하는 생각일 뿐 아니라 또한 혼침에 빠지는 것이다. 적적 하면서 또한 성성하면 그것은 뚜렷할 뿐 아니라 겸하여 적적한 것이니, 이것이 곧 원천으로 돌아가는 묘한 성(性)이다.

요즘의 마음 닦는 사람들은 부처될 성품의 씨앗을 갖추었으니, 문득 깨닫는 것을 종지를 삼는 바로 가리키는 문에 의하여 결정적인 믿음과 앎을 일으키는 사람은 스스로의 마음이 항상 적적하고 성성한 것을 곧바로 알아서 그에 의해 닦기 때문에 비록 모든 행을 닦더라도 오직 무념으로 종을 삼고 무작으로 근본을 삼는다. 무념과 무작이기 때문에 시간과 지위에 점차의 행이 없고 뜻에 차별의 상도 없다.

마음에 초점이 없이 멍청한 상태에 빠져 있는 것을 혼침이라 한다. 분명한 현재의식이 사라진 상태이기도 하다. 그런데 그러한 혼침은 정신을 차리면 사라진다. 여기서 정신을 차린다는 것은 마음을 집중하는 것이며, 불교적인 표현에 의하면 본래부터 지니고 있는 마음의 밝음을 드러내는 것이다. 그러면 혼침은 저절로 사라진다고 본다. 밝게 깨어 있는 마음을 성성이라 표현한 것이며, 마음이 고요한 상태 그대로 안정되어 있는 것을 적적이라 표현한 것이다. 적적함이란 무료하다는 의미가 아니라 대상에 이끌리지 않는 깨어 있는 마음, 밝은 마음이 흔들림 없이 안정되어 있는 마음의 본래 상태를 묘사한 것이다. 그런 점에서 적적은 마음의 본체이며, 성성은 마음의 작용이다. 이것을 선정과 지혜로 구분하면 적적은 선정에 해당하고 성성은 마음의 작용인 지혜에 해당한다. 그렇지만 무념(無念)과 무작(無作)을 전제하고 있으며, 그것은 철저한 무집착 내지 무분별에 입각해야 한다는 것을 의미하는 것이기도 하다. 혜능 이래 남종선의 핵심적인 개념인 무념과 무작은 보조스님의 사상적 연원이 어디까지 소급되는가를 알려준다. 여기서 성성과 적적은 마음을 다른 시각에서 표현한 것인데 이것을 정리하면 다음과 같다.

마음	본체	공적	적적	선정	동시 수행(雙修, 等持)
	작용	영지	성성	지혜	

그런데 보조스님은 깨친 뒤의 선정과 지혜는 텅 비어 있으면서도 환하게 밝은 본래의 마음이며, 그것을 공적영지심이 생활 속에 그대로 나타나는 것이라 한다. 동일한 선상에서 선정과 지혜를 함께 닦는 것은 본래의 마음을 그대로 지니고 사는 것이다. 본래의 마음은 일상적인 언어나 개념에 의해 오염되기 이전의 상태를 말하며, 그렇기에 그것의 본질은

공적(空寂)하며, 그것의 작용은 영지(靈知)라 표현한다.

> 깨친 사람의 경지에서 선정과 지혜를 평등하게 가진다는 뜻은 애써 노력하는 것도 아니며, 원래 무위여서 어떤 특별한 곳과 때도 또한 없다. 즉 대상을 보고 소리를 들을 때에도 그러하고, 옷 입고 밥 먹을 때에도 그러하며, 똥 누고 오줌 눌 때에도 그러하고, 사람을 만나 이야기할 때에도 그러하며, 나아가서는 걸어가고 서 있거나, 앉거나 눕거나 말하거나 침묵하거나 혹은 기뻐하고 성낼 때에도 언제든지 그러하다.
>
> 마치 빈 배가 물결을 타고 올라갔다 내려갔다 하고, 흐르는 물이 산을 끼고 돌 때에 형세에 따라 굽이돌기도 하고 바르게 흐르기도 하는 것처럼 마음마다 알음알이가 없다.
>
> 그리하여 오늘도 무심하여 자유롭고 내일도 무심하여 자유로워서 가지가지 반연을 따라도 아무런 걸림이 없고 악을 끊거나 선을 닦지도 않는다. 또한 순박하고 솔직하여 거짓이 없으므로 보고 들음에 무심함으로 한 티끌도 상대되는 것이 없으니, 어찌 번뇌를 털어 없애는 노력이 필요하겠는가? 한 생각의 정도 일어나지 않으니 반연을 잊으려 힘쓸 것도 없다.(『권수정혜결사문』)

선정과 지혜의 기본적인 입장은 불교 수행의 요체라고 할 수 있다. 이러한 선정과 지혜에 대한 수행은 인간 본연의 마음자리를 밝혀주는 것이다. 그렇지만 그러한 수행은 분별심에 끄달리는 것이 아니라 무심한 마음으로 사물을 있는 그대로 받아들이는 것이기도 하다. 일부러 무엇인가를 하려는 순간에 이미 상대적인 분별의 세계에 떨어진다. 자유롭고 무심한 마음이 중요한 것이다. 그렇지만 무심함은 인위적인 가식이 접근할 수 없는 천연의 모습이요, 닦음이 없는 닦음, 즉 수행한다는 생각도 망각해 버린 수행을 말한다. 그렇지만 그 마음은 언제나 깨어 있어야 하며, 본래의 상태에 안정되어 있어야 한다.

번뇌가 다할 때에는 생사도 끊어지며 생멸이 멸하면 고요하면서도 밝은 본래 마음이 환히 나타나 응용함이 무궁하여 인연 있는 중생을 제도하리니 그것이 바로 일 마친 사람의 점차 없는 가운데 점차며 공용 없는 가운데 공용이다.(『권수정혜결사문』)

공용이 없는 가운데 공용이 있어야 하는 점에서 본체와 작용이 구분되지 않으며, 그렇기 때문에 다양한 삶의 현실 속에서도 인간 본연의 마음자리로 돌아가고자 하는 정신을 놓아서는 안 된다. 그것이 바른 지혜의 활용이며, 분명한 마음이 표출되는 것이다.

3. 정혜의 완성과 보살행의 실천

보조스님은 자리와 이타를 동시에 추구한다. 그렇지만 남을 이롭게 하는 이타행은 먼저 수행을 통해 자기를 완성해야만 한다는 전제가 따른다. 그것은 먼저 자신의 내면을 통찰해 본래의 밝고 청정한 마음을 깨친 다음의 일이다. 때문에 그가 말하는 보살행의 완성은 스스로를 이롭게 할 뿐만 아니라 남도 이롭게 하는 이타적인 실천이다. 대승불교에서 기본이 되는 자리이타의 이념이 보조스님의 '수증론' 속에서 새롭게 탄생되고 있다. 따라서 그는 『권수정혜결사문』에서 다음과 같이 자문자답하며 진정한 의미의 이타행과 보살도의 완성이 무엇인지를 밝히고자 한다.

(문), 마음 닦는 사람들이 널리 배우고 많이 들어 법을 설하여 사람들을 제도

한다면 안으로 비추는 공부에는 손실이 될 것 같은데, 그러나 남을 이롭게 하는 행이 없다면 고요함만 취하는 무리와 무엇이 다르겠는가?

(답) 첫째, 그것은 각각 그 사람에게 달려 있으므로 한 가지로 말할 것이 아니다. 만약 말로 인해 깨치고 교를 빌어서 종지를 밝히어 법을 가리는 눈을 갖춘 사람이 비록 많이 듣더라도 이름과 상에 집착하는 마음을 일으키지 않는다. 또 비록 남을 이롭게 해도 능히 나와 남 생각을 끊고 자비와 지혜가 저절로 원만해져서 법계에 계합하게 되면 그는 참으로 잘 실행하는 사람이다.

둘째 그러나 말을 따라 견해를 내고 글을 따라 알음알이를 지으며, 가르침만 좇고 손가락과 달을 분간하지 못하여 명예와 이양의 마음을 잊지 못한 채 법을 설하고 다른 사람을 제도 하려는 자는 마치 더러운 달팽이가 스스로를 더럽히는 것과 같다. 이런 사람이 바로 세간의 문자법사이니, 어찌 선정과 지혜를 오롯하게 닦고 명예를 구하지 않는 이라 할 수 있겠는가. 『화엄론』에 '만일 자신이 묶여 있으면서 다른 사람이 묶여 있는 것을 풀어주려 함은 있을 수 없는 일이다.'라 하였다.

셋째, 이미 남을 제도 하려는 원을 세웠으면 먼저 선정과 지혜를 닦아야 한다. 도의 힘이 있으면 자비의 문을 구름처럼 펴고, 행의 바다에 물결이 출렁이게 하여 미래세가 다하도록 고뇌하는 일체의 중생을 구제하고 삼보에 공양하여 부처의 가업을 이을 것이니, 어찌 고요함만 취하는 무리와 같겠는가.

이상의 인용문에서 보조스님은 먼저 "남을 이롭게 하는 행이 없다면 고요함만 취하는 무리와 무엇이 다르겠는가?" 하고 묻고, 이어서 이타행을 하더라도 나와 남이란 생각을 끊고 자비와 지혜가 원만해져 저절로 법계에 계합하게 되면, 그것이 이타행을 잘 실천하는 사람이라 한다. 그리고 남을 제도하고자 보살도의 실천을 서원했으면 선정과 지혜를 닦아야 함을 강조한다. 수행에 의해 내면적인 힘이 충만해진 상태가 된다면 자비의 문을 구름처럼 펼칠 수 있다고 보고, 고뇌하는 일체의 중생을 구제하고 삼보에 공양하여 부처의 가업을 이를 것이니, 고요함만 취하는 무리와 다르다는 것이다.

모름지기 수행자는 고요함만 취하는 무리가 되어서는 안 된다. 그것은 독각이며, 이기적인 수행자이자 역사의식이 전혀 구비되지 않은 반쪽자리 수행자가 분명할 것이다. 왜냐하면 부처님의 가르침을 통해 자신과 중생을 구제하고자 하는 대승불교의 이념이 존재하지 않기 때문이다. 그런 점을 감안한다면 보조스님은 수행자이자 중생을 인도하는 교사로서의 면모를 보이고 있다. 여기서 교사는 단순히 가르치는 차원에 머무는 것이 아니라 깨달음의 세계로 인도하는 것이며, 밝은 마음의 본성을 보도록 만드는 것이다. 그것을 보조스님은 점수로 설명한다.

이 깨친 뒤의 점수의 문은 다만 더러움에 물들지 않은 것만이 아니라, 또한 만 가지 행을 익히고 닦아 나와 남을 함께 제도하는 것이다. 그런데 지금의 참선하는 이들은 모두 '다만 불성을 밝게 보면 이타의 행원은 저절로 원만하게 이루어진다.'고 한다. 그러나 나 목우자는 그렇지 않다고 생각한다. 불성을 밝게 본다는 것은 다만 중생과 부처가 평등하고 나와 남의 차별이 없음을 보는 것이니, 거기서 다시 자비와 서원의 마음을 내지 않으면 한갓 고요함에만 머물러 있지 않을까 걱정되기 때문이다. 『화엄론』에서도 '지혜는 성품이 적정한 것이라 서원으로 그 지혜를 보호한다.'고 한 것은 이를 두고 한 말이다. 그러므로 알아야 한다. 깨닫기 전의 미혹한 자리에서는 비록 어떤 서원이 있어도 마음의 힘이 어둡고 약하기 때문에 그 서원을 성취시킬 수 없는 것이다. 그러나 깨달은 뒤에는 차별지로 중생들의 고통을 보고 자비와 서원의 마음을 내어, 제 역량과 분수를 따라 보살도를 행하면 깨달음의 실천행이 점차 원만해 지리니 어찌 기쁘고 유쾌하지 않겠는가? (『화엄론절요』)

깨친 뒤에 고요함에만 안주하는 것은 무엇인가 완성되지 않은 것으로 인식한다. 많이 배웠지만 사회의식이 결여된, 매우 이기적이고 소극적인 지식인과 마찬가지로 생각할 수 있다. 그렇다고 인위적으로 무엇인가를 하고자 하는 강한 집착이나 분별심에 입각해 보살도를 완성하겠다고 서원해서도 안 된다고 한다. 부처와 중생을 평등하게 보고, 너와 나를 구분하지 않는 마음이 전제되어야 한다는 것이다. 왜냐하면 깨닫기 전에는 미혹해서 비록 서원을 지니고 있더라도 그 서원을 성취시킬 수 있는 힘이 없으며, 그것은 마음의 힘이 어둡고 약하기 때문이다. 따라서 수행이 완성된 상태에서 일체의 생명을 포용하는 대자비심이 펼쳐질 수 있다는 것이다. 의욕을 떠나 수행의 힘이 뒷받침되어야 한다는 점을 강조하는 이유가 여기에 있는 것이다. 결국 선정과 지혜를 평등하게 수지하는 힘이 자비로 표현된다는 것이다.

그러나 보조스님 이전의 선사들은 온통 궁극적인 깨달음에만 빠져 있었다. 세상이 어찌 되던 수행자 개인과는 무관하다고 생각하는 경향이 짙었다. 그것은 초기 대승불교운동가들이 부파불교의 수행자들을 보고 그들은 '대중성과 사회성을 결핍하고 있다.'고 비판했던 것과 비슷한 상황이었다. 이타행이 무엇인지, 중생을 구제해야할 이유가 무엇인지에는 그다지 관심이 없었던 것이다. 따라서 선사상 자체가 비현실적이거나 관념적인 것이 아닌가 하는 비판도 등장하게 된다. 또한 수행의 과정에 있는 수행자는 자신이 아직 깨닫지 못했기 때문에 중생을 교화해야 한다는 주장을 내세울 여지가 없었다. 결국 깨달은 뒤에야 중생을 교화할 수 있는 여지가 생기는 것이다. 그런 점에서 보조스님은 선불교의 자기모순성에 대한 극복의 방안이 무엇인가에 대해 고민했으며, 그것이 그의 돈오점수라는 '수증론'(修證論)으로 해결되는 것이다. 정혜쌍수설에 입각한 돈오점수설은 자리이타 각행원만이란 대승불교의 근본이념을 절묘하게 소화하고 있기 때문이다. 수행의 완성은 온전하게 모든 생명을 포용할 수 있는 강력한 자비의 힘을 펼칠 수 있는 내적인 힘이란 것이다.

4. 유심정토와 정혜사상

보조스님은 마음이 부처라 한다. 부처인 마음을 확연하게 인식하고 일상의 생활 속에서 살아 움직이게 하는 전 과정이 수행이며, 그러한 수행의 구체적인 내용을 선정과 지혜를 함께 닦는다는 의미에서 정혜쌍수라 한다. 그러므로 보조스님은 부처를 마음 바깥에서 찾아선 안 된다고 강조한다. 그런 점에서 타력적인 염불이나 정토사상은 보조스님과 연결고리가 없는 것처럼 인식된다.

여기서 타력신앙의 대표로 알려져 있는 정토신앙과 자력신앙이 소통할 수 있는 방법은 전혀 없는 것일까? 이런 점은 보조스님 이전에 많은 불교 사상가들에 의해 문제점으로 인식되고 있었다. 그리고 마침내 등장한 연결고리가 유심정토사상이다. 자성이 바로 아미타부처이며, 오직 마음만이 정토라는 사고의 출현이다.

정토사상은 이미 중국의 남북조시대에 출현해 많은 대중들에게 영향을 미쳤다. 또한 일반 대중들은 선불교의 수행보다는 정토사상, 즉 염불이나 참회 등에서 종교적 친근성을 발견하게 되었다. 그런 점에서 스님이 활동했던 당시 역시 크게 다르지 않았다고 말할 수 있다. 따라서 "지금은 말법시대라 선정과 지혜를 닦는 것보다 부지런히 아미타부처님을 불러 정토에 갈 업을 닦는 것이 낫지 않겠는가?(『권수정혜결사문』)"라는 문제를 제기하고 정토의 업을 닦는 것이 본질이 아니라는 점을 여러 가지 시각에서 설명하고자 한다. 대략 여덟 가지의 이유인데 정리하면 다음과 같다.

첫째, 시대는 변천하나 마음의 성품은 변하지 않는다.

둘째, 염불하고 경 읽으며 착한 행을 닦는 것은 사문이 가질 떳떳한 법이지만, 그 근본을 깊이 알아보지 않고 형상에 집착하고 밖으로 찾는다면 지혜 있는 이의 비웃음꺼리가 될까 두렵다.

셋째, 요의(了義)의 간절한 말씀을 따르고 권학방편의 말에 의지하지 말아야 한다.

넷째, 오직 부처님과 조사의 성실한 말씀을 밝은 거울로 삼아 자기 마음은 본래부터 신령스럽고 밝으며 깨끗하고, 공함을 비춰 보아야 한다. 그리고 다시 삿되고 바른 것을 힘써 가리고 결정하여 청정한 행을 닦아야 한다.

다섯째, 큰 서원을 세워 널리 중생들을 제도해야 한다. 내 일신만을 위해 혼자 해탈을 구하는 것이 아니기 때문이다.

여섯째, 만일 세상일에 얽매이거나 병고에 시달리는 등 불안할 때는 부처님 전에 지극한 마음으로 씻고 참회하여 업장을 제거해야 한다.

일곱째, 움직이고 그치며 말하고 침묵하는 모든 시간에 남의 몸과 마음은 인연 따라 일어난 공한 것임을 알아야 한다. 그래서 몸과 마음을 안정시키어 비추어 보는 힘이 증장되면 고요히 돌아갈 곳이 있고 편안하여 끊임이 없을 것이다.

여덟째, 그 때에는 사랑하고 미워하는 마음이 저절로 엷어지고 자비와 지혜가 저절로 밝아지며 죄업은 저절로 끊어지고 공덕의 행은 저절로 더욱 나아갈 것이다. 번뇌가 다할 때는 생사도 끊어지며, 생멸이 멸하면 고요하면서도 밝은 본래 마음이 환히 나타나 무궁하여 인연 있는 중생을 제도 하리니, 그것이 바로 일 마친 사람의 점차 없는 점차며, 공용 없는 공용이 된다.

보조스님을 비롯해 많은 수행자들은 정토사상이 지니는 대중성에 관심을 기울인 것도 사실이다. 그러나 타력적인 정토신앙은 대중성과 사회성은 지니고 있지만 대중들을 잘못 인도하면 관념적 우상에 빠지게 할 수 있다는 점을 발견하게 된다. 그런 점에서 정토와 선사상을 절묘하게 결합한 것이 유심정토사상이다. 그리고 이러한 사상의 전개과정에서 중요한 위치를 차지하고 있는 사람이 영명연수(904-975)이다. 그는 당말 오대의 혼란기와 조송시대의 초기를 살았는데, 서른 살이라는 당시로서는 비교적 늦은 나이에 출가하여 천태산에서 천태덕소(891-972)에게 수학했다. 덕소는 법안종의 개산조사인 법안문익의 선사상을 수용했으며, 천태교학에 힘썼다. 그는 후주시대인 952년 지금의 영파시에 해당하는 명주의 설두산에 거주하며, 이어 송나라 건국 초년인 960년에 항주의 영은사를 부흥시킨다. 많은 사람들이 미륵보살의 화현으로 생각했으며, 염불선의 단초를 열게 된다.

영명연수는 "불법은 바다와 같다. 모든 것을 포함한다. 궁극의 진리는 허공과 같다. 어느 문으로나 들어갈 수 있다."(『만선동귀집』하)고 했다. 나아가 일심의 법이 일체의 존재를 포함하는 것에 대해 다음과 같이 말한다.

마음이란 극히 미묘하고 보편적이다. 궁극의 진리이자 심원하다. 그것은 과거·현재·미래 어디에서도 얻지 못하며, 이제(二諦, 진제와 속제)의 사상에 의해 추구해도 알 수 없다. 모양도 이름도 없으며, 깊이나 넓이도 측량할 수 없다. 무엇에 의지하지도 않고, 어딘가에 정해져 있는 것도 아니며, 그 자취를 볼 수도 없다. 미세한 것으로 말하자면, 틈이 없는 곳에도 들어갈 수 있어서 그 작음을 말할 수 없다. 크기로 말하자면 우주 밖까지 포함할 정도라서 그 깊이를 말할 수 없다. 그것은 궁극의 도이기 때문에 허명(虛冥)하다. 누가 있게 할 것인가? 자취를 진실한 세계에 나누어 멈추지만 다양하지 않다. 본성은 공 그 자체이지만 하나는 아니다"(『종경록』)

그는 마음을 본체와 작용으로 구분했지만 본체와 작용은 다르지 않고 오직 하나의 마음으로 귀착되기 때문에 이 마음이 평등하면 법계가 평등하고, 이 마음에 차별이 있으면 다양한 차별이 발생한다고 본다. 따라서 이 마음이 부처나 중생도 될 수 있으며, 이 마음이 천당이나 지옥도 만든다고 한다. 동일한 차원에서 정토도 마음에서 나타나는 것이라 주장하게 되었지만, 그가 말하는 유심정토설은 참선하는 수행자들과 달리 서방정토와 미타정토의 존재를 인정하는 것이다.

그러나 선종에서는 유심정토의 영향을 받아 보다 철저하게 자성(自性)이 바로 아미타부처라는 설을 중시하게 되며, 방법론적인 차이는 있지만 선종과 정토의 가르침을 융합하게 된다. 보조스님 역시 선사의 입장에서 정토의 가르침을 수용하려는 입장을 보이고 있다. 다만 그가 주장하는 것은 보다 철저한 유심정토사상이다. 따라서 『권수정혜결사문』의 일곱번째 문제 제기에서 다음과 같이 자문하게 된다.

비록 선정과 지혜를 오롯하게 닦더라도 도의 힘이 아직 충실치 못하기 때문에 정토를 구하지 않으면 여러 가지 고난을 만나 물러나지 않겠는가?

이것은 보조스님 자신이 이러한 생각을 하고 있다는 것이 아니다. 이상과 같이 생각하고 정토를 찾는 수행자들이 있다는 당시의 현실을 말하는 것이며, 그것이 결코 최선이 될 수 없다는 점을 말하고자 하는 것이다.

따라서 다시 보조스님은 자신의 입장을 밝히게 된다. 그것이 바로 유심정토설이다. 보조스님이 생각하는 정토는 다름 아닌 청정한 마음 그 자체이다. 따라서 "그것도 또한 각각 그 사람에게 달려 있기 때문에 한 가지 예로 취급할 수 없다. 만약 그가 마음이 큰 중생으로 이 최상승의 법문에 의지하여 몸과 대상 세계가 공하고, 스스로의 마음이 바로 부처의 마음이며, 스스로의 성품이 바로 법의 성품임을 확실히 믿고 알고, 그 세력에 의해 닦는 사람이면 비록 삼계 내에 있더라도 그곳이 곧 법성정토다. 그러므로 세상에 여러 가지 어려움에도 물러날 걱정이 없다. 이런 사람은 상근기라 할 것이다."(『권수정혜결사문』)고 한다. 그렇지만 그는 고집하지 않는다. 마음의 본성을 체득하는 일만 가능하다면 수행의 방법은 어느 것이든 수용할 수 있다고 한다. 특히 상근기자가 아닌 자, 혹은 아직도 상에 집착해 습기가 남아 있는 사람에겐 다양한 방편이 필요하다는 것이다. 그렇기에 "혹 어떤 수행하는 사람은 스스로의 마음이 청정하고 묘한 덕을 가지고 있다는 말을 듣고 믿고 좋아하며 닦아 익힌다. 그러나 비롯함이 없는 때로부터 '나'라는 상에 집착해 온 습기가 치우치고 무거워 여러 가지 번뇌의 장애를 일으킨다. 이런 사람은 나와 남의 몸과 마음이 공하다는 관(觀)과 더불어 부지런히 삼보를 공양하고 대승정전을 독송하며, 참회와 발원 등 만 가지 선행을 함께 닦아야 한다. 이와 같이 자력과 타력, 안과 밖이 서로 도와 도를 구하면 어찌 아름답지 않겠는가."라고 말한다. 그렇지만 그러한 사람은 상근기자는 아니다. 중근기의 사람들 중에서 예토에 살며 고난에 허덕이는 사람들은 정토를 구하거나 염불을 수행해도 좋다고 말하기 때문이다. 그러면서도 이들이 하는 수행은 선정과 지혜의 공덕이 있어서 단순하게 '부처의 이름만 부르고 거룩한 얼굴을 생각하며 왕생을 바라는 이들'과는 다르다고 생각했다.

여기 안과 밖으로 서로 돕는데 있어서도 두 부류의 사람들이 있으니, 자비의 원이 많은 사람은 이 세계에서 생사를 싫어하지 않고 스스로를 이롭게 하고 남도 이롭게 하며 자비와 지혜를 더욱 늘리어 큰 보리를 구한다. 그는 따로 정토를 구하지 않더라도 어려움을 만나 물러날 걱정이 없다. 혹 깨끗하고 더럽고 괴롭고 즐거움에 대해 좋아하거나 싫어하는 마음이 무거운 사람은 닦는 바, 선정과 지혜 및 선근을 회향하여 저 법계에 나서 부처님을 뵙고 법을 들어서 물러나지 않는 위치를 이루고, 다시 이 세계에 와서 중생들을 제도하는 것으로 원을 삼는다. 그러나 맑고 고요한 성품 가운데 선정과 지혜의 공이 있어 아미타 부처님의 증득한 경계와 계합함으로 오직 부처님의 이름만 부르고 거룩한 얼굴을 생각하며 왕생하기를 바라는 이와는 다르다.(『권수정혜결사문』)

당연한 일이라 말할 수 있지만, 보조스님은 수행을 하는 것이 가장 수행자다운 일이지만 염불과 참회 등 기타의 공덕도 하지 않는 것 보다는 하는 것이 좋다고 가르친다. 그렇지만 그러한 것이 궁극적인 것이라 생각하지는 않는다. 선정과 지혜를 닦는 일이 보편적인 수행이라면 염불과 정토는 일부의 수행자 내지 일부의 중생들에게 국한된 것으로 판단한다.

"불 수레(불붙은 수레)의 모양이 나타나더라도 한 생각 고쳐 뉘우치면 능히 왕생할 수 있는데, 하물며 계율과 선정과 지혜로 훈습하여 수행한 도의 힘에야 어찌 그 공이 헛되겠는가?", "부처의 땅을 청정히 하려거든 그 마음을 청정히 해야 한다. 그 마음의 청정함을 따라 곧 부처의 땅은 청정해 진다.", "다만 마음에 더러움이 없으면 서방은 여기서 멀지 않겠지만 성품에 더러운 마음을 일으키면 어떤 부처가 와서 맞이하겠는가?", "마음을 알면 바로 유심정토에 나고, 경계에 집착하면 다만 그 반연하는 경계 속에 떨어지고 만다."

이렇게 부처님과 조사들이 말한 바, 정토에 태어나기를 구하는 뜻은 다 스스로의 마음을 떠나지 않았다. 그러므로 "알 수 없나니, 자기 마음의 근원을 떠나 어느 세계에 들어가겠는가?"하고 반문하게 된다.

부처님의 뜻을 아는 사람은 비록 염불하여 왕생하기를 구하지만 부처님의 세계를 장엄하는 등의 일은 오지도 않고 가지도 않으며, 오직 마음에 의해 나타난 것으로 진여를 떠나지 않는 것임을 인다. 그래서 혼침과 산란을 떠나고 선정과 지혜를 평등하게 하여, 밝고 고요한 성품에 어긋나지 않고, 털끝만큼의 간격도 없어서 감응의 길이 통하는 것이 마치 물이 맑으면 달이 나타나고, 거울이 깨끗하면 영상이 분명한 것과 같다는 것이다.

염불과 정토, 참회, 기타 중하근기의 중생들에게 필요한 수행을 무시하지는 않지만 그것이 방편에 불과하다는 점을 분명하게 밝히고, 선정과 지혜를 닦는 일로 이끌고자 하는 보조스님의 의도는 확고한 신념으로 표출된다. 그러면서 방편설인 정토를 궁극적인 깨달음의 세계로 들어가는 징검다리로 인식시키고자 노력했다. 결국 유심정토 이외에 정토의 본질을 언급할 수 없다는 자신의 생각을 부드럽게 밝히는 것이다. 즉 "혹 어떤 사람은 이름과 모양에 집착하여 오직 마음 뿐 이라는 법문을 듣지 않는다. 그래서 도리어 말하기를 염불하여 왕생하면 오온(五蘊)으로 된 몸을 가지고 한량없는 즐거움을 받을 길이라 한다. 그는 혹 선을 닦는 사람을 보면 '염불하여 정토에 나길 구하지 않으니 언제 삼계를 벗어나겠는가.'라고 한다. 혹 어떤 사람은 성질이 들고 진실 되지 못하다. 그가 이런 마음의 법을 들으면 믿고 즐거워하여 닦지만 조금 얻고는 만족하여 더 가리어 택하지 않는다. 그러므로 지견이 원만하지 못하여 본성만 믿고 모든 행을 닦지 않는다. 또한 정토를 구하지 않으면서 왕생을 구하는 이를 보면 그를 업신여긴다. 위의 두 부류의 사람들은 부처님 법에 대해 마음을 잘 쓰지 못하는 사람들로 많은 장애가 있으니 슬프고 가슴 아픈 일이다."고 하였다. 그리고 "또 어떤 수행하는 사람은 받을 기운이 굳세고 크며, 정의 반연은 깊어 이 마음의 법을 들으면 둘 곳을 알지 못한다. 그러나 저 부처님의 백호광명을 관하거나, 범자를 관하거나 경을 외고 염불을 하는 등 이런 수행의 문에는 오로지 하여 산란하지 않고 능히 망상을 다스려 미혹의 장애를 받지 않고 청정한 행을 이룬다. 이 사람은 처음에는 현상적인 것을 좇아 행하지만 감응의 길이 통하고 마침내 유심삼매에 들어간다. 그러므로 그도 부처님의 뜻을 잘 아는 사람이다."라고 말한다.

유심정토라 말하든 아니면 유심삼매라 말하든 정토나 참회, 염불을 선정과 지혜를 수행하는 징검다리로 인식하고 있는 것이다. 중국의 정토사상가들 중에서도 담란이나 도작 등 반야사상의 영향을 받아 정토의 이론을 완성한 수행자들은 정토의 궁극적 도달점을 일행삼매로 인식하고 있다는 점에서 이미 유심정토가 가능할 수 있는 길을 열어 놓고 있었다. 다만 보조스님처럼 보다 철저하게 유심정토설을 주장하지 못했을 뿐이다.

돌이켜 생각해 본다면 종교의 본질은 무엇일까? 그것은 철학과 마찬가지로 논리적 틀에 의거해 사물의 본질이나 우주의 궁극을 파악하고자 하는 것인가? 만일 그렇다면 새삼 종교란 이름의 또 다른 철학이 필요한 이유에 대해 고민하지 않으면 안 될 것이다. 또한 종교가 이 사회에 당당하게 한 축으로 존재할 수 있으려면 개개의 종교가 지닌 사회적 기능이 무엇인가에 대한 본질적 반성이 있어야 할 것이다. 그것은 대승불교에서는 자리이타의 보살사상으로 언급되며, 보다 실천적으로는 6바라밀의 사회적 윤리로 정리되어 있다. 보조스님 역시 이상과 같은 본질적인 고민을 했음에 분명하다.

> 만약 이 조종의 문하에서 마음으로써 마음을 전하여 위대한 뜻을 가리켜 주는 것은 이 한계에 있지 않다. 그러므로 이 권수문에서는 모든 대승경론의 뜻에 의해 밝게 증명하였다. 그리하여 이 결사에 들어와서 마음을 닦는 사람들로 하여금 그 본과 말을 알아서 모든 쟁론을 쉬고 그 방편과 실제를 분별하여 대승의 법문을 바르게 수행하는 길에서 노력을 헛되이 하지 않도록 하려는 것이다. 그래서 함께 바른 인(因)을 맺고, 함께 선정과 지혜를 닦으며 함께 행과 원을 닦아, 함께 부처의 땅에 나고 함께 보리를 증득 하는 등 이와 같은 일체를 다 같이 배워서 미래세가 다하도록 시방세계에 자유롭게 노닐면서 서로 주인과 친구가 되어 함께 도와 바른 진리의 바퀴를 굴려서 널리 중생들을 제도하여 모든 부처님의 막대한 은혜를 갚으려 하는 것이다.(『권수정혜결사문』)

진리의 수레바퀴를 굴려 중생을 제도하고, 그것으로 부처님의 은혜를 갚아야 한다는 고백은 그가 당시 지니고 있던 역사의식이 무엇인가를 말한다. 그러기 위한 전제조건으로 선정과 지혜를 닦아야 하며, 본질과 지말 내지 방편과 실제를 잘 구분하는 것이 필요하다고 역설한다. 염불 역시 마찬가지로 보는 것이다.

04

『수심결(修心訣)』에 나타난 정혜사상

1. 『수심결(修心訣)』의 정혜사상과 그 특징

『권수정혜결사문』이 기본적인 정혜사상의 내용을 밝히고 있는 것이라면, 『수심결』은 선을 수행하는 이들을 위한 지침서라고 할 수 있다. 따라서 이 속에서는 바로 견성(見性)과 정혜의 문제를 심도 있게 다루고 있다.

『수심결』 서분에 해당되는 부분은 "삼계를 윤회하는 중생의 고통은 불난 집보다도 더한 법이다. 어찌 그런 고통을 참아 그대로 머물러 받으려 하는가?"로 시작해서 "마음의 성품은 깨끗하여 본래부터 스스로 원만한 것이니, 다만 망령된 생각만 여의면 곧 그대로 여여한 부처이다."로 끝나고 있다. 총 299자로 구성된 이 부분에서 보조스님은 마음 닦는 것의 기본 방향을 제시한다.

여기서 보조스님은 삼계를 윤회하는 고통을 벗어나기 위해서는 먼저 부처를 찾는 길밖에 없다는 것을 분명히 밝힌다. 즉 부처는 다름 아닌 마음[佛卽是心]일 뿐이므로 부처를 밖에서 찾아서는 안 된다는 것이다. '절대로 밖에서 찾지 말라[切莫外求]'는 말은 스님이 마음공부를 하는 수행인에게 주는 가장 중요한 당부이다.

또한 『권수정혜결사문』의 사상에 나타난 심성에 관한 문제가 결합된 공적영지(空寂靈知), 돈오(頓悟)와 점수(漸修), 정혜쌍수가 핵심적인 사상의 키워드로 자리 잡고 있다. 마음이 무엇인가에 대한 질문은 올바른 깨달음의 길이 어디에 있는가를 말해주고자 하는 성격을 담고 있다. 즉 마음의 본바탕인 성(性)과 그것의 드러난 모양인 상(相), 체(體)와 용(用)을 어떻게 파악할 것인가가 마음을 수행하는 성격을 규정하는 핵심이라 파악한다. 선정과 지혜를 함께 닦는 정혜쌍수의 원칙을 분명히 제시한 것도 그가 마음을 성과 상, 체와 용이 분리되지 않는 것으로 이해하고 있기 때문이다.

『수심결』에서는 마음을 진심(眞心), 불성(佛性), 일물(一物), 본래심(本來心), 물형단자(勿形鍛者), 공적영지심(空寂靈知心) 등 다양한 명칭으로 표현하고 있다. 마음을 다양하게 표현한 것은 인간의 기본적인 상태 때문이라 말할 수 있다. 즉 마음의 본바탕은 본질적으로 언어와 개념의 경계를 넘어선 자리로 본다. 『수심결』에서는 '마음이란 허공과 같아서 끊어지지도 변하지도 않으며 번뇌에도 물들지 않아 본래부터 스스로 원만하게 성취된 것'이라 부연하고 있다. 그러나 "모든 중생들의 마음에 여래의 지혜와 덕을 고루 갖추고 있음에도 불구하고, 갖가지 허망한 생각들 또한 여래의 밝은 마음에서 일어난다."고 한다. 결국 이 마음에 의해서 모든 것이 결정된다고 간주하는 것이다. 그렇기 때문에 자신의 마음을 바르게 알고 밝히는 것이 무엇보다 중요하게 인식된다. 마음을 밝히는 것이 바로 자신에게 내재되어 있는 진리를 증득할 수 있는 것이며, 이것은 다름 아닌 '부처가 바로 이 마음[佛卽是心]'이란 사실을 분명하게 깨닫는 것이다.

따라서 부처를 마음의 바깥에 실재하는 대상으로 파악하고 그것을 찾는다면 잘못이 아닐 수 없다. 부처는 본래의 마음이며, 이 마음이란 궁극적이면서도 근원적 실재인 것이기 때문이다. 만약 '마음 바깥에서 이 부처를 찾는다면, 어떠한 괴로움을 견뎌내도 모래로 밥을 짓는 것과 같이 수고로움만 더할 뿐'이라는 보조스님의 지적은 그렇기에 가능한 것이다.

그렇다면 부처 혹은 불성이 마음에 내재되어 있다는 것을 어떻게 알 수 있는가? 마음이란 형태가 없는 것이기 때문에 구체적인 형상에 의해 파악할 수 있는 존재는 아니다. 화엄학의 영향 속에서 '능히 보고 듣고 지각하고 알게 하는 것은 주관[六根]과 객관[六境]이 상호작용해서 생기는 식(識)이지만, 이것을 총괄하는 것은 자유자재하여 대상에 물들지 않는 불성'이라 파악한다. 말하자면 우리의 육체를 형성하고 있는 구성요소인 사대(四大)와 허공(虛空)은 법을 설하거나 들을 줄 모른다. 다만 우리들 눈앞에 분명하게 존재하지만 형용할 수 없는 불성만이 비로소 법을 설하고 들을 수 있다는 것이다. 그런데 이러한 불성은 마음속에 있고, 마음은 우리의 육신 안에 있으므로, 불성이 몸에 있다는 설명은 설득력을 지닐 수 있다. 따라서 불성을 찾아 견성(見性)한다고 표현할 수 있는 것이다.

보조스님의 사상은 이 마음을 두 가지 측면으로 구분해 표현하고 있다. 바로 공적(空寂)하면서도 영지(靈知)하고, 영지하면서도 공적한 공적영지심(空寂靈知心)이 바로 그것이다. 공적함이란 일체의 상대와 분별, 주관과 객관이 끊어진 자리를 말한다. 그러므로 일체의 모양과 이름, 개념이나 논리를 가지고 접근할 수 없다. 그렇다고 존재하지 않는 것도 아니다. 모든 것이 공한 바로 그곳에서 일체를 환하게 비출 수 있는 신령스런 지각능력이 함께 하기 때문이다. 하택신회도 이것을 영지지심(靈知之心), 마음, 불성 등으로 표현했는데, 표현상의 차이일 뿐 동일한 개념이다. 따라서 '공적(空寂)한 마음은 영지(靈知)해서 어둡지 않다'고 할 수 있다. 사상적으로 유사함을 알 수 있다.

우리가 아침, 저녁으로 웃고 말하는 등의 일상생활이 그대로 공적과 영지가 일체가 되어 있는 불가분의 마음에 의한 것이다. 이것은 앞서 설명한 바와 같이 마음의 본질과 작용이다. 그것을 마음의 입장에서 표현한 것이 공적영지심이다. 파도와 물의 관계처럼 물 자체의 본질은 공적한 것이지만 인연에 의해 다양한 파도가 생기는 것과 같다. 불성 자체는 여여하여 움직임이 없지만 인연을 만나면 다양한 작용으로 나타나는 것이다. 즉 겨울에 보면 아무 것도 없던 것들이 풀, 나무, 꽃, 곤충 등으로 나타나는 것과 같다. 마음의 두 작용인 것이다. 이처럼 일체의 분별이 끊어졌지만 동시에 모든 것을 밝게 아는 바탕이 공적영지한 마음이다. 그러므로 다음과 같이 말한다.

> 공적영지심이 그대의 본래면목이며 삼세(三世)의 제불(諸佛)과 역대조사(歷代祖師)와 천하 선지식(善知識)이 서로 전한 인법이라고 칭하여, 그 마음의 의미를 밝히고 있는 것이다.(『수심결』)

그리고 마음의 본질과 속성에 대해 좀 더 구체적이고 세밀하게 설명한다. 그것은 시공을 초월하며, 어디에나 존재한다. 그러면서도 청정한 마음의 본체로 인식한다.

> 이미 모양이 없으니 어디에 크고 작음이 있겠으며, 크고 작은 것이 없으니

어찌 한계가 있겠는가. 한계가 없으므로 안팎이 없고, 안팎이 없으므로 멀고 가까운 것도 없으며, 멀고 가까운 것이 없으므로 이것 저것도 없다. 나고 죽음이 없으므로 예와 지금도 없고, 예와 지금이 없으므로 미혹하고 깨친 것도 없다. 미혹과 깨침이 없으므로 범부와 성인도 없으며, 범부와 성인이 없으므로 더럽고 깨끗한 것도 없다. 더럽고 깨끗함이 없으므로 옳고 그른 것도 없고, 옳고 그름이 없으므로 일체 모든 이름과 말을 붙일 수 없다. 모두가 다 없어서 모든 감관과 감관의 대상과 망령된 생각 내지는 갖가지 모양과 갖가지 이름과 말이 다 있을 수 없다. 그러니 이것이 어찌 본래부터 공적하고 아무 것도 없는 것이 아니겠는가. 그러나 모든 법이 비고 고요한 곳에 신령스럽게 아는 능력이 밝게 드러나 생명이 없는 것과는 다르고 성품이 스스로 신령스럽게 안다. 이것이 바로 그대의 공적하고 신령스럽게 아는 청정심의 본체이다.(『수심결』)

인용문을 통해 알 수 있듯이 공적한 마음은 모든 대립이 끊어진 상태를 지칭한다. 동시에 초월성과 보편성, 청정성을 갖추고 있다. 마치 여래장사상에서 말하는 여래의 씨앗과 같은 것이며, 이것을 불성이라 표현하기도 한다. 이러한 마음속에서는 선정과 지혜라는 개념과 구분하는 마음도 완전히 끊어지게 된다. 선정과 지혜뿐만 아니라 마음의 본질적 속성과 작용을 개념적으로 서술하기 위해 도구적 기능을 하고 있는 寂·理·止·定과 知·智·觀·慧가 모두 끊어진다. 여기서 적지, 이지, 지관, 정혜는 모두 동일한 개념이지만 수행의 경지에 따라 달리 표현된 것이라 한다. 다만 구분하는 마음이 완전히 사라져 수행을 그 자체로 수용할 수 있을 때 동시 수행[雙修]이 가능해 진다고 한다. 보조스님은 이에 『권수정혜결사문』에서 『법집별행록』을 인용해 부연 설명하고 있다.

또 『법집별행록』에선 이렇게 말하였다. "처음 발심으로부터 부처를 이루는 데까지 오직 적(寂)과 지(知)일 뿐이다. 변하거나 끊어지지 않고 다만 지위에 따라 이름이 조금씩 다르다. 깨칠 때에는 이지(理智)라 하고 발심하여 닦을 때에는 지관(止觀)이라 하며 마음대로 행을 이를 때에는 선정과 지혜라 하고 번뇌가 다하고 공덕의 행이 원만하여 부처를 이룰 때에는 보리열반이라 한다. 그러므로 마땅히 알라, 처음 발심으로부터 구경에 이르기까지 오직 적(寂)과 지(知) 일뿐이다."

나아가 "참을 닦는 높은 인사는 위와 같은 간곡한 말에 의지하여 먼저 스스로의 마음이 바로 모든 부처님의 본래의 원천임을 깊이 믿고, 비추어 보는 선정과 지혜의 힘으로 일으켜 낼 것이요, 어리석음을 안고 단정히 앉아 있으며 분별이 없음을 본받아 그것을 큰 도라 해서는 안 된다." 고 하여, 선정과 지혜의 평등한 닦음을 당부한다.

2. 돈오점수와 정혜사상의 상관성

보조스님의 '정혜쌍수론'은 독특한 구조로 설명되고 있다. 선정과 지혜를 동시에 수행하면서 평등하게 수지해야 한다는 자신의 사상을 논리적으로 입증하기 위해 독자적인 방법을 활용하고 있는 것이다. 그는 마음을 본체와 작용으로 크게 대별한다. 그리고 본체는 불변하는 것이며, 이것을 다시 둘로 구분하면 본질에 해당하는 공적과 작용에 해당하는 영지가 있다. 그리고 이 마음의 본체에 해당하는 공적과 영지는 자성의 선정과 지혜이며, 이것은 돈오에 해당한다고 한다. 즉 자성의 선정과 지혜, 말하자면 돈오를 가장 바람직한 수행방법으로 확신한다.

그렇지만 본질이란 불교철학적인 설명에 의하면, 시간과 공간을 초월해 보편자로 존재하며, 그것은 그 자체로 여여하게 존재할 뿐이다. 운동이나 공간으로 인식되는 시간이나 역사 속에서 활동하지 않는다. 그래서 작용의 측면이 고려된다. 마음의 본질인 자성이란 작용을 통해서만 자신의 존재를 드러낼 수 있다. 물론 그 자성은 매우 다양하며, 일률적으로 말할 수는 없다. 그래서 인연에 따른다고 표현한다. 어떠한 인연을 만나는가에 따라 다양하게 표출되기 때문이다. 따라서 마음의 작용 역시 두 가지로 구분한다. 그것은 인연을 따르는 작용과 인연을 따르는 모습이다. 인연을 따르는 작용은 형상에 따르는 선정과 지혜라 정의하며, 이것은 깨달음 뒤에도 누생겁에 걸쳐 쌓여 있는 습기를 제거하기 위해 부단히 수행해야 한다는 점에서 구상된 것이다. 그런 점에서 점진적인 수행을 의미하는 점수(漸修)라 말한다. 그리고 인연에 따르는 모습은 허물을 벗은 선정과 지혜로 정의하고 점차적인 수행을 중시하는 북종이 여기에 해당한다. 그런 점에서 보조스님은 북종을 배척의 대상으로 간주한다. 결국 본질과 그것의 작용, 수행의 완성과 지속적인 수행, 인간이 지니는 본질적인 한계 등 다양한 요인을 고려해 돈오점수가 가장 바람직한 수행 방법이라 주장한다.

이상과 같은 이유에서 보조스님은 『수심결』에서 다음과 같이 말한다.

> 형상에 따르는 선정과 지혜[수상문정혜]는 대상에 따라 놀아나는 산란한 마음을 가라앉히고 사물의 본래 성품이 공하다고 비추어 보는 것을 각기 선정과 지혜라 보는 것이다. 형상을 따르지 않고 선정과 지혜를 수행한다는 것은 역설적이지만 수행의 당사자가 형상을 따르는 상태에 이미 빠져 있다는 것을 말하는 것이기도 하다. 반야사상에서 말하는 공공(空空, 비운다는 생각조차 사라진 상태)의 상태가 되지 못했음을 의미한다. 따라서 안과 밖을 구별하고, 제거할

> 것과 유지할 것을 나누어 이미 이분법적인 도식 속에 이끌린 것이기에 선정과 지혜를 둘로 구분하는 결과를 초래하게 된다.

이상이 바로 보조스님이 지적한 점수이다. 반면, "자성의 선정과 지혜의 방법에서 말하는 선정(禪定)이란 마음의 바탕에 산란함 없음이며, 마음바탕에 어리석음이 없기에 지혜라 한다."(『수심결』)고 하는 것은 혜능스님이 "마음에 산란함이 없는 것이 자기 성품의 선정이요, 마음이 어리석지 않음이 자기 성품의 지혜이다."라고 한 말과 상통한다. 사상적인 영향에서 자유스러울 수 없다는 점에서 매우 자연스러운 현상이다. 즉 자성의 선정과 지혜의 방법[자성문정혜]에서 말하는 선정과 지혜는 다름 아닌 자성의 고요하고 밝은 바탕 자체를 가리킬 뿐이다. 마음의 공적한 본체가 바로 선정이며 마음의 영지(靈知)한 작용이 또한 지혜인 것이다. 따라서 선정과 지혜는 본래의 마음, 자성을 떠나지 않는 것이다. 그래서 마음의 본바탕에서 말하는 정혜의 선정과 지혜는 한 마음의 체(體)와 용(用)일 뿐이므로 하나이며, 다르지 않다고 말할 수 있다. 『수심결』에서 "만약 법과 그 뜻을 말한다면, 진리에 들어가는 천 가지 문은 선정과 지혜 아님이 없다. 그 핵심을 말해준다면, 단지 자기 성품의 본체와 작용의 두 가지 뜻이니, 앞에서 말한 비고 고요함과 신령스럽게 아는 것이 그것이다. 선정은 곧 본체요 지혜는 작용이다."고 말한 이유가 여기에 있다.

그렇다면 어떤 사람이 돈오점수를 닦아야만 하는가. 그리고 그 양자를 선택하는 기준은 무엇인가. 스님은 다음과 같이 가르치고 있다.

> 그러나 깨달은 뒤에 닦는 문에서 겸해서 상(相)을 따라 다스리는 법(수상문정혜)을 말한 것은 점문(漸門)의 근기가 닦는 것을 전적으로 취한 것이 아니라

그 방편을 취해서 길을 빌리고 숙소를 의탁한 것일 뿐이다. 왜냐하면 이 돈문(頓門)에도 역시 근기가 뛰어난 사람과 열등한 사람이 있으므로 한 가지 예로 가는 길을 판단할 수 없기 때문이다. 만약 번뇌가 엷고 몸과 마음이 편안하여 선악에 대해서도 무심하고, 여덟 가지 번뇌에도 동요하지 않고, 세 가지 느낌에도 고요한 이는 자기 성품의 선정과 지혜에 의지하여 자유롭게 겸해서 닦아나가되, 천진하여 조작됨이 없다. 움직이거나 고요하거나 항상 선정에 있으므로 자연의 이치를 성취한 것인데 왜 상을 따라 다스리는 방법을 빌리겠는가. 병이 없으면 약을 구하지 않는다. 그러나 비록 먼저 깨달았다 하더라도 번뇌가 두텁고 습기가 무거워서 경계를 대하면 생각 생각에 감정이 일어나고, 반연을 만날 적마다 마음은 대상을 만들어 혼침과 산란에 빠져서 고요함과 아는 마음이 흐려지는 사람은 곧 상을 따라 수행하는 선정과 지혜를 빌려서 다스려야 함을 잊지 말고, 혼침과 산란을 고루 다스려 무위에 들어감이 마땅하다.(『수심결』)

보조스님은 돈오의 방법에도 근기의 차이가 있다고 구분한다. 돈오(頓悟)한 이후에도 근기의 차이가 적용되는 것은 물론이다. 이러한 관점에서 비록 돈오한 자라 하더라도, 번뇌가 두텁고 습기(習氣)가 무거우며 열등한 근기의 수행자가 고려되고 있다. 오랫동안 본성을 외면하며 살아왔으므로, 오랜 습관에 따라 깨달은 뒤에도 번뇌가 찾아올 수밖에 없는 것이다. 따라서 깨침 이후에도 공적하고 영지한 마음[공적영지심]이 흐려지는 사람은 점차적인 수행의 방식인 형상에 따르는 선정과 지혜[수상문정혜]를 방편적으로 시행하는 것이 좋다고 권유한다. '병이 없으면 약을 구하지 않는다'는 인용문의 가르침은 그래서 더욱 현실적으로 다가오는 것이다.

어쩔 수 없이 형상에 따르는 선정과 지혜[수상문정혜]의 방법을 수행하더라도 그 결과는 자성의 선정과 지혜를 수행하는 것과 다르지 않다고 한다. 어떻게 가든 서울만 가면 된다는 속담처럼, 모든 번뇌와 습기가 완전히 녹아 없어져 본래의 공적영지한 마음이 생활 속에 온전하게 드러날 때까지 닦으면 그것으로 충분한 것이다. 따라서 다음과 같이 말할 수 있게 된다.

> 깨친 사람의 입장에서는 비록 대치하는 방편이 있으나 생각 생각에 의심이 없어 번뇌에 물들지 않는다. 그리하여 오랜 세월이 가면 자연히 천진하고 묘한 성품에 계합하여 자유로이 고요하고 분명해서 생각 생각에 일체의 모든 경계에 반연하면서 마음 마음에 모든 번뇌를 영원히 끊어서 자성을 떠나지 않고 선정과 지혜를 평등하게 가져, 위없는 보리를 이루어 앞에 말한 근기가 수승한 사람과 아무 차별이 없게 된다.(『수심결』)

이상과 같은 선정과 지혜에 대한 보조스님의 입장은 매우 독특한 특징을 지닌다고 할 수 있다. 자성의 선정과 지혜를 중시하는 것은 중국의 선종 중에서 하택종(荷澤宗)의 자성본용(自性本用)인 근본지의 사상적 연장선상에 있으며, 형상을 따르는 선정과 지혜는 홍주종(洪州宗)에서 주장한 수연감응(隨緣應用)의 사상과 상통한다. 이러한 사상은 본래의 마음 그 자체인 자성의 선정과 지혜에 형상을 따르는 선정과 지혜의 방법을 융합해서 독자적인 정혜사상을 구축한 것이기 때문이다.

그러나 사상적 영향관계를 떠나 논리적인 입장에서 살펴보자면, 형상을 따르는 선정과 지혜의 방법이, 자성의 선정과 지혜의 방법 보다 열등한 것으로 구분을 한 것은 분명하다. 그렇지만 깨달은 뒤에도 부단히 수행해야 한다는 점에서 점수를 중시하고, 돈오점수의 이론적 바탕 위에서 선정과 지혜의 동시 수행, 내지 평등한 수지를 강조한 것도 분명하다. 이것은 어느 한쪽에 치우친 생각이 수행자의 본질에서 멀어진다는 그의 신념을 반영한 것이기도 하다. 즉 돈오가 본체에 해당한다면 점수는 그것의 작용이다. 체와 용의 입장에서 보자면 현실을 통하지 않으면 본질의 세계를 이해할 수 없다. 현실을 도외시하고 본질에 집착한다면 그것은 공허한 이론이거나 관념적 유희에 떨어지기 십상이다. 또한 작용에 집착해 본질을 무시하는 것은 지나친 현실중심주의, 극단적 쾌락주의, 도덕부정론 등에 떨어질 우려가 있다. 즉 불교사상사에서 악취공(惡取空)에 떨어져 반야사상의 본질을 왜곡했던 것을 보더라도 알 수 있다. 그러나 본체와 작용, 즉 본질과 현실을 동전의 양면이나 새의 두 날개처럼 생각하는 것은 초기불교 이래 전개된 불교사상의 핵심이다. 이런 점에서 본다면, 선정과 지혜의 동시 수행[정혜쌍수]을 강조한 보조스님의 사상은 불교의 근본사상에 입각한 사상이라 할 수 있다.

05

보조스님의 정혜쌍수사상과 그 의의

선정과 지혜를 균등하게 닦아야 한다는 사상은 보조스님 이전에 중국 불교에서 시작되었다. 특히 삼론종과 천태사상은 반야사상을 근간으로 선정과 지혜의 일치를 주장했으며, 그 시원에 자리 잡고 있는 것이 고구려 출신 승랑스님이다. 그는 진제와 속제라는 이제설에 의거해 선정과 지혜의 일치를 주장했으며, 그것이 천태의 교관(敎觀)의 일치로 전개되었다. 이러한 사상적 흐름은 당나라 때 활동한 종밀에 의해 더욱 치밀하게 발전하게 되며, 보조스님은 규봉종밀의 영향을 받은 것으로 보인다. 이러한 사상의 전개는 선정과 지혜의 동시 수행이 반야사상의 기반 위에 놓여 있으며, 이후 다양하게 전개된다고 말할 수 있다.

보조스님의 '정혜쌍수론'도 이상과 같은 '정혜일치론'의 사상적 영향에서 벗어나 있는 것은 아니다. 다만 그는 혜능을 필두로 하는 남종선에서 주장하는 궁극적인 깨달음에 도달하는 최상의 방법을 원용한 것이다. 하지만 자성이 지니는 공적영지를 제외하면 모든 것이 방편에 지나지 않는다고 보는 것이 보조스님의 입장이다. 따라서 남종선에서 중시하는 모든 것도 결국은 방편으로 치부한다.

그는 남종선에만 돈오의 방법이 있는 것이라 생각하지 않았다. 남종선뿐만 아니라 심지어는 교종이라 할지라도 자성의 공적영지에 의거해 문득 깨닫는 방법이 있다면 모두 허용될 수 있다고 한다. 그런 점에서 그의 사상은 매우 회통적이고 융합적이며, 보다 크고 넓은 시야를 지니고 있는 것이 분명하다. 따라서 교학이 언어나 문자에 연연하여 법에 대한 애착을 일으키는 폐단을 초래하지 않는다면, 전혀 문제될 것이 없다고 보는 것이다.

동일한 선상에서 보조스님은 공적영지한 자성의 체용이라는 관점에서 정혜의 쌍수와 성적(惺寂, 분명한 깨침과 고요함)의 평등한 등지(等持)를 설명한다. 바로 선정과 지혜, 내지 지관과 성적을 평등하게 수지해야 한다고 표현한 것이다. 이것이 수증론에서 돈오점수로 귀결되었다. 보조스님이 돈오점수의 수증론을 통해 정혜쌍수를 설명한 이유에 대해, 이덕진은 『보조지눌의 연구』에서 몇 가지로 설명하고 있다. 이것을 정리하면 다음과 같다.

첫째, 보조스님의 선사상은 대전제가 공적영지에 있기 때문에 돈오돈수와 돈오점수를 그다지 문제로 삼지 않는다. 점수는 법에 차이가 있어서 그러한 것이 아니라 중생이 지니고 있는 근기의 차이 때문에 생긴 것이라 본다. 따라서 보조스님은 상호모순처럼 느껴지는 돈오와 점수를 회통시켜 변증적으로 융합시키고자 한다. 결국 돈오와 점수는 논리적으로 모순되는 것처럼 생각되지만 실천적으로는 상호보완 역할을 한다. 심지어 돈오와 점수는 그 자체로 방편이며, 나아가서는 궁극의 깨달음도 방편에 지나지 않는 것이 된다. 현실적으로 실존하는 우리들의 삶을 주재하는 것이 심성 안에 들어 있는 본래의 마음이기 때문이다.

둘째, 보조스님의 사유체계는 그 지향점이 중·하근기의 인간으로 향하고 있다. 돈오점수를 상세하게 설명하는 이유가 여기에 있다. 즉 보조스님은 혜능의 남종선을 계승하면서도 중생에 대한 애정을 감추지 못하고 있다. 수행의 문을 활짝 열어 놓은 것도 동일한 선상에서 이해할 수 있다. 나아가 수행의 완성은 결국 진리의 바퀴를 굴려 중생을 제도하고 부처님의 은혜를 갚는데 있다는 고백을 숨기지 않는다.

셋째, 보조스님이 지니고 있는 선사의 풍모와 교사로서의 자상함이다. 그는 선적인 사상체계를 논리나 관념이 아니라 실제로 실현이 가능한 사상체계로 만들고 싶어 했기 때문이다. 따라서 중생에 대한 교사적 자세로 깨달은 이후의 정혜쌍수를 강조하고, 그것을 돈오점수와 연결한다. 점수로 중·하근기의 사람을 유도한다는 점에서 실용적이고 교사적인 면모를 분명하게 보여준다.

넷째, 남종선의 창시자로 알려진 혜능의 돈오에 대한 입장은 수행을 통하지 않고 바로 커다란 깨달음을 증득하는 것이라면, 보조스님은 자성의 활용을 강조한다는 점에서 차이가 있다. 남종선의 개척자인 혜능이나 신회가 말하는 돈오는 한 생각(一念)에 상응하는 것이 있을 뿐, 단계적인 점오에 의지하지 않는 것이 특징이다. 또한 그들이 말하는 상응이란 무념을 본다는 것이며, 무념을 본다는 것은 자심(自心)의 본성을 깨닫는 것이다. 자성을 깨닫는다고 표현했지만 그것은 아무 것도 얻을 바가 없기에 무주(無住)라 표현한다. 이러한 것은 보조스님의 정혜사상에서 일정 부분 반영되어 있다. 즉 남종선의 영향을 받았지만 독자적인 입장을 지니고 있었다는 점을 의미한다.

다섯째, 보조스님의 공적영지에 대한 사상은 청량산의 화엄가인 이통현, 남종선의 신회, 교선일치를 주장한 종밀의 영향을 받았지만, 그들을 종합해 선정과 지혜를 회통한 독자적인 사상체계를 구축하게 되었다.

보조국사의 화엄사상

인 경
동방대학원대학교 자연치유학과 교수

일반적으로 보조국사의 사상체계는 『육조단경』을 통해서 이루어진 '정혜등지문', 이통현의 화엄을 만나서 이루어진 깨달음을 '원돈신해문' 이라 하며, 지리산 상무암에서 『대혜어록』을 만나 이후를 '간화경절문' 이라고 구별한다. 이런 3문은 국사의 일생에서 관심을 가진 사상적인 변화를 보여준다. 보조국사의 사상은 어디까지나 선사상에 기초하고 있고, 화엄사상은 단지 교학과의 관계에서 어떤 태도를 취하는가 하는 점을 보여준다는 점에서 의의가 있다. 원효나 의상에게서 화엄은 그 중심적인 위치를 차지하지만, 보조국사에게서 화엄은 선만큼 중요한 위치를 차지하고 있다고 말하기가 어렵다.

보조국사가 화엄사상과 인연을 맺는 것은 1185년 보조스님의 28세 때의 일이다. 26세에 보제사에서 동지들과 정혜결사의 뜻을 세우고, 남하하여 창평 청원사에서 『육조단경』을 열람하고 자성을 크게 체득한 이후로, 국사가 하가산에 3년간 은둔하면서 대장경을 열람한 시기이다. 당시에 가장 강력한 교단을 형성하고 있었던 화엄종과 그 교학에서 많은 부분에 영향을 받고 또한 일정부분 수용하고 있다. 특히 연기설과 구별되는 성기설에 대한 중국 전통 화엄론사의 견해를 수용하고 있다. 이것은 수행실천을 강조하는 선종의 이론적인 기반이 되는 까닭이다. 그렇지만 화엄의 교판론과 관련한 돈교, 화엄의 관법수행인 기상관지, 화엄연기관 등을 선종의 입장에서 비판한다.

이점은 고려후기 보조국사가 처한 역사적인 맥락을 반영한다. 보조국사는 교학불교에서 선종에로 이동하는 역사적인 흐름을 주도한 인물이다. 그의 관심은 화엄과는 구별되는 선종의 사상적인 기반을 확고하게 하는데 결정적인 역할을 하였다. 화엄을 이해하고 선사상과의 융합된 관계도 중요하지만, 어디까지나 보조국사는 선사상의 독립성을 강조하는데 더 많은 노력을 경주하였다. 이런 점을 살펴보는 것이 본장의 중요한 목표이다. 여기서는 원돈신해문에 초점을 맞추어서, 화엄사상과의 인연, 돈교비판, 연기문과 성기문, 선과의 관계 등을 간략하게 살펴보고자 한다.

01

화엄사상과의 인연

보조국사의 화엄과의 인연은 『화엄절요』의 서문에 잘 나타나있다. 이 서문은 보조국사가 입적하기 3년 전에 작성된 것이다. 비록 짧지만 중요한 쟁점, 고찰되어야 할 부분이 많기에 여기에 전문을 게재한다. 그것은 다음과 같다.

Ⅰ. 나(지눌)는 대정(1185년) 을사(乙巳) 가을에 나는 하가산(下柯山)에 은거하였다. 항상 '그대로의 마음이 곧 부처'라는 선문에 의지하여 마음을 닦았다. 이 선문을 만나지 못했다면 여러 겁을 헛되이 노력하여 끝내 성인의 영역에 이르지 못했을 것이다.

Ⅱ. 그러나 나는 '화엄의 교문에서는 어떻게 깨달음에 이른지'에 대해서 궁금

하여 마침내 화엄을 강의하는 강사를 찾아가서 물었다. 그러자 그는 '다만 사사무애를 관할 것'을 당부하면서 말하였다. "그대가 만약 다만 그대의 마음을 관할지언정 사사무애를 관하지 않는다면, 부처님의 원만한 깨달음을 얻지 못할 것이라"고 말하였다. 나는 말하지 않고 묵묵히 혼자 생각하였다. '마음을 가지고 현상(事)을 관찰한다면, 현상이 그대로 곧 장애가 되어서 자기의 마음을 오히려 흔들리게 할 것이니, 언제나 요달 할 것인가? 다만 마음을 밝히고 지혜를 깨끗이 한다면 티끌과 세계가 서로 원융하니, 별도의 경계가 아닐 것이다.'

Ⅲ. 이렇게 물러나 산중으로 되돌아온 이후 나는 대장경을 열람하면서, 부처님의 말씀 가운데 마음의 종지(宗旨)에 계합되는 것을 3년 동안을 찾아보았다. 마침내 화엄경 「출현품(出現品)」에 이르러서, 한 티끌이 대천의 경전을 머금고 있다는 비유를 거명한 다음에 '여래의 지혜 또한 이와 같아서, 중생의 몸 가운데 구족되어 있으나 이것을 어리석은 중생들은 알지 못하고 깨닫지 못한다'(『華嚴經』「如來出現品」)는 구절에서, (깨닫고는) 나는 경전을 머리에 올리고 나도 모르게 눈물을 흘렸다. 하지만 이것은 오늘날 범부가 처음 믿음에 들어가는 문을 상세하게 말한 것은 아니었다.

Ⅳ. 또한 그때 이통현 장자(635년에 출생하여 730년에 입멸한 당대의 화엄학자)가 지은 화엄론을 열람하였는데, 「십신초위」에 대해서 다음과 같이 해석하였다. '각수보살(覺首菩薩)이란 세 가지의 의미가 있다. 하나는 자기의 몸과 마음이 본래 법계로서 순백으로 청정하고 때가 없음을 깨닫는 까닭이다. 둘째는 자기 몸과 마음의 분별하는 성품이 본래 주체와 객체가 없으며 본래 부동지불(不動智佛)임을 깨닫는 것이다. 셋째는 자기 마음에서 정사(正邪)를 잘 간택하는 묘한 지혜가 바로 문수보살(文殊菩薩)임을 깨닫는 것이다.'고 했다. 또 이르기를, "범부가 십신에 들어가기 어려운 것은 스스로가 범부라고 자인하고, 자기 마음이 부동지의 부처임을 수긍하지 않기 때문이다."(『신화엄경론』) 또 이르기

를, "몸은 지혜의 그림자이며, 국토도 그러하여 지혜가 청정하면 그림자가 밝아서 대소가 상입하기를 마치 인다라망과 같다."(『신화엄경론』)고 하였다.

여기에 나는 책을 덮고 깊이 한탄하면서 생각하였다. 세존께서 설하신 바는 모두 교(教)이고, 조사께서 전하신 마음은 모두 선(禪)이다. 부처와 조사는 반드시 서로 위배되는 것은 아니다. 어찌 근원에서 서로 다르겠는가? 그런데 우리는 각자 익힌 바에 안주하여 헛되이 서로 논쟁만 일삼으면서 헛되이 세월만을 낭비하고 있지 않는가? 이로부터 신심을 더욱 배가하여 열심히 수행하고 게으름을 피우지 않아왔다.

V. 나는 말하였다. 마음을 닦는 사람은 먼저 조사(祖師)의 도로서 자기 마음의 본래 묘함을 알아서 문자에 매이지 말아야 한다. 그런 다음에 논서(論書)로서 마음의 바탕과 작용을 분별하여야 한다. 이 법계의 성상(性相)은 사사무애의 덕이며 지혜와 자비가 동체인 공덕으로 서로 나눌 수가 없는 것이다. 이런 까닭에 좌선하는 틈틈이 매일 동학을 위해서 논서를 설하였다. 이 논서는 그 성격이 평이하지가 않고 그 연결이 쉽지가 않아서 열어보기가 어렵다. 또한 비판의 뜻이 평범함을 벗어난 까닭에 세상에 유통하기 어렵다.

VI. 그러나 (이 논서는) 마음이 큰 중생은 원만한 깨달음[圓頓]의 문에 들어간 까닭에 마음의 거울로 삼기에 적절하다. 그런 까닭에 뜻을 세우고 성심을 다하여 향을 사루고 가행을 청하여 논서(四十卷)의 강요만을 간추려서 삼권(三卷)으로 편집하였다. 문인 충담(冲湛)선자가 장인들을 모아서 새기어 후세에 전함에 어긋나지 않게 하였다. 만약 이것을 열람하는 이가 있다면 모든 쟁론을 쉬고 물러나 자기를 관하여 보라. 만약 일념으로 연기의 성품 없음을 얻어 삼승의 방편적인 견해를 파하고 (나아가서 일승의 가르침을) 전개하여 열어 보이고 오랜 세월도록 중생을 일깨운다면, 불조의 혜명이 영원히 끊어지지 않게 하는 것이니, 어찌 대장부의 뜻이 아니겠는가?

Ⅶ. 논주(論主)의 이름은 통현이고 성은 이씨이다. 혹은 당종(唐宗)의 아들이라 하며, 혹은 창주인(滄洲人)이라 하며, 상세한 것은 알려지지 않았다. 장천각기(張天覺記)에는 '이 장자는 문수보현의 환생이시고, 장자는 세상의 인연에 응하여 호랑이를 굴복시켜서 이 논을 지었으며 신령스런 용이 연못으로 화하였고, 낮에는 천녀가 시봉을 하였고, 밤에는 이빨에서 나오는 빛으로서 촛대를 대신하였다'고 한다. 이것은 모든 성현의 경이로운 사건이며, 상리(常理)에 감응하여 전해진 이른바 수모도자(修母致子)와 가깝다. 이것으로 간단하게 쓰기를 마친다.

丁卯(1207) 正月八日 海東曹溪山 沙門 知訥序

위 서문은 내용에 따라서 총 7개의 단락으로 구별할 수가 있다. 첫째 단락은 보조국사의 화엄과의 인연을 기술한 대목이다. 보조국사는 26세에 보제사에서 담선법회를 본 다음에 동지들과 정혜결사를 맹세하고, 남하하여 창평 청원사에서 『육조단경』을 열람하고 자성을 크게 체득한다. 이것은 선종에서 말하는 자성을 깨닫는 일이다. 이것에 대해서 보조국사는 '항상 그대로의 마음이 곧 부처라는 선문에 의지하여 마음을 닦았다. 이 선문을 만나지 못했다면 여러 겁을 헛되이 노력하여 끝내 성인의 영역에 이르지 못했을 것이다.'라고 말하고 있다. 국사가 선문을 만났다고 하는 부분은 바로 『육조단경』의 '마음이 견문각지(見聞覺知)하지만, 자성은 물들지 않는다'는 구절을 말한다.

두 번째 단락은 화엄의 수행으로서 관법에 대한 질문의 부분이다. 선종의 깨달음에 대한 확신을 얻은 국사는 당시에 강성했던 화엄종에서 어떻게 깨닫는지에 대해서 궁금하여 화엄강사를 찾아가 질문을 한다. 이 부분은 선종의 입장에서 섰던 국사가 화엄 수행론에 대해서 어떤 태도를 취했는지를 보여주는 중요한 대목이다. 이점에 대한 상세한 논의는 역시

『원돈성불론』에서도 이루어지고 있다. 다만 차이점이 있다면 화엄절요에서는 '將心觀事'라는 표현을 섰다면 『원돈성불론』에서는 '起想觀之'라는 언구를 사용한다는 점이 주목된다. 하지만 '將心觀事'나 혹은 '起想觀之'가 정확하게 화엄종의 수행이론을 대표하는지는 논란의 여지가 있다. 그럼에도 불구하고 이 부분은 국사로 하여금 보다 선종의 입장을 견고하게 만든 사건이 아닌가 한다.

세 번째 단락은 화엄경을 읽고 마음이 크게 감동되어서 눈물을 흘리고 깨닫는 장면이다. 여기서 국사가 깨닫는 구절은 80권 『화엄경』 여래출현품인데 그것은 다음과 같다. '한 티끌이 대천의 경전을 머금듯이, 여래의 지혜 또한 중생의 몸 가운데 구족되어 있다. 그러나 어리석은 중생은 이를 알지 못하고 깨닫지 못한다.' 이 구절을 읽고 경전을 머리에 올리고 눈물을 흘렸다. 이것은 선종에서 말하는 '마음이 곧 부처'라는 화엄경의 전거를 찾아낸 것이다. 그럼으로써 선과 교가 서로 결코 다른 것이 아님을 깨닫게 된 것이다.

네 번째는 이통현 장자의 화엄론서를 열람하고, 선과 교가 서로 다른 것이 아니라는 마찬가지의 결론을 얻게 된다. 다시 말하면 몸과 마음은 청정하고, 몸과 마음의 성품이 바로 흔들림 없는 부처이고, 마음에서 옳고 그름을 잘 관찰하는 것이 바로 문수보살의 지혜라는 점을 확실하게 한 것이다. 범부가 확고한 믿음에 들지 못하는 것은 스스로 범부라고 자인함에서 비롯되었음을 확인한다. 이런 점에서 선종과 교종은 서로 다른 것이 아닌데도, 현실의 불교교단은 서로 다투면서 세월을 낭비하고 있음을 보조국사는 지적한다.

다섯째 단락은 이통현 장자의 화엄론을 절요하는 목적에 대해서 기술한다. 여기의 요점은 먼저 선종의 가르침에 기반으로 하되, 좌선하는 틈틈이 논서를 공부하고 동학에게 설하였다. 이것은 유통하기 어려운 관계로 쉽게 요약한다는 화엄절요의 간행 취지를 말한다.

여섯 번째는 이통현 장자의 논서 40권을 3권으로 요약하고 그것을 출간하게 되는 과정을 설명한다. 문인 충담이 장인을 모아서 목판에 새기었음을 말하고 있다. 마지막 일곱 번째는 이통현 장자에 대한 소개를 한다. 이통현 장자에 대한 부분은 잘 알려진 바가 없는데, 국사의 소개는 짧지만 좋은 자료가 된다.

이상과 같이 서문에 나타난 화엄에 대한 국사의 입장은 먼저 선종의 가르침에 기반하여 화엄을 수용하고 있다는 점이고, 둘째는 화엄의 수행관법에 대해서는 비판적인 입장을 취하고 있으며, 셋째는 화엄과 선종의 가르침은 서로 다르지 않기에 다툼으로 시간을 낭비할 필요가 없다는 것이다. 하지만 전체적으로 보면, 보조국사는 선과 화엄과 일치를 강조하는 종밀과는 다르게 오히려 선종의 입장에서 화엄에 대해 보다 비판적인 입장을 취한다. 이점이 바로 보조국사의 특징이 아닌가 한다. 이점은 아래에서 보다 구체적으로 자세하게 살펴보고자 한다.

02

화엄관법에 대한 비판

보조국사가 처음 화엄에 관심을 갖게 된 직접적인 동기는 앞에서 살펴본 바와 같이, 선종에서 말하는 마음이 그대로 부처라는 가르침을 체험적으로 경험한 뒤에 화엄에서는 어떻게 깨닫고 수행하는지에 대해서 궁금해 한 점이다. 이점은 당시에 가장 강성한 교단이 바로 화엄교단이었고, 선종은 실제로 그 세력이 미비했다는 점을 암시한다. 물론 화엄관법에 대한 비판이 그대로 화엄사상 자체를 비판한 것은 아님은 자명하다. 이점은 이 통현의 『화엄론』을 절요하여 간행하고 유통시킨 점을 보아도 그렇다.

보조국사는 먼저 위의 서문에서 보듯이, 화엄의 성불론을 당시 강자(講者)에게 물었다. 이때, 화엄강자는 "다만 자심을 관하고 사사무애(事

事無碍)를 관하지 않는다면, 곧 불과(佛果)의 원만한 덕(德)을 잃게 된다."고 훈계했다고 한다. 이것은 분명하게 자신의 마음을 관할 것을 강조하는 선종과 화엄 교학의 사사법계에 대한 이해가 대립된, 당시 불교계의 일단을 보여주는 사례이다. 집에 돌아온 국사는 조용히 스스로 "마음을 가지고 사(事)를 관(觀)한다면[將心觀事], 이때 사(事)는 곧 장애가 되어 오히려 마음을 흔들어놓는다. 어느 때나 요달(了達)할 것인가?"라고 생각하였다고 한다.(『華嚴論節要』)

그런데 당시 화엄강자와의 문답은 『원돈성불론』에서도 기록되어 있다. 이점은 '마음을 가지고 사(事)를 관하는[將心觀事]' 화엄관법에 대한 보조국사의 비판의식을 보여준다. 원문을 보면 아래와 같다.

> 또 타처에서 서술한 성불의 의미는 '먼저 비로의 법계를 깨닫고, 후에 보현의 행을 닦음이라' 하니, 비로의 법계를 밝힌다면, 널리 연기문 가운데 사사무애의 상을 시설한 것이다. 그래서 '먼저 상(想)을 일으켜서 그것을 관하라. 만약 상을 일으키지 않으면 불과의 장애 없는 원만한 덕을 잃게 된다.'고 말한다. 그러나 이것은 실로 그렇지 않다.(『圓頓成佛論』)

여기서 다른 곳에서 서술한 바[他處所述]란, '먼저 비로[法身佛]의 법계를 깨닫고, 나중에 보현행을 닦는다'이며, 비로(毘盧)의 법계(法界)는 연기문 가운데서 사사무애의 상(相)으로, '먼저 상(想)을 일으켜서 그것을 관(觀)하는[起想觀之]' 것이다. 여기서 표현하는 술어가 서문과 비교하면, '장심관사(將心觀事)'와 '기상관지(起想觀之)'가 서로 다르지만, 동일한 내용이다.

그런데 이런 화엄관법에 대해서는 국사는 비판적인 입장을 취한다. 앞의 서문에 의하면, 화엄관법은 '마음을 가지고 현상을 관찰하는 것이기 때문에, 현상이 그대로 마음의 장애가 되어서 자기 마음을 흔들어놓기 때문에, 요달할 수 없다.'고 비판적인 입장을 취한다. 하지만 이 문장은 너무나 간단하여 충분하게 그 의미를 온전히 파악할 수가 없다. 마음을 가지고 현상을 관찰하는 것이 왜 마음을 오히려 흔들어놓는지를 설명하지 않고 있다.

보다 구체적인 다른 전거가 있어야 판단을 할 수가 있다. 그런데 보조가 비판했던, 기상관지(起想觀之)와 동일한 내용의 문장이 요(遼)의 도진이 지은 『현밀원통성불심요집(顯密圓通成佛心要集)』(이하 『심요집(心要集)』으로 약칭함)에서 발견된다. 국사가 '다른 곳에서 서술한 바[他處所述]'란 정확하게 말할 수는 없지만, 바로 이것이 아닌가 한다. 그것의 원문은 다음과 같다.

> 처음에 비로의 법계를 깨닫고, 다음에 보현의 행해(行解)를 닦는다. (중략) 또 수행자는 반드시 상을 일으켜 생각하고, 상이 현전하여 항상 나타나 감추어지지 않는다면, 바야흐로 화엄원교의 바른 수행이다. 청량징관의 소에는 사사무애의 십현문에 관한 다(多)에 육구(六句)가 있다. 전오구(前五句)가 바로 상을 일으키는 수련이다. 수련을 얻어서 현전하고 다시 상을 수련하지 않아도 상이 항상 나타나 감추어지지 않는다.(도진, 『顯密圓通成佛心要集』)

위의 인용문은 보조국사와 문답했던 당시 화엄강자의 견해와 거의 일치한 점에서 주목된다. 이것은 『심요집(心要集)』에서 화엄관법에 관한 오문(五門)가운데 마지막 무장애법계관(無障碍法界觀)에 해당된다. 여기에는 징관의 사사법계에 기초하여, '기상(起想)'에 의한 화엄관법을 서술하고 있다. 이것은 보조국사가 인용한 『화엄론절요』서(序)나 『원돈성불론』에서 말한 내용과 동일하다. 당시 화엄강자들에게 유포된 화엄의 관법과도 상통된 견해이다.

그런데 문제는 도진이 인용한 징관의 『화엄경소(華嚴經疏)』에는 '상(想)을 일으켜서 수련한다'는 내용의 구절을 찾아보기가 힘들다. 아마도 이것은 직접 인용이 아니라, 심현문(十玄)을 설명하는 징관의 방식에 대한, 도진이 개인적으로 해석하면서 사용한 술어로 보여진다.

징관의 『화엄경소』에서는 일(一)과 다(多)의 원통(圓通)을 육구(六句)로서 해설한다. 이것은 곧 사사무애를 십현문에 의지해서 드러낸 대목이다.(澄觀, 『大方廣佛華嚴經疏』, 大正藏35, 515上) 이것은 무애원융(無碍圓融)의 의미를 일(一), 다(多), 구존(俱存), 쌍민(雙泯), 총합(總合), 전리(全離)로서 설명한 것이다.(澄觀, 『大方廣佛華嚴經疏』, 大正藏35, 516中) 도진은 이것을 해석하여, 전리 앞의 오구(五句)는 언어와 대구(對句)가 있는, 곧 상(想)을 일으킴이 존재하는 구절로 이해하고, 마지막 육구(六句) 전리는 '온통 떠남'이니 전오구(前五句)처럼 상(想)을 일으킬 필요가 없는 것으로 이해한 듯하다. 물론 이런 해석은 전혀 어긋난 이해라고 할 수는 없다.

그렇지만 문제는 징관의 원전에는 분명하게 사사무애의 관법으로써 '상을 일으켜서 그것을 관하라[起想觀之]'는 의미로 해석할 근거가 없다는 것이다.(물론 필자가 다 찾지 못했을 가능성도 있다.) 앞 오구의 관법은 어떤 형체로서의 상을 가질 수가 있지만, 관찰자가 의도적으로 상을 일으켜서 대상을 관한다는 의미로까지 확대하여 이해되지는 않는다.

그렇지만 보조는 화엄강자와의 이런 개인적인 문답으로 말미암아 중국 화엄을 수용하는데 있어, 법장이나 징관보다는 이통현의 견해를 더욱 선호한 중요한 계기가 되었지 않았는가 생각된다. 이점은 중요한 지점이다. 왜냐하면 그 동안 학계에서 보조가 이통현의 사상을 수용하는 원인을 정치적인 외적인 환경을 말하긴 했지만, 내적인 사상적인 관점에서 조망하지 않았기 때문이다.

03
연기문과 성기문

화엄관법에 대한 국사의 비판에서 결정적인 요인은 '마음을 가지고 현상[法]을 관찰하는' 방식이다. 일반적으로 초기불교 이래로 불교 수행은 마음을 가지고 마음의 현상을 관찰하는 방식을 취한다. 초기불교에서 sati수행은 신수신법의 4가지 대상으로 하고, 더구나 유식불교의 영상관법에서는 의도적으로 마음에서 영상을 일으켜서 그것을 관찰하는 방식을 취한다. 이런 전통에서 보면, 화엄의 기상관지(起想觀之)도 충분하게 이해가 된다. 기상관지는 불교의 전통에서 전혀 다른 것이 아니라, 오히려 깊게 그 맥락에 연결되어 있다.

그런데 보조국사는 상을 떠올려서 그것을 관찰하는 기상관지의 수행법을 오히려 '마음을 흔들어놓는다'고 평가하고 있을까? 이점을 어떻게 이해할까? 이점은 연기문과 성기문이라는 보조국사의 독특한 교판에 의해서 이해가 가능하다고 본다. 연기문은 점차가 있는 위계적인 수행이라면, 성기문은 점차가 없는 돈문의 수행론이다. 기상관지의 방식은 돈문(頓門)이기보다는 점문(漸門)의 수행법이다. 물론 정확하다고 말할 수는 없지만, 보조국사의 화엄사상을 파악하는데 있어서 이것은 중요한 관점이 아닌가 한다.

연기와 성기

국사는 종밀과 유사하게 화엄의 성기설로서 선종과 통합하려는 입장을 견지하였다. 하지만 보조국사는 화엄의 입장에서 선종을 이해하는 종밀과는 다르게 선종의 입장에서 교종의 가르침을 수용하려는 태도를 보여준다. 일단 선종과 화엄의 공통적인 측면을 찾는다면, 그것은 바로 연기와 성품에 관한 이해이다. 물론 중국 화엄종에서는 연기(緣起)와 성기(性起)를 우열의 차별로서 구별하지 않았다. 그렇지만 보조국사는 이들을 엄격하게 구별하여 화엄교학의 본질을 성기로서 이해하고, 연기적인 이해를 대승의 가르침이 아닌 삼승의 점문으로 배척하였다. 원돈신해문(圓頓信解門)에서 원돈(圓頓)이란 점문(漸門)이 아니라, 돈문(頓門)과 원문(圓門)을 포괄하는 용어이다. 이것은 어디까지나 선종의 실천적인 관점을 염두에 둔 국사의 독특한 해석이다.

보조국사는 연기와 성기의 차이점을 논증하면서도, 중국의 봉건 주류사회에서 인정한 화엄론사인 법장과 징관의 전적들을 인용하지 않았다. 그렇다고 선교일치를 주장하는 종밀의 저술도 인용하지 않고 있다. 오히려 정치적으론 방계라고 할 수 있는 이통현 장자의 설을 적극적으로 옹호하면서 자신의 원돈성불론(圓頓成佛論)의 입장을 해명한다. 이점 때문에 보조는 현대학자들로부터 중국의 정통적인 화엄론사들의 입장을 비판했다는 말을 듣고 있다.

그러면 연기문과 성기문을 보조국사는 어떻게 이해하고 있는가? 이점은 다음 인용문과 같다.

㉠ 논주가 보인 뜻을 자세히 살펴보면, 근본의 보광명지(普光明智)는 이사(理事), 성상(性相), 생불(生佛), 염정(染淨), 인과(因果)의 체성(體性)인 까닭에 다만 염법을 따라 유전할지라도 성품이 지닌 정법의 이치를 잃지 않는다. (중략) 다만 법계는 자기의 성품이 없이 연(緣)을 따라 생(生)하는 까닭에, 연과 연의 모양이 온통 성품이 일어남이니, 성품이 그대로 자체의 법계이다. 내외와 중간이 없음을 응당 이와 같이 알고 이와 같이 관찰하게 함이다. 부처와 중생이 근본의 보광명지에서 환현한 까닭에 생불(生佛), 상용(相用)이 차이가 있는 것 같지만, 모두 다 이 근본의 보광명지의 상용이다. 그런 까닭에 본래 하나의 체가 작용을 일으킴이 중중하니, 바로 이것이 성기문이다.(『圓頓成佛論』)

㉡ (그러나) 다른 곳에서 논한 바에 따르면, 생불이 융통한다는 뜻을 과지를 성취한 로사나불이 중생의 팔식 가운데 존재하고, 중생도 또한 불지 가운데 있으며, 이치와 다르지 않는 하나의 현상[事]이 온전히 이치의 성품을 융섭할 때, 저 이치와 다르지 않는 많은 현상이 그 이치를 따라서 이 가운데 나타난다. 그러므로 중생과 부처의 몸은 서로 다르나 이치를 따라 두루 보편함이 제석천의 그물과 가운데 구슬이 서로 몸이 다르지만 그림자를 서로에게 비춤과 같다. 이것은 바로 연기문에서 사사가 융섭한다는 것에 해당된다. 의리를 가지고 논한다면, 비록 성기문과 연기문이 일치하나 관행하는 득도문(得道門)에서 그 뜻이 친소가 있다.(『圓頓成佛論』)

위 『원돈성불론』의 두 인용문에서 ㉠은 성기문을 ㉡은 연기문을 설명하는 부분이다. 성기문과 연기문은 화엄의 법계연기를 설명하는 이해의 방식들이다. 성기문은 말 그대로 성품이 일어남으로 법계를 설명한다. 인용문 ㉠의 경우에서 법계를 바탕의 성품[體性]과 그것의 모양과 작용[相用]을 구별하지 않는 불이론[不二論]에 근거한다. 법계는 자기의 정해진 성품이 없기 때문에, 그 자체로 인연과 인연이 일어남은 바로 성품[性]의 일어남[起]으로 해석된다. 한 걸음 더 나아가서 일어난 제법[緣緣之相]은 그 자체로 바탕(體)인 까닭에 변화의 작용(用) 속에서도 그 본연의 성품을 잃지 않는다고 한다. 그러므로 이통현 장자를 통해서 이해한 화엄법계는 체용(體用), 주반(主伴)이 하나인 일원론(一元論)이며, 또한 일체가 그대로 성품의 전체작용(全體作用)이다. 이것이 성기문의 입장이다.

반면에 인용문 ㉡의 경우는 연기문적인 이해를 나타낸다. 이 경우는 중생과 부처가 분명하게 구별된다. 다만 양자가 융통되는 이유는 서로 다르지 않는 이치가 서로를 중중(重重)하게 중재하기 때문이라고 본다. 여기서는 이치와 현상이 서로 구별되고, 많은 현상들[多事]은 그 이치[理]를 '따라서[從]' 현현(顯現)한다고 말한다. 그러므로 이것은 정확하게 이치와 그에 따른 현상을 구별하는 이원론(二元論)이며 이치를 기준으로 하여 현상이 발생한다는 의미에서는 발생론적 성격도 가진다.

따라서 보조는 법계의 참다운 의미를 연기문보다는 성기문에서 해석하고 있음을 알 수가 있다. 물론 개념적으로 보면 성기문이나 연기문 모두 불이론에 근거한 것이 아닌가 반론이 가능하다. 왜냐하면 둘 없음(不二)을 설명하려면 여전히 둘 있음[有二]을 전제해야 한다. 곧 이치로서의 성(性)과 일어나는[起] 대상으로서 형상[緣相]을 전제한 다음에 양자가 서로 다르지 않음을 논증하기 때문이다. 그러나 성기문적 해석은 이치로서의 성품과 일어난 대상으로서의 제법이 그 자체로 동일하다는 측면이 강조된다. 때문에 기호로 표시하면, 'R(a=b)'가 된다. 하지만 연기문적 해석은 변천하는 제법이 불변의 이치로서 성품으로부터 발생하기 때문에 양자는 종속적인 관계를 갖고 있어, 'R(a⇒b)'로 표현된다. 양자는 유사한 관계를 가지고 있지만, 결코 동일하지 않다.

앞에서 말한 바처럼, 전통적인 중국 화엄교학에서는 결코 연기와 성기를 엄격하게 구별하였던 것은 아니다. 화엄에서 성기를 말하더라도, 그것은 일승(一乘)의 연기를 밝히는 것이다. 말하자면 성기는 화엄의 대표적인 연기설이다. 연기(緣起)를 더욱 철저하게 표현하여 성기(性起)라고 표현한다. 연기는 곧 성기이고, 성기는 바로 연기를 의미한다. 물론 보조국사도 양자 간에는 차이가 없음을 언급하지만, 수행의 관점에서 보면, 친소(親疎)가 있다고 분명하게 구별한다. 오히려 화엄교학의 일반에서 보조국사가 성기문과 연기문을 차별된 다른 개념으로 파악하는 것이 매우 독특한 경우이다. 화엄교학을 수용한다고 할 때, 그것은 성기문적인 이해이고, 비판한다고 할 때는 바로 연기문적인 입장을 의미한다. 그렇기 때문에 연기문과 성기문의 구별은 선문의 입장에서 화엄교학을 수용하는 보조의 독특한 이해방식이고, 선교융합의 논리적인 근거가 된다.

법장의 연기문 비판문제

그런데 여기서 한 가지 반드시 거론하고 넘어갈 문제가 있다. 즉, '법장의 화엄은 연기문적 이해이고 이통현 장자의 화엄은 성기문인가?' 하는 문제이다. 여기에 따르면 보조국사는 이통현 장자의 견해를 옹호하고 법장의 입장을 연기문이라고 비판했다는 것이다.

이것을 검증하기 위해서는 2가지를 검토해야 한다. 하나는 법장과 징관에 대한 보조국사의 인용문을 원문과 대조하여 그 정확성을 검토하는 것이고, 다른 하나는 이것과 관련된 보조국사의 평가에 대한 현대 연구자들이 번역한 부분의 정확성 여부를 다시 검토해야 한다. 여기서 결론부터 말하면 이 2가지에서 모두 오류가 발견된다는 것이다.

첫째는 법장의 인용문에 대한 부분인데, 보조국사는 법장의 『화엄경지귀』에서 연기문을 설명한 부분을 인용한다. 이것은 법장의 『화엄경탐현기』에서도 동일한 내용이 발견된다. 그런데 보조국사는 이것을 성기문이 아니라, 연기문이라고 말한다. 이것은 분명하게 보조국사의 잘못된 인용이다. 연기문을 해석하는 부분에서 '왜 성기문을 해석하느냐?' 말하는 것과 같다. 법장이 이해한 성기문과 보조국사가 말한 성기문은 차이점이 전혀 없다. 보조국사가 법장의 화엄을 연기문이라고 비판했다는 것은 잘못된 인용문에 근거한 잘못된 판단이다.

연기는 인연에 따른 형상을 말하고, 성기는 본래적인 부처의 성품에 따른 연기이다. 보조가 이용하고 있는 듯이 '연기는 발생의 원인(生因)에 의해서 현현하고, 성기(性起)는 깨달음의 요인(了因)에 의해서 증득한다'는 견해는 바로 법장의 성기에 대한 견해와 상통한다. 따라서 기존 시각처럼, 보조가 직접적으로 법장의 화엄사상을 비판했다고는 결코 볼 수가 없다. 다만 인용된 부분이 연기와 성기가 서로 구별되지 않는 채로 사용되면서 발생된 혼란이다.

다음으로 법장의 견해와 관련해 보조국사의 비판에 대한 번역에서 오는 오류이다. 이 부분은 보조국사의 의도를 연구자가 왜곡한 사례이다. 그 대표적인 경우가 "而賢首祖師 作是說者 則是誑誘盲聾 妄語人矣"라는 문장이다. 이 문장은 전체 문맥으로 보면, '현수법장조사가 사람들을 속이는 사람'이라고 번역할 수가 없다. 법장이 성기문을 잘못 이해하여 사람들을 속인다고 번역할 경우는 보조국사가 법장의 화엄사상을 비판하고 있다고 판단해도 좋다. 그러나 이 문장의 정확한 번역은 "현수조사가 이렇게 말씀하였다면, 곧 그는 눈멀고 귀먹은 사람을 속여 달래는 거짓을 말하는 사람일 것이다."이다. 이 문장의 정확한 의미는 법장은 어리석은 사람들을 속이지 않았다는 의미이다.

그래서 필자는 보조국사가 법장이나 징관의 화엄을 연기문적 해석이라고 비판했다는 몇몇 연구자의 입장은 옳지 않다고 본다. 이것은 오역에 근거한 판단이다. 보조는 법장이 세계를 연기문으로 해석하였다는 식으로 결코 이해하지도 않았고, 또한 법장의 입장을 비판할 의사가 전혀 없었다. 연기문과 성기문의 엄격한 구별은 보조국사의 고유한 방식이다. 그렇지만 이것을 통해서 중국논사를 비판했다고 판단한 것은 분명한 오류라고 본다.

징관의 관법에 대한 비판문제

마찬가지로 앞에서 언급한 '다른 곳에서 서술한[他處所述]' 것은 연기문적인 해석이다. 보조국사는 이것을 비판한다. 이때 다른 곳에서 설한 곳이란 구체적으로 어디인가는 대체로 징관의 성불론이라고 지목된다. 그래서 보조국사가 징관의 화엄사상으로서 성불론을 보조국사가 비판했다고 한다. 하지만, 이 경우도 정확한 문헌적인 자료를 찾아볼 수가 없다.

징관이 설한 것으로 보이는 '생생자유(生生自有)', '당과자유(當果自有)', '타과재아(他果在我)'가 실제로 징관의 저술 속에서는 찾아볼 수가 없다는 것이다. 대신에 이와 유사한 '생등유인(生等有因)', '인유과지(因有果智)', '자타교철(自他交徹)'이란 용어가 『연의초(演義鈔)』에서 발견된다.(澄觀, 『演義鈔』) 그런데 징관의 생등유인, 인유과지, 자타교철에 대한 해석은 연기의 입장에 있기보다는 성기에 의해서 해석하고 있다.

또한 앞에서 살펴본 바와 같이 기상관지(起想觀之)의 해석도 징관의 견해이기보다는 요의 도진이 편찬한 『심요집』에서 찾아볼 수가 있다. 다시 말하면 도진이 인용한 징관의 『화엄경소(華嚴經疏)』에는 '상(想)을 일으켜서 수련한다'는 내용의 구절을 찾아보기가 힘들다. 그렇기 때문에 여기서도 보조국사가 징관을 직접적으로 비판했다고 말할 수가 없다. 이런 부분은 보다 면밀한 문헌적인 검토가 있어야 한다. 오늘날은 모든 자료가 컴퓨터에 입력되기 때문에 검색이 손쉽게 이루어지지만 보조국사 시대에는 순전히 기억에 의지하거나 문헌적인 검토에서 제한됨으로써 많은 한계가 있었다.

아무튼지 보조국사는 화엄의 관법으로 알려진 기상관지(起想觀之)을 성기문이기보다는 연기문적인 수행론으로 이해한다. 만약 연기문의 이원론에 기초한 성불론이라면, 이것은 비로자나불의 법계를 먼저 깨닫고, 나중에 보현의 행을 닦게 된다. 이것을 보조는 '후수연기문(後修緣起門)' 혹은 '점수연기문(漸修緣起門)'이라고 부른다. 이런 경우는 자타가 별개가 되고, 인과가 서로 이시(異時)가 되며, 이사(理事)가 서로 다른 내용이 되어서, '요달할 때를 기약할 수 없다'는 것이다. 그러나 성기문의 불이론에 기초한 성불론은 자기의 마음과 경계가 둘이 아닌 관계로 자심(自心)의 부동지불(不動智佛)을 반조하면, 문득 비로자나불의 경계를 돈증(頓證)하게 된다. 그러므로 자타의 결과(果)와 이사의 불(佛)을 함께 요달하게 되고, 인과(因果)가 동시(同時)여서 초발심의 인위(因位)가 그대로 곧장 구경의 과지(果智)가 된다.

이것이 『원돈성불론』을 통해서 논증하고자 했던 성기문에 기초한, 점차가 없이 일시에 깨닫는 '원돈(圓頓)'의 의한 성불론이다. 물론 이때의 오(悟)를 해오(解悟)라곤 하지만(『圓頓成佛論』) 그 성격은 법장이 말한 별교의 수행위와 마찬가지로, 현재의 인(因)과는 다른 미래에 얻어질 과(果)가 아니라, 그것은 홀연히 경험된[頓發] 깨달음의 자리[悟處]인 까닭에 언어로 설할 수 없는[不可說] 과분의 성해이며 일승의 불과라고 규정한다.

이렇게 연기문과 성기문을 구별하여 기상관지(起想觀之)를 살펴보면, 상을 일으켜서 그것을 관하는 일은 관하는 마음과 그 경계가 서로 별개가 되거나 아니면 오히려 마음에 동요를 만들 수가 있다는 말이다. 그래서 대상과 그 대상을 관찰하는 마음이 서로 구별되는 까닭에 혼란과 동요를 만들 수 있다는 취지이다. 물론 공부를 해가는 입장에서는 이런 이해방식이 반드시 정당한가, 혹은 정확한 이해인가, 실천의 상황에서 이런 구별은 반드시 꼭 필요한가 하는 의문점을 가질 수가 있다.

조사선에서는 초기불교의 수행론과 유식수행론을 인위적인 노력이 존재하는 점수로 본다. 이런 경우는 깨닫는 날이 요원하다는 것이다. 끊고 제거해야할 번뇌가 존재하기 때문이다. 하지만 번뇌가 그대로 불성의 현현이고 그 자체로 실체가 없는 공이라면, 애써 끊을 필요가 없고 바로 그 자리에서 깨달음을 이룬다. 그렇기 때문에 별도로 상을 떠올려서 그것을 관찰할 이유가 없는 것이다. 유식불교에서는 알라야식에 저장된 정보가 있기에 이것을 떠올려서 관찰하는 일은 매우 중요한 수행의 과정이다. 하지만 선종의 마음이 곧 부처라는 돈오적인 입장에서 볼 때, 기상관지는 인위적인 조작으로 보일 수가 있음을 보여준 사례라고 본다. 그러나 이 부분은 무작정 잘못된 수행관이라고 치부하기보다는, 현실적인 유용성의 관점에서 현대적인 관점에서 다시 검토해볼 과제라고 본다.

04 돈교비판

돈교비판은 처음에는 화엄교학 내부의 교판논쟁이었다. 그러나 보조국사에게서는 화엄교학과 독립된 선종의 독자적인 영역을 확보하려는 시도이다. 화엄수행론으로서 기상관지에 대한 비판은 화엄절요서문에서 분명하게 밝히고 있지만, 돈교비판은 보조국사의 생애에서 언제, 어떤 동기에 의해서 제기되었는지는 분명한 문헌적인 전거가 없다. 단지 『원돈성불론』과 『간화결의론』에서 논의되고 있기에, 화엄절요가 출간된 1207년에서 입적한 1210년 사이가 아닌가 추측된다.

법장의 오교판에서 돈교를 대승종교와 화엄원교 사이 4번째에 둔다. 이것과 관련하여 그의 제자인 혜원은 돈교의 위치에 대해서 문제점을 제기한다. 그러자 법장의 입장을 옹호하는 징관과 종밀은 이런 혜원의 관점을 비판함으로써 돈교논쟁은 시작되었고, 이점은 나중에 송대 화엄종에서도 중요한 쟁점이 되었고, 고려후기의 보조국사에게도 선종의 위상과 관련하여 중요한 쟁점이 되었다. 보조국사의 돈교비판은 선종을 작용이 없는 텅 비어있음의 공사상으로만 이해할 수가 없다는 입장이다.

법장은 소승이나 대승시교와 대승종교를 점교(漸敎)라고 분류한다. 이들은 지혜와 수행에서 위계가 있고, 점차로 인과가 서로 이어져서 성장해 가기 때문에 점교라고 부른다. 돈교(頓敎)는 유마힐의 침묵처럼, 문득 언설이 끊기고 지혜와 수행이 단박에 이루어진다. 마치 거울 속에서 어떤 모습이 나타나면 문득 나타남과 같다. 하지만 대승시교나 종교와 구별되는 돈교의 의미는 무엇이며, 또한 원교로 불리는 화엄의 교설과는 어떻게 차별화되는지, 법장은 양자를 비교하여 충분하게 논의하지 않고 있다. 아마도 이점은 법장 당시에 소승 대승시교와 대승종교 경우 화엄원교와 대립되어 견제할 만한 불교 내부의 세력이 있었지만, 돈교의 경우는 경전적인 의미로만 머물러 있었고, 현실적으로 화엄종을 위협할 만한 집단이 없었기 때문이 아닌가 생각이 된다. 특히 무엇보다도 돈교는 화엄의 교설의 일부로 평가되어 왔기에 화엄과 구별되는 특별한 의미를 부여하지 않았던가 생각하여 본다.

하지만 화엄의 법장과 선종의 신수의 시대를 지나서 혜능의 남종을 선양하는 신회 이후에는 상황이 달라졌다. 일반적으로 중국 화엄은 지엄(智儼, 602-668)에 의해서 하나의 학파로 독립되었고, 법장(法藏, 643-712)에 의해서 체계적으로 확립되었다고 말할 수 있다. 지엄은 은둔적인 삶을 살았지만, 법장은 측천무후(則天武后)의 적극적인 지원 아래 선종의 신수(神秀, 606-706)와 마찬가지로 중앙에서 활약하였다.

이때 남종(南宗)을 대변하는 혜능(慧能, 638-713)은 조계 보림사에서 은둔하면서 선풍을 크게 선양하고 있었다. 덕이본(德異本) 『육조단경(六

祖壇經)』에 의하면, 신룡 이년(706)에 측천황후(則天皇后)와 중종이 조서를 보내 초청했지만, 혜능은 병을 핑계로 가지 않았다고 한다. 이것은 정확한 사실이 아닐 가능성이 높다. 왜냐하면 당조의 초청 사실이 돈황본(敦煌本)이나 혜흔본(惠昕本)에는 기록되어 있지 않기 때문이다. 오히려 혜능의 선풍이 널리 중원에 알려지기 시작한 것은 개원 20년(732) 활대(滑臺)에서 북종 신수의 선을 점수라고 비판하고 돈오의 남종이 선의 정맥임을 강조한 신회(神會, 670-762)의 활약에 기인하는 바가 크다고 할 수 있다.

당시 화엄종은 강력하게 대두하는 선종의 존재를 인식하고 있었음에 분명하고, 이점에 대해서 어떤 식으로든지 자신들의 교판에 참고하지 않으면 안 되었다. 화엄에서는 선을 돈교(頓敎)로 그 성격을 규정하고 자신들의 화엄 교판에 포함시키고자 하였다. 이는 그만큼 선종이 이미 상당한 세력을 형성했음을 반증하고 있다. 이것은 시기적으로 지엄과 법장대보다는 혜원(慧苑, 673-743)과 징관(澄觀, 738-839)의 돈교논쟁(頓敎論爭)을 거치면서 확립되었다. 법장의 경우는 돈교를 선종과 연결시켜서 이해하지 않았다. 그것은 경전적인 이해의 수준에 있었지 어떤 특정한 종파의 세력을 염두에 두지는 않았다. 돈교논쟁은 송대 화엄종에 이르기까지 계속된 화엄종 내부의 교판논쟁이었지만, 밖으론 선과 화엄의 관계설정 혹은 종파적인 정체성을 확립하려는 논쟁이기도 하였다. 특히 징관 이후에는 돈교논쟁이 차츰 선과 화엄의 중요한 쟁점의 하나가 되었고, 결과적으로 종밀(宗密, 780-841)의 선교일치의 사상을 잉태하였다.

혜원의 돈교비판

혜원이 법장의 돈교를 비판은 대체로 언어[敎說, 能詮], 그 언어가 가리키는 대상[理性, 所詮], 그리고 언어의 사용자[頓漸의 根機]로, 구분하여 논의할 수가 있다.

첫째, 언어와 그 대상은 서로 상응되어야 하고, 만약 말해질 수 없다면 침묵해야한다는 점이다. 그런데 '돈교'는 자체의 모순을 내포한다. 말 떠남의 가르침이란, 곧 말할 수 없는 것[頓]을 말한다[教]는 것으로 모순이 된다는 것이다. 말할 수 없는 것은 말할 수가 없고, 말함으로써 가르쳐질 수가 없다는 것이다. 그러므로 교판에 포함시킬 수가 없는 것을 내포한 잘못을 범했다는 것이다.

둘째, 말 떠남과 같은 언어의 부정은 실제로 아무런 대상[理性]도 지시하지 못하고, 반대로 모든 대상을 지시할 수도 있다. 부정 자체는 다른 어떤 대상의 존재를 전제로 성립되지만, 자신 스스로는 그 무엇도 제시하지 못한다. 곧 그것은 능전(能詮)이 아니기 때문이다. 무엇인가를 부정하는 것은 스스로의 대안을 제시하지 못한다. 말 떠남은 어떤 가르침으로서 말의 존재가 있고, 그것이 잘못되었음을 지적한 것이다. 그렇기 때문에 적극적으로 어떤 이치를 제시하지 못한다는 점이 있다.

셋째, 마지막으로 모든 교설에는 말 떠남을 강조한다. 반드시 돈교에 한정되는 것은 아니라는 말이다. 말은 단지 달을 가리키는 손가락이기 때문에 결국은 말을 떠나야 한다. 그래서 법장이 말하는 '말 떠남'의 정의는 보살승의 돈교(頓機)뿐만 아니라 삼승의 점기(漸機)에도 해당된다. 그렇다면 점교에도 돈교에도 말 떠남을 닦는 근기가 존재하게 된다. 그래서 그것은 근기를 따라 설하는 방식[化儀]이지 법 자체를 드러내는[化法] 적극적인 교설[能詮]이 아니라는 점이다.

징관의 혜원 비판

징관은 혜원이 돈교에 대해서 잘못 이해한다고 말한다. 돈교란 혜원이 주장하는 것처럼, 단순하게 '말 떠남'이 아니라는 것이다. 징관은 돈교란 이치를 단박에 드러내기[詮] 때문에 돈교라고 말한다. 그런데 여기서 돈교를 설명하는데 있어서 징관이 말하는 '이치를 단박에 드러냄[頓詮此理]'은 혜원이 말한 '언설을 잊고 이치를 드러냄[亡詮顯理]'과는 언어적인 어법이 서로 다르다.

징관이 '돈선(頓詮)'이란 표현을 사용했다면, 혜원은 망전(亡詮)이라고 했다. 같은 전(詮)이지만, 전자는 긍정적인 표현이 강조되고 후자는 부정적인 표현이 강조된다. 양자의 결정적인 차이점은 '이치를 단박 드러냄'과 '언설을 잊고 이치를 드러냄'이라는 전혀 다른 관점에 놓여있음을 알 수 있다. 이것은 징관과 혜원이 돈교라는 개념과 그 언어관에서 서로 차이점이 있는 것으로 보인다. 아마도 징관은 돈교를 언어에 의해서 그 이치는 드러낼 수 있다고 이해한 반면에, 혜원은 반대로 돈교를 교설을 떠난 이치 자체로 이해한 점에서 차이가 있다.

그런데 문제는 이때 언어에 의해서 단박에 드러내는 이치란 어떤 이치인가 하는 점이다. 소승, 시교, 종교는 점교로서 분명하게 삼승을 전(詮)하는 것이라면, 원교는 사사무애법계를 전(詮)한다. 그렇다면 돈교는 어떤 이성을 전(詮)한다는 것인가? 화엄의 교판에 돈(頓)이란 개념을 점(漸), 돈(頓), 원(圓)과 더불어서 교판으로 수용한 이는 지엄이고 법장이었다. 이와 마찬가지로 징관도 돈교의 이치를 말하고 있다. 그러나 이들은 혜원의 비판처럼, 점교 및 원교와는 구별되는 '근기와 관계없는' 돈교의 대상[所詮]이 구체적으로 무엇인지 분명하게 설명하지 않고 있다. 만약 그것이 '말할 수 없는 성격'의 이성이고, 그것을 단박에 전(詮)하기 때문에 돈교라고 이름 한다면, 결국은 혜원이 주장한 바와 같이 그것은 다만 '교설의 양식'에 불과하지, 구체적으로 전(詮)하는 대상으로써 법의 이치가 여전히 결정되지 못하고 있음을 보여준 것이다. 만약 그 대상이 이성이라면 그것은 어떤 성격인지를 밝혀주어야 한다. 만약 이것이 분명하지 않으면 대승종교나 화엄원교의 대상과 혼란이 오기 때문이다.

그런데 징관은 법장의 오교판설을 비판한 혜원을 '몸만 입실(入室)하였지 그 정신은 당(堂)에 오르지 못했다'고 공격한다. 그러면서 단박에 그 이치를 전하는 따로 한 종류의 기틀을 위한 교설이라고 반복하여 말한다. 하지만 여전히 '단박에 전(詮)하는 이치란 무엇인가?'라는 질문에 대답을 하지 않고 있다. '한 종류의 기틀을 위함[爲一類之機]'이란 설명은 실제로 교설을 운용하는 사람[根機]의 문제이지, 교설[能詮]의 대상으로서 그 이치를 설명하는 것은 결코 아니기 때문이다.

징관은 교설보다는 현실적인 측면에서 대응을 한다. 돈교에 해당되는 부류[根機]는 누구인가? 이점에 대해서 징관은 바로 당시에 새롭게 일어난 선종을 돈교에 배대시킨다.

> 그것은 곧 선종에 순응하는 사람이다. 달마는 마음으로써 마음을 전한다고 하는데, 이것이 바로 이 교이다. 하나의 말을 가리켜서 곧장 '마음이 곧 그대로 부처[卽心是佛]'라고 설하지 못한다면, 무엇으로 말미암아 전하리오. 그런 까닭에 말없음의 말에 의지하여 곧장 말 끊어짐의 이치를 전(詮)하니 이 역시 교(敎)임이 명백하다. 그러므로 남・북종의 선이 돈교 아닌 바가 없다.(澄觀, 『演義鈔』)

지엄이나 법장이 돈교를 시설하면서는 결코 선종을 염두에 두고 세운 것은 아니었다. 경전적인 교설에 근거한 해석이었다. 그러나 경전의 교설은 결국 말을 의지하기 때문에 말 떠난 가르침이란 모순을 지닌다는 혜원의 비판에 대응하면서 징관은 그것을 현실 속의 세력으로서 선종을 돈교에 배속시키고 있다. 그럼으로써 그 동안 논란이 되는 문제들을 일거에 해소시키고 있다. 먼저 돈교가 능전(能詮)의 가르침이 아니라는 점에 대해서 '하나의 말을 가리키고[指一言]'라든지, '말없음의 말[無言之言]'이라고 하여, 징관은 오교판(五教判) 가운데 선(禪)도 하나의 교(教)임을 분명하게 하고 있다. 또한 그 대상으로서 이치[所詮]가 무엇인지 제시하지 못한다는 비판에 대해서도, 비로소 '마음이 곧 그대로 부처[卽心是佛]'라는 선종의 이념임을 제시하고 있다. 마지막으로 돈교에 해당되는 근기가 무엇인지는 '바로 선종에 순응한 자[卽順禪宗者]'라고 하여 혜원의 비판을 방어하고 있다.

보조의 징관 비판

보조국사의 돈교비판은 『원돈성불론』에 나와 있다. 그것은 다음과 같다. 선문이란 돈교가 아닌가, 선문을 돈교로서 이해할 수가 있는가의 문제이다.

> 앞에서 설한 것은 잘 알겠으나, 고금의 선문에서 그 이치를 통달한 사람의 견성성불은 다만 한 쪽[一分]의 성정(性淨)의 체(體)만 있을 뿐, 상용(相用)은 갖추고 있지 못하지 않는가?(『圓頓成佛論』)

여기서 말하는 '일분(一分)'이란 혜원의 교판에서 사용한 용어로서 '구분(具分)'과 상대되는 개념이다. 법성에는 불변(不變)과 수연(隨緣)의 의미가 있는데, 그 가운데 어느 하나 존재하면 일분이요, 모두가 갖추어져 있으면 구분이 된다. 선문에서 오직 성품의 깨끗함만을 고려한다면, 그것은 법성의 불변적인 요소인 체(體)로, 수연을 뜻하는 상용(相用)은 결여되어있지 않는가 하는 점이 이 질문의 요점이다. 이런 질문에 대해서 보조국사는 선문을 불변의 체와 수연의 용을 모두 갖춘, 앞에서 살펴본 성기문(性起門)의 입장에서 해명하고 있다.

또한 『간화결의론』에서 보조국사는 선문에서 말하는 깨달음의 내용은 단순하게 형상과 생각으로부터 '떠남'만을 강조하는 돈교가 아님을 보다 구체적으로 논의를 한다. 물론 돈교에 대해 언어를 떠나고 생각으로부터 떠남을 의미하는 파집언구(破執言句)나 이언절려(離言絶慮)로 보는 것은 동일하다. 하지만 『간화결의론』에서는 돈교의 이론적인 근거를 『대승기신론』에서 찾는다. 이것은 다음과 같다.

> 돈교에서 인용한 언교는 한 부류의 생각을 떠난 근기의 사람들을 위하여, 진여의 이성은 말을 떠나고 생각을 끊었다는 뜻을 설하는 것이다. 그것은 『대승기신론』에서 말한 것과 같다.(『圓頓成佛論』)

여기에 의거하면, 돈교의 근기는 『대승기신론』에 기반하여 생각을 떠난[離念] 한 부류를 위한 교설이고, 가르침의 내용은 진여이성(眞如理性)이며, 교설에 대해서는 언어와 생각을 떠난 것으로 정의된다. 이점은 법장이나 징관이 이해한 돈교와는 상당히 다른 관점을 보여준다. 먼저 법장은 돈교를 '일념불생(一念不生)'으로 규정하고 돈교의 근기와 가르침의 내용은 말하지 않았다. 혜원의 비판에 직면한 징관은 돈교의 근기를 우두종 계열의 선종으로 파악하고, 돈교를 대승종교 다음에 둔 법장과는 달리 대승종교 아래에 배치하였다. 그러나 돈교를 『대승기신론』에 기반하여 이해한 보조국사의 입장에서 보면, 돈교는 진여이성(眞如理性)에 대한 가르침으로서 화엄의 오교판에서 보면, 결국 돈교는 대승종교에 해당된다.

또한 보조국사는 선어를 '집착을 깨뜨리는 언구'로 규정함은 화엄교가들이 돈교를 지칭하여 말한 소박한 '말 떠남'과는 결코 같지 않음을 강조한다. 여기에는 선종과 화엄의 근본적인 철학적인 태도의 차이점이 놓여있다. 선종은 다만 집착을 깨뜨려 근원을 드러냄[破執現宗]을 중히 여기고, 번사한 뜻과 이성을 시설하는 것[繁辭義理施設]을 귀중히 여기지 않는다는 점이다. 하지만 화엄교학은 어떤 의미[義]와 이성[理]을 드러내고, 이 양자 간의 관계와 차별[分際]에 따라 교판을 시설하여 자파의 교설이 우월함을 증명하려고 한다. 화엄종의 언어관에서 언어는 어떤 대상을 가리킴으로써 그 의미를 가진다.

이런 종류의 언어관은 전통적으로 의미[義]와 대상[理]이 서로 대응관계에 놓인다는 의미에서 '대응이론'이라고 불리어왔다. 혜원의 돈교비판도 다름이 아닌 바로 이런 언어관에 비추어볼 때, 말 떠남으로 이해되는 돈교는 적절한 대응관계를 가지고 있지 못하다는 지적이다. 그러므로 혜원 역시 돈교에 대해서 문제제기와 비판을 하지만, 여전히 이런 화엄의 언어관을 벗어나지는 못했다고 보여진다.

그런데 보조국사의 논지를 살펴보면, 선문의 언구가 돈교와 유사한 점이 있지만, 양자는 서로 다른 언어관에 기초한다는 것이다. 선문의 기호는 대상과 관계하여 의미를 만들어내는 쪽보다는 반대로 그 관계[執着]를 해체시키고 '깨뜨리는 도구'로서 작용하는 언구이다. 이때 깨뜨리는 대상은 이성[理]이 아니라, 바로 의미[義]이다. 집착의 토대가 되는 의미를 깨뜨림으로써, 오히려 이성을 드러낸다는 입장이다. 곧 A는 A가 아님으로써, 역설적으로 바로 A가 된다는 의미이다. 그러므로 선문의 언구는 인식에 의해서 대상을 포섭하거나 그것에 의해서 어떤 의미를 가지는 '대응이론'을 부인한다. 오히려 선문의 언어는 인식과 대상의 관계성을 부인하는, 직관과 역설이 강조되는 비대응성에 기초한 언어이다.

그러면 이런 논법, 곧 의미를 끊어내는 구체적인 선문의 언어는 무엇인가? 이것을 보조국사는 대혜를 인용하여 화두라고 부르고, 『간화결의론』에서 그 성격을 '앎과 이해를 깨뜨리는 기장(器仗)'이라 하고 ,혹은 '뜻 없는 말[無味之談]'이라고 했다.(『看話決疑論』) 이를 비유하여 얼굴을 태워버리는 '불꽃'이라고 했고, 또한 '화엄의 무진법계라도 애착을 내어 이해하려 한다면, 그 또한 깨뜨릴 대상'이라고 말한다.

이런 점에서 선문의 언구는 단순하게 돈교의 '말 떠남'과 외형적으로 유사할지 모르지만, 그 언어적인 의미나 관례를 세우지 아니하고, 적극적으로 개념적 이해를 깨뜨리려는 점에서는 차이가 있다. 화엄철학이 의미를 발생시키는 인식과 대상의 대응구조를 전제한다면, 선은 그 의미의 대응구조 자체를 타파하고 해체시킨다는 점에서 그 관점을 달리한다고 본다.

05 화엄교학과 간화선

보조국사의 돈교비판은 선문을 단순하게 '말 떠남'으로 이해하는 방식을 떠나서 바탕뿐만 아니라, 대상에 대한 작용을 포함한다는 것이 그 요점이다. 그런데 간화선과 화엄교학과의 관계에서는 화엄의 법계연기설을 비판함으로써 화엄과 다른 선문의 독자적인 영역을 확보한다. 이것은 보조국사가 상무주암에서 『대혜어록』을 접하면서 그 관점을 확보하게 되었다. 여기서는 먼저 화엄의 법계연기설의 의미를 살펴보고, 그런 다음에 보조국사의 비판을 살펴보도록 하겠다.

화엄의 법계연기설

화엄의 연기설 역시 지엄에게서 비롯된다. 지엄은 부처님의 교설을 삼승시, 일승삼승공시, 일승시로 분류한다. 이것은 바로 일승의 의미를 분명하게 하려는 의도이다. 첫째로 삼승(三乘)의 현실은 고통으로 가득 차 있어 그것을 벗어나려는 의지가 맹렬하다. 그래서 인식은 물들어져 있고, 부처의 몸은 그 자체를 드러내지 못한다. 이런 해석이라면, 의지로서의 원인(因)과 부처로서의 결과(果)는 언제나 이시(異時)일 수밖에 없다. 둘째로 일승(一乘)과 삼승이 함께 한 경우는 현실이 실로 공가(空假)임을 드러내고자 하나, 현실에 얽매임이 있어서 부처의 본원력(本願力) 곧 부처가 세상에 출현을 의지해야 한다는 것이다. 마지막으로, 일승의 경우는 12연기 그대로가 바로 일심법계의 경계로 물들어진 현실에 처하나 물들지 않는 최상의 부처를 드러낸다.

여기서 삼승이란 12연기가 탐심으로 존재한다는 것을 전제로 한 아함경이나 소승의 가르침이라면, 일승은 탐심의 12연기라고 할지라도 일심 가운데 있음에 대한 자각을 기초로 한 대승 화엄경의 가르침이다. 양자의 관점의 차이점은 삼승은 마음이란 물들어진 법인 반면에 일승은 결코 물들 수 없는 깨달음을 전제한다. 삼승에게 고통인 현실이 일승에게는 그대로 도를 드러내는 자리가 된다. 바로 이것이 일심의 법계라는 점이다. 그러므로 지엄의 일심법계는 물들어짐과 물들지 않음이라는 양 측면을 모두 포섭한다고 할 수 있다. 이점을 『수현기』에서는 "법계연기는 많지만 그 요점은 두 가지이니, 하나는 범부의 염법(染法)으로 연기를 판별하는 것이요, 다른 하나는 보리의 정분(淨分)으로 연기를 밝히는 것이다."고 말한다.(『수현기』) 물든 측면을 '범부염법(凡夫染法)'이라고 하고, 물들지 않는 부분을 '보리정분(菩提淨分)'으로 나누어서 설명한다. 물론 이 양 측면은 삼승에서는 분명하게 구별할 수밖에 없지만, 삼승을 포섭하는 일승의 입장에서는 염법에 있어서도 서로를 방해하지 않는 채로 작용한다. 이것이 바로 '법계무애연기(法界無碍緣起)'의 의미이다.

한편 법장은 지엄의 법계연기설을 더욱 독자적인 위치에 세운다. 제오 원교의 특징적 교설을 법계연기라 밝히고 제오 원교 이전의 모든 교설은 방편이며, 원교는 모든 교설을 유출시키는 근거로서 특별한 가르침인 별교(別教)라고 규정한다. 이를테면 『기신론』과 같은 대승종교에서는 진망(眞妄)을 함께 가진 아뢰야식 연기를 설한다. 그렇지만 법장은 화엄원교에다가 이런 모든 심식을 종합하는 동교적인 성격의 삼승을 포섭한 일승과 동시에 독립적인 일승별교(一乘別教)의 지위를 부여한다. 이때 별교로서 법계연기란 진망을 종합하는 아뢰야식과 같은 종류의 연기문(緣起門)이 아니다. 진망이 중간적인 매개물 없이 그 자체로 '상즉(相卽)'하고 '상입(相入)'하는 교철로서의 성기문(性起門)를 의미한다.

이렇게 화엄교학의 독자성을 강조할 목적으로 정의된 법계연기의 특징은 두 가지로 정리된다. 하나는 궁극적인 수행의 결과로서 과증(果證)이고, 다른 하나는 인연을 따르는 의미이다. 전자는 그 자체이고, 후자는 수연에 의한 작용을 뜻한다. 이들의 관계를 동시(同時), 일다(一多), 상즉(相卽), 인다라망(因陀羅網), 미세(微細), 은현(隱現), 순잡(純雜), 십세(十世), 유심(唯心), 사법(事法) 등 열 가지의 의미로 설명한 것이 십현문이다. 그런데, 체용을 갖춘 이 법계연기는 궁극의 부처가 가지는 자체경계라고 정의하고, 이 구경의 과위는 견문, 해행이 존재하는 삼승이 아니라, 삼승 밖에 별도의 일승이라고 이해한다. 말하자면 화엄의 교설로서 원교는 십불의 자체경계로서 별교의 일승일 수밖에 없다는 것이다.

모든 교설을 종합하여 독자성을 담보하려는 법장의 노력은 화엄을 더욱 추상화된 논리적인 체계로 만들어 가는 과정이었고, 화엄을 우월적인 위치에 세워두려는 종파 이데올기적인 경향을 띠고 있었음은 부인할 수 없다. 별교적 입장의 일승연기를 십현문이나, 십전법으로 이해한 것이나, 집에 비유하여 육상을 설명하는 방식은 매우 번쇄한 체계임이 분명하다. 이를테면 육상이란 집을 구성하는 재료의 전체와 부분의 관계를 나타내는 총별(總別), 집이라는 목적의 동질성과 차이점을 표시하는 동이(同異), 집을 이루는 의미를 생성시키는 관계인 성괴(成壞) 등이다. 이런 집[世界]에 대한 설명은 결국 의미[義理]의 분석[分齊]에 의한 정교한 전체적 체계를 만들고 있지만, 그 자체의 체계일 뿐 *삶의 현실의 문제와는 유리되는*, 형이상학적 경향을 보여주는 좋은 실례라고 생각된다. 이 점은 의미의 체계보다는 체험을 중시하는 보조국사의 비판 대상이 되었음은 그 좋은 반증이다.

화두참구의 의미

보조국사의 화엄에 대한 법계연기의 비판은 내용보다는 방법적인 측면에 초점이 맞추어져 있다. 『원돈성불론』에서 실체와 현상을 구별하는 이원론적인 연기문을 비판하고, 오히려 중생과 부처, 이치와 현상이 둘이 아닌 불이론(不二論)에 기초한 성기문(性起門)을 법계연기로서 이해한다. 이점은 동북아시아 불교전통의 중요한 개념 가운데 하나인 법계연기의 입장을 역시 충실하게 계승하고 있다고 보여진다. 다만 그가 비판하는 것은 법계연기 자체에 대한 비판이 아니라, 그것을 인식하는 수단과 실천 방법을 비판하고 있다는 점이다.

> 위에서 말한 선문에는 이와 같은 원돈신해(圓頓信解)의 참된 가르침이 모래알처럼 많지만 모두 사구(死句)라고 하는데, 그것은 사람들에게 앎의 장애[解碍]를 일으키기 때문이다. 다만 처음 발심하여 공부하는 자들이 경절문의 활구를 아직 제대로 참구하지 못하기에, 성품에 맞는 원만한 이론[稱性圓談]으로 그들의 신해로부터 물러나지 않게 하려는 것이다. 그러나 만일 상근기의 사람으

로서 비밀히 전하는 가르침을 감당하여 교학적인 앎의 웅덩이를 벗어난 사람이 라면, 경절문의 의미 없는 말[無味之談]을 듣자마자 지해의 병에 걸리지 않고 곧바로 마음자리[落處]를 알게 된다. 이를 일러 하나를 듣고서 천 가지를 깨닫는 대총지(大摠持)를 얻은 사람이라고 한다.(『看話決疑論』)

여기서 화엄의 원돈신해의 가르침이 많지만, 그것은 모두 사구(死句)라고 보조국사는 단정적으로 말한다. 그것은 사람들에게 앎의 장애를 일으키기 때문이다. 그렇기 때문에 일심법계를 수용하나, 그것에 접근하는 화엄의 철학적인 방법론은 절대적으로 거부한다. 그러면서 그 대안으로서 간화선을 제시한다. 왜냐하면 법계연기를 언어적인 이해에 머물지 않고 그것을 사구에서 활구로 바꾸는 것이 바로 간화선이란 접근방식이기 때문이다.

'간화'란 화(話)를 지켜본다는 의미라면, 역시 간화선에서도 언어(話)가 중요한 역할을 하고 있음을 시사한다. 그렇다면 화두가 가지는 언어적 성격은 무엇인가? 일반적으로 언어는 세계를 구성하고 기술하는 중요한 수단이다. 어떤 대상[理]을 지시하고 의미[義]를 발생시킨다. 그럼으로써 문법체계와 같은 사회적인 규범을 만들어간다. 화엄의 철학도 이 같은 언어관을 가진다고 할 수 있다. 화엄교판의 중요한 방법론은 의리분제(義理分齊)라고 요약되는데, 언어발생의 인식론적인 측면에서 의미(義)가 능전(能詮)에 의해서 이루어진 개념이라면, 이치(理)는 소전(所詮)으로서 대상을 가리킨다. 분제(分齊)는 각 교설이 가지는 의미와 이치(義理)의 차별을 구별한다는 것이다.

여기서 분제란 한계 지어서 분별한다는 뜻으로, A는 A가 가리키는 이외의 대상 non-A를 배제한다는 의미를 함축한다. 이를테면 '소'라는 보통명사는 소 아닌 모든 개념을 배제시킨다. 그러므로 '소'란 언어는 먼저 그것에 합당한 뜻(義)과 구체적인 대상(理)을 지시하면서, 다음으로는 소를 제외한 모든 대상은 엄격하게 구별[分齊]한다. 전자는 언어와 구체적인 대상과 일대일로 상응관계에 있다는 뜻에서 전통적으로 '대응이론'이라 불리고, 후자는 인식논리학[後期唯識]에서 개념이란 타자의 배제, 곧 차별이란 뜻에서 아포아론[Apohavāda]이라고 불리어졌다. 중국 종파불교에서 소위 자기가 소속한 교설의 우월성을 확보하기 위해서, 확립된 교판론이란 사실 각 교설(義理) 간의 차별(分齊)에 의한 '의미체계'라고 할 수 있다. 하지만 이것은 생태적으로 다른 교설의 배제를 통한 자파의 교설에 대한 우월성을 증명하는 방식이었다.

그러나 화엄철학을 포함한 이러한 교판적 방법론을 보조국사는 간화선의 입장에서 철저하게 비판한다. 만약 간화선의 화두도 역시 언어의 한 종류라면, 그것은 분명하게 지시하는 대상(理)과 지시함으로써 발생되는 의미(義)에 기초하여, 그래서 각각의 분제에 의한 의미체계를 지향해야 한다. 그러나 간화선은 뜻과 이치에 의한 교설의 분제를 오히려 장애의 요소로 배제하고, 맛이 없는[無味之談] 화두를 중요한 방법적인 수단으로 수용한다. 의미를 발생시키기보다는 그 어로(語路)와 의로(義路)를 봉쇄함으로써, 의미체계라는 정교한 집을 무너뜨리는데 목표를 둔다. 선의 목표는 다른 교설 간의 의미를 구별하는데 목표가 있는 것이 아니라, 자신과 세계를 존재하는 그 자체로 정확하게 이해하고 체험하는 것을 중시한다. 이런 상황이라면 개념적인 이해는 오히려 대상을 체득하는데 편견으로서 방해가 된다는 것이다.

그러므로 이런 언어적인 관점에서 보조국사는 『원돈성불론』에서 선의 언어를 '집착을 깨뜨리는[破執]'언구라고 규정하고, 『간화결의론』에서는 '맛없는 말[無味之談]'이라 하며, 또 비유하여 '앎과 이해를 깨뜨리는 기장(器仗)'이라고 하고, '얼굴을 태워버리는 불꽃'이라고 했다. 말하자면 화두는 인식과 대상의 관계를 구성하는 문법과 그래서 의미를 생산하는 인식구조 자체를 해체시키고 깨뜨리는 '뜻 없는 기호'인 것이다. 모든 언어는 의미를 가진다. 그러나 화두는 의미를 갖고 있지 않다. 이것은 분명하게 정상문법이 아니다. 그렇다고 작용이 전혀 없다는 뜻은 결코 아니다. 그것은 정신의 하늘을 가득 채우고 있는 개념화된 은폐물로서의 문법체계를 벗겨내는 일종의 빗자루와 같은 성격을 가진다. 자신은 어떤 구체적인 대상을 지시하여 의미를 생산하지는 않는다. 그렇다고 전혀 무의미한 물건은 아니다. 방안의 빗자루는 방을 구성하는 중요한 요소는 아니지만, 끊임없이 정보를 재구성하는 세계의 방을 청소하는 중요한 기능을 담당한다는 것이다.

이를테면 무자화두의 경우를 보자. 조주가 '개에게도 불성이 있는가?' 라는 질문에 없다고 했다. 왜 없다는 것인가? 이 질문에 대해서 우리는 여러 가지로 대답을 할 수가 있다. '없다는 것'은 무슨 의미인가? 불성이 '존재하지 않음'을 의미하는가? 아니면 불성에 대한 '절대적인 있음'에 대한 언구가 아닌가? 아니면 세계에 대해서 '일 없음'을 뜻하는가? 등등 여러 가지로 생각할 수 있다. 이때 사량한다는 의미는 세계를 어떤 논리적인 개념으로 구성하여 이해하려는 태도이다. 곧 '있다(有)'와 '없다(無)'는 개념[義]을 통해서 그것에 대응하는 세계의 어떤 '실재[理]'로서 대상을 찾고, 그것을 그림 그리려는 태도이다. 이 습관화된 마음은 인식하는 주체로서의 의식[見分]과 인식의 대상[相分]이 상호 작용하여 특정한 어떤 세계의 형상을 만들어내는 구성력이다. 이것은 내면화된 사회적인 문법체계를 기초로 하여 성립된다. 그런데 이것이 바로 분별지이고 화엄의 의리분제이다.

그러나 간화선의 입장에서 보면, 이는 세계 그 자체[法界緣起]를 경험하는 것[證悟]이 아니라, 논리적이고 개념적인 사유[知解]로서 허구에 불과하다. 이런 점에서 구체적이고 현실적인 효과[功能]가 없다. 이 구성력은 깨달음의 대상을 상정하여 그것을 기다리는 마음이다. 이것을 대혜는 '대오지심(待悟之心)'이라고 했고, 결국 인식의 주객으로 분리된 앎이란 뜻에서 '지해지병(知解之病)'이라고도 했다.(『大慧語錄』) 보조국사는 이것을 정리하여 '십종선병(十種禪病)' 혹은 '십종지해지병(十種知解之病)'이라고 명명했다. 화엄의 법계연기설은 그것이 본체론이든지, 이원론이든지, 아니면 자체연기라고 이해하든지, 역시 간화선의 입장에서 보면, 결국은 개념에 의한 이해로, 현실적인 작용이 없다. 이런 의미에서 이것은 사구(死句)이다. 오히려 참된 법계연기를 인식하는데 장애가 된다. 거기에는 어로(語路)가 있고 의로(義路)가 있어서 처음 발심한 이들에게는 유용한 측면이 있다고 하지만, 오히려 앎의 장애(解碍)를 이룬다는 것이 보조의 비판적 입장이다.

그렇다면 참다운 법계를 인식하는 새로운 방식은 어떤 것인가? 그것은 바로 간화선법이다. 이것은 대상을 부정함으로써 오히려 그 자체를 드러낸다고 할 수 있다. 이때 부정하는 대상은 법계 그 '자체'가 아니라, 법계에 관한 '앎'이다. 집착의 토대가 되는 의미(語義)를 깨뜨림으로써 오히려 그 대상 자체를 적나라하게 경험한다는 것으로, 말하자면 A는 A가 아님으로써 역설적으로 바로 A가 된다는 의미이다. 단순하게 A를 부정만 한 진공은 분명하게 돈교의 입장이다. 그러나 간화선은 단순한 이언절려(離言絶慮)가 아니다. 오히려 화두라는 절박한 자기의심을 통해서 참다운 일심에 작용하는 법계를 *철저하게* 돈증할 수 있다는 입장이다. 그러므로 선문의 언어는 인식에 의해서 대상을 지시함으로써 의미를 획득하는 대응이론을 거부한다. 오히려 선의 언어는 잘못된 인식을 깨뜨림으로써[破病之談], 오히려 그 대상 자체를 온통 드러내는 말[全提之語]이라고 정의할 수 있다.(『看話決疑論』) 왜냐하면 화엄의 언어는 A와 반드시 상응되는 대상을 전제하여 non-A를 구별하고, 그럼으로써 구성된 개념[義理]을 기초로 하여 성립된다. 그러나 선문의 언어는 A 그 자체를 부정함으로써 A와 non-A의 구별을 함께 소멸시키고, 그럼으로써 구체적인 현실을 있는 그대로[如實知] 온전히 드러낸다. 그러나 주의해야할 점은 화두에 관한 이러한 학문적인 설명도 역시, 결국 그것이 또 다시 개념을 가지고 사량하는 방식이라면, 그것은 세계에 대한 참여가 아니라 해석하는 행위[參意]이지, 살아있는 구[活句]가 아니라고 보조국사는 말한다.

화엄의 언어는 의리의 차별성을 중시하지만, 선어는 대상과 인식의 이원론을 무너뜨리고, 경험 그 자체를 드러낸다는 뜻에서 무분별지의 현량이라고 규정할 수 있다. 달리 말하면, 화엄의 수행론은 붓다의 가르침으로서 교설을 전제한 이후에 이것을 기초로 하여 관찰이 있다. 하지만 간화선은 교설을 전제로 하지 않는 채로 직접적인 경험을 강조한다. 화엄이 비량(anumana)이나 성언량(śabda)을 인정한 반면에 간화선은 현량(pratyakṣa)만을 인정한다는 점에서 차이가 난다.(『都序』) 법계는 곧 일심이고, 그것은 인식의 주체와 대상으로 구별되지 않는 상태로서, 새로 얻어진 반야[後得智]가 아니라, 이미 존재자로 규정하기 이전의 존재[根本智]가 된다. 그러므로 화두의 참구는 논리적인 분석의 과정이 아니라, '의미 없는 구'로 인하여 이원론적인 개념을 해소시키고, 본래적인 현실과 삶에 주체적인 '참여'로 이해된다.

한편 보조국사의 사상체계에서 보면, 이렇게 절대적으로 모든 개념적인 이해를 거부하고, 경험 자체만을 중시한 점에서, 교외별전을 주장하는 『간화결의론』의 입장은 『원돈성불론』의 선교융합적 경향과는 모순된 듯이 보인다. 이런 사상적 변화의 결정적인 계기는 보조국사 그 자신의 체험에서 비롯된 것이라 생각된다. 그의 생애에서 보듯이, 출가한 이후에 오랜 세월을 한눈팔지 않고 수행을 해왔지만 원수와 같은 가슴의 어떤 정견(情見)에 걸려 있었는데, 지리산 상무주암에서 대혜의 간화선을 통해 해결되었다. 이런 경험이 원돈신해를 사구로 자신 있게 규정한 내력이 아닌가 한다.

그렇지만 보조국사가 화엄의 법계연기 그 자체를 부정한 것은 결코 아니었다. 문제의 초점은 세계를 기술하는 화엄교학의 철학적인 방법론에 대한 비판이었던 것이다. 언어적인 개념을 수반하는 화엄적인 방법론으론 세계를 그 자체로 철저하게 증득할 수 없다는 것을 말하고 있다. 그렇다고 간화선이 모든 교설의 유용성을 부정한 것처럼 이해한다면 무리한 점이 있다. 교외별전은 경전과 문자의 현실적인 유용성을 부정한 것이 아니라, 궁극적인 진실을 인식할 때 발생되는 부적절성을 지적한 것이다. 보조국사의 경우에서도 보듯이, 간화선 수용은 화엄교학적 이해[華嚴]에 문제점을 제기하면서 이루어진, 메타적 측면이 있기 때문이다.

화엄은 세계의 사실을 기술하는데 관심을 가진다. 그러나 간화선은 세계에 대한 어떠한 논리적인 구성도 인정하지 않고, 오히려 그것을 해체한다. 그럼으로써 진실로 세계를 경험하게 한다. 화두는 세계를 자체를 부정하지는 않는다. 언어에 의해서 그림 그려지고 해석된 세계를 해체한다. 화두는 오히려 그려진 세계에 관한 '그림'을 지우는 언어라고 정의된다.

06

보조국사 화엄사상의 현대적 의미

보조국사는 무신집권기로서 매우 혼란한 시대를 살았고, 여기에 대한 승가의 대응으로서 적극적인 참여보다는 출가의 본분을 살리는 쪽으로, 수행 결사운동을 모색한 점은 여전히 의미가 있다. 이런 부분은 충분하게 유의미하다.

하지만 보조의 화엄사상과 관련해서는 현대에 와서 크게 영향력을 가지지 못한 부분으로 평가된다. 이것은 보조의 화엄사상의 독창성과는 무관한 문제이다. 오늘날 화엄사상은 사실상 죽은 언어가 되었고, 번쇄한 이론으로서 대학에서 가리키는 과목정도로 현실적인 설득력이 떨어지고 있다.

보조국사 당시에는 가장 강력한 영향력을 미친 것이 바로 화엄종과 화엄의 가르침이다. 화엄에 대한 천착은 바로 이런 시대적인 반영이다. 그렇지만 보조는 화엄학보다는 화엄의 성기설에서 선종의 이론적인 기초를 찾으려 하였고, 간화선을 통해서 화엄의 번쇄한 이론을 극복하고자 한 점이 바로 역사적인 의미로서 평가된다. 교학 중심에서 선 중심으로 이동하는데 결정적인 역할을 한 이가 바로 보조국사이기 때문이다.

현재의 시점에서 화엄과 관련된 몇 가지 검토할 과제를 간단하게 열거하면 다음과 같다. 첫째로 연기문과 성기문에 대한 평가의 부분이다. 연기문은 삼승의 열등한 가르침이고 성기문은 수승한 가르침이라는 관점은 과연 정당한가 하는 문제점이다. 12연기에 대해 번뇌를 발생시키는 과정으로 이해하고, 이것을 극복하고 정화시키는 과정으로 이해하는 것이 연기문의 정확한 해석이 아닐까 한다. 물론 12연기 자체가 이미 정화된 성기문이고 부처님의 깨달음의 문과 다르지 않다는 점은 인정이 되지만, 연기문의 기초가 없이 성기문은 성립되지 않는가 하는 점이다.

둘째는 화엄교판의 문제이다. 화엄교판에서 돈교에 대한 부분은 선종과 관련하여 종파적인 논쟁점이기도 하는데, 보다 넓은 시각에서 이해할 필요가 있다는 점이다. 우열보다는 교육과정으로서 전체적인 측면을 살리는 것이 좋지 않을까 하는 점이다. 선종의 실천은 물론 그대로 인정하면서 화엄의 교판을 배우는 과정에서 모두 공부를 해야 하는 교육 커리큘럼으로 이해하면 크게 문제가 되지 않게 수용할 수가 있을 것이다.

셋째는 교외별전의 가르침을 표방하는 간화선의 문제이다. 교외별전 자체는 문제가 없지만, 그래도 교외별전의 접근방식은 구체화되어야 한다는 점이다. 만약 이것이 없으면 배우는 자나 가르치는 스승이나 매우 난감하고 점검이 이루어지지 않아서 결국은 현실적인 대응력에서 쇠퇴할 수가 있다. 이런 점들은 충분하게 검토되어야 할 부분이라고 본다.

김 방 룡

충남대학교 철학과 교수

01 대혜 간화선의 수용

현재 한국 불교의 주된 수행법은 간화선이다. '화두'를 가지고 참선을 하여 깨닫는 수행법이 간화선이다. 오로지 화두에 대한 '의심'을 통하여 곧장 깨달음에 들어가는 것이 간화선 수행의 특징이다. 이 간화선 수행법을 최초를 주창한 사람은 중국 송대의 대혜 종고(大慧宗杲, 1089~1163)이다. 그리고 한국 최초로 간화선을 수용한 인물이 바로 보조 지눌이다.

대혜는 북송 말기 선주(宣州) 영국현(寧國縣)에서 출생하였으며, 성은 해씨(奚氏)이다. 선주 영국현은 지금의 안휘성(安徽省) 선국현(宣國縣)을 말한다. 대혜의 어머니 꿈에 한 신인(神人)이 얼굴이 검고 코가 높은 한 승려를 데리고 내실에 들어오기에 그가 사는 곳을 물었더니 북악(北岳)

이라고 하였는데, 그 말을 듣고 깨어보니 임신이 되었다고 한다. 태어나는 날에는 흰 광명이 방안을 꿰뚫어서 모든 고을 사람을 놀라게 하였다.

당시 송나라의 불교계는 선종이 유행하였는데, 그 중에서도 조동종의 양기파와 임제종의 황룡파가 크게 세력을 떨치고 있었다. 둘 다 육조 혜능(六祖慧能)의 남종선의 법맥을 잇고 있는데, 조동종은 동산 양개(洞山良价)와 조산 본적(曹山本寂)에 의하여 개창된 종파이며, 임제종은 임제 의현(臨濟義玄)에 의하여 개창된 종파이다. 대혜는 16세에 동산혜운원(東山惠雲院) 혜제대사(惠齊大師)에게 출가하여 처음에는 주로 조동종의 여러 선사들을 참례(參禮)하고 그 종지를 다 터득하였으나 이에 만족하지 않았다. 드디어 대혜는 23세(1111년)가 되어 임제종 황룡파의 담당 문준(湛堂文準)을 찾아가 7년 동안 그를 모시면서 큰 지견(知見)을 얻게 되었다. 그러나 담당의 입적으로 인하여 더 이상 모실 수 없게 되자, 담당의 유언에 의하여 임제종 양기파의 원오 극근(圓悟克勤)을 찾아가게 된다. 원오는 『벽암록』의 저자로 잘 알려진 분으로 대혜가 원오를 찾은 해는 그의 나이 37세인 1125년이었다.

남종선은 마조 도일(馬祖道一)과 석두 희천(石頭希遷)에 의하여 크게 번성하였으며, 이후 송나라 때에 이르면 5가 7종으로 자리 잡게 된다. 특히 경덕(景德) 원년(1004)에 이루어진 『경덕전등록』 30권은 과거 7불(七佛)로부터 서천의 28조사, 동토의 6대를 거쳐 법안 문익(法眼文益)에 이르기까지 1701인의 법(法)이 전해진 기록을 정리하고 있어, 선종의 영향력이 얼마나 지대했는지를 알게 한다.

대혜와 원오와의 만남은 동아시아 선사상사에 있어서 간화선이 뿌리를 내리는 중요한 계기가 된다. 대혜가 원오를 찾아간 곳은 변경(汴京)의 천녕사(天寧寺)였다. 긴 방황과 간절한 구도심으로 대혜는 원오를 찾았던 것이다. 대혜가 원오를 참례하고 40여일이 지난 어느 날, 원오선사는 개당설법에서 다음과 같은 설법을 한다.

어떤 스님이 운문스님에게 묻되, "어떤 것이 모든 부처가 나온 곳입니까?" 하니, 운문스님이 "동산이 물위로 간다."라고 대답하였다. 그러나 나는 그렇게 생각하지 않아, 그를 향하여 "따뜻한 바람이 남쪽에 불어오니 집에 서늘한 기운이 생긴다."라고 하였다.

대혜스님은 이 말을 듣고 홀연히 앞과 뒤의 생각이 끊어졌다 한다. 이후 어느 날 원오스님이 어떤 스님에게 "말 있는 것과 말 없는 것이, 칡이 나무를 의지한 것 같다."는 화두를 묻는 것을 우연히 듣게 된다. 대혜는 여기에서 '의심'에 걸리게 된다. 이는 원오가 일찍이 그의 스승인 오조 법연(五祖法演)에게 물은 화두였다. 대혜는 원오에게 그 때 오조스님이 무엇이라 대답했는지를 정식으로 묻는다. 이에 원오는 다음과 같이 답한다.

내가 오조에게 묻되, "말 있는 것과 말 없는 것이 칡이 나무를 의지하는 것과 같다는 뜻이 어떠합니까?" 하니, 오조가 말하기를 "본뜨려 해도 본뜰 수 없고 그리려 해도 그릴 수 없느니라." 하였다. 다시 내가 묻기를 "나무가 넘어지고 칡이 마를 때는 어떠합니까?" 하였더니, "서로 따라 온다." 라고 대답하였다.

대혜는 이 말을 듣고 그 자리에서 깨닫게 된다. "제가 알겠습니다." 대혜는 원오에게 이렇게 말했다. 원오가 여러 가지 말로 대혜에게 질문하자 막힘이 없었다. 드디어 원오는 대혜에게 "내가 너를 속이지 못하겠구나." 하면서 깨달음을 인가하게 된다. 이것이 화두를 통하여 대혜가 원오로부터 깨달음을 전해 받은 내용이다.

대혜는 깨달음 이후 그를 찾아오는 많은 제자들을 지도하게 된다. 특히 많은 사대부들이 몰려들었으며, 장덕원(張德遠)·유언수(劉彦脩)·장준(張浚)·장구성(張九成)·왕응진(王應辰) 등 당대 대표적인 사대부들과 교류를 하였다. 당시 남송의 조정은 금나라의 침입에 대하여 적극적으로 싸워야 한다는 주전파(主戰派)와 화친을 주장하는 주화파(主和派)가 첨예하게 대립하고 있었다. 주화파의 대표자는 진회(秦檜)였으며, 대혜와 교류하던 사대부들은 주전파에 속해 있었다. 대혜 또한 적극적으로 금나라와 싸워야 한다는 입장을 취했으며, 이 때문에 진회에 의하여 장구성, 장준과 함께 유배의 길을 떠나게 된다. 승려로서 적극적으로 정치적인 입장을 표방하여 승직이 박탈당하고 귀양에 오르게 되는 것은 중국 역사에 있어서 극히 드문 일이었다., 대혜는 1141년(53세)에 형주로 귀양을 갔다가 1156년(68세)에 승적을 회복하고 귀양에서 풀리게 된다. 이처럼 대혜는 적극적인 현실참여의 태도를 취하였고, 사대부와의 적극적인 교류를 시도했다는 면에서 마조와 임제보다도 더 현실 참여적이라는 평가를 받고 있다.

대혜는 당시 조동종의 선사들이 수행하던 묵조선(默照禪)을 강하게 비판하였는데, 그 주된 비판의 관점은 묵조선이 본성(本性) 보존에만 힘을 쓰고 외부와의 관계를 차단하여 외부에 대응하지 않는 것을 말하는 것이다. 물론 당시 조동종의 선사들은 주로 주화파의 입장을 암묵적으로 지지하면서 적극적으로 현실에 참여하려 하지 않았는데 이러한 태도를 비판한 것이기도 하다. 묵조선에 대한 비판과 더불어 대혜는 당시 유행하던 문자선(文字禪)과 공안선(公案禪)도 비판하였는데, 이는 문자와 공안에 의지하여 분별적인 사고와 형식에 치우쳐 주체적인 의심이 결여되어 있는 공부를 하고 있는 것에 대한 비판이었다. 특히 남송의 정치적 현실을 도피하고 고원한 정신세계에 안주하려는 일체의 선(禪)을 배격하고, 믿음[信]과 의심[疑]을 통한 자기성찰을 강조하는 간화선(看話禪)을 주창하기에 이른 것이다.

유배지에서는 물론 귀양에서 풀려난 후 대혜는 많은 대중을 교화한 것으로 유명하다. 직접 찾아오기 힘이 든 경우에는 편지 왕래를 통하여 제자들을 지도하기도 하였다. 귀양지에서 돌아온 후 대혜는 능인사(能仁寺)·아육왕사(阿育王寺)·경산사(徑山寺) 등에 머물며 수많은 사람들을 교화하였다. 1163년(75세)에 경산사의 명월당(明月堂)에서 열반하였으며, 시호를 보각(普覺)이라 하였다.

대혜는 그 스스로 책을 저술하지는 않았으나, 1171년에 약 40여 년 간의 그의 설법을 제자인 설봉 온문(雪峰蘊聞)이 30권으로 엮어 놓은 책이 『대혜보각선사어록(大慧普覺禪師語錄)』이며, 이를 줄여 『대혜어록』이라 한다. 우리의 강원교육과정 중 사집과(四集科)의 사집의 하나인 『서장(書狀)』은 대혜가 마흔 명의 사대부와 두 승려에게 보낸 편지 62편으로 구성되어 있는 책으로서 『대혜어록』 25~30권에 해당하는 것이며, 따로 분립되어 유포되었다. 설봉 온문이 『대혜어록』을 엮어 황제에게 올리자 그해(1171년) 8월 『비로대장경(毘盧大藏經)』에 입장(入藏)되었으며, 뒤에 명(明)나라 만력(萬曆) 8년인 1580년에 『가흥대장경(嘉興大藏經)』에 수록되었다. 이후 여러 대장경에 입장되었으며, 『대정신수대장경(大正新修大藏經)』 47권에도 『대혜보각선사어록』으로 수록되어 있다.

지눌은 선승으로는 드물게 학자적인 풍모를 지닌 것으로 유명하다. 그런데 이 같은 저술의 밑바탕엔 철저한 선수행을 통한 깨달음의 체험이 놓여있다. 그는 인생에서 세 번의 큰 깨달음을 얻는다. 그 마지막 깨달음의 기연이 바로 『대혜어록』과의 만남을 통하여 이루어진다. 1198년 그의 나이 41세 때, 지눌은 지리산 상무주암에서 몇몇 선승들과 철저히 수도하고 있었다. 이때의 경험을 지눌은 이렇게 말하고 있다.

내가 보문사(普門寺) 이래 십여 년 동안 비록 바른 생각을 갖고 부지런히 수도하며 조금도 시간을 헛되이 보내지 않았지만 분별하는 생각[情見]이 없어지지 않아 마음속에 무언가 걸리는 것이 있어 마치 원수와 함께 지내는 것 같았다.

지리산에 머무르면서 『대혜어록』의 "선(禪)은 고요한 곳에 있지 않고 또한 소란한 곳에 있지도 않다. 일상의 인연에 따르는 곳에 있지도 않고 생각하고 분별하는 곳에도 있지 않다. 그러나 먼저 고요한 곳, 소란한 곳, 이상의 인연에 따르는 곳, 생각하고 분별하는 곳을 버리지 않고 참선(參禪)해야 홀연히 눈이 열리고 모든 것이 집안의 일임을 알게 되리라."는 구절을 보았는데, 나는 여기에서 마음을 깨닫게 되었다. 그러자 자연히 가슴 속에 걸리던 것이 없어지고 원수가 함께 있지 않아서 당장에 편하게 되었다.

보문사는 지눌이 이통현의 『신화엄론』을 통하여 두 번째의 깨달음을 얻은 곳이다. 이로부터 10년 동안을 마음에 무엇인가 걸리는 것이 항상 자리하고 있었다고 고백하고 있다. 그것은 비록 깨달았지만 항상 '정견(情見)', 즉 알음알이를 통하여 무엇을 이해하려는 분별심이 마음속에 자리하고 있었던 것이다. 지눌이 상무주암을 찾게 된 이유도 주변이 고요하여 선을 닦기에 좋은 장소였기 때문이었다. 그는 이곳에서 바깥의 인연을 완전히 끊고 오로지 마음을 보는 것[內觀]에만 철저히 하였다. '언어도단(言語道斷) 심행처멸(心行處滅)', 즉 말의 길과 마음의 길이 끊어진 그 자리가 선(禪)이지만, 아직까지도 지눌은 진정으로 그러한 경지를 체험하지 못하고 항상 가슴 속 갑갑함을 지니고 있었던 것이다.

"일상의 인연에 따르는 곳에 있지도 않고 생각하고 분별하는 곳에도 있지 않다. 그러나 인연에 따르는 곳, 생각하고 분별하는 곳을 버리지 않고 참선해야 홀연히 눈이 열리고 모든 것이 집안의 일임을 알게 되리라."는 대혜의 말을 접하는 순간, 지눌은 그토록 수행 상에서 겪은 '정견'의 마지막 한계를 벗어나게 된 것이다. 보문사 이래 10년 동안 가슴 속에 걸려 있던 의단(疑團, 의심덩어리)이 한 순간에 타파되는 순간이라 할 수 있다.

이처럼 지눌은 당시 중국에서 유행하고 있던 대혜의 간화선을 종파적으로 수용한 것이 아니라 자신의 수행 상에서 나타나는 정견의 병통을 제거하기 위한 목적에서 수용한 것이었다. 그것도 『대혜어록』의 경전을 통하여 이루어진 것이다. 따라서 이는 이전의 자신의 깨달음의 경험과 대치되는 것이 아니라, 이전의 깨달음을 보완하고 완성하는 의미를 지닌다고 보아야 한다.

『대혜어록』이 편집되고 대장경에 수록된 해가 1171년이니, 지눌은 그로부터 27년 후에 지리산의 산 속에서 그 책을 구해 읽은 것이다. 지눌의 깨달음의 인연이 된 내용은 『대혜어록』 19권에 수록되어 있는 내용으로, 이는 지눌이 『서장』이 아닌 『대혜어록』 30권 전체를 열람했음을 알게 하는 것이다. 실제 지눌의 저술인 『수심결』·『법집별행록절요병입사기』·『원돈성불론』·『간화결의론』 등에 나타난 대혜의 인용문을 분석해 보면, 비록 『서장』의 내용이 많이 인용되어 있기는 하나, 이외에도 『대혜어록』 9권, 14권, 16권, 17권, 19권, 20권 등의 내용이 인용되어 있어, 그가 본 것이 분명 『대혜어록』이었음을 알게 한다.

지눌은 가르침을 베풀 때에는 반드시 『육조단경(六祖壇經)』에 뜻을 두고 이통현(李通玄)의 『신화엄론(新華嚴論)』과 『대혜어록』을 함께하였고, 가르침의 문(門)으로 성적등지문(惺寂等持門), 원돈신해문(圓頓信解門), 경절문(徑截門)의 세 가지를 제시하였다. 이러한 사실은 지눌에게 있어서 대혜의 간화선은 주체적으로 수용되어 자신의 사상을 완성하는 역할을 하고 있음을 알 수 있게 한다.

02

돈오점수와 간화선의 관계

지눌의 사상으로 일반인들에게 많이 알려져 있는 것은 돈오점수(頓悟漸修)이다. 돈오란 '단박 깨달음'을 의미하고, 점수란 '점차적인 닦음'을 의미한다. 지눌은 돈오에 입각한 점수, 즉 깨침을 바탕으로 하는 닦음을 강조하였다. 그런데 간화선은 경절문(徑截門), 즉 바로 질러 깨달음에 들어가는 문이다. 즉 화두에 대한 의심을 통하여 일체의 사량 분별을 떠난 선의 세계에 단박에 도달하는 수행법이라 할 수 있다. 화두란 그 내용 자체에 어떤 의미가 있는 것이다. 그래서 '몰자미(沒滋味)', 즉 아무런 맛도 없는 것이라고 말한다. 오직 '의심뿐' 언어나 논리적 분석을 통하여 도달하는 세계가 아니다. 따라서 돈오점수가 선오후수(先悟後修), 즉 먼저 깨닫고 그에 의하여 닦아 들어가 구경각(究竟覺)에 이르는 도식을 가지고 있다면, 간화선은 곧장 증오(證悟)에 이르는 수행법이다. 따라서 지눌의 사상에 있어서 돈오점수와 간화선의 관계를 어떻게 이해하는가 하는 점은 매우 중요하며, 학자들마다 이에 대한 견해를 달리하고 있다.

지눌의 사상을 해석함에 있어서 두 가지 극단적인 해석이 존재한다. 하나는 지눌의 사상은 간화선에 의하여 완성된 것으로, 돈오점수는 초기의 사상으로 미성숙한 단계의 사상이며, 말년에 간화선으로 바뀌었다고 보는 입장이다. 또 다른 하나는 지눌의 사상은 돈오점수이며, 간화선은 지눌 스스로 주장한 것이 아니라 그의 제자인 진각 혜심(眞覺慧諶)에 의하여 주창된 것이라는 견해이다. 이 둘 모두 돈오점수와 간화선이 이질적인 요소이기 때문에 지눌이 이 둘을 동시에 주장하지는 않았을 것이라는 가정이 전제되어 있다.

그런데 지눌의 생애를 검토해보면 전자의 주장은 납득하기 어려운 점이 있다. 지눌의 삶은 출가 이후 구도의 시기와 교화의 시기가 분명하게 구분된다. 비록 1188년(33세) 팔공산 거조사 시절에 『권수정혜결사문(勸修定慧結社文)』을 짓고 정혜결사(定慧結社)의 기치를 내걸긴 하였지만, 본격적인 결사운동은 1200년(43세) 순천 송광사로 자리를 옮겨 진행하게 된다. 지눌이 그의 사상을 정리하는 본격적인 저술활동을 한 시기도 이때부터이다. 이러한 사실은 지눌이 스스로 세 번의 깨달음을 체험한 후 자신의 완성된 사상을 저술을 통하여 세상에 내놓은 것이며, 또 이미 『대혜어록』을 본 이후이기 때문에 자신의 사상체계 안에 간화선 사상이 포함되어 있었다는 것을 알 수 있다. 그 같은 예를 우리는 몇 가지 사실에서 발견할 수 있다. 예를 들면, 돈오점수를 표방하고 있는 『수심결(修心訣)』에서 대혜의 말을 인용하고 있는 것이나, 1205년 수선사(修禪社)의 중창불사를 기념하여 10월 1일부터 120일간의 경찬법회에서 『대혜어록』을 강설한 사실을 볼 수 있다. 이 같은 예는 지눌이 간화선의 내용을 수록하고 있는 『법집별행록절요병입사기(法集別行錄節要竝入私記)』가 말년의 저술이며, 또 『간화결의론(看話決疑論)』은 지눌 사후 5년이 지난 시점에서 그의 제자인 진각 혜심에 의하여 발견되었다는 점을 들어, 말년에 지눌의 사상이 돈오점수에서 간화선으로 바뀌었다는 주장을 받아들이기 어렵게 한다.

또 간화선에 대한 내용은 지눌의 사상이 아니라 그의 제자 진각 혜심에 의하여 이루어졌다는 주장 또한 마찬가지이다. 이러한 주장을 하는 사람 중에는 『간화결의론』은 지눌의 저작이 아닌 진각 혜심의 저작이며, 김군수가 지은 비명에 나온 삼문의 내용도 진각 혜심에 의하여 제공된 내용을 김군수가 정리한 것에 불과하다고 말하기도 한다. 그러나 이 또한 지눌의 생애를 통하여 보면 지나친 감이 있다.

따라서 돈오점수와 간화선 그리고 성적등지문・원돈신해문・경절문의 삼문(三門)은 지눌의 선사상을 이루는 근간으로 이해해야 한다. 또한 원돈신해문은 돈오에, 성적등지문은 점수에, 간화선은 경절문에 배대할 수 있다.

'원돈신해'란 화엄적 돈오문으로, 지눌은 돈오가 선종만의 고유한 영역이 아니라 교종인 화엄에도 있음을 표방하고 있는 것이다. 즉 원돈신해란 중생들이 각자 갖추고 있는 근본보광명지(根本普光明智)를 곧장 깨달아 발심의 근본을 삼는 것을 말하는 것이다. '성적등지'란 성성(惺惺)과 적적(寂寂)을 함께 닦는다는 의미이다. '성성'이란 자성(自性)의 혜(慧)를 의미하고, '적적'이란 자성의 정(定)을 의미하니, 결국 자성의 정과 혜를 함께 닦는 정혜쌍수(定慧雙修)를 의미한다. 그런데 이러한 '돈오점수'는 진실한 말의 가르침[여실언교(如實言敎)]에 의해 마음이 어떤 바탕인지, 또 깨침과 닦음은 어떤 것인지를 분명히 알고 마음을 비추어보고 깨쳐 들어가는 길이다. 그런데 이러한 돈오점수는 깨침과 닦음, 돈문과 점문, 선과 교, 자리와 이타를 아우르는 장점이 있긴 하지만, 자칫 언어와 논리적 사유인 알음알이를 통하여 접근할 여지를 남겨두고 있다. 특히 교종의 사람들은 아무리 화엄과 선의 돈오가 같은 것이라 하여도 그것은 몸을 통하여 체득하는 것이 아니라, 지적 사유를 통하여 이해하려고 하기 때문에 깨달음에 들지 못하는 것이다. 경절문의 간화선은 바로 이러한 알음알이의 병통을 제거하기 위하여 지눌이 제시하고 있는 것이다. 이에 대하여 지눌은 이렇게 말하고 있다.

> 말에 의해서만 이해하고 몸을 굴리는 길을 알지 못한다면 하루 종일 관(觀)을 하여도 갈수록 알음알이[知解]의 속박을 받아 쉴 때가 없을 것이다. 그러므로 요즘 수좌들의 문하에 말을 떠나 깨달음에 들어감으로써 알음알이를 아주 버리는 사람을 위하여 다시 간화선을 소개하는 것이다. 이것은 종밀(宗密)이 숭상하는 바는 아니지만, 여러 조사와 선지식들이 경절의 방편으로 학인들을 지도할 때 쓰던 언구(言口)들을 이 책의 뒤에 붙이고자 한다. 이는 요즘 참선하는 뛰어난 이로 하여금 몸을 빼어 나가는 한 가닥의 활로를 알게 하려는 것이다.

지눌 당시 불교계의 문제는 불교계 전체가 명리(名利)를 추구하고 있던 교단적 타락상황과 선종과 교종 간의 갈등상황이었다. 특히 선종과 교종 간의 갈등상황은 생각보다 심각하였다. 지눌의 한 평생 노력했던 것은 선종과 교종간의 회통과 화해였다. 이러한 선종과 교종 간의 갈등을 이론적으로 회통시킨 인물은 당나라 시기의 규봉 종밀(圭峰宗密)이었다. 지눌 사상의 핵심을 이루는 '공적영지(空寂靈知)'와 '돈오점수(頓悟漸修)'는 모두 사상적으로 종밀의 영향을 받은 것이다. 종밀은 당시 선종의 대표적 종파의 하나였던 하택종의 계승자이자 청량 징관(淸凉澄觀)을 계승하여 화엄 5조가 된 인물로, 당나라를 대표하는 불교사상가였다. 지눌은 종밀을 정말 존경하였다. 그럼에도 불구하고 종밀의 사상을 그대로 따르지는 않았다.

지눌의 말년 작인 『절요사기』는 종밀의 『법집별행록』을 절요해, 거기에 자신의 사기를 덧붙인 책이다. 이 책의 말미에 간화선을 소개하고 있으니, 지눌의 사상은 종밀을 계승하면서도 종밀과의 차이를 분명히 하고 있는 것이다. 또 지눌이 대혜의 간화선 사상을 소개하고 있긴 하나, 이 또한 종밀의 돈오점수 사상을 배격하고 간화선만을 취하고 있는 것이 아니다. 지눌에게 있어서 대혜가 그토록 강조하고 비판하였던 묵조선에 대한 비판이나 공안선에 대한 비판은 보이지 않는다. 오직 돈오점수 사상이 가지는 알음알이의 병통을 문제 삼을 뿐이다. 이는 지눌이 자신의 수행상에서 경험했던 내용과 당시 고려불교계의 수행자들 사이에서 나타나는 병통을 극복하기 위하여 간화선을 수용하고 있음을 보여주는 것이다.

종밀은 당시 선종을 북종과 우두종, 그리고 홍주종과 하택종으로 크게 나누어 보고 있다. 이 중 신수(神秀)의 북종을 낮게 평가하고 있으며, 우두종과 홍주종은 각각의 특징을 지니고 있는 것으로, 마지막으로 하택종이 가장 완전한 것으로 평가하고 있다.

북종에서는 번뇌와 망상을 실재하는 것으로 보기 때문에 이것들을 애써 없애려 한다. 이는 번뇌망상이 본래 공(空)하다는 사실을 모르기 때문에 그렇다. 따라서 북종은 오직 점수(漸修)만 있을 뿐이다. 따라서 이는 오염된 닦음이 되는 것으로, 이러한 수행을 잘못된 수행으로 평가하고 있다.

우두종은 일체의 모든 것이 꿈과 같이 공하여 없다[一切皆無]고 본다. 그러므로 모든 사랑하고 미워하는 감정을 잊고 무사(無事)한 것을 수행으로 삼는다. 즉 공의 측면만을 강조하여 본래 무심하면 된다고 한다.

종밀은 이러한 우두종의 사상이 밝고 빛나는 구슬의 작용을 깨닫지 못한다고 비판한다.

홍주종의 입장은 우리들의 일거일동(一擧一動)이 모두 불성(佛性)의 작용이라는 것이다. 그러므로 하나도 버릴 것 없이 다 참다운 것[一切皆眞]이라고 본다. 따라서 끊을 것도 닦을 것도 없이 그저 마음에 맡길 뿐이다.

하택종은 일체의 망념과 생각이 공한 자리, 즉 그 자리에서 신령스럽게 아는 지적 기능인 영지(靈知)는 불매(不昧)하다고 한다. 그 공적영지(空寂靈知)가 하택종이 이해하는 마음인 것이다. 바로 공에 떨어지지도 않고 현실의 여러 가지 차별상에도 치우지지 않는 것이다. 이는 불변과 수연에 자재하다는 의미이다. 따라서 이 하택종에서는 만약 망념이 일어나면 알아차리고 알아차리면 망념은 저절로 사라진다는 입장을 취하는 것이다. 하택은 이를 가장 뛰어난 수행법으로 이해하고 있다.

그런데 종밀 사후, 선종에서 크게 두각을 나타나게 되는 것은 하택종이 아니라 마조(馬祖)의 홍주종이다. 임제(臨濟)의 임제종 또한 홍주종의 법맥을 계승하고 있으며, 임제종 양기파에 속해 있었던 대혜 또한 홍주종의 법맥을 계승하고 있는 것이다. 따라서 대혜의 입장에서 보면 하택종은 남종선의 정맥이 아닌 방계가 되는 것이다. 마조의 홍주종이 흥기하자 홍주종 내부에서 하택종에 대한 비판이 일어나게 된다. 그것은 하택과 종밀이 강조하였던 '공적지(空寂知)'에 대한 비판이다. 하택과 종밀은 부처나 중생의 차별이 없이 본래부터 갖추어 있는 신령스런 지각작용을 '지(知)'라 하였다.

하택 이전에 지혜에 대한 구별은 불지견(佛知見)을 의미하는 무분별지(無分別智 : 분별을 떠난 지혜)는 '지(智)'라 하였고, 중생들의 분별지(分別智)는 '지(知)'라 하여, 지(智)와 지(知)를 구별하여 사용하였다. 그런데 하택은 중생과 부처가 따로 있는 것이 아닌 본래성불(本來成佛)의 입장에서 이러한 구별을 배격하였다. 그리고 누구나 분명하게 지각하는 작용 속에 불성이 있다는 입장을 강조하여 '공적지(空寂知)' 혹은 '지(知)'라고 이름 하였던 것이다. 지눌의 '공적영지(空寂靈知)' 또한 이러한 하택과 종밀의 입장을 계승한 것이다. 그런데 이러한 하택의 주장을 따르는 사람들에 대하여 홍주종에서는 '지해종도(知解宗徒)'라는 낙인을 찍어 배격한 것이다.

물론, 지눌이 이러한 선종사의 흐름을 모르고 있었던 것은 아니다. 나말여초에 형성된 구산선문(九山禪門)의 대부분은 마조의 제자들로부터 선을 들여왔으며, 지눌이 속한 사굴산문(闍堀山門)의 개산조인 범일(梵日) 역시 마조의 제자인 염관 제안(鹽官齊安)으로부터 법을 받아왔다. 범일은 당나라로 건너가 많은 선지식을 찾아뵙고 도를 물었으며, 염관 제안으로부터 '동방의 대보살'이라는 칭찬을 받았다. 범일이 염관에게 "어떻게 해야 부처를 이룹니까?" 하고 물었을 때, 염관은 "도란 닦을 필요가 없나니 그저 더럽히지만 말라. 부처란 견해도 보살이란 견해도 짓지 말라. 평상심이 곧 도이니라." 라고 대답하였으며, 이에 범일은 크게 깨달아 6년간 염관을 모셨다. '도불가수(道不可修)'와 '평상심시도(平常心是道)'는 마조의 선풍을 단적으로 드러내는 말이다. 따라서 이러한 사굴산문의 법손인 지눌이 홍주종의 선풍을 모르고 있을 리가 없다.

그럼에도 불구하고 지눌은 하택과 종밀의 입장을 따른 것이다. 왜 그랬을까? 지눌은 『절요사기』의 첫머리에서 이에 대한 이유를 다음과 같이 밝히고 있다.

> 하택 신회는 지해종사(知解宗師)로서 비록 조계의 적자는 되지는 못하였으나 그 깨달은 바가 높고 밝으며, 의심을 결단[決擇]하고 이치를 분명히 분별하였다. 규봉 종밀이 그 뜻을 이어 받들었기 때문에, 이 『별행록』에서도 그것을 부

> 연하고 밝혀 환히 보게 하였던 것이다. 그래서 지금 교(敎)에 의해 마음을 깨달으려 하는 사람을 위해 그 중에서 번거로운 말은 줄여 버리고, 요긴한 강령만 뽑아내어 관행(觀行)의 귀감으로 삼는 것이다.

지눌이 하택과 종밀의 견해를 따르는 이유는 그들의 깨달은 바가 높고 의심을 분명히 결단해 주고 또 이치가 분명하기 때문이다. 따라서 교(敎)에 의해 마음을 깨달으려고 하는 사람들에게는 이 같은 하택과 종밀의 견해가 모범이 된다는 것이다. 그러나 참선하는 뛰어난 사람이나 상근기의 사람에게는 경절문의 간화선이 더 적절하다고 지눌은 말한다.

지눌은 이와 같이 각자의 타고난 근기, 즉 각각의 능력에 따라 각기 다른 수행을 할 필요성이 있다고 주장한다. 상근기와 중근기 그리고 하근기에 따라 각각 거기에 맞는 수행을 하는 것이 더욱 효용이 있고 깨달음에 들어갈 수 있음을 말하는 것이다. 마치 의사가 병에 따라 다른 약을 처방하듯이 근기에 따른 다양한 수행법을 제시하고 있다. 이중 간화선은 가장 근기가 뛰어난 이들을 위한 수행법이라 할 수 있다. 돈오점수와 간화선의 관계도 지눌에 있어서는 상호 이질적이거나 배타적인 것이 아니라, 이처럼 근기에 따라 선택 가능한 것이다. 또한 돈오점수가 가지는 알음알이의 병통을 극복할 수 있는 처방으로 간화선을 제기하고 있어 상호 보완적인 역할을 하고 있음을 알 수 있다.

지눌의 돈오점수의 요체는 돈오와 이에 입각한 자성정혜(自性定慧)라 할 수 있다. 물론, 하근기를 위하여 수상정혜(隨相定慧)를 포용하여 말하기도 하였지만, 이는 방편적으로 하근기의 수행을 독려하기 위한 것으로 보인다. 깨달음 이후 그에 입각하여 자성의 정혜를 닦는 것은 사실상 닦음이 없는 닦음이다. 이는 육조 혜능의 가르침이자 마조의 홍주종에서 말하는 무위임운(無爲任運)과도 다른 것이 아니다. 따라서 돈오 후 자성정혜와 간화선에 의하여 깨달은 경지가 어떠한 차별성을 가지는 것인가 하는 의문이 생기게 된다.

이에 대하여 지눌은 간화선을 '무심합도문(無心合道門)'이라 하여 자성정혜와 차별됨을 강조하고 있다. 즉 선문에는 정과 혜를 닦는 것 이외에 무심으로 도에 합하는 길이 있다는 것이다. 정을 공부하는 사람은 이치에 맞추어 산란한 마음을 제어하므로 인연을 잊으려는 노력이 있으며, 혜를 공부하는 사람은 법을 택하여 공(空)을 관하기 때문에 번뇌를 씻으려는 노력이 있기 마련이다. 그러나 무심으로 도에 합하게 되면 어디를 가나 걸림이 없고 장애가 없는 해탈의 지혜가 나타나므로 아무런 공력도 필요하지 않게 된다는 것이다. 그리고 이러한 무심합도문은 경절문을 거쳐야 들어갈 수 있다고 지눌은 말한다.

이와 같이 지눌은 하택과 종밀의 돈오점수 사상과의 관련 속에서 대혜의 간화선을 우리나라에 최초로 수용하였고, 이를 그의 제자인 진각 혜심을 통하여 고려불교계에 정착시켰다. 물론 돈오점수와 간화선 사이에는 분명한 차이가 있다. 돈오점수가 돈오에 대한 지적 이해를 허용하고 돈오에 바탕하여 점수를 하도록 하고 있는데 반하여, 간화선은 오직 화두에 대한 '의심'을 통하여 곧장 깨달음에 들어가게 하기 때문이다. 돈오점수에 나타나는 알음알이의 병통을 제거하기 위한 약이 바로 간화선이다. 그런데 지눌의 선사상은 이 돈오점수와 간화선을 동시에 주장하고 있는 데에 특징이 있다. 이 점이 지눌의 선사상을 이해하기 어렵게 하는 것이며, 한편으로 포용적이고 회통적인 특징이기도 하다.

그의 간화선 사상은 『절요사기』와 『간화결의론』의 저술을 통하여 구체적으로 제시하고 있으니, 이제 이에 대하여 살펴보도록 하자.

03
『절요사기』 속의 간화선

지눌이 제시한 선수행의 방법은 돈오점수의 과정을 거치고 나서 간화선에 들어가는 길과 곧장 화두를 통하여 간화선에 들어가는 길이 있다. 이는 근기에 따른 차이에서 나타나는 것이지만, 둘 다 불법에 대한 알음알이의 병통을 없애고 구경(究竟)의 경지에 이르기 위한 목적에서는 마찬가지이다.

『법집별행록절요병입사기』는 규봉 종밀의 『법집』의 별행록을 절요하고 이에 지눌이 개인적인 사기(私記)를 덧붙였다는 의미이다. 『법집』이란 종밀의 『중화전심지선문사자승습도(中華傳心地禪門師資承襲圖)』를 말한다. 이는 종밀의 벗이자 황벽 희운의 문도로 알려진 배휴(裵休)가 종밀에게 "선법이 크게 유행하는 각 종파 간에 서로 배척하고 비방을 일삼으니, 그 원류와 심천(深淺)을 분별하여 간략히 설명해 달라. 특히 북종과 남종의 하택종·홍주종·우두종 등의 심천과 돈점의 득실의 강요를 밝혀 귀감이 되게 해 달라."는 부탁을 하고, 이에 대하여 종밀이 대답한 10쪽 분량의 그리 길지 않은 글이다.

종밀은 먼저 달마의 법을 이어받은 적통의 계보로, 달마 제일(達磨第一)→혜가 제이(慧可第二)→승찬 제삼(僧璨第三)→도신 제사(道信第四)→홍인 제오(弘忍第五)→ 혜능 제육(慧能第六)→신회 제칠(神會第七)→자주지여(磁州智如)→익주 남인(益州南印)로 이어지는 도(圖)를 제시하고 있다. 즉 하택종의 입장에서 달마의 사자상승의 법맥을 밝히고 있는 것이다. 그런데 지눌은 『절요사기』에서 이러한 법맥에 대한 부분은 제외하고 이후 이어지는 글부터 절요하고 있다. 즉 하택종이 달마의 정맥이라는 종밀의 종파적 인식에 지눌이 동의하지 않는다는 것을 보여준다.

또 『사자승습도』에서는 북종·홍주종·우두종·하택종의 대의를 설명하고, 다시 이들 각 종파의 깊고 얕음과 장단점에 대하여 논하고 있다. 법(法)으로서는 불변적 요소와 인연에 따라 변화하는 요소를, 또 인(人)으로는 돈오와 점수로 나누어 설명하고 있다. 지눌은 『절요사기』의 서문에서 하택종을 처음에 둔 이유는 선을 닦는 사람들이 마음을 깨달았거나 깨닫지 못했거나 그 마음은 다 영지(靈知)가 있어 어둡지 않기 때문에 하택종에서 말하는 공적영지한 변하지 않는 성품을 깨달은 뒤에 다른 종을 훑어보면, 모두 다 오묘한 방편이 됨을 알게 된다고 말하고 있다. 실재 『절요사기』에서는 종밀과 다르게 하택종의 대의를 가장 앞에 기술하고 있고, 나머지 부분은 『사자승습도』의 순서를 따라 충실히 절요하고 있다. 이처럼 『사자승습도』와 다르게 하택종을 앞에 두고 있어 '별행록'이라 이름이 붙여진 것으로 보인다.

『절요사기』의 내용은 크게 네 부분으로 나눌 수 있다. 첫째는 이 글의 취지를 밝힌 부분이고, 둘째는 『법집』의 별행록을 절요한 부분이며, 셋째가 지눌의 사기(私記) 부분이며, 넷째는 간화경절문을 제창한 부분이다. 따라서 지눌의 간화선을 이해하기 위해서는 마지막의 간화경절문을 제창한 부분이 어떻게 기술되어 있는지를 살펴볼 필요가 있다.

지눌이 공적영지와 돈오점수를 논한 것은 말에 의해 이해하고 깨달아 들어가는 사람들을 대상으로 한 것이다. 그리고 간화경절문을 다시 논하는 이유는 말을 떠나 깨달아 들어감으로써 알음알이를 아주 버리는 사람들을 대상으로 하고 있다. 즉 공적영지와 돈오점수에는 아직 언어와 논리, 알음알이를 통한 분별사량의 교종적 요소가 남아 있음을 지눌 또한 인정하고 있다. 『절요사기』는 지눌이 열반하기 바로 이전 해에 저술한 작품으로, 지눌의 사상이 종합되어 있다고 한다. 실제 『절요사기』란 책 이름과는 다르게 종밀의 『법집』의 별행록 만을 절요하고 이에 자신의 개인적 견해를 덧붙인 글이 아니라, 돈오점수와 간화선 또 성적등지문·원돈신해문·간화결절문의 삼문을 모두 수록하고 있다.

돈오점수와 간화선 간에 또 성적등지문, 원돈신해문과 간화경절문 간에는 분명 서로 양립할 수 없는 간극이 존재한다. 지눌이 종밀과 이통현을 통하여 돈오점수와 성적등지문·원돈신해문의 사상을 전반부에 자세히 소개한다. 이는 언어와 논리를 통하여 깨달아 들어갈 수 있는 길이다. 그러나 간화선의 경절문은 언어와 논리를 떠난 길이다. 지눌은 대혜의 말을 인용하여 간화경절문을 소개하고 있다. 즉 불립문자·언어도단의 새로운 수행법인 간화선을 소개하면서, 지눌은 그 처음에 대혜가 하택과 규봉의 '지(知)'에 대하여 비판한 내용을 다음과 같이 말하고 있다.

> 규봉(圭峯)은 '영지(靈知)'를 말하고 하택(荷澤)은 "지(知)의 한 글자는 온갖

묘한 이치의 문이다." 하였으며, 황룡 사심수(黃龍死心叟)는 "지(知)의 한 글자는 온갖 재앙의 문이다." 하였다. 규봉이나 하택의 말뜻은 알기 쉽지만 사심수의 말뜻을 알기 어렵다. 그 경지에 이르러서는 반드시 한계를 초월한 눈을 갖추어야 할 것이니, 그것은 남에게 말할 수도 없고 또 남에게 전할 수도 없는 것이다. 그러므로 운문(雲門)은 "무릇 하어(下語)는 마치 문 앞에서 칼을 든 것 같이 하여, '일구(一句)' 밑에 몸의 빼어나갈 길이 있어야 하는 것이니, 만일 그렇게 하지 못하면 글귀 밑에 죽어 있을 것이다."라고 한 것이다.

지눌은 『절요사기』의 앞부분에서 규봉의 '영지'와 하택의 '지'에 대하여 강조하였고, 스스로 '공적영지'를 통하여 참마음을 밝혀왔다. 그런데 황룡 사심수의 "'지'란 한 글자가 온갖 재앙의 문이다." 라는 대혜의 말을 소개하고 있는 것이다. 이는 지눌의 입장이 갑자기 돌변한 것임을 알 수 있다. 즉 앞에서 지눌이 그토록 존경하고 수행의 귀감으로 삼았던 하택과 규봉이 한낱 조롱의 대상으로 전락한 것이다. 논리적으로 도저히 이해할 수 없는 장면이 여기서 연출된다.

지눌은 이에 앞서 달마가 전한 자성청정심(自性淸淨心)이 바로 종밀의 '지(知)'임을 강조하였다. 달마가 혜가에게 법을 전할 때, 혜가가 침묵한 내용도 오직 '지'란 글자를 침묵했다는 것이며, 덮어 놓고 아무 말도 하지 않았다는 것이 아니라고 하였다. 또 달마에서 육조 혜능까지 법을 전한 것도 바로 이것이며, 드디어 하택에 이르러 달마의 법이 끊어질 위기에 처하게 되자, '지(知)'의 한 글자가 온갖 오묘한 이치라고 밝히게 된 것이니 절대로 이것을 의심하지 말라고 말한 바 있다. 그럼에도 불구하고 이제 이 '지'가 온갖 재앙의 문이라 하고 있으니, 이를 논리적으로 설명할 길이 없는 것이다.

지눌이 대혜의 위의 구절을 간화경절문에 대해 소개하는 처음에 인용하고 있는 것은 간화선사(看話禪師)로서 지눌의 풍모를 잘 보여주고 있는 대목이라 생각된다. 간화선은 화두에 대한 의심에서 시작된다. 하택의 '지'에 대한 지눌의 갑작스런 부정, 이는 독자들로 하여금 '의심'을 불러일으키기에 충분하다. 머리를 끄덕이며, "마음이란 이런 것이며, 마음을 깨닫기 위해서는 이렇게 수행해야 하겠구나." 하던 생각이 갑자기 벽에 부딪히게 된다. 돈오점수도 선교일치도 또 하택과 종밀도 이통현까지도 여기에서는 완전히 부정된다. '한계를 초월한 눈'을 갖추어야 한다. 이미 머리를 굴려서 이해할 수 있는 차원을 넘어서 있다.

지눌은 이어 『육조법보단경』에 나오는 하택이 지해종도가 된 다음과 같은 내용을 소개한다.

> 육조(六祖)가 대중을 향한 법회에서 말하였다.
>
> "여기 '한 물건(一物)'이 있는데, 위로는 하늘을 떠받히고 아래로는 땅을 떠받히고 있으면서 언제나 활동하는 가운데 있지만 활동하는 가운데서 잡을 수 없구나. 너희들은 그것을 무엇이라 부르는가?"
>
> 신회(神會)가 대중 가운데서 나와 말하였다.
>
> "모든 부처의 본원이며, 이 신회의 불성입니다."
>
> 육조가 말했다.
>
> "내가 '한 물건(一物)'이라고 하였지만 그 말도 맞지 않는데, 너는 어째서 '본원'이니 '불성'이니 하는 것을 만들어 말하는가? 너는 이 다음에 띠풀로 머리를 덮더라도 다만 '지해종도(知解宗徒)' 밖에 되지 못할 것이다."

혜능이 '일물'을 제시하자 하택 신회는 그것을 부처의 본원이요, 중생의 불성이라 대답하고 있다. 이렇게 머리를 굴려 논리적으로 해석하는 신회에게 혜능은 죽어서도 지해종도 밖에 되지 못할 것이라 말하고 있다. 이는 홍주종 계열에서 하택을 바라보는 전형적인 관점이다. 하택을 숭상하는 지눌은 왜 이 구절을 소개하고 있는 것일까? 성철은 『선문정로』에서 하택과 종밀은 지해종도이고 지눌이 그들을 숭상하기 때문에 지눌 역시 지해종도라 비판한다. 지해종도는 곧 알음알이를 추종하는 사람들로서 선문에서 제일먼저 배격해야할 대상이라고 말한다. 그런데 지눌은 『절요사기』의 첫머리에서 하택과 종밀이 비록 지해종도로 비판의 대상이 되어 있지만 그들의 견해가 밝고 깨달은 바가 높아 『법집』의 별행록을 절요한다는 뜻을 밝혔다. 그렇다면 여기에서는 왜 하택이 '지해종도' 밖에 되지 못한다고 하는 것일까?

이 역시 지눌이 독자들로 하여금 '의심'에 들어가게 하기 위한 방편으로 보인다. 말을 떠나 깨달아 들어감으로써 알음알이를 아주 버리는 사람들을 대상으로 하고 있는 것이 간화선이기에, 앞에서 그토록 숭상하던 하택에 대한 독자의 신뢰를 한꺼번에 깨뜨리고 있는지도 모른다.

그렇다면 간화선 수행은 어떻게 하는 것인가? 이에 대하여 지눌은 대혜의 말을 인용하여 설명하고 있다.

> 무릇 경전의 교리와 옛 스님들의 도에 들어간 인연을 보되, 마음이 아직 밝지 못하여 아득하고 답답하며 재미가 없는 것이, 마치 쇠막대기를 씹는 것 같음을 깨달았을 때, 바로 거기서 힘을 잘 써서 첫째로 그것을 놓아 버리지 않도록 하라. 그것은 곧 의식이 움직이지 않고 생각이 이르지 않아서, 분별을 뛰어넘고 이치의 길이 없어진 곳이 보통으로 보아 이치를 말할 수 있고 분별이 행할 수 있는 곳은 정식(情識)에 관계되는 일이다. 그리하여 흔히 도적을 아들이라 인정

하는 일이 있으니 몰라서는 안 될 것이다.

> 만일 경절문의 이치를 알려고 한다면 반드시 한 생각(一念)을 막았다가 한 번 탁 깨뜨려야[曝地一破] 비로소 생사(生死)를 알 수 있고, 바야흐로 깨달음에 들어갔다고 이름한다. 그러나 절대로 깨달음의 순간을 기다리는 것을 마음에 두지 말라. 만일 깨달음의 순간을 기다리는 마음에 두게 되면 영원히 깨달음의 순간은 없을 것이다. 다만 허망한 생각과 뒤바뀐 마음과 생각하고 분별하는 마음과 삶을 좋아하고 죽음을 미워하는 마음과 알음알이로 이해하는 마음과 고요함을 좋아하고 시끄러움을 싫어하는 마음을 한 순간에 놓아버리고 다만 그 놓아버린 곳에 나아가서 저 화두를 들어야 한다.

화두는 경전의 교리와 옛 스님들의 도에 들어간 인연 속에서 스스로 걸리는 의심임을 알 수 있다. 누구에 의하여 강요된 것이 아니라, 마음이 아직 밝지 못하기 때문에 아득하고 답답한, 그래서 아무런 재미도 없는 의심의 상태가 지속되는 것이다. 이렇게 의심이 들어 한 순간 지속되다가 어느 순간 탁 깨뜨려지는 것이 간화선이다. 깨뜨려지기를 기다리는 마음을 초조하게 내서도 안 되고 분별하는 마음을 내어서도 안 되고 화두를 한 순간이라도 놓아버려도 안 된다.

지눌은 간화선 수행 상에서 나타나는 열 가지 병통을 제시한 것으로 유명하다. 이는 '간화십종병'이라 하여, 현재까지 간화선 수행자들이 수행의 지침으로 삼고 있다. 이는 대혜가 말한 조주의 '무자' 화두에 대한 여덟 가지의 병통을 소개하고, 이에 지눌이 두 가지를 덧붙여 열 가지로 밝힌 것으로, 진각 혜심은 『구자무불성화간병론(狗子無佛性話揀病論)』에서 이를 자세히 논하고 있다. 그 내용이 바로 『절요사기』에 이렇게 소개되어 있다.

화두라는 것은 어떤 스님이 조주 스님에게 "개도 불성이 있습니까?" 하고 물었을 때, 조주 스님은 "없다."고 대답하였다.

이 '없다[無]'는 한 글자는 바로 저 많은 나쁜 앎과 나쁜 깨달음을 부수는 무기이다. 그러니 ①'있다, 없다'로 알려고 하지 말고, ②어떤 도리로도 알려고 하지 말며, ③뜻의 밑뿌리를 향해 생각하거나 헤아리지도 말고, ④눈썹을 치켜 올리고 눈을 깜박거리는 곳을 향해 숨을 곳을 삼으려고도 하지 말며, ⑤말의 길을 향해 살 꾀를 찾지도 말고, ⑥일이 없는 갑옷 속에 떠 있지도 말며, ⑦화두 드는 곳을 향해 알려고도 하지 말고, ⑧문자로 인증(引證)하지도 말라. 다만 12시 중에 다니거나 섰거나 앉거나 눕거나, 항상 이끌고 항상 들되, "개도 불성이 있습니까?" "없다." 라는 말을 일상생활에서 떠나지 않고 공부하여야 하느니라.

목우자는 말한다. 이 법어는 다만 여덟 가지 병만을 밝힌 것이다. 그러나 만일 앞뒤의 말을 검토해 보면 ⑨'진실로 없다는 없음[眞無之無]'과 ⑩'미혹으로써 깨닫기를 기다린다[將迷待悟]'는 두 가지이니, 그러므로 모두 합해 열 가지 병이 되는 것이다.

조주의 '무자' 화두는 간화선 수행자들이 가장 많이 드는 화두이다. 부처님께서는 "모든 중생에게는 다 불성이 있다."고 말씀하셨다. 그런데 어느 날 조주스님에게 한 스님이 "개에게는 불성이 있습니까, 없습니까?"하고 물어 본 것이다. 이에 조주스님은 "없다."고 대답하였다. 질문을 한 스님의 입장에서 보면 조주의 대답은 부처님의 견해와는 정반대가 되는 것이다. 따라서 의심이 생기기 마련이다. 부처님의 말씀을 따르면 조주스님의 말이 거짓이 되고, 조주스님의 말을 따르면 부처님의 말씀은 거짓이 되는 것이다. 이러지도 저러지도 못하니, 머리를 굴리고 논리적인 수단을 통하여서는 알 수가 없는 것이다.

대혜는 여기에서 '무자'가 바로 나쁜 의심과 나쁜 깨달음을 부수는 무기라고 말한다. 오로지 의심할 뿐 머리를 굴리거나 생각으로 헤아리지 말라고 한다. '오직 모를 뿐 해답을 구하려 해서도 안 된다'고 말한다. 지눌은 여기에서 '무자'가 '있다', '없다'의 상대적인 '무'가 아니라, 절대적인 무, 즉 '진무의 무'라는 생각을 내어서도 안 된다고 말한다. 또한 미혹함으로써 깨달음을 기다리는 마음을 내어서도 안 된다고 말한다. 깨달음을 기다리면 미혹함과 깨달음의 두 가지가 있게 되어 스스로 '나는 지금 미혹하다'는 생각을 가지게 되는 것이다. 따라서 이러한 마음을 가지지 말고 오직 화두를 참구해야 한다고 말하는 것이다.

04
『간화결의론』의 내용

간화선에 대한 철학서를 찾아보기는 쉽지 않다. 지눌은 단순히 간화선을 국내에 소개하는 데에 그친 것이 아니라 간화선에 대한 심도 있는 안목을 『간화결의론((看話決疑論)』의 저술을 통하여 제시하고 있다. 이는 대혜에게서도 찾아지지 않는 점이다. 특히 선종 내부의 간화선을 수행하는 방법을 소개한 것이 아닌, 화엄종에 속한 교종의 승려들을 대상으로 전문적인 화엄교학적 이론과의 비교를 통하여, 간화선의 종지를 드러냈다는 점에 있어서 보조의 학자적인 면모를 단연 드러낸 작품으로 평가될 수 있다.

『간화결의론』이란 제목은 '간화에 대한 의문을 결단하는 논'으로 번역할 수 있을 것 같다. 문답의 형식으로 이루어진 이 책은 화엄가의 입장에서 5가지의 의문을 묻고 이에 대하여 지눌이 답변하는 형식으로 구성되어 있다. 이 책이 언제 지어졌는지는 밝혀지지 않고 있는데, 지눌이 입적한 지 5년이 지난 후, 그의 제자인 혜심에 의하여 작은 상자 속에서 『원돈성불론』과 함께 발견되어 세상에 공표되었다. 지눌은 『원돈성불론』을 통하여 선의 교학적인 기초를 화엄에서 마련하였고, 이 『간화결의론』을 통하여 화엄의 한계를 벗어나는 길을 제시하였다. 이 두 저술의 목적은 당시 불교계의 가장 큰 문제였던 선종과 교종의 갈등상황을 극복할 수 있는 이론적인 대안을 제시하고자 한 것이었다. 지눌의 평생 숙원이 말년에 이르러 이 두 저술을 통하여 정리된 것으로 보인다. 이 두 저술을 모아 발간한 혜심은 발문에서 이 같은 점을 다음과 같이 밝히고 있다.

> 아아, 슬프다. 머지않은 예부터 불법이 매우 쇠폐하였다. 혹은 선을 숭상하여 교를 배척하고 혹은 교를 숭상하여 선을 비방하면서, 선은 부처님의 마음이요 교는 부처님의 말씀이며, 교는 선의 그물이요 선은 교의 벼리임을 알지 못했다. 그리하여 드디어 선과 교의 두 종이 길이 원수처럼 보게 되고 법(法)과 의(義)의 두 학문이 도리어 모순의 종이 되어 마침내 무쟁문(無諍門)에 들어가 하나의 실다운 도를 밟지 못했다. 이러한 까닭으로 지눌이 그것을 애석하게 생각하여 『원돈성불론』과 『간화결의론』을 지은 것이다.

한국 최초로 간화선에 대한 철학서라 할 수 있는 『간화결의론』은 이 같은 목적에서 저술되었다. 즉 대혜가 당시 공안선과 문자선 그리고 묵조선을 의식하며 제자들에게 그 피해로부터 벗어나도록 간곡하게 지도했던 것처럼, 지눌은 '선은 부처님의 마음이요, 교는 부처님의 말씀이라'는 대원칙을 제시하고, 화엄의 승려들이 간화선의 수행의 장점과 본질을 분명히 파악할 수 있도록 『간화결의론』을 제시하였던 것이다. 이점이 한국에서 간화선이 수용되고 성립되어지는 큰 특징이라 할 수 있다.

물론 지눌이 『간화결의론』을 저술한 동기에 대하여 혜심과 같이 선교일치를 위한 저술이었다는 데에 모두 동의하는 것은 아니다. 일부의 학자들은 오히려 당시 화엄종의 승려를 상대로 하여, 화엄보다 간화선이 우월하다는 입장을 주장하기 위하여 이 책을 지었다고 말하기도 한다. 이는 이 책의 주요한 관점이 화엄종에서 바라보는 선종에 대한 인식을 불식시키려는 것이어서 독자에 따라 이렇게 해석을 하더라도 큰 무리는 없다고 보여 진다.

『간화결의론』은 5개의 질문과 답변으로 구성되어 있는데, 이 모두가 화엄종의 입장에서 의문이 될 수 있는 핵심적인 문제를 드러내고 있다. 이제 그 구체적인 내용을 하나하나 살펴보도록 하자.

첫 번째 질문과 대답

질문 1 : 화엄교학에서 이미 법계(法界)의 장애가 없는 연기를 밝혔다. 그런 까닭에 취하고 버릴 것이 없는데, 어찌하여 선문(禪門)에서는 십종병(十種病)을 구별하면서 다시 화두를 참구하는가?

위의 첫 번째 질문은 간화선이 굳이 필요한 이유가 무엇인지에 대한 질문이다. 화엄에도 법계연기를 설하고 있다. 법계가 현현하는 것이므로 현실의 모든 사물은 서로 인연이 되어 끝없이 연기한다고 보는 것이 법계연기이다. 하나가 일체요, 일체가 하나의 세계이다. 그러한 경지는 깨달음에 의하여 아무런 장애가 없는 세계인데, 굳이 또 화두를 참구하는 간화선을 할 필요가 있는가 하는 것이다.

이에 대한 지눌의 대답을 요약해 보면 이렇게 정리할 수 있다.

우선 이러한 의문은 일반적으로 가질 수 있으나 이는 화두를 참구하는 깊은 뜻을 모르기 때문이다. 화엄의 법계연기가 말하는 뜻과 이치는 가장 완전하고 오묘한 것이 사실이다. 그러나 문제는 그러한 경지에 들어가는 방법에 있다. 화엄에서 깨달음에 들어가는 방법은 식정(識情)에 의해서 듣고 이해하여 헤아리는 것이다. 이는 화두를 참구하여 깨달아 들어가는 경절문의 입장에서 보면, 불법을 이해하는 언어적인 개념의 병통이라서 하나하나 모두 버려야만 하는 것이다. 무자 화두는 하나의 불덩어리와 같아 가까이 가면 얼굴을 태워버리는 까닭에 불법에 관한 지적인 이해를 둘 곳이 없다. 만일 깨뜨리는 주체와 깨뜨려지는 대상을 구별하고 취하고 버리는 견해가 있다면, 이것은 여전히 말의 자취에 집착하여 자기의 마음을 어지럽히는 것이다. 화엄과 간화선의 차이가 여기에서 분명하게 드러난다.

또한 선문에서도 근기가 낮은 이들에게는 화엄에서 말하는 진성연기(眞性緣起)의 사사무애(事事無碍)를 설하기도 한다. 그것은 임제가 말한 체중현(體中玄)·구중현(句中玄)·현중현(玄中玄)의 삼현문(三玄門) 중에 체중현에 속하는 것이다. 따라서 이는 구중현과 현중현의 도리는 모르는 것이다. 선문에는 이와 같은 화엄의 참된 가르침이 항하사 모래알처럼 많지만 모두 죽은 말(死句)이라고 하는데, 그것은 사람들에게 앎의 장애를 일으키기 때문이다. 다만 처음 발심하여 공부하는 자들이 경절문의 활구(活句)를 아직 제대로 참구하지 못하기에, 성품에 맞는 화엄의 교설로서 그들의 믿음과 앎이 물러나지 않게 하려는 것이다. 그러나 상근기의 사람은 경절문의 담백한 말을 듣자마자 지적인 이해의 병에 걸리지 않고 곧바로 궁극적인 깨달음에 이르게 되는 것이다. 경절문에 의하면, 직접 증득하고 비밀스럽게 계합함에 말길도 뜻길도 없어서, 듣고 이해하여 헤아리는 것마저도 허락하지 않는다. 그런 까닭에 비록 법계가 걸림 없이 연기한다는 이치조차도 오히려 말하고 이해하는 장애가 되는 것이다.

또한 선종에서도 공부하는 사람들이 이와 같은 화두에 두 가지 뜻이 있다고 한다. 하나는 진리를 온전히 드러내는 말이고, 다른 하나는 잘못된 이해를 깨뜨리는 말이라고 한다. 그러나 화두를 잘 알고 화두를 드는 사람은 진리를 드러낸다는 생각도 없으며, 더군다나 잘못된 이해를 깨뜨린다는 마음을 가져 비밀한 뜻을 매몰시키지도 않는다. 한 생각이라도 진리를 온통 드러낸다든지, 잘못된 이해를 깨뜨린다든지 하는 견해를 낸다면, 곧바로 의식으로 헤아리는 병에 떨어진다. 이 또한 활구를 참구하는 자가 되지 못하는 것이다.

두 번째 질문과 대답

질문 2 : 이미 '법성(法性)이 원융하여 연기함에 막힘이 없다'고 한다면 비록 듣고 헤아림이 있다고 하여도 어찌 장애가 되겠는가?

두 번째 질문 역시 첫 번째 질문과 같은 맥락이다. 장애가 없는 법계연기는 이미 깨달음의 경지인데 거기에서 지적으로 이해한다고 한들 무슨 장애가 있는가 하는 질문이다.

이에 대한 지눌의 대답은 이렇다.

> 그대는 보지 못하였는가? 『원각경』에서도 "어떤 사람이 번뇌를 영원

히 끊고르서 법계의 청정함을 얻으면 곧 청정함이란 견해에 의해 스스로 장애가 되어 완전한 깨달음에 자유롭지 못하게 된다."고 하였다. 법계의 청정함을 얻은 사람도 알음알이의 장애를 만드는데, 하물며 오늘날 공부하는 사람들은 감각과 의식으로 연기가 막힘이 없음을 헤아리니 어찌 알음알이로부터 벗어날 수 있겠는가!

지눌은 '알음알이의 병'을 수행자의 최대의 적으로 보고 있다. 한 순간 깨달음을 얻은 사람조차 스스로 '청정하다'는 견해에 빠지게 될 수 있으니, 알음알이를 통하여 완전한 깨달음에 도달할 수는 없는 것이다. 실제로 지눌은 그의 삶 속에서 이통현의 『신화엄론』을 읽고서 깨달음을 얻고도 10년 동안을 가슴 속에 답답한 그 무엇을 갖고 살았었다. 그것은 바로 알음알이의 병통이었다. 그런데 간화선이야말로 이러한 알음알이의 병통을 제거할 수 있는 가장 요긴한 수행법이 된다고 말하고 있다.

세 번째 질문과 대답

질문 3 : 『반야경般若經』에서 "지혜도 없고 얻을 것도 없다."라든지, 돈교에서 "한 생각도 일어나지 않음을 이름하여 부처라 한다."는 것처럼, 이들 역시 말을 떠나고 근심을 끊는[離言絶慮] 것을 의미하는 것이 아닌가?

이 세 번째 질문과 이어지는 네 번째 질문은 선종을 화엄의 돈교로 이해하는 청량 징관의 견해를 그대로 드러내고 있다. 화엄에 대한 교판은 법장(法藏)에 의하여 5가지로 제시되었다. 즉 아공법유(我空法有)를 가르친 소승교, 아공법공(我法皆空)을 가르친 대승시교, 여래장(如來藏)을 말한 대승종교, 모든 언어와 분별을 끊으라는 돈교, 법계의 막힘없는 연기를 가르친 원교이다. 원래 법장은 '불립문자'의 선종을 돈교에 배치하려는 의도를 가지고 있지 않았지만, 징관에 의해서 돈교를 선종으로 이해하였다. 지눌은 위의 질문을 통하여 징관의 견해를 비판하고 있다.

이에 대한 지눌의 대답을 요약해보면 다음과 같다.

말을 떠나고 근심을 끊는 것은 돈교만이 아니라 5교 모두에 있는 것이다. 각 교설에 모두 하나의 말이 끊어진 경지를 제시하여, 언설을 잊고 참된 진리를 체득하도록 함이 있는 까닭이다. 소승은 사람이 공하다는 진여를 깨닫고, 대승의 보살은 법이 비었다는 진여를 깨닫는다. 이것은 모두 말을 떠나고 근심을 끊은 것이다. 돈교에서는 단지 진리의 본성이 말을 떠나고 형상을 끊었다는 것을 설한다. 이것은 별도의 한 부류의 생각에 얽매이지 않는 근기의 사람들을 위한 것이다. 화엄은 법계가 막힘없이 연기한다는 것을 설한다. 보살이 듣고 익히면서 닦는 바로, 곧 십신(十信)의 경지에서 보고 듣는 것으로 마음을 채워서 이해와 실천이 이루어지면, 십신이 완성되어 십주(十住)의 초위에 이른다. 이것을 '깨달음에 들어갔다'고 말하는 것이다. 이미 생각이 없이 깨달아 들어간다고 말하는 것으로, 역시 말을 떠나고 생각을 끊는 것이다.

또 선종의 상근기로서 화두를 참구하여 은밀한 이치를 잘 아는 사람들은 열 가지 지해(知解)의 병을 갖지 않는다. 그런 까닭에 역시 말을 떠나고 근심을 끊었다고 할 수 있는 것이다. 다만 선종의 근기는 5교와는 달리 분지일발(噴地一發)하면, 법계가 환히 밝아지면서 저절로 완전한 덕이 갖춰지는 것이다. 이들은 스스로의 성품에 부처의 삼신(三身)을 갖추고 있어, 네 가지 지혜(四智)를 밝게 이루니, 보고 듣는 인연을 여의지 않고서 훌쩍 불지(佛地)에 오르는 것이다.

네 번째 질문과 대답

질문 4 : 돈교에서 교설을 비판하며 벗어날 것을 권하고 형상을 부수어서 마음을 없애라 한다. 선문의 화두에서도 또한 잘못된 알음알이를 깨뜨리고 집착을 부숴 진리를 드러낼 것을 강조한다. 돈교와 선문이 진리에 들어가는 행상이 서로 같은데 어찌하여 돈교는 다만 이치를 깨달아 부처가 될 뿐 막힘없는 법계를 깨닫지 못하고, 선종에서 경절문의 분지일발(噴地一發)은 법계의 일심을 자세히 깨달아 저절로 원융한 덕을 갖출 수 있다고 말하는가? 똑같이 말을 떠나고 생각을 떠났는데 어째서 하나는 치우치고 하나는 원만하다고 하는가? 만일 자기를 옳다하고 남은 그르다고 하는 것이 아니고 분명한 증거가 있다면, 한두 가지를 설명하여 이러한 의심을 제거해 달라.

위의 질문 역시 '돈교의 교설과 간화선과의 본질적인 차이가 무엇인가' 하는 질문이다. 돈교와 선종이 모두 외형적으로 말을 떠나고 근심과 걱정을 끊어 깨달음에 들어가는 면에서 일치한다. 그럼에도 불구하고 왜 간화선만이 완전한 깨달음이라 하는 지에 대한 의문을 제시하고 있는 것이다.

이에 대한 지눌의 대답은 상당히 장황하게 이야기 되고 있다. 당시 불교계의 주도권을 가지고 있던 화엄종의 승려에게 새롭게 소개되는 간화선의 특징을 이해시키기 위해서는 화엄의 입장에서 그들을 설득할 필요가 있었다. 앞서 말한 것처럼 법장의 5교판 중 징관의 견해에 의하면, 선은 네 번째 단계의 돈교에, 그리고 화엄은 다섯 번째 단계의 원교에 배대되어 있다. 따라서 이들의 간화선에 대한 일차적인 견해는 화엄보다는 열등한 돈교로서 이해될 수밖에 없다. 따라서 이러한 견해를 불식시킬 필요가 지눌에게는 있었던 것이다. 지눌의 대답의 핵심을 간략히 요약해 보면 다음과 같다.

교학자들이 이러한 의심을 내는 것은 당연하다. 실은 선을 수행하는 자들 또한 간화선을 제대로 알지 못하고 있다. 선 수행자들이 화두에 대하여 파병(破病), 전제(全提), 구내(句內), 구외(句外) 등을 말하지만 이 모두가 잘못된 것이다. 이렇게 화두를 분석하여 접근하는 방식 모두가 사실은 사구(死句)일 뿐이다.

돈교의 가르침 역시 진여의 이치가 말을 떠나고 근심을 끊었다는 뜻을 분명 설하고 있다. 진실한 궁극적 가르침에 의하면, 망념은 원래 공(空)한 것이므로 다시 떠날 것이 없고, 번뇌가 없는 모든 법은 본래 참된 성품[眞性]이 인연에 따라 오묘하게 작용한 것이므로 영원히 끊이지 않으며, 또한 깨뜨릴 필요도 없다. 다만 한 부류의 중생들이 헛된 이름과 형상에 집착하여 깊은 깨달음을 얻지 못하므로 부처는 선과 악, 더러움과 깨끗함, 세속과 출세간을 구분하지 않고 모두 깨뜨린 것이다.

그런데 돈교에서는 평등하고 형상이 없는 이치를 따라, 말하는 주체와 말할 수 있는 대상이 없고 생각하는 주체와 생각할 수 있는 대상이 없다고 이해한 연후에, 다시 이러한 이해와 생각을 벗어나 진여문에 들어가는 것이다. 즉 이치를 증득하여 부처를 이루는 것이다. 이를 '증리성불(證理成佛)'이라 말한다.

물론, 선문에도 근기에 따라서 입문하는 방법이 다르게 나타난다. 우선 유식과 유심의 이치에 의하여 체중현에 들어가는 자들이 있는데, 이들은 화엄 원교의 사사무애의 이치를 터득하였지만, 역시 불법에 대한 알음알이가 마음속에 남아 있다. 다음으로 '뜰 앞에 잣나무' 혹은 '마삼근' 등의 화두를 통하여 구중현에 들어가는 자들이 있는데, 이들 역시 지견을 떨쳐버리는 말이 여전히 남아 있어 자유롭지 못하다. 마지막으로 이러한 구중현의 한계를 넘어 침묵하거나 몽둥이를 휘두르거나 할(喝)을 하는 현중현에 들어가는 자들이 있다. 이러한 삼현의 단계적 방식 역시 본래 지견의 병을 없애기 위한 방법이라 할 수 있다.

그런데 대혜가 제시하고 있는 무자 화두는 구체적으로 간화선의 병통을 주석한 후에 화두를 주기 때문에 공부하는 사람은 하루 종일 움직이거나 멈추거나 앉거나 눕거나 간에 다만 화두를 들고 깨어 있을 뿐이다. 다시 심성의 이치에는 이름도 없고 형상도 없다는 이해나 연기에 막힘이 없다는 이해 등은 전혀 없다. 한 생각이라도 있으면 불법에 지해(知解)가 되어 곧 열 가지 지해의 병에 걸리기 때문이다. 하나하나 놓고서 다시 놓고 놓지 않음, 병에 걸림과 걸리지 않음과 같은 헤아림까지도 없게 되면 홀연히 맛도 없고 만질 수도 없는 화두에서 분지일발(噴地一發)하게 된다. 그러면 곧 한 마음의 법계가 분명해지므로 심성에 갖춰진 수많은 삼매와 헤아릴 수 없이 많은 의미가 구하지 않아도 모두 갖춰진다. 이것이 선종 경절문의 화두를 헤아려 깨달음에 들어가는 비밀스런 가르침인 것이다.

이와 같이 선문의 화두를 자세히 살피는 사람은 법에 대하여 헤아려 알려는 생각을 없애고 갖가지 뛰어남도 모두 없앤 후에 비로소 '뜰 앞의 잣나무' 등의 화두를 잘 보게 되며, 홀연히 한 구절을 꿰뚫으면 비로소 법계의 한량없음에 드는 회향이라고 하게 된다. 이때 곧 한 터럭의 끝에서 부처의 나라를 드러내고 작은 티끌 속에 앉아서 큰 법륜을 굴리게 된다. 그런 화두의 의심을 깨뜨려서 분지일발을 일으키는 사람이 막힘이 없는 법계를 몸으로 깨달을 수 있는 것이다.

다섯 번째 질문과 대답

질문 5 : 선종의 깨달음에 들어가는 사람은 비록 돈교의 근기에는 해당하지 않지만, 일과 일이 막힘없음을 깨달았으므로 원교에는 해당해야 된다. 그런데 어찌하여 원교 외에 별도로 비밀히 전하는 가르침(敎外別傳)의 근기가 있다고 하는가?

이는 마지막 질문이다. '만약 선이 돈교에 해당되지 않는다고 한다면, 5교판 중 최후의 단계인 화엄과 같은 원교에는 해당되어야 하지 않는가' 라고 묻는 것이다. 즉 어찌 원교를 넘어서는 가르침이라 하고 '교외별전' 이라 말할 수 있는 것인가 하는 질문이다.

이에 대한 지눌의 대답은 한결같다. 화엄은 지적인 알음알이를 통하여 깨닫지만 간화선은 알음알이를 깨부수고 단박에 깨달음에 들어가는 것이다. 지눌의 말을 들어보자.

원교에서는 열 가지 막힘이 없는 법문이 비록 불사의승 보살의 보안경계라고 하지만, 지금의 보통 사람들이 이를 실천하는 관행방법에는 들어서 이해하는 말의 길과 뜻의 길이 있기 때문에 분별이 없는 지혜를 얻지 못하고, 반드시 보고 듣고 이해하고 실천한 후에야 깨달음에 들어가게 된다. 깨달음에 들어감에 있어서는 또한 선문의 무념과 상응하므로 『화엄론』에서는 "먼저 듣고 이해하여 믿음에 들어가고 뒤에 무사(無思)로 딱 들어맞게 된다."고 하였다.

그러나 곧바로 선문의 깨달음에 들어가는 사람은 처음부터 법(法)과 의(義)를 감각과 인식으로 듣고 이해하지 않고, 오로지 맛이 없는 화두를 다만 듣고 깨어있을 뿐이므로 말길, 뜻길, 마음으로 헤아림 등이 없고, 또한 보고 들은 후에 이해와 실천이 생겨난다는 등의 시간적 선후도 없이 홀연히 화두가 분지일발(噴地一發)하면, 앞에서 말한 바와 같이 일심의 법계가 분명하게 완전히 밝아진다.

그러므로 원교의 관행하는 사람을 선문의 일발(一發)하는 사람과 비교하면, 교학의 안과 밖이 크게 다르고, 시간의 늦고 빠름 또한 확연히 다름을 알 수 있다. 그래서 "교외별전은 멀리 교학의 가르침을 벗어나므로 얕은 지식을 가진 사람들이 감당할 수 있는 것이 아니다."고 말하는 것이다.

참구(參究)와 참의(參意)

끝으로 지눌은 화두를 드는 데에 있어서도 두 가지의 종류가 있다고 한다. 하나는 참의(參意), 즉 화두를 머리로서 의심하고 그 뜻을 헤아리는 것을 말한다. 그리고 다른 하나는 참구(參句)이다. 참구는 '오롯이 의정(疑情)을 이룬 상태에서 끊임없이 이어가는 것'이다. 말길과 뜻길이 끊긴 상태에서 화두와 내가 혼연일체가 되어야 한다. 지눌의 말을 들어보자.

> "화두에는 참의와 참구의 두 가지 의미가 있다. 요즘의 화두를 참구하는 사람은 대부분 참의를 살필 뿐 참구를 얻지 못하므로, 원돈문에 의거하여 바른 이해를 밝혀낸 사람과 마찬가지이다. 이와 같은 사람은 관행과 용심에 여전히 보고 들음으로써 이해하고 실천하려는 노력이 있다. 물론 이것은 다만 지금의 문자법사들이 관행문에서 안으로는 마음 있음을 헤아리고 바깥으로는 여러 이치를 구하고, 더욱 이치를 구함이 자세하여 도리어 바깥의 형상에 집착하는 병을 얻는 것보다 조금 나을 뿐이다. 어찌 참구로서 의심을 깨뜨려 직접 일심을 깨달

아 반야를 발휘하고 널리 유통하게 하는 사람과 같게 논할 수 있겠는가. 하지만 이와 같이 깨달음의 지혜를 드러낸 사람이 지금 시대에는 보기 힘들고 듣기 어렵다. 그러므로 단지 화두의 뜻을 살피는 참의에 의지하여 올바른 지견을 밝히는 것만을 귀중하게 여기고 있을 뿐이다."

지눌은 화두에 대해서는 사구(死句)와 활구(活句)를 구분하고, 화두를 가지고 수행하는데 있어서는 참의(參議)와 참구(參究)를 구분하고 있다. 이는 간화선의 특징을 단적으로 말하고 있는 것이다. 조주의 무자 화두는 알음알이를 부수는 무기라고 말하고 있듯이 화두는 그 자체에 어떠한 의미를 가지고 있는 것이 아니다. 언어로 분석하고 논리적으로 헤아리는 지적 작용을 막고 '오직 모를 뿐'하는 심경으로 '의심'을 통하여 수행하는 것이 간화선이다. 사구나 활구 또한 화두나 공안에 있는 것이 아니라, 화두를 가지고 수행하는 수행자의 태도에 따라 나뉘는 것이다. 간화선은 지적으로 헤아리는 참의를 하지 말고 의심을 통한 참구를 해야 하는 것이다.

05

지눌의 간화선, 특징과 의의

간화선은 현재 한국불교의 대표적인 수행법으로 떠올라 있다. 그 간화선을 한국에 최초로 소개하고 정착시킨 분이 바로 보조 지눌이다.

한국의 간화선은 보조 지눌에 의하여 대혜의 간화선이 소개된 이후 그의 제자인 진각 혜심에 의하여 국내에 뿌리를 내리게 되었다. 이후 원나라 간섭기인 충렬왕 때에 만항(萬恒)을 중심으로 한 수선사계에서 몽산덕이(夢山德異)의 간화선을 수용하게 된다. 몽산의 간화선 수용으로 의심이 굳어져 하나의 의단을 이루고, 이어 동중일여(動中一如)·몽중일여(夢中一如)·오매일여(寤寐一如)의 삼관문을 통하여 타성일편(打成一片)이 되는 체험으로 깨달음을 얻으며, 깨달은 이후 본색종사(本色宗師)를 찾아 인가를 받고, 인가 후의 보임을 하는 일련의 간화선 수행체계가 정착되어 진다. 이후 고려 말에 이르면, 태고 보우(太古普愚)·나옹 혜근(懶翁慧勤)·백운 경한(白雲景閑)인 여말 삼사(三師)에 의한 원나라 조선(祖先)계의 간화선이 수용되어 진다. 이들 여말 삼사는 원나라에 들어가 직접 임제종의 법맥을 계승해 옴으로서 새롭게 간화선을 중흥시키는 계기를 마련하게 된다.

조선시대에 들어 억불숭유의 상황 속에서 불교계는 심한 탄압을 받게 되었다. 그런데 조선 중기에 들어서 서산 휴정(西山休靜)과 부휴 선수(浮休善修)에 의하여 간화선이 크게 중흥되어 조선 후기에는 이들의 문도들에 의하여 그 맥이 이어지게 된다. 구한말에 이르러 경허 성우(鏡虛惺牛)는 동학사의 강원을 폐쇄하고 영운화상(靈雲和尙)의 "나귀의 일이 가지 않았는데, 말의 일이 닥쳐왔다(驢事未去 馬事到來)."라는 화두를 타파하고 깨달음을 얻는다. 이후 경허의 영향 속에서 수많은 선지식이 출현함으로서 간화선은 새롭게 중흥되었으며, 현재 한국불교의 대표적인 수행법으로 자리 잡게 된 것이다.

이처럼 지눌에 의하여 소개되고 정착된 간화선은 그의 열반 후 현재까지 한국불교를 대표하는 수행법으로 자리매김하고 있다는 점에 있어서 그 의의는 실로 지대하다. 성철이 『선문정로』를 통하여 지눌의 돈오점수 사상을 크게 배격하긴 했지만 간화선까지 부정한 것은 아니었다. 또 경허가 새롭게 간화선을 주창하며 선수행자의 공부를 위하여 『선문촬요』를 보급하였는데, 이 책에 지눌의 저술이 5편이나 실린 사실에서도 알 수 있듯이, 지눌의 선사상은 현재까지 선수행자들에게는 여전히 지남(指南)으로 자리하고 있다.

지눌의 간화선 사상은 그의 비명을 찬한 김군수의 말처럼, 성적등지문·원돈신해문·경절문의 삼문 중의 하나로서 자리매김하고 있다. 따라서 지눌의 간화선은 그의 종합적인 선사상체계 내에서 이해할 필요가 있다

하겠다. 이러한 지눌의 선사상체계는 일차적으로 철저한 그의 수행과 깨침의 결과물이라 할 수 있다. 그의 삶에 있어서 세 번의 깨침은 그의 삼문체계와 정확히 일치하며, 그의 저술 또한 이러한 삼문체계와 궤를 같이 하고 있기 때문이다.

지눌의 선사상에 나타나는 또 다른 특징은 근기에 따른 다양한 수행법을 제시하고 있는 점이다. 간화선은 알음알이의 병통을 제거하고 가장 빨리 깨달음에 이를 수 있는 수행법임에도 불구하고 간화선 수행시 나타나는 상기병의 문제와 중·하근기의 경우 화두에 대한 의심이 걸리지 않는 문제로 수행의 효능에 대한 의문이 제기돼 오고 있는 것도 사실이다. 그런데 지눌은 상근기의 경우 간화선 수행을 권하는 반면 중·하근기의 경우 정혜쌍수와 염불수행 등 다양한 방법의 수행의 길을 열어 놓고 있다. 따라서 지눌에 있어서 간화선은 누구나 반드시 수행해야 하는 길이 아니라 상근기의 사람이나 알음알이의 병통이 심한 교학자들에게 권하고 있음을 유의할 필요가 있다.

지눌의 선사상 체계에서 돈오점수와 간화선은 그 이질적인 성격으로 말미암아 이해하기 어려운 점이 있는 것도 사실이다. 지눌이 언어와 경전에 의해 깨달음에 이르려는 자들을 위해서 돈오점수를 설하고, 지적 이해를 떠나 곧장 깨달음에 이르려는 자들을 위해서 간화선을 설하였다고 이해할 수는 있다. 그런데 이러한 이해는 '돈오점수를 통하여 곧장 깨달음에 이르는 길은 없는 것인가' 하는 의문을 자아내게 한다. 그러므로 지눌은 『수심결』에서 회광반조(廻光返照)에 의하여 공적영지(空寂靈知)한 마음을 곧장 깨닫게 하는 하나의 예를 설하고 있다.

> 진리에 들어가는 길은 많지만 그대에게 한 길을 가리켜 마음의 원천으로 돌아가게 하겠다.

"그대는 저 까마귀가 우는 소리와 까치가 지저귀는 소리를 듣는가?"

"예, 듣습니다."

"그대는 그 듣는 성품을 돌이켜 보라. 거기에도 많은 소리가 있는가?"

"거기에는 일체의 소리와 일체의 분별도 없습니다."

"기특하고 기특하다. 이것이 바로 관음보살이 진리에 들어가는 문이다. 거기에 일체의 소리, 일체의 분별이 없다고 하였으니, 그렇다면 그것은 허공과 같지 않은가?"

"원래 공하지 않아서 밝고 밝아 어둡지 않습니다."

"그러면 어떤 것이 공하지 않은 것의 본체인가?"

"형상이 없음으로 말로 표현할 수 없습니다."

"이것이 모든 부처님과 조사의 생명이니 다시는 의심하지 말라."

위에서 지눌은 까마귀와 까치 소리를 통하여 모든 감각작용을 일으키는 마음의 근원을 반조케 함으로써 깨달음에 이르게 하고 있다. 말로 표현할 수 없는 체험의 경지를 통하여 공적영지를 돈오케 하는 것이다. 물론 이렇게 감각작용의 근원을 통한 회광반조의 방법은 의심을 통하여 깨달음에 이르게 하는 간화선의 접근법과는 차이를 보이고 있는 것이 사실이다. 하지만 깨달음에 이르는 접근법에는 차이가 나지만 그 깨달음의 세계는 하나라 할 수 있다. 간화선에서 화두를 '의심'하는 것은 분별심을 통하여 무명상태에 있기 때문이다. 따라서 깨달음의 안목에 있어서는 화두란 진리 그대로의 세계를 말하고 있을 뿐이다.

지눌의 『절요사기』를 보면, 전반부에서는 돈오점수를 말하고, 후반부에서는 알음알이의 병통을 제거하기 위한 방법으로 간화선을 말하고 있다. 그렇다면 지눌에게 있어서는 돈오점수와 간화선의 경지가 결국 하나의 세계라고 볼 수 있는 것이 아닐까? 일반적으로 돈오는 해오(解悟)이고 점수의 과정을 거쳐 증오(證悟)에 이르는 것이 돈오점수라고 한다. 그러나 지눌의 저술 전체를 조망해 보면, 지눌에게 있어서 돈오는 '불성(佛性)의 자각'이며, 점수는 '불성의 현현'으로 볼 수 있다. 또 간화선의 화두는 그대로 진리이며, 무명이 걷히면 의심은 사라지는 것으로 볼 수 있다. 돈오점수와 간화선을 이질적으로만 볼 수 없는 이유가 여기에 있다.

깨침 이후의 삶, 깨침에 바탕한 삶의 모습은 어떠할까? 그것은 자비행이다. 이것이 돈오 후 점수의 과정이며, 간화선을 통한 깨침 이후의 삶의 과정이다. 나와 남이 하나 된 동체자비(同體慈悲)의 삶, 이것이 바로 수행자의 길이다. 지눌은 『절요사기』에서 이렇게 말하고 있다.

> 이 깨친 뒤의 점수의 문은 다만 더러움에 물들지 않는 것만이 아니라, 또한 만 가지 행을 익히고 닦아 나와 남을 함께 제도하는 것이다. 그런데 지금의 참선하는 이들은 모두 "다만 불성을 밝게 보면 이타의 행원은 저절로 원만히 이루어진다."고 한다. 그러나 나 목우자는 그렇지 않다고 생각한다. 불성을 밝게 본다는 것은 다만 중생과 부처가 평등하고 나와 남의 차별이 없음을 보는 것이니, 거기서 다시 자비와 서원의 마음을 내지 않으면 한갓 고요함에 머물러 있지 않을까 걱정되기 때문이다.

보조사상의 계승과 영향

김 경 집
진각대학원 교수

01

고려 말 보조사상의 계승

1. 慧諶의 보조사상 계승

돈오점수(頓悟漸修)와 삼문체계(三門體系), 그리고 선교일치(禪教一致)로 대표되는 보조사상은 그의 제자인 진각국사(眞覺國師) 혜심(慧諶, 1178-1244)을 시작으로 수선사(修禪社)에 면면히 이어졌다. 보조의 제자로 수선사 제2세인 혜심은 전라도 화순현(和順縣)에서 아버지 향공진사(鄕貢進士) 최완(崔琬)과 어머니 배씨(裵氏) 사이에서 태어났다. 아버지가 일찍 죽으면서 출가하기를 원했으나 모친은 유업(儒業)에 힘쓰게 하여 뜻을 이루지 못하였다. 그의 나이 24세 때인 신종 4년(1201) 3월 예부시랑(禮部侍郎) 최홍윤(崔弘胤) 밑에서 사마시(司馬試)에 합격하고 태학(太學)에 들어가 관료가 되려고 할 때 모친이 병이 들어 낙향한 후

외가의 도움을 받으면서 지냈다. 그 후 신종 5년(1202) 어머니가 사망하자 보조를 찾아가 어머니의 재를 부탁하였다. 이를 계기로 재가 끝난 후 보조의 문하에 출가하기를 청하면서 그의 제자가 되었다.

혜심은 보조의 문하에서 수행하였지만 오랜 시간을 함께 하지 못하였다. 신종 5년(1202) 출가하였고 보조가 희종 6년(1210) 입적하였으므로 8년 정도 함께 한 것이다. 그러나 이 기간에도 둘은 같은 처소에서 수행하지 않았기 때문에 실제 같이 있었던 시간은 그리 길지 않다.

혜심은 출가한 뒤 오산(蜈山), 지리산 금대 등지를 전전하면서 수행하였고 그런 가운데 3차례에 걸쳐 보조의 인가를 받았다. 첫 번째는 출가 3년만인 희종 1년(1205) 가을 억보산(億寶山)에서 이루어졌다. 두 번째는 함께 길을 가는 도중 대화에서 이루어졌으며, 그리고 세 번째는 대중이 모인 자리인데 이때 조주의 '구자무불성화(狗子無佛性話)'와 대혜종고의 십종병(十宗病)에 관해 대화하면서 이루어졌다.

당시 보조가 조주의 '구자무불성화'와 대혜의 '십종병'을 들어 묻는데 대중이 대답을 못하자 혜심이 "삼종병인이라야 그 뜻을 알 수 있을 것입니다."라고 대답하였다. 이에 보조가 "삼종병인은 어디를 향해 기운을 뻗치는가?"라고 하자, 혜심은 손으로써 창(窓)을 한 번 내리치니 보조가 크게 웃었다. 그리고 방장실에 돌아와 다시 은밀히 혜심을 불러 대화하는 도중 기뻐 말하기를 "나는 이미 너를 얻었으니 죽어도 여한이 없다. 너는 마땅히 불법을 스스로 보림하여 본원(本願)을 폐하지 말라"고 당부하면서 인가하였다.

이렇게 혜심의 자질을 인정한 보조는 입적하기 전부터 수선사 제2세의 자리를 물려주려 하였다. 처음에는 이를 수용하지 않고 지리산으로 자취를 감추기도 하였으나 1210년 보조의 입적한 후에는 뒤를 이어 수선사 사주를 물려받았다. 수선사의 2세가 된 혜심은 보조의 입적 후 필요한 행장과 비(碑)를 세우는 것을 주관하는 것을 시작으로 보조의 선풍을 계승한 수선사를 유지시키는 데 노력하였다. 이러한 사실은 그가 남긴 어록이나 문집인 '무의자시집'을 통해서도 확인되며, '국사가 돌아가시던 날', '선사의 원적일에' 등 보조의 입적일에 추모한 글에도 전해지고 있다. 또한 '청량굴 보조국사를 찬함'과 같은 추모하는 시를 남겼으며, 몽인거사가 목우시를 청하자 '몽인거사가 목우시를 청하길래' 등 보조를 그리는 시에도 스승인 보조를 기리는 마음이 잘 나타나 있다.

이처럼 혜심은 보조의 사상이 잘 계승될 수 있도록 노력하면서 여기에 자신의 생각을 반영하여 스승의 뜻이 잘 드러나게 하였다. 보조의 선사상은 먼저 돈오점수와 정혜쌍수를 들 수 있다. 다음 성적등지문과 원돈신해문, 간화경절문인 삼문체계이다. 그리고 마지막으로 선교일치를 들 수 있다. 혜심 역시 이런 스승의 사상을 충분히 계승하면서도 시대에 맞게 변화를 주어 수선사 제2세 사주인 자신의 생각을 드러내었다. 그는 보조와 같이 수행의 요점을 정과 혜로 보고, 정에 대해 경계를 대해서 움직이지 않는 것이며, 혜에 대해 성품을 보아 미혹함이 없는 것이라 하였다. 이는 억지로 마음을 써서 부동(不動, 정)하거나 불미(不迷, 혜)하는 것이 아니라 자신이 수행의 득력과 부득력을 검토하여 정도를 알 때 가능하다고 하였다. 그리고 간화일문에 대해 이것이 가장 빠른 길이며, 정혜가 모두 이 속에 포함됨을 주장하여 보조의 사상을 따르고 있다.

그렇지만 혜심은 정혜가 간화일문에 포함된다고 하여 보조와는 다른 자신만의 생각을 드러내기도 하였다. 혜심에게 있어서 선수행은 간화수행을 강조하면서도 보조가 무심합도(無心合道)가 경절문이라 한 것과 달리, 무심이 최위성요(最爲省要)이며, 무심이 진심(眞心)이지만 그런 무심이라는 생각까지도 없어져야 진무심(眞無心)임을 강조하였다. 이는 명구(名句)에 걸리지 않고 온종일 간개화두(看箇話頭)하는 실참실어(實參

實語)의 모습을 강조한 것이다.

또한 혜심은 보조의 삼문체계를 계승하면서 그것을 간화선 수행을 강조한 일문으로 통합하였다. 그는 성적등지를 간화선을 위한 기본으로 삼아 방편문임을 강조하였다. 즉 성적등지문을 수행의 요문(要門) 가운데 하나로 본 것이다. 그러면서 간화선을 잘 수행하면 그 속에 성적등지문이 저절로 들어오게 된다고 보아 성적등지와 간화가 둘이 아님을 강조하였다.

보조는 『원돈성불론』에서 믿음이 이루어지면 부처라고 하는 신만성불(信滿成佛)을 주장하였다. 이것은 이통현 장자의 『화엄론』에서 영향을 받은 것으로 화엄사상에 입각한 성불이다. 이런 보조의 사상을 계승한 혜심 역시 믿음을 강조하여 부처를 이루려면 일념을 떠나지 않고, 만약 그 이치를 잃으면 원인을 닦느라 여러 생에 고생할 뿐이라 하였다. 이 역시 이통현의 사상을 따르는 것으로 오직 신심에 있고 따로 방편이 없음을 강조하여 믿음을 단순한 방편으로 보지 않은 견해이다. 그러나 그것이 오직 정각에 있음을 강조하여 성적등지문을 포섭했듯이 원돈신해문 역시 간화경절문으로 포섭하고자 하는 의도를 읽을 수 있다.

그는 간화의 상태 혹은 간화를 통하여 얻어지는 상태는 지눌의 성적등지문[정혜쌍수], 간화의 방편으로서 믿음은 원돈신해문[초심자], 주각(注脚)을 제시하여 접근이 쉬운 간화일문으로는 간화경절문[상근기]과 관련이 있음을 들어 세 가지 측면에서 간화일문을 대중화시킨 것이다. 이후에도 혜심은 1226년 『선문염송』과 『구자무불성화간병론』을 저술하면서 간화선 사상을 일관되게 주장하였다.

마지막으로 혜심은 보조의 선교일치를 계승하였다. 그는 보조의 『원돈성불론』과 『간화결의론』의 발문을 지으면서 선교일치에 대한 생각을 다음과 같이 나타내고 있다. 그의 생각에 의하면 불법이 피폐해지면서 한쪽에서는 선을 종지로 하여 교를 배척하였고 또 한쪽에서는 교를 숭앙

하여 선을 헐뜯게 되었다. 그런데 이것은 선이 곧 불심이고 교가 바로 부처라는 말이며, 교가 선의 벼리이고 선이 교의 벼리임을 모르는 데에서 비롯된 것이다. 그래서 마침내 선종과 교종 양종이 길이 원수같이 보듯 하였으며, 불법의 이치를 배우는 두 종파가 모순의 핵심이 되었다. 결국 다툼이 없는 문으로 들어가 하나의 참된 도를 밟아 나갈 수 없게 되었다. 혜심은 이를 안타깝게 여겨 스승인 보조국사가 지은 『원돈성불론』과 『간화결의론』의 발문을 쓴 것이다.

이외에도 『화엄론』을 해설하기도 하고, 어느 수행자가 『화엄경』을 사경한 것을 칭송하기도 하며, 화엄삼매를 이야기 하는 등 혜심이 교학에 관심이 컸다는 점은 곳곳에서 보이고 있다. 그리고 승려 경연(炅然)이 『금강경』을 사경한 것을 찬하고 지은 가송이 있는가 하면 단월의 청으로 『금강경』을 전독하기도 하였다. 그래서 『금강경』에 있어서 혜심은 스승인 보조보다도 적극적인 모습이었다. 스스로 『금강경』의 공덕을 영험담 중심으로 이야기하는 『금강경찬』을 지어 독송을 권유하고 있고, 『금강경』 간행불사에 동참하여 『금강경발문』을 짓기도 하였다. 이런 영향으로 그의 제자들도 대장경을 늘 참고하였다고 한다.

이러한 사실들을 보아 혜심 역시 스승인 보조의 영향에 따라 간화선을 주창하면서도 스승의 경우처럼 선교융화에 관심을 기우려 선교일치가 강조된 종풍을 확립하였음을 알 수 있다. 이런 혜심의 사상은 향후 수선사를 중심으로 계승 전달되면서 줄곧 수선사의 전통으로 형성되었다.

이런 사상적 경향으로 혜심은 선사이면서도 교종의 승려들과 폭넓게 교류할 수 있었다. 그리고 그런 경향은 수선사에 교종의 승려들이 동참하여 수행할 수 있는 분위기를 조성하였다. 실제 수선사에는 승통(僧統)과 수좌 등 교종의 최고 법계를 갖고 있는 사람들이 참여한 것으로 보아 혜심의 선교일치가 시도되었음을 엿볼 수 있다.

이와 같이 보조의 사상을 계승한 혜심이었지만 자신만의 견해도 확립하였음을 알 수 있다. 보조의 지관정혜가 간화일문에 포함된다고 함은 혜심의 독특한 견해이다. 그리고 혜심은 선교일원이나 선교합일을 인정하면서도 선 우위의 생각을 갖고 있었다. 이런 간화일문의 입장은 지눌의 돈오점수나 선교일원과는 관점을 달리하는 것이다. 그러면서도 그가 1000여명 승려를 이끌 정도로 영향력이 대단히 컸고 문도들도 상당히 많았다는 것은 혜심의 선풍이 어느 정도 인정되었음을 의미한다.

이런 혜심의 사상은 수선사 이외에도 당시 선종계에 많은 영향을 주었음을 알 수 있다. 그는 당시 정각국사(靜覺國師) 지겸(志謙, 1145-1229)에게 존경을 받았다. 지겸은 최충헌이 국정을 잡고 있을 때 국사로 추천하였으나 두세 번이나 거절하다가 1212년(명종 26)에 왕사로 책봉된 고승으로 중앙과 지방에 선회가 있을 때마다 초빙되어 법을 전하였던 고승이다. 그런 그가 임종할 때 혜심에게 자신의 입적을 알리는 편지를 쓰고 있는 것으로 보아 당시 수선사의 사주를 흠모한 것을 알 수 있다.

또한 희양산문 승형의 문도들은 보경사에서 혜심에게 설법을 요청하였으며, 1212년 가지산문 천진대사의 『종경촬요(宗鏡撮要)』를 수선사에서 출판하는가 하면 1223년에는 대사와 대사의 어머니를 위해 상당설법을 하는 등 다른 산문과의 교류가 많았다. 그리고 혜심 스스로 9산문의 조사를 찬미하는 등 그들과의 관계를 중요시 하여 그들의 존경을 받았다. 이 역시 스승인 보조가 다른 산문과의 소통과 포용한 모습을 계승한 것으로 볼 수 있다. 이런 혜심이었기에 선종계 외에 천태종의 변조선사(遍照禪師)와 정명국사(靜明國師) 천인(天因)과도 교류하였으며, 『화엄경』에 대한 관심으로 미루어보아 화엄종과도 교류하고 영향을 미쳤음은 미루어 짐작할 수 있다.

2. 고려 말 修禪社와 보조사상

혜심 이후에도 보조사상은 송광사를 중심으로 수선사 사주에 의해 200년이 넘도록 계승되었다. 그런 계승을 통해 자연히 집권층과의 관계도 밀접해졌다. 설립 초기 수선사는 집권세력과 직접적인 관계가 없었지만 보조 이후 수선사 사주들은 당시 집권층과 정치적으로 깊은 관계에 있었다. 제2세 진각국사 혜심 때에 이르면 왕실과 무신 귀족, 유학자 관료 등이 결사에 참여하거나 간접적으로 지원하면서 자연스럽게 중앙의 정치세력과 연결되었다. 이런 경향은 제6세 충지까지 이어졌다. 이때 고려 사회는 최씨 무인정권의 영향 속에 있었기 때문에 그들은 대부분 수선사의 사주가 되기 전에 강화도 선원사에서 최씨 무인들을 포함한 왕실과 정치적 관계를 형성한 다음 사주가 되었다. 또한 수선사 사주에서 물러난 다음에는 단속사(斷俗寺)에 가서 진주 부근에 사는 최씨 가족을 제도케 하는 관계로 전환되기도 하였다.

이런 관계는 수선사 발전에 영향을 미쳐 제3세 몽여(夢如,?-1252), 제4세 혼원(混元), 제5세 천영(天英)에 이르기까지 사세가 커졌으며, 특히 혼원에서 천영에 이르는 기간에 최고의 전성기를 누릴 수 있었다. 특히 고종 32년(1245) 수도가 강화로 옮겨지고 이곳에 창건된 선원사에는 제2의 수선사로 불렸으며, 수선사의 사주를 초청하여 사주로 임명하였으므로 선원사 법주는 곧 수선사 법주가 되어 자연스럽게 사세가 확대될 수 있었다. 이런 수선사였지만 원간섭기의 충지 대에 이르면서 쇠락하였다가 만항 대에 이르러 사세가 다소 회복하는 등 부침을 겪으면서 보조의 사상을 계승하였다.

수선사 3세가 되는 청진국사(淸眞國師) 몽여에 대한 기록은 『진각국사어록』과 『동국이상국집』 그리고 『조계복암화상 잡저(曹溪宓庵和尙 雜

著)』 등에 단편적인 기록만 보일 뿐이다. 이에 의하면 몽여는 선에 대한 깊은 지식을 갖고 있었으며, 고종 6년(1219) 정각국사 지겸이 위앙종에서 말하는 원상(圓相)의 내력을 밝힌 다음 남양 혜충국사로부터 원상의 법문을 적고 있는 『宗門圓相集』을 쓰자 발문을 썼을 정도로 그와 교류가 깊었다.

몽여는 보조사상을 계승하면서 수선사 사주로서 송광사의 전통을 지켜가는 데 심혈을 기우렸다. 그가 수선사를 이끌 때 사세가 대단히 융성하여 이규보의 유가(儒家) 동당(東堂)에서 필요한 소요 경비를 지원해 줄 정도였다. 뒤에 이규보는 도와준 것에 대한 감사의 편지를 몽여에게 보냈고 뒤에도 긴밀한 관계를 지속하여 그에 대한 시를 많이 남기고 있다.

몽여를 이어 수선사 4세가 된 것은 혼원(1190-1271)이다. 그는 13세 때, 외숙인 사굴산문을 개창한 범일선사의 8대손 종헌에게 나아가 머리를 깎고 구족계를 받았다. 남보다 지혜가 뛰어난 그는 얼마 되지 않아 학문이 내외에 통하였고 마침내 사굴산 승도들의 우두머리가 되었다. 그 후 쌍봉(雙峯)의 변청우를 만나 수년을 섬기며 그의 깊은 공부를 모두 배웠고, 조계의 무의(無衣)대사의 문하에 나아가 크게 칭찬을 받았다. 그는 선원사를 새로 짓고 크게 낙성회를 벌일 때 초청되어 법석을 지도하게 되었다. 그 후 승려 수백 명과 함께 이곳에 머물며 수행하다가 청진국사 몽여의 후계자가 되었다. 그 뒤 의심나는 것을 질문하여 그 깊은 뜻을 얻었고, 옛 사람들의 공안을 통달하여 낙설변재(樂說辯才)를 얻었다.

1252년 8월 몽여가 입적할 때 뒷일을 부탁하여 수선사 제4세 사주가 되면서 목우자의 선풍을 계승하게 되었다. 이후 혼원은 수선사 사주는 물론 선원사의 사주를 겸하게 되었다. 그런 까닭에 선원사는 수선사의 별원의 역할을 하면서 보조의 선풍이 선원사까지 확대되게 되었다. 송광사와 선원사에서 학(鶴)과 용(龍)이 뛰어 놀았고, 수도에 중요한 2천여 명의 승려를 이끌고 법회의 맹주를 하였다는 것이 그런 사실을 말해주고 있다. 그는 1259년부터 1271년까지 왕사로 책봉되어 불교계를 주도하면서 보조의 선풍이 전국적으로 돋보이게 하였다. 또한 혜심과 몽여로부터 받은 간화선풍을 계승하여 선풍이 이어지도록 하였다. 그리고 보조와 같이 선을 중심으로 하면서도 교에 대한 이해를 가벼이 하지 않음으로써 선교일치의 사상을 갖고 있었음이 짐작된다. 이런 혼원의 문도로서 천영, 수선사 7세 자정일인, 수선사 8세 자각도영, 탁연, 원정국사 경지 등이 있다.

수선사 5세가 되는 원오국사 천영(1215-1286)은 15세 때 조계산 수선사의 제 2세인 진각국사 혜심을 찾아가자 법기(法器)가 될 것을 알고 출가를 허락하였다. 이런 관계로 출가 후 선지를 참구하여 종통(宗通)은 물론 설통(說通)까지도 겸비할 수 있었다. 이후 수선사의 제 3세인 청진국사 몽여가 송광사에서 조계종지를 진작하고 있을 때 그곳을 찾아가 지혜를 크게 밝힐 수 있었고, 진명국사 혼원을 찾아가 법문을 듣고 배웠다. 이때부터 점점 덕망이 높아져 전국에 그 이름을 떨치게 되었다.

고종 33년(1246) 선원사 낙성식에 초청되었고, 고종 37년(1250)에는 선원사의 주지로 임명되었다. 고종 39년(1252) 청진국사가 입적하고 진명국사가 조계산 수선사 주지를 맡으면서 천영은 선원사의 법주로 임명되었다. 그 후 고종 43년(1256) 진명국사가 사퇴를 표명하고 후임으로 스님을 천거하자 수선사 제5세 사주가 되었다.

사주가 된 천영은 1207년 지눌이 간행했던 『법보단경』을 1256년 수선사에서 다시 간행하면서 "보조조옹(普照祖翁)이 이 경에 의지해서 스스로 눈병을 제거하고 또한 다른 사람의 눈을 열게 하였다."고 자평하였다. 이렇게 수선사에서 30여 년 동안 납자를 제접하다가 노권을 느껴 물러앉아 한가로이 여생을 보내고자 하여 자신의 후임으로 충지보명(沖止

寶明)을 천거하였다.

충열왕 12년(1286) 2월 그가 임종할 때 어느 스님이 나와서 "목우자가 이르되, 일착자(一着子)에 미(昧) 하지 말라 하였으니, 화상께서는 미(昧) 불미(不昧)에 어느 쪽입니까?" 하고 물었다. 스님이 대답하기를 "미니 불미이니 하는 것은 저 일착자와 아무런 관계가 없다."고 하였다. 조금 있다가 이르되 "목우자가 말한 천 가지, 만 가지 모두 여기에 있다고 한 것을 알지 못하였는가!" 하면서 그 말이 끝나자마자 조용히 입적할 정도로 보조의 사상을 계승하는데 노력하였다.

천영의 이러한 선풍은 그의 문도인 굉묵(宏黙), 수선사 6세 원감국사 충지(沖止), 몽암명우(蒙庵明友), 굉소(宏紹), 신화(信化), 신정(神定), 수선사 10세 혜감국사 만항, 자원, 수선사 13세 각진국사 복구, 그리고 원명국사 충감 등으로 전해졌다. 이런 계승으로 볼 때 수선사의 최고 전성기가 혼원과 수선사 7세 자정일인, 수선사 8세 자각도영 그리고 천영과 그의 문도들에 의해 확립되어 보조의 선풍이 이어졌음을 알 수 있었다.

수선사 제6세인 원감국사 충지(1227-1314)는 소년시절부터 세속의 진로에서 벗어나 승려가 되고자 하였다. 당시 선원사 법주로 있던 원오국사 천영을 찾아가 사미계를 받고 이어 구족계를 받았다. 그곳에서 잠깐 머물다가 평양 정혜사로 옮겨 주석하면서 보조의 유풍을 진작하는데 노력하였다.

충열왕 12년(1286)에 원오국사 천영이 입적하자 대중이 스님을 천거하여 수선사 제 6대 법주의 자리를 계승하도록 장계를 올렸다. 그 결과 그해 4월 16일 여름 결제일을 기하여 입원(入元)하여 개당하고 원오국사의 자리를 계승하여 6세의 법주가 되어 목우자의 정통을 이어받았다. 그 후 7년간 후진을 교육하며 중생을 개도하는데 최선을 다했다.

충지는 보조의 사상을 계승하는데 노력하였다. 그는 천영에게 법을 사사받고 이어 선교일치를 주장한 보조처럼 교학을 가벼이 하지 않았다. 대장경을 열람하려는 원을 세워 선원사의 대장경을 옮겨 수선사에서 수선하는 한편 『원각소』를 강설하는 등 선교융화적인 분위기를 이끌어 갔다.

그러나 원나라 간섭기에 이르면서 집권자 등 단원세력과 연결고리가 줄어들면서 수선사는 어려움에 봉착하였다. 수천 명이 모여 수행하였던 대도량 수선사의 사세가 봄에 씨 뿌리고 가을에 추수하는 것이 거의 없어 낮에 밥 먹고 새벽에 죽 먹는 것도 지탱하기 어려울 정도로 추락하였다. 이런 어려움에서도 수선사의 증축을 위해 노력한 충지의 뜻에 당시 실권자인 최이가 편지와 차와 능엄경을 보내어 지원하였다. 그리고 원나라의 지원도 받았으나 수선사의 형편은 크게 나아지지 않았다.

이런 어려움은 충지 뒤 수선사가 별다른 활동을 할 수 없을 정도로 심해졌다. 그의 문도인 청안(淸眼), 진적(眞寂), 신열(神悅), 진강(眞岡) 등이 충지의 입비(入碑)에 참여하거나 『원감국사집』 발문을 지었다는 것 외에는 알려진 사실이 없을 정도로 열악해 졌다. 이러한 사정은 충지 다음에 수선사 제7세인 자정국사(慈靜國師), 제8세인 자각도영(慈覺道英), 제9세인 담당국사(湛堂國師)에 이르기까지 별다른 활동 흔적이 없는 데서도 알 수 있다.

수선사는 제10세 혜감만항(慧鑑萬恒, 1249-1319)에 이르러 다시 사세가 회복되었다. 1263년 원오국사에게 출가한 만항은 충렬왕 대 삼장사 주지에 취임하였고, 그 뒤에도 낭월 운흥 선원사 등의 주지를 지냈다. 그가 수선사 사주가 될 무렵 제자가 700에 이르고 수선사에 들어온 자가 이루 헤아릴 수 없을 정도였다. 또 충선왕이 베푼 강연회에 나아가 특강을 하여 왕이 크게 감탄하고 직접 가마를 내렸으며, 많은 하사품과 함께 '別傳宗主 重續祖燈 妙明尊者(별전종주 중속조등 묘명존자)'라는 법호를 내렸다.

만항은 수선사를 계승하면서 몽산의 선풍을 적극적으로 수용하였다. 몽산선풍은 남송 말부터 종세를 나타낸 임제종 양기파에 속하면서 철저하게 간화선의 공안으로서만 의미를 부여하는 무자화두(無字話頭)의 간화일문(看話一門)과 종사친견(宗師親見)을 강조하였다. 실제 몽산은 만항의 글을 보고 감탄하여 글을 보내고 고담(古潭)이라는 호를 바칠 정도였다.

이런 선풍이 대혜종고의 영향을 받은 보조와 이전 수선사 사주의 선풍과 결합하여 새로운 사상적 변화를 가져왔다. 그 후 몽산선풍은 수선사 제 13세인 각진국사 복구와 그의 문도들에 의해 전승되었고, 여말선초 불교계를 주도한 삼사와 그의 문도들에게 계승되는 점을 볼 때 영향력이 컸음을 알 수 있다.

만항 이후 수선사 제 11세인 자원국사(慈圓國師)와 제 12세 혜각국사(慧覺國師) 등은 모두 국사였던 점을 감안하면 이 시기 송광사의 사세가 기울었다고 단정하기는 어려우나 비문이 인멸되어 자세한 내용을 알 수 없다.

수선사 제 13세 각진복구(覺眞復丘)는 재상 이존비의 아들로 1279년 10세 때 원오국사 천영에게 출가하여 구족계를 받았다. 국사가 입적하자 그의 유촉으로 대선사 도영를 추종하여 쉬지 않고 정진한 끝에 10년 만에 배움을 이루고 총림의 우두머리로 추앙되었다. 1320년 수선사 제 13세 주지로 취임하여 1350년까지 재임하면서 크게 종풍을 떨쳤는데 그의 문하에 천여 명의 제자가 있었으며, 생존 시 왕사로 책봉될 정도로 명망이 높았다.

수선사 사주를 물러난 복구는 정토사에 머물면서 전장법회를 주관하였다. 재차 왕사를 제수하고 국은에 보답하기 위해 수선사 제 14세인 정혜국사를 회주로 청하고 제산장로 100여 명을 초청하여 동 3월 11일부터 약 100일간 대법회를 거행하였다. 여기서 그는 낮에는 삼장을 읽고 밤에는 조도(祖道)를 거행하며, 혹은 참선 경영함으로서 회향하였는데 이것은 보조국사의 결사와 비슷한 모습이었다. 그래서 그의 비문에 '그가 조술(祖述)하는 종파는 보조로부터 국사에 이르기까지 13대였다'는 기록으로 미루어 보아 그도 보조의 유풍을 계승하고자 노력하였음을 짐작할 수 있다.

수선사 제 14세인 정혜국사(淨慧國師)와 제1 5세인 홍진국사(弘眞國師)는 불행하게도 그 비문이 인멸되어 자세한 내용을 알 수 없다. 그렇지만 이 시기 송광사의 사세는 상당히 기울어진 것으로 짐작된다.

그 후 나옹왕사의 법맥으로 수선사 제1 6세가 된 고봉화상(高峯和尙)은 송광사의 복구를 기원하고 무학왕사의 도움을 얻어 조선의 정종(定宗)에게 나아가 송광사를 중창하고자 하는 뜻을 밝히고 윤허를 얻었다. 고봉에 의해 전당(殿堂) 34곳이 중창됨으로써 고려 말에 크게 기울었던 송광사의 사세가 조선 초에 다시금 크게 확장되어 보조 사상이 계승될 수 있었다.

3. 고려 말 禪師들과 보조사상

수선사 사주 이외에도 고려 말 선사들은 보조와 수선사의 선풍으로부터 많은 영향을 받았음을 알 수 있다. 고려 말의 선사로서 보조의 영향을 받은 분으로 일연(一然), 경한 그리고 나옹 등을 들 수 있다.

먼저 일연은 보조국사를 흠모하여 그의 선풍을 적극적으로 수용하였으며, 자신의 저술인 『삼국유사』에서 혜심의 시를 수차례 인용한 것으로 볼 때 그 사상적 맥락을 같이 한 점이 보인다. 또한 수선사 제 3세인 몽여와 사상적으로 서로 공감하는 편이었다.

다음 백운 경한은 보조가 제시한 선교일치의 관점을 계승함으로써 사상적으로 보조를 따르고 있음을 보여준다. 보조는 선과 교의 일치점을 발견하기 위하여 수없이 고민을 하다가 이통현의 『화엄론』을 접하고서

의문을 해소하게 되었다. 그때의 심정이 『화엄론절요서』에 잘 나타나 있는데 그 서문에 의하면, "부처가 입으로 말한 것은 교요, 조사가 마음에 전한 것은 선이다. 부처와 조사의 마음과 입은 결코 서로 어긋나지 않는 것인데 어찌 그 근원을 궁구하지 않고 각기 제가 익힌 바에 안주하여 망령된 논쟁으로 세월을 헛되이 보내겠는가." 하였다.

이런 선교일치를 계승한 백운 경한은 그 취지를 자신의 『선교통론(禪敎通論)』에서 잘 드러내고 있다. 그는 "부처님의 말씀은 마음으로 으뜸을 삼고, 문이 없음으로써 법의 문을 삼았으니, 교는 바로 부처님의 말씀이요 선은 바로 부처님의 마음이다. 그리고 부처님의 마음과 말씀은 결코 어긋난 것이 아니다. 그러므로 부처님들은 손수 이 뜻을 주고받았으며, 조사들은 서로 마음을 전한 것으로서, 각기 그 이름과 글귀에 따라 차이가 있는 듯하지만, 선과 교의 이름은 다르나 그 본체는 같아서 본래 평등함을 알아야 한다."고 하여 사상적으로 보조와 같이 함을 알 수 있다.

고려 말 선사로서 보조의 선사상에 가장 많은 영향을 받은 것은 나옹 혜근이다. 나옹은 송광사 주지를 역임했을 뿐만 아니라 사굴산문 출신으로서 태고보우에 비해 보조의 선풍을 계승하려는 의지가 있었다. 나옹은 간화선에 의한 깨침 이후 중국으로 가서 평산 처림의 법을 이어왔지만 일방적인 전승이 아닌 대등한 입장에서 그의 경지를 확인 받아왔다. 뿐만 아니라 '入門三句 工夫十節目(입문삼구 공부십절목)'과 '三轉語(삼전어)' 등을 통하여 선공부의 방법을 구체적으로 제시하였고, 염불화두법을 제시하여 불교를 대중화시키는데 크게 노력하였다. 아울러 당시 시대적 변화 속에서 불교계를 일신하려는 노력을 기울였다. 나옹이 행한 이러한 사실들은 보조가 당시 불교계의 문제점을 철저히 직시하고 修心에 입각한 실천적인 결사운동을 일으켰던 정신을 계승한 점이다. 특히 나옹의 선사상에서 중요하게 언급되는 '공부십절목'에서 여덟 번째 대목 열 번째의 항목은 보조의 돈오 후 점수과정으로 이해될 수 있다

이런 선사 이외에도 송광사 주지를 역임한 선사들 역시 보조사상을 계승하는 데 노력한 인물들이라 할 수 있다. 『송광사지』에 의하면 수선사 사주 이외에 송광사의 주지를 역임한 선사들로 나옹혜근, 무학자초(無學自超), 환암혼수(幻庵混修), 그리고 보우의 문인인 상총선사(尙聰禪師), 석굉선사(釋宏禪師) 등을 들 수 있다. 이들은 모두 제 15세 홍진국사 선현을 마지막으로 보조의 직계법손이 끊어지면서 주지를 하였기 때문에 수선사 계통과 다른 인물들이라 할 수 있다.

앞서 살펴본 바와 같이 고려 말 선사로서 보조사상을 가장 많이 계승한 나옹은 공민왕 20년(1371) 송광사의 주지에 임명되었으며, 무학 역시 같은 해 겨울에 송광사 주지를 역임하였다. 환암혼수는 우왕 원년인 1375년 주지직을 역임하였으며, 조선 초 흥천사의 창건에 큰 역할을 하면서 수선사의 유풍이 조선조에 정립될 수 있도록 노력한 상총은 환암혼수의 뒤를 이어 우왕 2년 무렵 주지직에 임명되었다. 그를 이어 석굉선사가 주지직을 역임하였으며, 고봉화상은 석굉선사 다음에 주지직을 역임하였다. 이들이 송광사 주지직을 수행하면서 보조와 수선사의 선풍을 유지하려고 노력했음은 미루어 짐작할 수 있는 일이다.

02

朝鮮朝 보조사상의 전승

1. 조선 초기 보조사상의 계승

조선의 건국과 시작된 배불경향은 불교계의 위축을 가져왔다. 다만 태조의 개인적 신앙으로 인해 그 속도가 늦추어졌을 뿐 조선을 건국한 인물들의 배불관은 투철하였다. 이런 배불의식이 강화되고 실제 정책으로 실신된 된 것은 태종 때이다. 사원전의 몰수와 함께 종단의 축소 그리고 강력한 도첩제 등 조선조 배불정책의 근간이 이때 정립되었다. 이런 분위기였기 때문에 고려조에서 보이듯 보조국사의 사상적 계승은 기대할 수 없었다. 그렇지만 조선조에서도 불교의 규범만큼은 보조를 따랐음이 단편적인 기록에서 보이고 있다.

조선 초 억압된 분위기에서도 한줄기 희망을 준 것은 왕실에서 행하는 국가적 신앙이었다. 국가적 행사인 국행불사가 중요한 내용이었으며 왕실의 원찰 창건도 그 가운데 하나였다. 그런 원찰 가운데 태조 때 창건된 것이 흥천사이며, 그 책임자가 상총(尙聰)이었다. 그는 태조 7년 5월 국가의 명을 받아 흥천사를 창건하면서 불자의 자세확립과 교단의 중흥을 위해 진언하였다. 그는 그 글에서 고려 송광사 수선사의 유풍이 조선조에 정립되기를 기원하였다. 상총은 참선을 종(宗)으로 삼는 이는 설선병불(說禪秉拂)케 하고, 경교(經敎)를 주로 하는 이는 강경담률(講經談律)케 함으로써 그 후진들로 하여금 선은 전등과 염송을 공부하게 하고 교는 경율과 논소를 공부하도록 할 때 송광사 구제(舊制)를 본받게 하여 모두 본사에 속하게 하고 서로 규찰한다면 그 법이 한결같이 행해질 것으로 생각하였다. 그는 요사이 규정이 모두 중국의 승려를 본받고 독자적인 것이 없으니 이른바 범을 그리려다 도리어 개를 그려놓는 격이 될 수 있다고 걱정하였다.

이런 과정으로 볼 때 상총은 보조의 법손은 아니지만 송광사 주지로 있는 동안 수선사의 정신을 탐구하고 보조사상에 심취한 것으로 여겨진다. 그 후 어려운 시기 흥천사 초대 감주가 되자 수선사 가풍을 계승하여 교단 중흥의 초석으로 삼고 현실적 어려움을 타개하려 한 의지를 보였던 것이다.

조선 초 불교가 어려웠다는 것은 고승들의 저술이 빈약한 데에서도 느낄 수 있다. 대부분의 선사들에 대한 기록은 어록과 법어, 가송(歌頌)의 형태만 남아 있어 이를 통하여 사상적 비교를 시도하는 것은 어려운 일이다. 그나마 이런 어록에 보조사상의 영향을 살펴볼 수 있는 것은 함허, 기화 정도이다. 기화는 평소 보조의 사상과 선풍을 흠모하였다. 그래서 자신이 1411년 현등사(懸燈寺)를 중창하고 그곳에서 보조의 선풍을 그리워하였다. 그는 천고의 현등사가 있나니 보조의 옛날 자취 지금에 어렴풋하고, 때때로 거닐다가 한가히 머리를 돌려 보조의 선풍을 자주자주 생각한다고 적고 있다.

2. 조선 중기 서산과 보조사상

조선 중기에 이르면 성종, 연산군, 그리고 중종에 이르는 배불정책으로 인해 불교는 더욱 피폐해져 교단적인 면이나 사상적인 면에서 발전을 기대하기 어려웠다. 다행히 명종이 즉위하면서 수렴청정을 한 문정왕후가 허흥당 보우를 등용하여 불교를 중흥하고자 실시한 선교양종의 부활과 승과로 인하여 일시나마 조선불교는 숨을 쉴 수 있었다. 이때 배출된 불교계의 인물들은 임진왜란 때 의승군으로 크게 활약하는 한편 한국불교의 사상적 계승에도 많은 공헌을 할 수 있었다.

이와 같은 조선 중기의 시대적 배경 속에서 보조사상의 계승을 이어간 것은 서산 휴정이다. 그는 조선불교 중흥에 큰 역할을 하였으며, 조선중기 불교 사상계를 대표하는 선사답게 『선가귀감(禪家龜鑑)』이나 『선교결(禪敎訣)』, 그리고 『심법요초(心法要抄)』 등의 저술을 남기고 있다. 서산은 그런 저술을 통해 보조가 추구했던 돈오점수, 간화선, 선교일치 등의 사상을 계승하였음을 알 수 있다.

서산은 본래 마음 자체에 깨침이나 닦음, 성인과 범부의 구분이 없으므로 돈오란 참 나와 부처가 서로 다르지 않다는 것을 깨치는 것이라 하여 보조가 말한 '마음이 곧 부처[心卽佛]'의 뜻을 따르고 있다. 그리고 스스로 돈오로 모든 공부가 끝난다고 생각하지 않고 이후에도 끊임없는 수행이 필요하다고 하여 보조가 제시한 점수를 따르고 있다.

그가 돈오점수를 계승한 것은 돈오 이후 이전에 쌓았던 나쁜 습기가 남아있기 때문에 이를 제거하기 위해 지속적인 수행을 해야 비로소 완성의 경지에 이를 수 있다는 입장이었기 때문이다.

서산은 점수의 실천으로서 특히 계·정·혜 삼학을 강조하였다. 그는 삼학은 별도로 구분해서 수행하는 것이 아니라 함께 닦아야 한다고 생각하였다. 왜냐하면 어느 한 쪽을 무시하고 수행하는 것은 깨침을 이루는데 도움이 되지 않을 뿐만 아니라 오히려 방해가 되기 때문이었다. 그는 계율은 망심(妄心)을 잡는 것이고, 선정은 망심을 묶어 놓은 것이며, 그리고 지혜는 망심을 죽이는 것이라 설명하고 삼학을 만법의 근원으로 생각하였다. 이것은 계·정·혜는 서로 구분되어 설명되는 것이 아니라는 회통적 시각을 견지한 것이며, 이는 곧 보조의 정혜쌍수의 사상을 계승한 것이라고 할 수 있다.

이런 서산의 사상은 이후 그의 제자인 사명당 유정이나 편양 언기 등 수많은 제자들에게 계승되어 보조의 돈오점수가 조선 중기에도 보편적인 실천체계로 계승되었음을 알 수 있다.

다음 서산이 간화선을 중시한 점 역시 보조의 사상과 일치한다. 그는 무조건 화두를 참구하기 보다는 마음에 대한 확고한 믿음에 바탕을 두고 참구하기를 강조하였다. 이것은 마음에 대한 분명한 이해를 통해 화두를 참구해야 한다는 보조의 입장과 일치하는 점이다. 그는 특히 조주의 '구자무불성' 화두를 강조하였다. 이는 보조가 『간화결의론』을 통해 국내에 소개하였으며, 진각 혜심이 의해 널리 유행하게 된 점으로 볼 때 서산의 간화선 사상은 보조와 혜심으로 이어진 사상을 계승한 것임을 알 수 있다. 또한 화두를 참구하는 데 열 가지 병통에 대해서 경계하고 있는 것도 역시 『간화결의론』에 나타난 보조의 견해와 일치하고 있다.

마지막으로 서산은 선사로서 선의 관점에서 선교회통을 지향하였다. 서산 당시 선과 교는 서로 자기의 견해만 옳다는 집착에 빠져있었다. 교학자는 선문에 깨쳐 들어가는 문이 있음을 믿지 않고 방편에만 집착하여 관행을 닦지 않고 퇴굴심을 내었다. 반면에 선에서는 교문에 닦고 끊어 가는 바른 길이 있음을 믿지 않고 습기가 일어나도 부끄러운 줄 모르며 공부의 정도가 낮으면서도 법을 많이 알았다는 거만한 생각을 함으로써 스스로 자만심에 빠져 있었다. 그래서 서산은 그들의 병통을 지적하고 이를 해결할 수 있는 길을 제시하였다. 그에 의하면 공부하는 사람은 자기 견해에 대한 집착에서 벗어나 자기마음을 깊이 믿어 스스로 굽히지도 말고 높은 자만심에 빠지지도 말아야 한다는 것이다. 이렇게 서산이 수행자의 퇴굴심과 자만심을 동시에 경계했던 것은 이것들이 깨침을 이루는데 방해가 되기 때문이었다. 그래서 교학자들에게 내 마음이 곧 부처라는 확신을 일깨워서 퇴굴심을 없애도록 하였다. 그리고 돈오가 깨침의 완성이라는 자만심에 빠져 닦음을 게을리 하는 선학자들에게 돈오 이후에 습기를 끊어 완전한 깨침의 세계에 들어가도록 지속적인 닦음을 강조하였던 것이다.

이런 선교회통의 입장은 고려 시대 보조의 선교일치를 계승한 것으로, 보조가 고려시대 불교의 모순을 해결하려고 한 것처럼 조선 중기의 선교갈등 문제를 해결하고자 하는 서산의 모습이라 할 수 있다.

이런 서산의 뒤를 이어 보조사상의 영향을 받은 것은 서산의 후예인 우화(雨花)의 상족(上足)으로 알려진 설봉대지(雲峯大智)가 지은 『심성론』이다. 그는 심성론 앞부분에 『법집별행록절요병입사기』에 있는 '是心卽眞如生滅二門 三大之源(시심즉진여생멸이문 삼대지원)'을 인용하였으며, 본문의 결론격인 '三摠結問答(삼총결문답)'에서는 『수심결』의 내용을 상당히 인용하여 보조의 비중이 작지 않음을 보여주고 있다.

조선중기 보조의 사상을 계승한 것은 아니지만 그의 위상을 높이 평가하여 그 뜻을 기리고자 하는 움직임이 있었다. 그 대표자가 선수(善修)이다. 그는 광해군 원년(1609) 송광사의 요청을 받고 제자 벽암(碧巖) 등

400여 명을 데리고 송광사에 이르러 1년을 머물면서 절을 중수하여 보조의 도량이 황폐해지는 것을 막았다.

다음 벽암의 법사(法嗣)인 취미(翠微)는 전후 12년에 걸쳐 송광사에 머물면서 불사를 행하였다. 그는 보조를 동방의 대성인으로, 송광사를 국가의 대도량으로 칭할 정도로 그 뜻을 기리고 있었다.

이런 취미의 뜻을 이어 보조의 비를 재건하고 보조를 원접(遠接)한 이는 백암 성총(栢庵 性聰)이다. 그는 스승인 취미의 뜻을 받들어 숙종 4년(1678) 보조국사비를 다시 세우고 음기를 썼다. 그리고 스스로 보조이 유풍을 원접하였음을 밝히고 이것은 물이 그 근원을 달리 해도 바다로 합쳐지는 것과 같다고 하여 보조사상의 계승하였음을 표현하였다. 또한 송광사가 더욱 창현하여 영겁토록 변함이 없을 것을 기원하였다. 이후에도 그의 제자인 무용 수연(無用 秀演)은 송광사에서 출가하여 그곳에서 입적하였으며, 법손들이 이곳에서 배출되어 송광사가 오늘의 승보사찰로 이어지는데 많은 공헌을 하였다.

3. 조선후기 강원과 결사에 미친 보조사상

1) 강원교육과 보조사상

서산이후 조선후기에 이르면 보조사상의 계승은 눈에 띄게 약해졌다. 그런 가운데 강원교육에서 보조의 저술과 그와 연관된 인물들의 저술이 교육된 점은 보조의 사상적 영향이 크다는 것을 반증하는 것이다. 강원교육은 조선 후기에 이르러 사미과(沙彌科), 사집과(四集科), 사교과(四敎科), 그리고 대교과(大敎科)로 정립되었다. 이런 강원교육에 보조의 저술은 물론 그의 수행과 관련이 깊은 저술들이 들어있음으로써 그 사상적 계승이 이어지고 있음을 알 수 있다.

먼저 지눌의 저서로서 교과과정으로 들어 있는 것은 사미과의 『계초심학인문』과 사집과의 『법집별행록절요병입사기』이다. 그리고 보조와 관련된 저술로서 그의 제자인 진각 혜심이 찬집한 『선문염송집』이 대교과에 포함되어 있다. 그밖에 보조가 영향을 받았던 규봉 종밀의 『도서』와 대혜의 어록인 『서장』 등이 사집과에 들어 있어 조선조 강원교육이 보조로부터 크게 영향을 받았음을 보여주고 있다.

또한 강원교육에서 사미과・사집과・사교과와 화엄경을 마치고 마지막에 『전등록』과 『염송집』을 보게 한 것은 "여실언교(如實言敎)로 불변(不變)・수연(隧緣)・돈오(頓悟)・점수(漸修)의 시종(始終)을 오해(悟解)한 다음 교의(敎義)를 방하(放下)하고 출신활로(出身活路)로 들어가야 한다."는 보조의 종지를 계승한 것으로 이는 강원 교육에 보조의 선교관과 수행관이 그대로 반영되었음을 보여주는 사례이다.

이런 영향을 계승하듯 조선후기 선사들에 의해 보조의 저술에 대한 주석이 시도된 점도 그 사상적 영향력을 가늠하는 일이 될 수 있다. 그런 주석서는 강원에서 교재로 사용하고 있는 저술에 대한 주석이 대부분으로 먼저 '『법집별행록절요병입사기』에 대한 주석서들 霜峯 淨源(상봉 정원, 1627-1709)의 『절요입사기분과(節要入私記分科)』, 晦庵 定慧(회암 정혜, 1685-1741)의 『법집별행록절요사기해(法集別行錄節要私記解)』, 그리고 蓮潭 有一(연담 유일, 1720-1799)의 『법집별행록과목병입사기(法集別行錄科目並入私記)』 등이 있다. 이외에 벽암 각성의 『간화결의』, 진관 팔허의 『삼문직지』, 백파 긍선의 『수선결사문과석』 등이 보이고 있는 것은 보조 사상이 조선 후기까지 지속적으로 계승되었음을 시사한다. 특히 『삼문직지』 속에는 원돈문에 『원돈성불론』, 경절문에 『간화결의론』 등 보조의 저술이 그대로 들어가 있다.

이외에도 보조사상이 계승되었음을 알 수 있는 단편적인 기록은 여러 곳에서 발견된다. 부휴 선수의 8세손이며 송광사에 주석하면서 화엄사상에 조예가 깊었던 묵암 최눌(1717-1790)은 자신의 어록인 『묵암집』 중권, 「여시거사에게 답함」에서 "삼세의 인연은 다 중생들이 세제(世諦)의 일을 스스로의 마음으로 스스로가 미친 말이나 이런 말은 불법은 아니다."는 보조의 저술을 인용하여 자신의 사상을 밝히고 있다.

2) 백파의 수선결사와 보조사상

이와 같은 저술 속에 나타난 보조사상 이외 조선후기 보조의 정혜결사를 계승하여 선풍을 일으키는데 일조한 것은 백파 긍선의 수선결사(修禪結社)이다. 그는 자신이 처한 시대에 대해 당시 수행자가 계율에 대한 인식이 결여되었음을 보고 결사를 통해 올바른 승풍을 진작시키려고 하였다.

백파는 조선 영조 43년(1767) 호남의 무장현에서 태어나 12세에 선운사의 시헌장노(時憲長老)에게 득도하였다. 지리산 영원암에서 설파상언(雪坡 尙彦)에게서 선의 종지를 받은 후 남원 구엄사에서 설봉일(雪峰日) 화상의 법통을 계승하고, 백양산 운문암에서 개당하였다. 이때 그의 명성을 듣고 수많은 사람들이 강의에 몰렸다. 그러나 순조 15년(1815) 가을에 이르러 홀연히 법의 진실한 뜻이 문자에 있는 것이 아니고 깨달음을 얻는데 있음을 알고 너무도 법에 어긋난 행동을 하고 산 것을 참회하였다. 이어 교를 버리고 정혜를 닦을 것을 다짐하였다. 이때 스스로 만약 자심을 요달하지 못하고 다만 명교(名敎)에 집착하여 불도를 구하고자 한다면 규봉과 같은 지혜종도라고 어찌 이르지 않겠는가 하면서 글자에 의존하는 도가 아니라 바른 가르침을 찾고자 하였다. 그런 자세로 백파는 8년간 선정과 지혜를 고루 닦았으나 자신이 의도한대로 깨달음에 이르지 못하자 수행의 부족함을 절실히 깨닫고 진리의 참구를 위해 선지식을 찾아 세상을 주유하다가 오대산에서 선지식을 친견하면서 결사로써 자신의 깨달음을 찾고자 하였다. 이때가 순조 22년(1822)이다.

그런 과정에서 저술된 수선결사문에는 고려시대부터 한국불교의 전통으로 계승된 보조의 정혜결사의 정신을 계승하고자 함이 엿보인다. 백파는 이 결사에서 함께 닦는 인연으로 비록 삼재의 어려움 속에서도 담연하게 행을 닦을 수 있다고 보았다. 또 그러한 자는 반드시 법희 선열의 즐거움을 받아 여산 혜원의 백련결사와 조계의 정혜결사가 어찌 옛적의 오롯한 아름다움만이 아님을 밝히고 있다.

또한 결사를 통한 습정균혜(習定均慧) 역시 보조의 정신을 계승한 것임을 알 수 있다. 백파는 지혜참구는 선정이 그 목표가 아니라 선정을 통해 올바른 지혜를 얻는 것이 목적이며, 그런 수행을 통하면 마음에서 일어난 일체의 인과와 세계의 미진도 마음에 의해 달라질 수 있다고 보았다. 이는 마음 밖에 불이 있고 자성 외에 법이 있다고 하여 이 뜻의 소견에 집착하여 부처님의 도를 구하고자 하는 자는 대장경을 모두 읽고 여러 가지 고행을 하여도 모래를 쪄서 밥을 만드는 것과 같아 오히려 자신을 괴롭히는 일이 된다는 보조의 견해와 일치하는 것이며, 스스로 이를 인용하여 보조의 사상을 계승하였음을 나타내고 있다.

또한 백파의 결사를 주도한 시대인식 역시 보조의 정신을 계승하고 있음을 엿볼 수 있다. 보조는 자신이 주도한 정혜결사의 경우 기성 교단에 대한 개혁적 성격을 지녔다고 하였다. 그래서 스스로 당시 기성 교단에 대해 정법(正法)이 쇠퇴하고 개인적인 욕망에 빠져 있으므로 이를 비판하였다.

백파 역시 자신이 수행하고 있던 시대를 참다운 불법이 없음을 안타깝게 생각하였고, 수행자가 계율에 대해 철저한 인식이 결여되어 자신은 물론 다른 수행자의 수행에 악영향을 미치고 있다고 판단한 것은 거의 유사한 인식이라 할 수 있다.

03
근대 보조사상의 再興

1. 鏡虛의 결사에 나타난 보조사상

근대불교에서 가장 보조의 영향을 받고 그 사상을 재흥하고자 노력한 수행자는 경허(1846-1912)였다. 그는 근대불교의 중흥조로 쓰러져 가는 불맥을 유지하기 위해 선원과 선실을 복원하여 잃어버렸던 선풍을 진작시켰다. 그가 쇠퇴해진 불교를 일으키기 위해 본격적인 결사운동을 전개한 시기는 1899년이다. 이때 그는 해인사 조실로 주석하면서 수선사를 결성하고 선의 중흥을 도모하였다.

경허는 당시 불교계가 구도의 정신을 가지기보다는 정법보기를 흙같이 하고 혜명(慧命)의 계승을 아이들 장난처럼 여기며, 서로 반목하고 질투하여 정법안장(正法眼藏)의 말씀을 들을 수가 없다고 판단하였다.

이런 분위기가 만연되어 삿된 도가 치성하게 되는 말세가 되면 정혜의 근본을 통달하지 못하고 잘못 수행하게 되므로 이러한 폐단을 막기 위해서 선지식을 찾아 도업을 결택할 수 있는 결사를 강조하였다. 그리고 그런 결사의 이념을 보조의 정혜결사에서 찾았다.

보조의 결사이념은 경허의 결사에 지대한 영향을 주었음을 알 수 있다. 먼저 경허는 자신의 '결동수정혜동생도솔동성불과계사문'에서 함께 정혜를 닦고 함께 도솔천에 나며, 세세생생에 도반이 되어 마지막에는 함께 정각을 이루며, 도력이 먼저 성취되는 사람이 있으면 따라오지 못한 사람을 이끌어 주기를 서약하며, 이러한 맹세를 어기지 않는 것이라 하여 자신의 결사이념이 정혜를 닦는 것이라고 밝히고 있다.

이런 경허의 결사이념은 보조의 『권수정혜결사문』에서 한 가지 바른 인연을 맺고 정혜를 함께 닦으며, 한 가지 행원을 닦고 부처의 지위에 나아가 보리를 증득하자는 것이다. 그리하여 이와 같은 것을 함께 배워서 미래세가 다하도록 시방세계에 자재하며 서로 주가 되고 짝이 되어서 서로 도와 정법의 수레를 굴려 온누리를 제도하여 부처님의 막대한 은혜를 갚자는 정혜결사의 이념을 계승한 것임을 알 수 있다.

보조가 주도한 정혜결사의 경우 기성 교단에 대한 개혁적 성격을 지녔다. 보조는 당시 기성 교단에 대해 정법(正法)이 쇠퇴하고 개인적인 욕망에 빠져 있다고 비판하였다. 그래서 그는 자신의 글을 통해 우리들이 조석으로 행하는 자취를 돌이켜 보면 불법을 빙자하여 '나'다, '남'이다 하는 생각만 꾸미고 명예와 이해의 길로만 달리어 욕망의 티끌 세계에 빠져 도덕은 닦지 않고 옷과 밥만 허비하니 아무리 출가했다 하나 무슨 공덕이 있을지 반문하였다.

이 같은 보조의 개혁적 의지는 시대적 차이를 넘어 경허에게 많은 영향을 주었다. 경허 역시 자신의 글에서 요즈음 정법을 보기를 흙덩이같이 하며, 혜명을 계승하기를 아이들 장난처럼 여기고, 심하면 서로 반목하고 질투하며, 더 나아가 못하는 짓이 없다고 술회하였다. 그래서 뒷사람이 비록 정법안장의 말씀을 듣고자 하나 누구를 좇아 들을 수 있겠는가 하면서 슬픈 마음으로 당시의 풍토를 비판하였다.

이런 표현에서 알 수 있듯이 경허도 자신이 살아가는 시대를 정법이 사라진 시대, 혼돈의 시대, 더 나아가 개혁을 시도해야 할 시기로 보았다. 그리고 그것을 개혁할 수 있는 방법으로 역시 정혜를 닦는 것 이외에는 없다고 생각한 것이다. 그래서 그는 이러한 때 결사를 시작하는 것은 실로 불 가운데 연꽃이 솟는 일이라고 자평할 정도였다.

또한 경허는 결사의 구성에 있어 출가자와 재가자가 함께 동참하는 보조의 결사를 따르고 있다. 출가한 승려와 재가불자들이 함께 모여서 결사를 이룬 전통은 여산 혜원(廬山 慧遠)의 백련결사에서부터 시작되었다. 그리고 보조가 주도한 정혜결사의 경우도 왕, 귀족, 선비, 서민들의 동참을 허락하였다.

이런 보조의 결사를 계승한 경허 역시 자신이 주도한 결사의 참여자에 있어 견해가 같고 행동을 같이 한다면 승속과 남녀노소와 현우귀천을 등을 묻지 않고 모두 동참시켰다. 그가 결사에 출가와 재가를 불문하고 참여시킨 것은 개혁의 의지가 있는 사람이라면 누구나 참여할 수 있는 공동체로써의 성격을 지니고 싶었고, 실제 누구에게나 결사의 최종 목표인 불과에 도달할 수 있는 가능성을 지닌 존재로 보았기 때문이다.

2. 만공과 한암의 결사와 보조사상

1) 만공의 선사상과 보조사상

한국 근대불교에서 경허 이후 결사를 조직하고 선풍을 진작시킨 수행자는 만공과 한암이다.

경허의 사상은 여러 제자들에 의해 계승되었지만 그 가운데 가장 심혈을 기울인 제자가 만공이었다. 경허를 계사로 하여 득도하였으며, 그를 시봉하고 그에게 법을 부촉 받았다. 더 나아가 그의 遺文을 모아 발간하는 데에도 가장 주도적인 역할을 담당하였다. 그리고 스스로 여러 활동을 통해 선을 대중화 시키면서 경허의 사상을 계승하였다.

그런 만공이었지만 사상적 맥락에서 보면 그 역시 세 가지 면에서 보조사상을 계승하고 있음은 알 수 있다. 먼저 그의 깨달음과 수행방법에 있어 보조의 사상을 계승하였음을 볼 수 있다. 만공은 견성오도(見性悟道)를 체득할 수 있는 경절문(徑截門)인 무자화두를 통해 깨달음에 이르렀다. 이것은 그의 선사상이 간화선에 있음을 의미한다. 만공이 처음 깨달음을 얻었을 때가 25세가 되던 해였다. 그렇지만 그가 의심의 끝을 얻은 것은 23세 때 어느 소년의 만남에서 얻게 된 화두였다. 그때의 화두는 '萬法歸一 一歸何處(만법귀일 일귀하처)'이었다. 이 화두는 어떤 스님이 조주(趙州) 스님에게 질문한 선문답으로 만법은 차별과 분별의 세계이므로 이를 떠나 근본의 세계인 평등의 세계로 돌아가는 이치를 말하고 있다. 이는 일체가 오직 마음의 조작임을 알고 평범한 일상생활에 나타나고 있는 모든 존재의 현상을 변화시키고 조작하는 존재의 근원이 자기 마음속에 있다는 사실을 말하는 것으로 여러 선 문헌에 보이고 있다.

그는 여러 해 동안 이 화두를 붙잡고 노력한 탓에 어느 날 새벽 예불에서 '응관법계성 일체유심조(應觀法界性 一切有心造)'를 외우다가 법계의 성품을 깨달아 화엄찰해(華嚴刹海)가 홀연히 열리면서 확철대오 하였다. 옛부터 전해지고 있는 화두를 통해 일체가 모두 오직 마음의 조작임을 알고 본래부터 있던 본성의 성성(惺惺)함을 찾은 것이다.

이런 간화선은 임제(臨濟)의 뒤를 이은 대혜가 화두에 의해서 진리를 깨달을 수 있는 힘이 살아난다고 주장한 것에서 비롯된 화두선이다. 그것은 화두를 통해 불조의 길을 보고 혜명을 이으며, 화두를 통해 중생의 잘못된 모든 모습을 놓아버리고 오직 일념으로 집중함으로써 자타가 구망(俱忘)되었을 때 홀연히 한 번 일어난 한 생각에 의해 타성일편(打成一片)이 되는 것이다. 그러므로 만공에 의하면 불법이란 마음을 일으켜 행하여 얻는 것이지만, 그것은 무거운 나무와 돌을 운반하는 것 같이 하거나 문무의 기술을 학습하는 것은 아니라는 것이다. 또한 하늘을 놀라게 하고 땅을 움식이는 특별한 작용도 아니다. 그것은 망상이 본래 없음을 비추어 통달하면 마음 바탕이 깨끗해지면서 그 마음이 안락하고 조작이 없고 가볍고 무거움과 모자람과 남음 그리고 오고가는 것과 생사가 없게 된다고 표현한 것이다.

다음으로 만공은 스승인 경허를 이어 결사를 주도하였는데, 이 역시 보조의 결사정신과 그 궤를 같이 하는 점이다. 현재 만공이 이끌었던 결사의 모습은 전해지는 내용이 없어 그 실제를 파악할 수 없지만 그의 어록에 '방함록서(芳啣錄序)'가 전해지고 있어 결사가 있었음을 짐작할 수 있다. 방함이란 대중들이 모여 수행할 때 그 취지에 동의하면서 지켜야 할 규칙들에 대한 준수를 약속하는 내용들을 담고 있기 때문이다. 따라서 방함이 있다는 것은 크고 작던 간에 그런 수행의 모임이 있었음을 알 수 있는 것이다.

만공은 두 가지의 방함록에 대한 서문을 남기고 있다. 첫 번째가 1928년에 기록한 「견성암방함록서(見性庵芳啣錄序)」이고, 다음이 1937년에 기록한 「덕숭산정혜사능인선회방함서(德崇山定慧寺能仁禪會芳啣序)」이다. 그는 여기서 고해(苦海)를 여의고 각안(覺岸)에 오르는 것과, 보리(菩提)를 얻어 삼계에서 뛰어나려면 모여 참구하라고 강조하고 있음에서 그러한 수행의 결사가 있었음을 알 수 있다. 또한 만공의 행적을 살펴보면 수덕사(修德寺)와 정혜사(定慧寺), 그리고 견성암(見性庵)을 중창하여 많은 사부대중을 거느리고 선풍을 크게 떨쳤다는 기록도 그 같은 활동이 있었음을 시사하는 내용이다.

마지막으로 만공이 계·정·혜 삼학을 강조한 것 역시 보조와 다르지 않다. 만공은 지계정신으로 한국불교가 전승되어야 한다고 생각하였다. 불자의 몸으로 부처님의 혜명을 전하지 못한다면 이것이 불법 중에 큰 죄이고, 부처의 혜명을 잇지 못한 자라면 머리를 깎는 삭발은 그만두고 눈썹까지 깎는다고 해도 불자가 될 수 없다고 하였다. 반면에 세속의 사람일지라도 주인공의 안신입명처를 깨달았다면 가히 사람 가운데 사람이라고 보았다. 그런 이유로 불교는 출가한 승려만 하는 일이 아니고 세속 사람들도 할 수 있고 그것이 바른 정법임을 밝혀 남녀노소 현우귀천을 가리지 않은 보조의 사상과 일치함을 알 수 있다.

2) 한암의 결사와 보조사상

한암은 일찍이 불영사(佛影寺) 조실로 주석하면서 그곳의 선원에 수선사를 세워 결사를 주도하였다. 그리고 결사에 대한 방함록의 서문인 「불영사수선사방함록서(佛影寺修禪社芳啣錄序)」를 남기고 있지만 전해지는 내용이 없어 자세한 모습을 알 수 없다. 다만 전해지는 그 이름만으로도 보조가 주도했던 결사의 이름을 계승하여 그들의 사상에서 많은 영향을 받았음을 보여준다.

그 후 한암은 금강산 건봉사에서 결사운동을 하였다. 그런 결사운동의 계기와 청규에 대해서 전하고 있는 것이 「금강산건봉사만일원신설선회선중방함록서(金剛山乾鳳寺萬日院新設禪會禪衆芳啣錄序)」이다. 이 글은 한암이 1921년 동안거가 끝난 뒤 3일 후인 1922년 정월 18일에 쓴 것으로 그의 결사가 구체적으로 보조의 사상을 계승하였음을 보여준다.

건봉사에서 결사를 시작한 계기는 한암이 내금강 장안사에 있던 1921년 건봉사의 주지였던 이대연(李大蓮)과 감무 이금암(李錦庵) 전(前)주지 이운파(李雲坡) 화상과 산중의 모든 대중들이 마음을 모아 협의하여 만일원의 예전 염불회를 없애고 선회(禪會)를 새로 설치하여 여러 곳에서 참선에 전력하는 대중들을 모아 수도하면서 국가와 사회에 보탬이 되고자 할 때, 건봉사에서 가까운 장안사에 있던 한암의 수행이력을 알고 있었던 건봉사 주지가 그에게 간곡하게 청하고 이를 수락함으로써 이루어진 것이다.

그런 건의가 있자 한암 역시 선회를 통해 점점 사라져 가던 한국불교의 선풍을 진작시키고 싶었던 마음이 있어 염불회를 없애고 좌선원(坐禪院)을 새로 설치하였다. 이런 결사에서 모든 중생들이 참되고 올바른 신심을 함께 일으키어 더할 데 없이 큰 길임을 깨달아서 다시는 사특한 그물에 걸리지 말고 속히 불과를 증득할 것을 강조하였다.

이와 같이 건봉사에서 행해진 한암의 결사에서 보이는 정신은 역시 보조의 결사정신에서 영향을 받고 있음을 알 수 있다. 그것은 보조가 자신의 정혜결사를 강조하면서 한 가지 바른 因을 맺고 정혜를 함께 닦으며 한 가지 행원을 닦고 부처의 지위에 나아가 보리를 증득하자고 한 내용과 일치하고 있기 때문이다.

한암은 당시 불교계의 신앙풍토에 대해서 보조의 비판을 인용하고 있다. 당시 우리 불교계의 신앙적 태도가 큰 소리로 염불하는 것만을 알고 자성미타의 진실한 교법을 돌이켜 살피는 일을 모르는 것에 대해 견애(見愛)의 정을 가져 부처님의 형상을 보거나 부처님의 명호를 생각하여 오랜 세월을 지내면 흔히 마구니나 도깨비의 지배를 받아 미치광이처럼 날뛰고 함부로 치닫게 되어 공부가 헛수고가 된다는 보조의 말씀을 인용하여 애통하고 가슴 아픈 일로 받아들이고 있다.

한암은 또한 큰 발심으로 이 결사에 참여하였으면 마땅히 무상함을 생각하여 불같이 정진하되 마치 급한 불을 끄는 것처럼 하여 이 큰 일의 종말을 보겠다는 각오를 강조하였다. 만일 이와 같은 맹렬한 마음이 없이 자만하거나 게을러서 하는 일 없이 세월을 보내면 끝내는 악업에 끌리는 바를 면하지 못한다고 보았다. 그리고 이러한 사람은 다만 자신에게 매몰되는 것이 아니라 다른 사람의 수행에도 피해를 주게 되므로 이는 곧 자신을 속이고 남도 속이면서 구차하게 의식에 안주하는 자일 따름이니 결코 참선하는 곳에 받아들여서는 안 된다고 하여 보조의 정신을 계승하고 있다.

한암은 참선에 대한 강조 역시 보조의 말을 인용하여 설명하였다. 그는 참선에 들어가서 자기 마음이 곧 법이라는 것을 믿되 끝까지 변하지 말고 결코 의심하지 말아야 한다고 하였다. 만일 마음이 이와 같이 갖지 아니한다면 비록 만겁을 수행한다 할지라도 끝내 올바른 큰 도에 들어갈 수 없다고 하였다.

한암은 이를 강조하기 위해 만약 마음 밖에 부처가 있고 성품 밖에 법이 있다고 말하면서, 이런 소견을 굳게 고집하여 부처님의 도를 구하고자 한다면 비록 티끌처럼 많은 겁을 지내도록 몸을 사르고 팔을 태우며 뼈를 깨뜨려 골수를 내고 피를 뽑아 경전을 쓰며 늘 앉은 채 눕지도 않고 밥은 하루 종일 묘시(卯時)에 한 끼니만 먹고 대장경을 온통 외우는 등의 갖가지 고행을 닦는다 해도 이는 마치 모래를 쪄서 밥을 지으려는 것과 같아서 다만 스스로 수고만 더할 뿐이라는 보조의 『수심결』을 인용하고 있다.

3. 근대 보조에 대한 인식

근대에 이르게 되면서 한국불교에 대한 정체성에 대한 연구가 나타나기 시작하였다. 그것은 한국불교의 성격과 종조에 대한 연구이며, 그 결과 한국불교 선종인 조계종은 사실상 보조국사 지눌의 사상을 종지로 삼아 계승되었다는 것이다.

실제 이런 견해는 1911년 6월 3일 전문 7개조의 사찰령이 제정되고 1912년부터 각 본사가 각기 사법(寺法)을 제정할 때 송광사 본말사법에서 보이고 있다. 그 사법에 의하면 불일보조국사가 수심견성 하는 난야(蘭若)를 신설하여 선가의 5종이 분립해 있는 장벽을 제거하고, 조계 1가의 종의를 천양(闡揚)하고 있는 것이다.

이어 포광 김영수는 보조에 의해 완성된 돈오점수의 종지가 완성되어 이후 조계구산의 법여(法侶)가 이 종지를 계승하여 통일되었다고 하였다. 그는 자신의 논문에서 보조국사 지눌이 주장한 조계 종지의 대의를 말하면서 지금까지 선교 양가의 일방적으로 치우친 종지를 절충하여 선가 조계종의 본지인 불립문자(不立文字), 직지인심(直指人心), 견성성불(見性成佛)의 종지에 의하여, 자성(自性)을 돈오하고 교가 화엄경의 교리인 지위점차의 보현행을 점수하여 성불한다는 돈오점수의 조계 종지를 밝히고 있다.

이처럼 근대 불교학자들에 의해 보조가 한국불교의 중심이었음을 드러낸 연구가 나타나기 시작한 것은 일제시대를 거치면서 한국불교의 정체성을 찾기 위한 연구라 볼 수 있다. 특히 일제에 의해 한국 내에서 생겨난 종파가 없어지면서 생겨난 경향이다.

이런 시대적 배경에서 한국불교의 정체성을 어디에서 찾을 것인가는 중요한 문제이며, 앞서 살펴본 바와 같이 보조를 한국불교의 중심으로 본 것은 근대의 한국불교 이해에 보조는 매우 중요한 위치에 있었음을 시사하는 것이다.

이런 연구만이 아니라 근대 이후 보조에 대한 영향은 그의 저술의 간행에서도 크게 두드러지고 있다. 현존하는 고서 목록을 살펴보면, 보조 지눌의 저술이 많이 발행되었다. 이것은 그만큼 보조의 영향이 크다는 것을 반증하는 일이다.

그런 보조의 저술 가운데 선가에서 가장 많은 관심을 끈 것은 『선문촬요(禪門撮要)』에 수록된 저술들이다. 서산대사의 저술로 알려져 있는 『선문촬요』는 선문의 중요한 전적을 편집하여 선수행의 지침서로 활용되어 왔는데, 근대에서 현대에 이르기까지 여러 차례 발간되었다.

근대 『선문촬요』가 간행된 곳은 1907년 청도 운문사이다. 이때 상·하권 가운데 상권이 간행되었고, 이후 범어사로 옮겨져 1908년 하권이 간행되었다. 여기에 보조의 저술 가운데 대표적인 『수심결』, 『진심직설』, 『정혜결사문』, 그리고 『간화결의론』이 포함되었다.

이때 『선문촬요』를 간행한 인물이 경허이다. 그가 범어사에서 보조의 저술을 포함하고 있는 서적을 간행한 것은 그의 결사운동과도 관련이 깊다. 앞서 살펴본 바와 같이, 경허는 보조의 결사정신을 계승하였다. 그런 그가 영남과 호남을 중심으로 결사운동을 펼치면서 범어사에서 선풍을 진작할 때 「범어사계명암수선사방함청규(梵魚寺鷄鳴庵修禪社芳啣淸規)」(1902년 10월 15일)와 「동래군금정산범어사계명암창설선사기(東萊郡金井山梵魚寺鷄鳴庵創設禪社記)」(1903년 4월 하순), 그리고 시기를 알 수 없지만, 대략 그 시기에 저술된 것으로 볼 수 있는 「범어사설선사계의서(梵魚寺設禪社契誼序)」 등을 남기고 있다.

그런 경허의 지도아래 당시 범어사의 주지 오성월은 경허를 범어사로 초청, 선풍의 진작에 힘써 1899년 금강암(金剛菴)을 필두로 이후 안양암

(安養菴, 1900), 계명암(鷄鳴菴, 1902), 내원암(內院菴, 1905), 원효암선원(元曉菴禪院, 1906) 내지는 안심암(安心菴), 원응방(圓應房), 대성암(大聖庵) 등의 선회(禪會, 1909)에 이르기까지 범어사 일원을 거의 선원으로 만들어 놓았다.

이런 범어사의 분위기와 달리 당시 승가는 뚜렷한 종지가 없었다. 그러다보니 대부분의 사찰이 선과 교와 염불이 함께 행해지는 삼문수업(三門修業)에 치중되어 있었다. 이 같은 상황으로 신라 후기에서 시작한 이래 면면히 흘러온 선종의 견성성불이라는 선풍은 찾아볼 수 없었다. 이런 상황에서 무엇보다 개오견성(開悟見性)을 표방하는 실참실구(實參實究)의 선풍을 재현하려는 경허에게 보조의 저술은 무엇보다 필요했으며, 간행된 보조의 저술 또한 그런 성격을 뒤받침하고 있다. 이때 간행된 『선문촬요』는 그 내용 그대로 등사판으로 1934년에 간행되었다.

현대에 편찬된 『선문촬요』에서는 보조의 저술을 수록하는데 다소 차이를 보이고 있다. 1983년 7월 만공의 제자인 혜암(惠菴)이 편집한 『선문촬요』에서는 다시 보조의 저술이 축소되어 『수심결』과 『진심직설』만이 수록되었다. 이 『선문촬요』는 목차에서 일제시대 용성이 간행한 『선문촬요』와 동일하여 그 체제를 따르고 있음을 알 수 있다.

이 책을 간행한 혜암은 정법에 굶주리고 공부의 힘이 부족한 불자들의 미혹함(迷)과 깨달음(悟)을 바로잡아 바르게 믿고 바르게 닦으며 바르게 찾도록 하기 위해 이 『선문촬요』를 편집하면서, 구참납자(久參衲子)는 물론이고 불문에 처음 들어온 신도라도 반드시 알아야 할 길로 이런 선문어록을 인포(印布)한다고 하여 역시 선문의 중요한 전적을 목표로 하고 있음을 알 수 있다. 그런 『선문촬요』가 다시 1999년 영인되었는데, 이 책은 1907년과 1908년 경허가 편집해서 간행한 책을 영인한 것이다.

이와 같이 근대에서 최근에 이르기까지 한국 선가의 중요한 전적으로 계승 간행된 『선문촬요』 속에 수록된 보조의 저술을 보면 선풍의 진작은 물론 깨달음을 위한 보조의 사상이 담겨져 있음을 느낄 수 있다.

또한 이것은 근대 쇠락해진 한국불교의 수행풍토를 바로 세우기 위해 보조의 정혜결사를 계승하고자 한 경허에 의해서 편집된 것을 모체로 계승되어 온 것은 근대불교를 중흥하고자 노력했던 경허가 보조의 사상은 물론 저술의 유포에도 많은 역할을 하였음을 알 수 있다.

이러한 사실들로 미루어 볼 때 지눌의 사상은 한국 근·현대불교의 근간을 이루어 왔다고 평가할 수 있다.

04

현대 보조사상의 정립

1. 曉峰의 보조사상 계승

보조국사 지눌의 사상은 그가 활동한 송광사를 중심으로 면면히 계승되면서 그곳은 16국사가 배출되는 등 고려시대 수행의 중심처가 되었다. 이곳은 배불정책으로 불교계의 위상이 저하된 조선시대에도 지눌의 사상이 계승되었고, 근·현대에 이르러서도 면면히 이어졌는데 그 종풍 계승의 중심인물이 효봉이다.

효봉은 1930년 43세가 되던 해 금강산 법기암(法起庵) 뒤편에 토굴을 짓고 '일일일식 장좌불와(一日一食 長坐不臥)'의 필사적인 용맹정진으로 1년 6개월의 수행으로 깨달음을 얻은 후 유점사, 마하연, 신계사 미륵암, 설악산 봉정암, 태백산 정암사, 덕숭산 정혜사 등을 운수행각(雲水

行脚)하다가 1937년 50세가 되던 해 보조국사의 정혜결사 도량인 조계산 송광사에 이르렀다. 이때 효봉에게 송광사는 처음이었지만 전생에 많이 살던 곳처럼 낯설지 않고, 옛 고향에 온 것처럼 심신이 안온하여 운수행각을 멈추게 되었다. 이후 효봉은 송광사 삼일암에 10년간 주석하면서 많은 납자들을 제접하는 한편 이곳에서 보조국사의 가풍과 정혜쌍수의 선풍을 진작시키려는 원을 세웠다.

이처럼 효봉이 송광사에 머물면서 선을 중흥하려던 시기의 한국불교는 일제의 의도에 의해 수행풍토가 해이해져 있었다. 그는 이런 한국불교의 현실을 보고 이 시대에 필요한 수행자를 양성하기 위해 제2의 정혜결사 운동을 전개하여 불교의 중흥과 선풍진작의 뜻을 세웠으며, 송광사를 해동제일의 수행도량으로 빛내고 싶은 원력을 세웠다. 그런 서원을 세운 뒤 1938년 4월 지금까지 불렀던 雲峰 元明(설봉원명)이란 법호와 법명을 曉峰 學訥(효봉 학눌)로 바꾸면서 지눌을 배우는 납자임을 드러내었다. 이후 효봉은 이곳에서 10년간 선풍을 진작하며 보조의 선사상을 계승하는데 최선을 다하는 한편 정혜쌍수(定慧雙修)의 구도관을 확립하였다.

그 가운데 가장 대표적인 것이 1946년 7월 15일 하안거 해제일에 송광사 삼일선원(三日禪院)에서 시작한 '삼년정혜결사(三年定慧結社)'이다. 당시 송광사 회주로 있던 효봉은 '약미발명대사(若未發明大事)면 서불하산(誓不下山)'이란 발원과 함께 삼년 결사를 맹약하였다. 이때 동구불출(洞口不出), 오후불식(午後不食), 장좌불와(長坐不臥), 묵언(默言)의 규칙을 걸고 용맹정진 하였다.

그 후 이런 효봉의 결사운동은 교단 차원에서 실행되었다. 그것이 해인사에서의 정혜결사이다. 이 결사는 혼란기의 한국불교를 바로 세우기 위한 것으로 1946년 11월 6일 당시 조선불교 교정(敎正)이었던 박한영(朴漢永)이 그를 조선불교 가야총림 조실화상으로 위촉함으로써 이루어졌다.

이 시기 교정이었던 박한영이 그에게 그런 책무를 맡긴 것은 광복 직후 불안정한 교단의 실정과 밀접한 관련이 있다. 효봉이 가야총림의 조실로 임명되던 1946년은 친일불교인에 대한 청산과 여러 가지 건설적인 개혁에 대한 종단의 무관심이 성토되었다. 1947년 5월 이후 한국사회에 좌·우익의 이념대결이 일어나자 미군정이 좌익 측의 사찰과 재산을 몰수하는 일이 일어나기도 하였다.

이런 현실이었기 때문에 무엇보다도 일제의 영향을 깊게 받은 한국불교로서는 수행풍토를 회복하고 앞으로의 교단을 이끌어갈 인재양성이 긴급할 수밖에 없었다. 그래서 당시 오랜 '장좌불와'와 '절구통 수좌'란 별칭에 맞게 수행해 온 그를 결사의 지도자로 삼아 한국불교의 앞날을 도모하고자 한 것이다.

해인사 결사에서 한국의 선풍을 진작시키기 위해 헌신한 효봉의 자세를 알 수 있는 것이 「해인사가야총림방함록서(海印寺伽倻叢林芳啣錄序)」이다. 그는 이 글에서 깨달음에 이르기 위해서는 천지를 덮는 기염을 방출하고 부처와 조사를 뛰어넘는 위광(威光)을 발휘해야만 하고 활구(活句)를 참구하고 사구(死句)를 멀리하라고 당부하였다.

그것은 활구로써 천득(薦得)하면 영겁토록 불망(不忘)인 것은 활구가 마치 물과 불이 서로 통하는 것과 같아서 수마(睡魔)와 망상이 침범할 수 없기 때문이지만, 사구는 혼침과 산란함에 빠져 귀신의 굴속에서 헤매는 것이므로 이것으로 천득하면 자기 자신도 구제하지 못하기 때문이다. 그래서 효봉은 그런 수행에 있어 성적등지(性寂等持)하여 정혜쌍수할 것을 당부함으로써 보조의 사상을 계승하였음을 보여주고 있다. 그는 해인사에서 학인을 지도하면서도 상세(上世)에 가장 친절한 이는 육조이며, 중세(中世)에 친절한 이는 조주이며, 하세(下世)에 친절한 이가 보조라 할 정도로 그 정신을 계승하고자 했다.

그런 효봉이었기에 그의 수행에 있어서도 보조의 정혜관을 계승하고 있다. 효봉은 정혜에 대해 정은 혼침과 산란함이 없으며, 성성(惺惺)하고 적적(寂寂)한 것이기 때문에 그런 정력(定力)이 없다면 혜는 건혜(乾慧)일 수밖에 없어 그런 혜로는 생사를 면할 수 없기 때문에 정혜를 쌍수하고 안팎이 명철해야만 한다고 하였다.

그런 효봉의 정혜관은 정은 진리에 합하여 산란한 마음을 수습한다는 보조의 생각과 일치하고 있으며, 그런 정혜 두 문에 의지해서 마음의 모든 때를 다스림이 옳다고 하는 보조의 생각과 일치하고 있다.

2. 九山의 보조사상 계승활동

구산은 1937년 불법에 귀의한 이래 송광사에 수선사를 다시 재건하여 결사의 정신을 되새기는 한편, 본분사(本分事)를 요달하여 국사의 혜명을 이어가는 데 주력하였다. 그리고 자신의 선사상을 정립하는데 보조의 사상에 크게 영향을 받았다. 특히 인간본성을 추구하는 진성(眞性)의 탐구에 있어 사상적 견해를 같이 하였다.

구산은 인간의 마음을 진성이라 표현하였다. 그것은 인간의 가장 깨끗한 본래 성품을 의미하므로 진성을 깨닫는 것은 인간이 본래 모습을 깨닫는 것이다. 그러므로 자기의 참다운 성품을 깨달으면 그대로 불조(佛祖)이지만 참된 나를 잃게 되면 중생이라 부르게 된다. 자기의 주인공을 밝혀내면 바로 피안에 이르는 것이요, 자기의 주인공을 모르게 되면 그대로 사바세계이다. 그래서 진성에 미혹하면 보고 듣고 느끼고 아는 것에 물들어 집착하게 되고 전도를 이루며 모든 고뇌가 생겨나서 생사를 스스로 부르게 되어 삼계의 윤회를 벗어날 수 없는 것이다. 이처럼 구산은 깨달아야 할 대상을 진성이라 명명하고 자신의 참모습을 알면 부처와 다르지 않다고 주장하면서 이것을 보조와 마찬가지로 공적영지(空寂靈知)라 하였다. 그래서 구산은 그러한 진성은 부처님으로부터 인간과 미물, 산천초목에 이르기까지 털끝만큼도 차별이 없이 본래 구족한 것으로 보았다.

다음으로 구산은 선수행에 있어 역시 보조의 수행론에서 많은 영향을 받고 있다. 구산은 돈오점수에 있어서는 보조와 큰 이견을 내지 않고 전통적으로 내려오는 그의 수행을 계승하였다. 먼저 수행 자세에 있어 비록 중생이 여러 생에 익힌 버릇이 깊으니, 바람이 고요해도 물결은 아직 솟구치듯 이치가 드러나도 생각은 오히려 침입한다고 하였으며, 또 이르기를 한 가리움이 눈에 있으면 헛꽃이 떨어진다고 하였으니, 법을 조금 얻은 것으로 만족하지 말기를 바란다는 것이다.

그런 자세로 깨달음을 추구해 가면 깨달음이란 찰나에 있는 것이요, 수행함은 만겁에 있는 것이니, 모든 집착은 녹아버리고 온갖 의혹을 부수어서 선입관이나 잘못된 주관을 흩어버리고 법을 간택하여 관조하되, 크게 깨달음으로 법칙을 삼고 머리 위의 불을 끄듯이 하고 닭이 알을 품듯이 하여 오래오래 계속 하다보면 반드시 들어가는 곳이 있게 된다는 것이다. 이러한 구산의 수행관은 보조의 돈오점수론과 일맥상통한다. 그것은 돈오 후에도 습기가 남아있기 때문에 계속 수행해야 함을 강조하는 것이기 때문이다.

이처럼 구산이 점수를 주장하는 것은 등불이 비록 밝기는 하지만 햇빛으로 견줄 수가 없고, 햇빛이 밝다 해도 자신의 광명과는 비교할 수 없고, 지금 만일 닦지 않으면 악도에 떨어져서 온갖 괴로움이 몸을 얽어매고 벗어날 기약이 없게 되어 괴롭고 괴로울 뿐이며 고난만 가득하리니 닦지 않을 수 없다는 것이다. 이러한 점수론은 중생의 근기가 서로 다르기 때문에 그 근기에 맞춘 수행의 방법을 제시하는 것이라고 할 수 있다.

그런 돈오점수 수행과 함께 구산은 정과 혜를 함께 닦을 것을 강조했다. 이것은 구산이 보조의 영향을 크게 받았음을 시사하는 것이다. 그는 정혜쌍수를 설명하면서 보조의 견해를 많이 따르고 있다. 그의 생각에 의하면 바깥경계는 적적하게 되어 가는 먼지 하나라도 묻을 수가 없게 된 것을 정이라 하고, 마음 경계가 성성하여 화두가 어둡지 않은 것을 혜라고 보았다. 구산의 이러한 견해는 보조가 성성함과 적적함을 같이 지녀, 성적등지 선정과 지혜를 함께 닦는다고 한 점과 동일함을 알 수 있다.

또한 선을 닦을 때에 바깥의 경계가 적적하면 혼침에 빠지지 않는 것을 정이라 하고 안으로 경계가 성성하되 번뇌가 일어나지 않는 것을 혜라고 하니, 성성함과 적적함을 함께 지녀 정과 혜를 같이 닦아야 비로소 큰 깨달음을 얻을 수 있게 된다고 보고 있다. 더 나아가 육근(六根)이 경계를 거두어서 마음이 반연(攀緣)을 따르지 않는 것을 정이라 하고 마음과 경계가 모두 공하여 밝게 비추어 미혹함이 없는 것을 혜라고 하면서 이것이 비록 상(相)을 닦아 들어가는 정혜이지만 점점 닦아 들어가는 수행이라는 견해를 나타내었다. 이런 점 역시 정은 진리에 합하여 산란한 마음을 수습한다는 것과 그런 정혜 두 문에 의지해서 마음의 모든 때를 다스림이 옳다고 하는 보조의 생각과 일치한다.

구산은 오래 동안 송광사에 머물면서 보조사상을 계승하는 활동에도 적극적이었다. 1966년 그의 나이 58세가 되던 해 효봉이 입적하면서 승보사찰인 조계산 송광사를 재건하라는 유훈을 남기자 이를 자신의 평생 사업으로 받아들이면서 보조의 사상을 계승하는 불사에 진력하였다. 그런 활동을 요약하면 다음과 같다.

1969년 그의 나이 61세 때 조계총림을 개원한 후 보조의 시호를 딴 후원단체인 불일회(佛日會)를 전국적으로 결성하였다. 이 불일회는 대구불일회가 조직된 것을 시작으로 부산, 광주, 대전, 서울 등 대도시마다 불일회의 지회가 결성되었다. 또한 1973년 여름 안거부터 조계총림에 한국 최초의 국제선원인 '불일국제선원(佛日國際禪院)'을 개설하여 한국불교에 관심 있는 해외의 스님들에게 그 기회를 제공하는 등 한국불교의 국제화에 앞장섰다. 이런 구산의 노력은 보조의 사상이 함축된 불사를 행함으로써 시공을 초월한 사상적 계승으로 볼 수 있다. 이런 영향은 뒤에 외국인으로 송광사에서 출가 수행한 버스웰(Buswell, 慧明)이 보조의 법어집을 영문으로 번역하여 서구세계에 보조의 사상을 알리는 계기를 마련하였다.

3. 현대 보조사상의 실천과 연구

1) 재가불자의 보조사상 실천

현대에 이르러서도 보조사상은 많은 부분에서 그 영향을 미치고 있다. 그런 보조사상의 영향 가운데 특별한 것은 재가불자들이 보조의 정신을 계승하여 한국 현대불교에 새로운 이정표를 세운 것이다. 그것이 1989년 7월 15일에서 17일까지 경기도 남양주군 봉선사에서 개최된 재가불자들의 결사운동이다.

한국 현대불교사에서 새로운 양상의 재가불자들의 대중결사로 개최된 이 결사에서 보조사상을 계승하여 현대불교를 새롭게 하자는 이념을 제시하였다. 먼저 재가불자 대중결사는 남녀노소 현우귀천을 가리지 않았던 보조의 결사정신을 계승하였다. 보조는 자신이 정혜결사를 실행하면서 결사의 문을 모든 이에게 개방하였다. 그런 그였기에 선과 교, 유교, 도교 가운데 세속을 싫어하는 높은 사람으로 티끌세상을 벗어버리고 높이 현실을 뛰어넘어 안으로 닦는 도에 전념하려는 뜻을 가진 이라면 비록 전일에 결계(結契)한 인연은 없지만, 이 결사문의 뒤에 이름을 함께 하도록 배려하였다. 이런 대중적 결사이념을 계승한 재가불자 대중결사 역시 지난날 '궁정불교', '관권불교'에서 탈피하여 새로운 민간자유의 수도체제를 구축하는 '민간불교', '대중불교'를 지향함으로써 보조의 정신을 계승하고자 하였다.

물론 대중결사는 보조가 추구했던 결사의 양식과는 전적으로 다르다. 우선 이 결사는 승가의 수행풍토를 진작시키고자 했던 결사보다는 현대사회에서 불교를 신앙하는 불자들이 자신들의 신앙심을 돈독히 하고 올바른 신행의 자세를 견지하자는 결사였다. 그래서 결사에 흔히 있던 청규가 아닌 현대식 결의문이 채택되었다.

이때 채택된 결의문을 보면 우리 불자들은 중생의 아픔을 나의 아픔으로 여기는 시대적 요청에 충실하기 위하여 대중불교 결사가 전국적으로 확산되도록 적극 동참하고 아울러 지속적인 운동을 통하여 민족정신으로 정착될 수 있도록 평생운동으로 삼는다. 우리 모두는 직접적이고 적극적인 신앙생활로의 불교생활화를 결의하였다.

제 2 차 대중불교 결사는 다음해인 1990년 7 월 28일에서 29일까지 속리산 법주사에서 개최되었다. 이 대회의 둘째 날 채택된 결의문을 보면, 우리의 결사는 오늘날 무기력과 대사회적 소극성이 모두 우리의 무능과 안일에서 빚어진 것임을 자각하고 이 땅의 모든 대중이 부처님 말씀답게 살기 위한 대중불교 운동의 기치를 세우자고 하여 불법이 쇠퇴한 시대 부처님 법대로 살아가고자 천명한 보조의 이념을 계승하였음을 알 수 있다.

이어 1991년 7 월 27일에서 28일까지 황악산 직지사에서 개최된 제 3 차 대중불교 결사 때에는 불자들의 올바른 신앙의 자세가 논의 되었다. 그리고 제 4 차 대중불교 결사가 1992년 7 월 4 일과 5 일 이틀간 김제 모악산 금산사에서 개최되었는데 '각막 및 장기기증에 대한 제언'이 주장되어 관심을 끌었고, 교계 최초로 각막 및 장기기증 본부가 설치되어 불교의 이미지를 높이는데 크게 기여하면서 현대적 결사 방향을 제시한 것으로 평가되었다.

물론 그 뒤에 계속된 제5차와 제6차의 대중불교 결사 역시 재가불자의 의식개혁, 신앙행위의 오류와 의식, 그리고 신행단체의 현황과 문제점 등이 발표되어 재가불자의 현실적인 문제와 현대결사의 의의 등이 논의되어 높은 평가를 받았다.

2) 현대 보조사상에 대한 연구

고려시대 이후 한국불교사에 있어 가장 많은 영향을 끼친 것은 보조사상이다. 현대에 이르면 보조는 현대 한국불교학 분야에서도 원효와 더불어 많은 관심을 보이고 있는 연구 분야로 자리하였다. 현대에 이르러 보조 연구의 논문은 60년대에 이르러 발표되기 시작하였다. 1963년 박성배는 「悟의 문제」라는 논문에서 보조가 주장한 공적영지를 우리가 지니고 있는 본래의 면목으로 이해하면서 돈오는 증오(證悟)가 아닌 해오(解悟)임을 주장하여 보조의 설을 드러내었다. 그리고 1964년 김잉석은 「불일 보조국사」를 발표하여 보조의 화엄사상과 더불어 전체적인 특징을 서술하였다.

이런 논문으로 시작된 현대불교의 보조연구는 70년대에 이르면 많은 연구 성과들이 나타났으며, 이어 80년대에 이르러 본격적인 학술논문이 제출되어 보조에 관한 전문가의 배출이 이루어졌다고 할 수 있다.

이런 분위기가 고조되자 1987년 송광사를 중심으로 보조사상연구원이 설립되었으며, 당시 연구원 관계자들은 불교학계에서 진행되고 있던 보조 연구에 대해 다음과 같이 인식하였다. 즉, 한국불교계에서 이미 보조의 돈오점수와 정혜쌍수 및 진심직설에 담긴 뛰어난 사상은 이제 불교계만의 관심사가 아니라, 오히려 일반학계와 세계적인 사상계의 관심을 불러 일으켜 현재까지도 끊임없이 연구 발표되고 있다는 것이다.

이처럼 보조에 대한 중점적인 연구에 있어 전환점을 이룬 것은 1987년 2월 송광사에서 있었던 보조사상연구원의 창립이다. 그 해 2월 22일 창립총회를 개최한 보조사상 연구원은 불조의 혜명을 계승선양하고 한국불교의 중흥조인 불일보조국사의 사상과 가풍을 연구 계발하여 정신문화창달에 기여하고 한국불교의 중흥으로 불국토 건설을 목적으로 하였다.

이런 보조사상연구원이 발족하고 지향하였던 방향은 단순한 보조의 연구는 아니었다. 그것은 보조의 사상을 통해 이 시대가 가지고 있는 정신적 문제를 해결하려는 구도적 자세였다. 실제 연구원 설립의 취지를 담고 있는 취지문에 그런 내용이 담겨져 있다.

우선적으로 자신들의 고유한 정신을 지키려는 의지를 천명하였다. 연구원은 자기 것을 대수롭게 여기지 않고 남의 것을 우러르는 자주성을 망각한 사대적 경향 때문에 자기네 조상에 대한 학구적인 관심마저 결여되었다고 판단하고 이런 자세에 대해 부끄럽고 송구스럽게 생각하는 인식에서 출발하였다.

다음으로 현대 사회가 보여주고 있는 정신적 갈등을 해소하려는 의지가 천명되었다. 그래서 오늘을 살아가는 우리는 과학과 물질 만능의 그릇된 풍조 속에 인간의 진심을 잃은 채 뒤바뀐 가치의식으로 큰 혼란을 일으키고 있다고 판단하였다. 그래서 세계의 정신영역 모두가 감각적인 세속의 가치만으로 진정한 삶의 길을 이룰 수 없다는 것을 인식하였다.

이런 문제점을 해결하기 위해 보조사상의 새로운 연구가 시도되고 그것이 이 땅에 정립되기를 서원하였다. 그러면서도 보조를 위한 연구원이 아니라 보편적인 인류의 사상으로 수용되기를 희망하였다.

실제 연구원은 그런 취지를 살리기 위해 사업방향에 있어, 첫 번째 보조국사의 사상과 종풍의 연구계발 및 선양을 위한 일과 보조국사 전서의 간행과 연구논문집의 간행 및 번역, 학술발표 등을 위한 일을 제정하였다.

이런 사업방향에 맞춰 1987년 2월 보조사상연구원이 창립되면서 맨 먼저 착수한 일이 보조전서 간행에 대한 작업이었다. 연구원에서는 2차에 걸친 학술발표회를 개최하는 한편, 안으로는 전서 간행의 일을 추진하였다. 그 결과 1989년 『普照全書』가 간행되었다. 이때 간행된 전서는 지금까지 간행된 보조 저술의 여러 판본을 대조 교열하고 오자와 탈자를 바로잡아 하나의 정본을 만들고자 노력을 아끼지 않았다. 그리고 여기에 특기할 것은 수많은 전적을 들추어 가면서 본문에 나오는 인용문의 출처를 밝혀 보조사상 연구에 깊이를 더했다.

이후 연구원에서는 1987년 11월 학술지 『보조사상』 제1집의 발간을 시작으로 2011년 현재까지 제35집을 발간하였다. 매월 진행된 학술발표회는 94회에 이르렀고, 매년 가을 개최하는 정기학술대회도 23차에 이르렀다. 그리고 국제학술대회 역시 여러 차례 개최되어 보조사상은 물론 한국불교학 발전에 크게 기여하였음을 알 수 있다.

이와 같은 보조사상연구원의 활동 때문에 보조에 대한 연구는 1960년대를 기점으로 현재에 이르기까지 그 양과 질에서 상당한 수준에 올랐고, 1990년대에 이르면 보조를 연구하는 학자의 층이 두터워져 박사학위 논문이 12편이 제출되었다. 그리고 이 시기 연구논문 역시 152편이 발표되어 한국불교계에 보조 연구의 정점을 이루었다. 이때 연구의 담당자 대부분이 젊은 연구자였는데 이는 1987년 설립된 보조사상연구원의 젊은 회원들이 1990년대 왕성한 활동을 전개한 것도 그 궤를 같이 한다는 점에서 의의가 있다. 실제 이 당시 연구된 보조사상은 선사상이 가장 많으며, 다음으로 불교사상의 비교, 돈오점수, 보조의 역사적 위상, 보조와 다른 사상과의 비교연구, 정혜결사, 그리고 조계종 법통에 관한 연구 순이다.

이처럼 현대 불교학자 특히 젊은 학자들에게 보조 연구가 왕성하게 된 이유는 여러 가지가 있겠지만, 아마도 다음과 같은 두 가지 점에서 비롯되었다고 볼 수 있다. 첫째는 한국불교 내에서 보조사상의 영향이 크다는 점이다. 현대에 이르러 돈오돈수와 돈오점수와의 논쟁에서 보조의 선이 돈오점수를 지향하였다고 해서 그 가치를 하향 평가하는 경향이 있었지만, 그럼에도 불구하고 보조는 현대 불교 학자들에게 영향을 줄만큼 사상적 의의를 지니고 있다.

둘째는 1990년대 이르러 한국불교에서 일어난 비승가적 모습에 대한 반성적 의미에서 보조의 가르침이 더욱 필요했을지 모른다. 보조는 무인정권 시대에 권력지향적으로 변모한 불교계에 대한 자정(自淨)의 방향을 제시하였다. 이런 가치는 800년이 지난 이 시대에도 가장 절실한 가치로 인식되어 미래에도 한국불교의 좌표 역할을 할 수 있음을 의미한다.

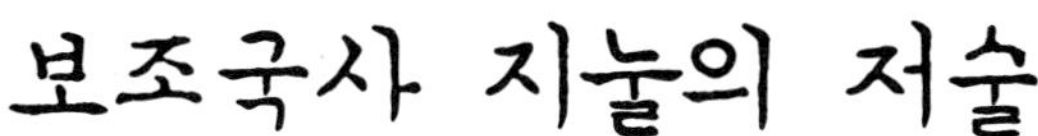

보조국사 지눌의 저술

박 상 국

한국문화유산연구원 원장

지눌(知訥)은 고려불교를 중흥한 조계산(曹溪山) 수선사(修禪寺) 개산조(開山祖)였다. 그리고 정혜결사운동(定慧結社運動)을 전개하면서 정혜쌍수(定慧雙修)·성적등지(惺寂等持)·돈오점수(頓悟漸修)를 주장한 선승이자 당시 불교계의 개혁자였다. 그러나 무엇보다도 그는 진실한 수행자였다. 그리고 후학들에게, 그 당시만이 아니라 오늘 바로 이 자리에 있는 우리들에게까지 바른 삶을 위한 길이 무엇인가, 이를 위해 어떤 자세의 수행이 되어야 하는가를 간곡하게 타이르고 가르치고 있는 교육자이다.

그의 저술은 『권수정혜결사문(勸修定慧結社文)』, 『수심결(修心訣)』, 『진심직설(眞心直說)』, 『계초심학인문(誡初心學人文)』, 『원돈성불론(圓頓成佛論)』, 『간화결의론(看話決疑論)』, 『화엄론절요(華嚴論節要)』, 『법집별행록절요병입사기(法集別行錄節要幷入私記)』와 단편적인 것으로서 『육조법보단경발문(六祖法寶壇經跋文)』, 『목우자법어송(牧牛子法語頌)』이 전래되고 있다. 보조국사비(普照國師碑)에는 『정혜결사문(定慧結社文)』과 『상당록(上堂錄)』, 『법어가송(法語歌頌)』이 등장하고 있으나 『상당록(上堂錄)』과 『법어가송(法語歌頌)』은 현재까지도 나타나지 않고 있다.

최근에 『진심직설(眞心直說)』이 보조의 저술인가에 대해 의문이 제기되고 있다. 이렇게 된 이유는 『진심직설』의 저자에 대한 표시가 없기 때문이다. 더구나 영락북장(永樂北藏)인 『진심직설』 권머리에 붙은 고덕선사진심직설서(古德禪師眞心直說序)를 보고 고덕선사(古德禪師)가 누구

냐는 데 의문이 가지 않을 수 없다. 왜냐하면 서문 내용으로 보아 자서(自序)임에 틀림없기 때문이다. 그래서 필자도 1989년에 보조사상(3집)에서 지적한 바 있다. 그런데 직심직설에 나오는 고덕선사는 옛날의 고승을 일컫는 일반 명사가 아니라는 생각이 든다. 왜냐하면 그냥 문장 가운데 나오는 고덕(古德)이 아니고 고덕선사(古德禪師)의 서문이기 때문에, 확실하지 않으면 그냥 '진심직설서'로 하지 고덕선사를 붙일 이유가 없는 것이다. 서울대 규장각 상백문고에 소장되어 있는 영락북장(1410-1440)인 수심결과 진심직설이 가장 오래된 판본이다. 이 판본은 먼저 수심결이 돈함(敦函) 8이고, 『진심직설』이 돈함(敦函) 9로 배열된 것인데 절첩본으로 합철되어 있다. 이 판본은 1469년 문정중간서(文定重刊序)와 1447년 몽당비구(蒙堂比丘)의 후발(後跋)이 붙어 있는데 상태가 매우 좋아 1469년에 간행한 판본으로 넉넉히 추정할 수 있다. 이후 만력판 가흥대장경(1589-1676)에도 수록되어 있고, 이어서 황벽판대장경(1669-1681)이나 용장(청판대장경, 1735-1736)에도 동일한 내용이 수록되어 있다. 여기에서 1598년 개원사(開元寺)본에서 편차가 바뀌었지만 형태서지 차원 외에 그리 문제 삼을 일은 아닐 것이다.

청허문하에 운봉대지선사(雲峯大智禪師)의 『심성론(心性論)』(1686년序)에 "古德曰 欲免輪廻 莫若求佛 若欲求佛 佛卽是心.... 事非頓除 因次第盡."(보조전서 31쪽 첫째 줄에서 33쪽 14항까지)이라고 '古德曰' 이하에

수심결의 내용이 많이 인용되어 있어 보조선사의 별칭으로 잠시 사용했던 것은 아닐까 생각된다.

이렇게 보조지눌(普照知訥)의 저술은 일찍이 외국에 알려져 중국과 일본에서 간행되었고 수심결과 진심직설, 계초심학인문은 영락북장을 위시해서 15세기 이후의 각국의 대장경에 수록되는 영광을 누렸다. 그리고 특히 진심직설은 중국과 일본에서 주석서가 간행되기도 하였다.

현대에 와서 1937년 오산(五山) 상원사(上院寺)에서 방한암노사현토(方漢岩老師懸吐), 이종욱노사국역(李鍾郁老師國譯), 권상노노사교열(權相老老師校閱)의 원문국역대조『고려보조국사법어(高麗普照國師法語)』가 활자(活字)로 간행되었다. 여기에『권수정혜결사문(勸修定慧結社文)』,『수심결(修心訣)』,『진심직설(眞心直說)』,『원돈성불론(圓頓成佛論)』,『간화결의론(看話決疑論)』이 수록되어 있다. 그리고 1963년에 금탄허술(金呑虛述)의 현토역해(懸吐譯解)『보조법어(普照法語)』가 법보원(法寶院)에서 활자로 간행되어 선장본(線裝本)으로 제책(製冊)되었다.

1982년 동국대학교에서 간행한『한국불교전서(韓國佛教全書)』第四冊에 지눌의 현존저술이 모두 수록되었다. 그리고 한글대장경에『권수정혜결사문(勸修定慧結社文)』,『수심결(修心訣)』,『진심직설(眞心直說)』,『원돈성불론(圓頓成佛論)』,『간화결의론(看話決疑論)』,『법집별행록절요병입사기(法集別行錄節要幷入私記)』,『염불요문(念佛要門)』,『계초심학인문

(誡初心學人文)』, 『화엄론절요서(華嚴論節要序)』, 『육조단경발(六祖壇經跋)』, 『비명(碑銘)』 등이 국역되었다. 1983년 미국 하와이대학 출판부에서 *The Korean Approach to Zen-The Collected Works of CHINUL*이란 제목으로 Robert Buswell(慧明)에 의해서 『화엄론절요(華嚴論節要)』를 제외한 나머지 저술이 영역되어 지눌의 사상이 세계화되는데 크게 기여하였다. 1988년 고려원에서 김달진 역주의 『보조국사전서(普照國師全書)』가 간행되었다.

1989년 보조사상연구원(普照思想硏究院)에서 2년 동안 여러 판본을 대조 교열하여 『보조전서(普照全書)』를 간행하였다. 그 동안 보조국사 지눌의 저술이 유통되어 왔지만, 제판본(諸板本)에서 원문을 하나하나 대교하여 완벽한 보조저술을 단행본으로 간행한 것이다.

01

권수정혜결사문(勸修定慧結社文)

이 책은 보조국사 지눌이 당시 불교재건을 위해 결사(結社)한 선언문으로 정혜쌍수(定慧雙修)를 제창한 내용으로 현존하는 저술 가운데 유일하게 보조국사비(普照國師碑)에 등장하고 있다.

1182년 25세에 보제사(普濟寺) 담선법회(談禪法會)에 참석하여 승선(僧選)에 합격하였으나, 이것이 명리의 길이라 하여 버리고 10여 명의 동지와 함께 정혜결사(定慧結社)를 하기로 했다. 그러나 여의치 않아 동지들과 헤어져 개인적인 수도에 전념하게 된다. 전남 나주에 있던 청원사(淸源寺)에서 수도하던 때, 어느 날 육조단경(六祖壇經)을 보다가 "진여자성(眞如自性)이 생각을 일으켜 육근(六根)이 비록 보고 듣고 깨닫고 알고 하지만, 결코 만상(萬相)[대상(對象)]에 물들지 않고 진여자성(眞如

自性)은 항상 자재(自在)하다."는 구절에 이르러 놀라고 기뻐하며 일찍 겪지 못했던 것을 체험하였다. 그리하여 곧 일어나 불전(佛殿)을 돌면서 이 게송(偈頌)을 읊조리며 스스로 그 뜻을 자득(自得)하였다. 그 뒤 28세 때인 1185년에 하가산(下柯山) 보문사(普門寺)에서 3년 동안 대장경을 열람하다가 화엄경(華嚴經) 출현품(出現品)에 '한 티끌이 대천세계를 머금었다'는 비유와 그 뒤에 "여래의 지혜도 그와 같아서 중생들 마음에 갖추어져 있지만 어리석은 범부들은 그런 줄을 깨닫지 못한다."는 구절을 탐독하게 되었다. 그리하여 그는 경을 머리에 이고 모르는 결에 눈물을 떨어뜨렸다. 이 구절에서 그는 문자 속에 담긴 그윽한 뜻을 찾아 씹고 또 씹어 맛 들여 이전의 지혜(智慧)가 더욱 밝아졌던 것이다.

그러다가 이통현(李通玄) 장자가 지은『화엄론』의 십신초위(十信初位)의 해석을 열람하게 되면서 "범부의 지위에서 십신(十信)에 들어가기 어려운 것은 그들이 모두 자기가 범부임을 인정하고 자기 마음이 바로 부동지(不動智)의 부처임을 인정하지 않기 때문이다."고 한 구절(句節) 등에서 원돈(圓頓)의 관문(觀門)에 잠심(潛心)하고 더욱 확신을 갖게 되었으며, 미혹한 후학을 지도하기 위한 자신의 이론을 정립했던 것이다.

그 후 33세 때인 1190년, 공산(公山) 거조사(居祖寺)에서 일찍부터 알고 있던 득재(得才)라는 선객(禪客)이 와서 거조사에 머물기를 청하여 본격적인 수선결사(修禪結社)를 시작하였다.

권수정혜결사문(勸修定慧結社文) 서문에서 지눌은 "땅에서 넘어진 자는 땅을 짚고 일어서니 땅을 여의고 일어날 수 없다.", 그와 마찬가지로 "한 마음 어두워 끝없는 번뇌를 일으키는 것은 중생이요, 한 마음 깨달음으로 끊임없는 묘용(妙用)을 일으킴은 부처이다. 그러므로 마음을 여의고 부처를 찾아서는 안 되는 것이다."라고 했다. 텅 비고 본래 청정한 마음에 대한 확실한 믿음과 앎을 기초로 하여 선정과 지혜를 닦는 것이 수심의 바른 길임을 7개의 문답을 통해서 일관되게 설명하고 있다.

일반인들의 관심이 많은 극락정토나 신통까지도 선정과 지혜를 닦는 정혜수행으로 귀결된다고 하며, 당시의 일반 교학자나 선문의 수행자들처럼 스스로 비굴하거나[自屈病] 자만하는 병[自高病]에 걸리지 말고 남을 이롭게 하면서 삼학(三學, 계율·선정·지혜)을 닦으라고 하였다. 5천 권의 불경(佛經)이 모두 계·정·혜(戒·定·慧) 삼학에 귀착되는데, 계는 도(道)에 들어가는 문턱이며 그 핵심은 선정과 지혜를 균등하게 닦는 데 있다고 하였다.

보조국사는 선정과 지혜가 모든 수행의 근본이 된다고 하면서 한평생 정혜결사 속에서 살았으며, 모든 그의 사상은 정혜수행에 귀결된다고 할 수 있다.

이 책은 권말(卷末)에 "明昌元年 庚戌(1190) 季春公山隱居牧牛子 知訥謹誌"라는 지문(誌文)과 "至承安五年 庚申(1200) 自公山社於江南曹溪山以隣有定慧寺 名稱混同故 受朝旨 改定慧社爲修禪社 然勸修文旣流布故仍其舊名 彫板印施"라는 간행 기록이 붙어 있다. 이 기록으로 지눌이 33세(1190) 때 공산 거조사에서 저술했음을 알 수 있다. 그리고 43세(1200)에 정혜결사도량을 조계산(曹溪山, 현 송광사)으로 옮겨 사명(寺名)을 정혜사(定慧寺)로 정하려고 하였으나 승주군 정혜사(定慧寺)와 명칭이 혼돈되므로 수선사(修禪寺)로 고쳤다. 그러나 정혜결사문은 이미 유포되어 있으므로 옛 이름 그대로 간행한다고 하였다. 이때를 초판 간행으로 보아야 할 것이다.

전래되는 판본으로는 1608년(萬曆36)의 순천(順天) 송광사간본(松廣寺刊本), 1635년[숭정(崇禎)8] 운주산(雲住山) 용장사간본(龍藏寺刊本), 1681년[강희(康熙)20] 울산(蔚山) 운흥사간본(雲興寺刊本), 1908년[융희(隆熙)2]의 금정산(金井山) 범어사간(梵魚寺刊) 『선문촬요(禪門撮要)』에

수록되어 있는 판본이 전래되고 있는데, 송광사와 범어사에는 목판이 보관되어 있어 아직도 찍어 사용할 수 있다. 그리고 강건기의 정혜결사문 강의(2006, 불일출판사)가 있다.

02

목우자수심결
(牧牛子修心訣)

고려 중기의 승려 보조국사 지눌이 마음을 닦는 비결에 대해 저술한 책으로, 『수심결』 또는 『고려국보조선사수심결』이라고도 한다. 이 책의 집필 연대와 장소는 미상이나, 지눌이 41세 때인 1198년(신종 1) 지리산 상무주암(上無住庵)에 있을 때 열람했던 『대혜어록(大慧語錄)』을 인용하고 있는 점으로 보아 그 이후의 저술로 추정하고 있다.

이 책은 책머리에 이 세상은 불타는 집과 같이 뜨거운 번뇌로 가득 채워져 있다고 하며, 인간은 그 속에서 긴 고통을 받고 있음을 상기시킨 뒤 윤회를 벗어나는 유일한 방법은 부처가 되는 길임을 강조하였다. 사람들이 어리석어 자기의 몸이 참 부처인 줄을 알지 못하고 자기 성품이 참 법(法)임을 알지 못한 채 마음 밖에서 부처를 구하고 성품 밖에서 법을 구하려고 하므로 본래 지니고 있는 자기 마음을 안으로 비추어 보고 닦으라고 하였다.

또한 마음을 닦는 데 있어서 돈오점수(頓悟漸修)와 정혜쌍수(定慧雙修)의 방법을 제시하고 구체적으로 설명하였다. 성인이 범부와 다른 점은 '스스로 마음을 지키는 것'이라고 하면서, 만일 믿어서 의심이 단번에 없어지면 곧 돈오한다고 가르쳤다. 모든 성인들은 먼저 깨닫고 뒤에 닦는 선오후수(先悟後修)를 행하였다. 돈오(頓悟) 후에 점수(漸修)하는 방법으로는 먼저 허망한 생각을 다스리고, 선정과 지혜를 고루 닦는 것으로 요약하고 그 뜻을 구체적으로 친절하게 설명하였다. 그리고 끝으로 "보배가 있는 곳을 알면서도 구하지 않고 가난함을 스스로 원망만 할 것인가. 보배를 얻으려고 하면 오욕칠정(五慾七情)으로 얽혀 있는 가죽주머니(육신)를 놓아버리라."고 하였다. 이 책의 중심사상인 돈오점수와 정혜쌍수사상은 뒤에 한국불교 선종의 수행지표가 되었다.

이 책은 일찍이 중국으로 들어가 1447년[정통(正統)12]의 몽당비구운암(蒙堂比丘雲菴)의 발(跋)이 붙은 영락북장(永樂北藏)[북경판대장경(北京版大藏經), 1410-1440]의 속대장경(續大藏經)을 비롯하여 만력판대장경(萬曆版大藏經)[가흥판(嘉興版), 1589-1676], 용장(龍藏)[청판대장경(淸版大藏經), 1735-1738], 상해빈가정사판(上海頻伽精舍版, 1891), 만속장경(卍續藏經)[신문풍출판공사집(新文豊出版公司輯), 1977], 그리고 일본에서는 황벽판대장경(黃檗版大藏經, 1668-1678)에 수록되었는데, 이는 중국 만력판 대장경을 그대로 수용하였기 때문이다. 이후 대일본교정대장경(大日本校訂大藏經)[축장(縮藏), 1880], 대정신수대장경(大正新修大藏經, 1922-1934)에 수록되었는데, 15세기 이후 중국과 일본에서 간행된 대장경에 모두 수록되어 있다.

우리나라에서는 지눌의 생존 당시부터 간행되었을 것으로 추정되지만, 현재 남아 있는 고간본(古刊本)은 성암고서박물관에 소장되어 있는 건문이년(建文二年, 1400) 팔월이일지(八月二日誌) 지리산덕기암중간본(智異山德奇庵重刊本)을 비롯하여 10여종에 지나지 않는다. 이 판본은 1483년 고대 만송문고에 소장되어 있던 고성지벽운사본(固城地碧雲寺本)과 같은 계열로 보인다.

그리고 정통육년신유(正統六年辛酉, 1441) 이월일녕해용두산윤필암(二月日寧海龍頭山閏筆菴)에서 새긴 10행(行) 16자(字)본이 기림사 비로자나불상 복장전적에서 발견되어 보물 959호로 지정되어 있다. 그 후 세조 13년(1467)에는 간경도감에서 간행하였다. 원문은 비현합에서 구결(현토)하고 혜각존자 신미가 번역한 것을 당대의 명필인 안혜(安惠), 유환(柳睆), 박경(朴耕) 등이 원문은 중자로, 번역은 정방형 고딕체의 한글 소자로 쓴 것을 간행한 것이다. 세조가 주관한 불서국역 사업으로 시작하였기 때문에 새김이나 인쇄 등은 조선조 최고의 명품 책이라 할 수 있다. 이 간경도감에서 간행한 판본은 서울대 규장각(보물 770호)과 이건희(보물 934호)씨가 소장하고 있다. 이 판본은 뒤에도 여러 차례 번각이 이루어졌는데, 1500년 가야산 봉서사본, 1567년 순창 취암사본 등이 이 판본을 번각한 것이다. 이외 1598년 개원사(開元寺) 장경당(藏經堂) 중각본(重刻本)은 1965년 한일문화재 반환 때 마이크로필름으로 돌아온 것인데 영락대장경 번각본으로 중국에서 간행된 것이다.

그리고 1799년 순천 송광사에서 간행한 판본은 권말에 수관거사이충익지문(水觀居士李忠翊識文)이 있다. 이 지문에 의하면 이충익이 중국 북경에서 보조국사 『수심결(修心訣)』과 『진심직설(眞心直說)』, 『계초심학인문(誡初心學人文)』을 합본한 것을 가지고 와서 송광사에서 간행한 가흥대장경(嘉興大藏經, 萬曆版)의 번각본(飜刻本)임을 알 수 있다. 이 판본 뒤에 1602년 경산(徑山) 적조암(寂照庵) 식문(識文)이 붙어있어, 이 판본의 저본은 명나라 만력 연간에 간행한 가흥대장경(嘉興大藏經)에 수록된 것임을 알 수 있다. 이 대장경은 만력판대장경(萬曆版大藏經)으로도 불리는데, 반엽 10행 20자씩 배열되어 있는 방책본 판식이다. 제작의 시작은 오대산에서 착수되어 각지에서 분각(分刻)하였고, 그 후 가흥(嘉興, 절강(浙江)) 능엄사(楞嚴寺)에서 완성되었다. 그리하여 가흥장(嘉興藏)이라고도 하고, 쌍경(雙徑) 적조암(寂照庵)에 판이 있었다고 하여, 일명 경산장(徑山藏)이라고도 한다. 이렇게 목우자 수심결은 15세기부터 중국의 대장경에 수록되어 간행되었던 것이다. 이 후 1908년 금정산 범어사 개간본인 『선문촬요(禪門撮要)』에 수록되어 있는데 이 역시 만력판대장경의 번각이다. 현존하고 있는 고판본의 간행기록을 보면 다음과 같다.

1. 第十代開板 建文二年(1400)八月二日誌 智異山德奇庵重刊-9항 16자, 성암
2. 正統六年辛酉(1441)二月日寧海龍頭山間筆菴刊板-10항 16자, 기림사
3. 成化三年丁亥歲(1467) 朝鮮國 刊經都監 奉教雕造-9항 17자
4. 成化三年丁亥(1467)三月日 慈氏山萬魚寺開板
5. 成化己丑年(1469)五月端陽日後學文定序-10항 17자, 永樂北藏, 서울대 상백문고.
6. 成化十九年癸卯(1483)四月日 固城地碧雲寺開板-9항 16자,
7. 弘治十三年庚申(1500)燕山君五年仲冬有日 慶尙道陜川土伽倻山鳳捿寺開刊-간경도감번각
8. 隆慶元年丁卯(1567)六月 全羅道淳昌地鷲巖寺開刊-간경도감 번각
9. 萬曆二十六年(1598)開元寺 藏經堂 如岩等 重刻- 8항 17자, 중국 사찰판본
10. 萬曆壬寅(1602)徑山 寂照庵識-10항 20자, 萬曆版大藏經, 1679년 印造, 국립중앙도서관

11. 嘉慶己未(1799)七月日 水觀居士李忠翊識 順天松廣寺開刊-9항 18자

12. 1908년(隆熙2) 金井山 梵魚寺本-10항 20자

이외에 해인사에는 1500년 서봉사에서 개간한 목판을 소장하고 있고, 송광사에는 1799년에 개간한 목판, 범어사에는 1908년에 개간한 목판을 소장하고 있다. 이들 목판은 현재도 사용할 수 있다.

03
진심직설
(眞心直說)

이 『진심직설(眞心直說)』은 한국인의 선서(禪書) 가운데 백미(白眉)로 일컫는 책이다. 진심(眞心)은 무엇이며 어떻게 이해하고 수행해야 하는지에 대해서 저술한 책이다. 불교는 마음으로 집약된다. 이 '심(心)', 한 자의 법문(法門)을 바로 깨달으면 부처요, 그것을 미혹하면 곧 중생이다.

이 책은 먼저 진심정신(眞心正信)에서 '믿음은 도의 근원이요, 공덕의 어머니로서 일체의 선근을 길러낸다'는 화엄경의 내용과 '믿음은 물을 맑히는 구슬과 같나니 흐린 물을 능히 맑히기 때문이다'는 유식의 내용을 인용하여, 만 가지 선이 발생하는 데는 믿음이 길잡이가 된다고 하였다. 그리고 기신론에 '만일 어떤 사람이 이 법을 듣고 겁내거나 약한 마음을 내지 않으면, 그는 결단코 부처 종자를 이어 받아 반드시 모든 부처님의 수기를 받을 것이다'는 내용을 인용하여 천리를 가려면 첫걸음이 발라야 한다고 하였다. 이렇게 신심이 무엇이고 진심이 바로 부처임을 바로 믿어야 한다고 설명하였다. 진심정신(眞心正信), 진심이명(眞心異名), 진심묘체(眞心妙體), 진심묘용(眞心妙用), 진심체용일이(眞心體用一異), 진심재미(眞心在迷), 진심식망(眞心息妄), 진심사의(眞心四儀), 진심소재(眞心所在), 진심출사(眞心出死), 진심정조(眞心正助), 진심공덕(眞心功德), 진심험공(眞心驗功), 진심무지(眞心無知), 진심소왕(眞心所往)의 15장으로 나누어 진심에 관한 모든 것을 간결하게 설명하고 있다. 영락북장에 실린 진심직설에 대한 1469년 문정(文定)의 중간서(重刊序)에 "숙생(宿生)의 인연으로 이 글을 만나게 된 것을 경행(慶幸)으로 여긴다."고 했고, 법운 이종익은 『진심직설(眞心直說)』 한 편은 불법의 핵이며, 장경(藏經)의 진수인 '심(心)' 한 자가 내포하고 있는 교의를 총 요약하였다고 하며, 국사(國師)의 저술 중 안장(眼藏)이며 정수라고 하였다.

이 책은 『수심결(修心訣)』과 마찬가지로 일찍이 중국에 전래되었고 일본에 전래되었다. 그리하여 영락북장(永樂北藏)[북경판(北京版), 1410-1440]의 속대장경(續大藏經)을 비롯하여 만력판대장경(萬曆版大藏經)[가흥판(嘉興版), 1589-1676], 용장(龍藏)[청판대장경(淸版大藏經), 1735-1738], 상해빈가정사판(上海頻伽精舍版, 1891), 만속장경(卍續藏經)[신문풍출판공사집(新文豊出版公司輯), 1977], 그리고 일본의 황벽판대장경(黃檗版大藏經, 1668-1678), 대일본교정대장경(大日本校訂大藏經)[축장(縮藏), 1880], 대정신수대장경(大正新修大藏經, 1922-1934)에 수록되었다. 15세기 이후 중국과 일본에서 간행된 대장경에 모두 수록되어 있다. 1469년 문정(文定)의 중간서(重刊序)를 보면 영락장경에 수록되기 이전에 중국에서 간행된 판본임을 알 수 있다.

우리나라에서 간행된 현존 고본(古本)으로는 『수심결(修心訣)』과 합각

(合刻)되어 있는 1799년 송광사간본(松廣寺刊本)과 1908년[융희(隆熙)2] 금정산(金井山) 범어사간(梵魚寺刊) 『선문촬요(禪門撮要)』에 포함된 것뿐이다. 모두 목판이 현 사찰에 소장되어 있어 지금도 인쇄가 가능하다. 그런데 송광사본은 9항 18자본이고 범어사본은 10항 20자본이다. 이 송광본은 수심결과 마찬가지로 이충익[수관거사이충익(水觀居士李忠翊)]이 중국 북경에서 보조국사 『수심결(修心訣)』과 『진심직설(眞心直說)』, 『계초심학인문(誡初心學人文)』을 합본한 것을 송광사에서 개간한 것이다. 이 판본은 1602년 경산(徑山) 적조암(寂照庵) 식문(識文)이 붙어있는 가흥대장경(嘉興大藏經)[만력판(萬曆版)] 판본의 번각이다. 다시 말하면 이 판본의 저본은 명나라 만력 연간에 간행한 가흥대장경(嘉興大藏經)이다. 이 판본은 만력판대장경(萬曆版大藏經)으로도 불리는데, 반엽 10행 20자씩 배열되어 있는 방책본 판식이다. 제작의 시작은 오대산에서 착수되어 각지에서 분각(分刻)하였고, 그 후 가흥(嘉興)[절강(浙江)] 능엄사(楞嚴寺)에서 완성되었다. 그리하여 가흥장(嘉興藏)이라고도 하고, 쌍경(雙徑) 적조암(寂照庵)에 판(板)이 있었다하여, 일명 경산장(徑山藏)이라고도 한다.

그리고 영락북장(永樂北藏)인 명본(明本) 『진심직설(眞心直說)』이 서울대학교 상백문고(想白文庫)에 있다. 권수(卷首)에 「고덕선사(古德禪師) 진심직설서(眞心直說序)」가 나오고, 이어서 1469년[성화(成化) 기축(己丑)]에 후학 문정(文定)이 쓴 「중간진심직설서(重刊眞心直說序)」와 권말(卷末)에 1447년[정통(正統)12]의 몽당비구(蒙堂比丘) 운암(雲菴)의 발문(跋文)이 실린 판본이다. 이 외에 또 국립중앙도서관에 1679년에 대학사(大學士) 명주(明珠)가 천불사(千佛寺)에서 인출한 경산(徑山) 적조암(寂照庵) 식문(識文)이 있는 석판본으로 알려진 것은 필사본이었다. 이것은 만력판대장경 번각판이라고 할 정도로 정성을 다해 모사한 것이다. 이종익 선생이 지적한 바와 같이 송광사본(松廣寺本)의 저본이 된 이충익이 명나라 북경에서 가져온 그 판본을 모사하여 송광사본의 발문도 옮겨 적고 끝에 쌍행으로 이충익의 문집에 이 발문이 수록되어 있지 않았는데, 우연한 기회에 선생의 외손자가 송광사에서 판각한 사실을 알게 되었다는 것도 기록하였다.

이 책은 1932년에는 일본의 황목정윤(荒木正胤)이 편찬하고 교정하여 대대목서원(代代木書院)에서 『고려국보조국사지눌선사찬 진심직설』이 간행되었다. 그리고 1933년에는 자유중국 임추오(林秋梧)의 백화주해(白話註解)가 간행되었다. 그리고 1936년에는 일본의 공전연랑(公田連郞)의 교주본(校註本)이 간행되었다. 현존하고 있는 고판본의 간행기록을 보면 다음과 같다.

成化己丑年(1469)五月端陽日後學文定序－永樂北藏, 10항 17자, 서울대상백문고.

嘉慶己未(1799)七月日 水觀居士李忠翊識 順天松廣寺開刊-9항 18자

隆熙2年(1908) 金井山 梵魚寺本－10항 20자 萬曆大藏經번각

송광사에는 1799년에 개간한 목판, 범어사에는 1908년에 개간한 목판을 현재까지 소장하고 있고 현재도 사용할 수 있다.

현대판으로는 1934년 방한암(方漢岩)이 현토하고 이종욱(李鍾郁)이 번역한 『고려보조국사법어(高麗普照國師法語)』와 김탄허(金呑虛)의 『고려국보조선사어록』, 『한글대장경』 153권, 이기영(李箕永) 역 『한국의 불교사상』, 심재열(沈載烈) 강설 『보조법어』(보조문화사, 1979) 등에 수록되어 있다. 그리고 단행본으로 이기영 역이 동국대학교에서 1978년에 간행한 현대불교신서에 포함되어 있다.

04

계초심학인문(誡初心學人文)

이 책은 표제의 말 그대로 초심학인이 조심하고 마음에 새겨야 할 내용으로, 사찰에서의 대중생활에 필요한 생활규범이다. 1205년에 송광사에 수선사를 개설하면서 초심자를 비롯한 대중의 일상생활과 수행에 필요한 규범으로 저술한 일종의 수선사청규(修禪社淸規)로 볼 수 있다. 내용은 처음 마음을 낸 사람은 나쁜 벗을 멀리하고 어진 이를 가까이 할 것이며, 오계와 10계를 받아 지니고 오직 부처님의 말씀을 의지하고 용렬한 사람들의 허망한 말을 따르지 말라고 하였다. 그리고 잘난 체 뽐내지 말고 화합하며 자신을 잘 지키도록 하였다. 마지막에는 뜻과 절개를 굳게 하여 게으르지 말고 허물을 뉘우치고 마음을 항복받아 부지런히 수행하면 선정과 지혜가 절로 원만해져 자신의 성품을 보아 자비와 지혜로 중생을 제도하여, 인간과 천상의 큰 복밭이 될 것이니, 부디 부지런히 힘써야 할 것이라고 하였다.

이 책은 대한불교조계종에서는 강원의 초등 교과과정인 사미과(沙彌科)에서 최초로 배우는 교재로서 원효의 『발심수행장(發心修行章)』과 야운(野雲)의 『자경(自警)』 등이 합철(合綴)되어 『초발심자경문(初發心自警文)』으로 흔히 불리고 있다.

이 책 역시 『수심결』, 『진심직설』과 마찬가지로 일찍이 중국에 전래되어 1447년[정통(正統)12]의 몽당비구운암(蒙堂比丘雲菴)의 발(跋)이 붙은 영락북장(永樂北藏)[북경판대장경(北京版大藏經), 1410-1440]의 속대장경(續大藏經)을 비롯하여 만력판대장경(萬曆版大藏經)[가흥판(嘉興版), 1589-1676], 용장(龍藏)[청판대장경(淸版大藏經), 1735-1738], 상해빈가정사판(上海頻伽精舍版, 1891), 만속장경(卍續藏經)[신문풍출판공사집(新文豊出版公司輯), 1977], 그리고 일본에서는 황벽판대장경(黃檗版大藏經, 1668-1678)에 수록되었다. 이후 대일본교정대장경(大日本校訂大藏經)[축장(縮藏), 1880], 대정신수대장경(大正新修大藏經, 1922-1934)에도 수록되었다. 결국 15세기 이후 중국과 일본에서 간행된 대장경에 모두 수록되어 있다. 대부분 『수심결』, 『진심직설』과 합철(合綴)되어 있다.

현존 고간본(古刊本)의 현황으로는 다음과 같다.

1. 1400년(建文2) 智異山 德奇庵本
2. 1563년 淩城地 雙峯寺本
3. 1564년 邊山 蒼崛庵本
4. 1570년 康津 無爲寺本
5. 1572년 崇德山 歸眞寺本
6. 1574년 九月山 月精寺本

7. 1577년 曹溪山 松廣寺本

8. 1579년 智異山 神興寺本

9. 1583년 光敎山 瑞峯寺本

10. 1594년 月精寺本

11. 1608년 順天 松廣寺本

12. 1633년 雪峯山 釋王寺本

13. 1634년 水淸山 龍腹寺本

14. 1635년 龍藏寺本

5. 원돈성불론(圓頓成佛論)

이 책은 『화엄경(華嚴經)』의 원돈교지(圓頓敎旨)를 선문(禪門)으로 회통시킨 만년의 저술인데, 『간화결의론』과 함께 입적 이후 수선사 2세 사주 혜심이 발견한 것이다. 이 책은 보조국사가 28세 때 하가산 보문사에서 대장경을 열람하다가 『화엄경』 「여래출현품」에 '한 티끌이 대천세계를 머금었다'는 비유와 그 뒤에 '여래의 지혜도 그와 같아서 중생들 마음에 갖추어져 있지만 어리석은 범부들은 그런 줄을 깨닫지 못한다'는 구절을 탐독하게 되었다. 그리하여 그는 경을 머리에 이고 모르는 결에 눈물을 떨어뜨렸다. 이 구절에서 그는 문자 속에 담긴 그윽한 뜻을 찾아 씹고 또 씹어 이전의 해가 더욱 밝아졌던 것이다. 그런데 '요즈음의 범부들이 최초에 믿어 들어가는 문은 자세히 알지 못하였다'는 말을 보면 후학을 위한 이론이 정리되지 않았던 것 같다. 그러다가 이통현(李通玄) 장자가 지은 『화엄론』의 십신초위(十信初位)의 해석을 열람하게 되면서 "범부의 지위에서 십신(十信)에 들어가기 어려운 것은 그들이 모두 자기가 범부임을 인정하고 자기 마음이 바로 부동지(不動智)의 부처임을 인정하지 않기 때문이다."고 한 구절 등에서 원돈(圓頓)의 관문(觀門)에 잠심(潛心)하고 더욱 확신을 갖게 되었으며, 미혹한 후학을 지도하기 위한 자신의 이론을 정립했던 것이다.

혜심의 발문에 보면, "불법이 쇠폐하여 선(禪)과 교(敎)가 서로 비방한다. 선은 불심(佛心)이고 교는 불어(佛語)인데 선(禪)과 교(敎)의 두 집안이 원수보듯하고 있어 보조국사께서 안타까이 여기시고 이 책을 지으셨다."고 하였다.

내용은 다섯 번의 문답형식으로 구성되어 있다. 교와 선이 근원이 다르지 않고 돈오원수해야 하며, 범부의 일상무명 분별심이 바로 제불의 부동지임을 직시하고 돈오하여 첫 발심위에 들어가 그 근본지혜를 여의지 말고 그대로 증오의 경지에 들어가야 한다는 것이다. 마치 선재동자가 문수의 법을 듣고 발심하여 53선지식을 참방하고 마침내 불과를 성취하듯이 일생에 그 공력이 완성된다는 내용이다.

일반적으로 『간화결의론(看話決疑論)』과 합철(合綴)되어 유통되었다. 1578년[만력무인(萬曆戊寅)] 묘향산(妙香山) 반야암간본(般若庵刊本)의 권말(卷末)에 무의자(無衣子) 혜심(慧諶)의 발(跋)이 있는데, 여기에 의하면 입적 후에 유고(遺稿)를 발견하여 1215년[정우(貞祐)3]에 이극재(李克材)의 시재(施財)로 처음 간행했음을 알 수 있다. 그리고 이외에 1579년 속리산(俗離山) 대자암본(大慈庵本)이 동국대와 산기문고에 소장되어 있고, 1583년 추월산(秋月山) 용천사판(龍泉寺版)은 고려대학에, 1604년 능인암개간이진(能仁庵開刊移鎭) 쌍계사본(雙溪寺本)과 1608년 순천(順天) 송광사본(松廣寺本)은 개인이 소장하고 있다. 1611년 지리산(智異山) 능인암본(能仁庵本)과 1617년 황연도(黃延道) 송화수증유판본(松和修曾留板本)은 국립중앙도서관에, 1626년 지제산(支堤山) 천관사본(天冠寺本)은 서울대도서관에 소장되어 있다. 1604년 능인암개간이진쌍계사(能

仁庵開刊移鎭雙溪寺)는 현재 하동 쌍계사에 그 목판이 보존되어 있고 지금도 사용할 수 있다.

05

간화결의론(看話決疑論)

이 책도 혜심(慧諶)에 의해서 발견된 것으로 『원돈성불론(圓頓成佛論)』과 함께 간행, 합철되어 내려왔던 것이다. 역시 1215년에 이극재(李克材)의 시재(施財)로 처음 간행되었다.

보조국사 지눌은 25세에 보제사(普濟寺) 담선법회(談禪法會)에 참석하여 승선(僧選)에 합격하였으나 이것이 명리의 길이라 하여 버리고, 여기서 동학 10여 명과 약속한 결사도 여의치 않아 동지들과 헤어져 개인적인 수도에 전념하게 되었다. 이후 수행과정에서 세 번의 큰 전기를 맞게 되는데, 그 세 번째가 41세(1198) 되던 해 상무주암(上無住庵)에서 일어났다. 그 해 봄에 선객(禪客) 몇 사람과 바릿대 하나로 지리산을 찾아 상무주암에 은거하시니, 경계가 그윽하고 고요하여 천하에 제일이어서 참으로 편안히 참선하는 이의 머무를 곳이었다. 이에 외연(外緣)을 물리쳐 버리고 내관(內觀)에만 전념하여 갈고 닦아 날카로운 지혜를 내고 근원까지 들어갔다. 이때의 일을 뒤에 지눌은 다음과 같이 말하고 있다.

보문사에서부터 이미 10여 년이 되었다. 비록 뜻을 얻어 부지런히 닦아 시간을 헛되이 보낸 일이 없었다. 그러나 아직 정견(情見)만은 버리지 못하여 어떤 물건이 가슴에 걸리어 마치 원수와 함께 있는 것 같았더니, 지리산에 있을 때 『대혜보각선사어록(大慧普覺禪師語錄)』을 보니 거기에 "선정은 고요한 곳에도 있지 않고 또 시끄러운 곳에도 있지 않으며, 일상인연에 따르는 곳에도 있지 않고 생각하고 분별하는 곳에도 있지 않다. 그러나 먼저 고요한 곳이나 시끄러운 곳이나 일상인연에 따르는 곳이나 생각하고 분별하는 곳을 버리지 않고 참구(參句)해야 한다. 만일 갑자기 눈이 열리면 비로소 그것이 집안 일임을 알 것이다." 하는 데 이르러 계합(契合)하여 그 뜻을 깨치게 되어 저절로 전에 무엇이 걸려 있는 듯하던 가슴이 시원하게 탁 트이며, 마치 오랜 체증이 내려간 듯 당장에 편하고 즐거워졌다.

이는 바로 자유 해탈의 경지에 도달한 것이었다. 이 책의 내용은 어떤 이가 묻기를 "화엄교에서 이미 법계의 걸림 없는 연기를 밝혔기에 취하고 버릴 것이 없거늘 무엇 때문에 선문에서 열 가지 병을 가려서 화두를 보느냐"고 하였다. 이에 대해서 "요즘 어설피 공부하는 무리들은 선문의 화두를 참구하는데 오묘하고 은밀한 뜻을 알지 못하여 흔히 그런 의심을 가진다. 그러나 만일 진성연기의 의리분재를 논한다면 선학을 하는 사람인들 어찌 그 열 가지 선병(禪病)이 화엄의 법계연기와 같은 줄을 모르겠는가. 그리고 일체의 장애가 곧 구경각이니 성공이나 실패가 모두 해탈이라는 교문의 내용을 인용하면서 이러한 언교가 많지만, 그것은 사구라 하는 것은 사람들로 하여금 지해의 장애를 내게 하기 때문이라는 것이다. 그러나 화두의 무자는 한 덩이 불과 같아 가까이 가면 태우기 때문에 불법의 지해(知解)가 붙을 곳이 없다. 그러므로 무자는 나쁜 지해(知解)를 부수는 연장이다."고 한 것이다. 결국 초심의 학자들은 경절문의 활구를 참구할 수 없으므로 그 본체 그대로의 원담으로 가르쳐 믿고 알아 물러나지 않게 하려는 것이다. 이렇게 6가지의 문답으로 당시 선에 대한 바른 이해와 대혜의 경절문 활구의 법문을 설명하였다. 한국 선(禪)의 방향을 틀어준 책이라 하겠다.

현존 고본(古本)은 다음과 같다. 1578년 묘향산반야암개판이전보현사본(妙香山般若庵開板移傳普賢寺本)은 국립중앙도서관과 고려대학이 소장하고 있고, 1583년 추월산 용천사판은 고려대학에, 1604년 능인암이진(能仁庵移鎭) 쌍계사본(雙溪寺本)과 1608년 순천(順天) 송광사본(松廣寺本)은 국립중앙도서관에서 소장하고 있다. 1617년 황연도(黃延道) 송화수증유판본(松和修曾留板本)은 국립중앙도서관, 1626년 지제산(支堤山) 천관사본(天冠寺本)은 서울대학에서 소장하고 있고, 1908년 금정산(金井山) 범어사본(梵魚寺本)과 기타 간년미상(刊年未詳)인 덕지구운사본(德地句雲寺本)이 연세대학에 있다. 그리고 1604년 능인암이진(能仁庵移鎭) 쌍계사본(雙溪寺本), 1608년 순천(順天) 송광사본(松廣寺本), 1908년 금정산(金井山) 범어사본(梵魚寺本)은 하동 쌍계사와 송광사, 범어사에 그 목판이 소장되어 있어 현재도 사용이 가능하다.

06

화엄론절요 (華嚴論節要)

『화엄론절요』는 고려 후기의 승려 지눌(知訥, 1158-1210)이 1207년에 당나라 이통현(李通玄, 636-673)의 『신화엄경론(新華嚴經論)』 40권을 분석, 정리하여 중요한 부분만을 골라서 3권으로 편찬하여 간행한 것이다. 당시 송광사의 수선사 대중들 간에는 화엄사상의 교리에 구애되어 논쟁을 일삼는 폐단이 없지 않았기 때문에, 수행의 여가를 이용해서 『신화엄경론』의 중요한 안목을 골라 선문의 즉심즉불(卽心卽佛, 마음이 곧 부처)과, 화엄의 오입문(悟入門, 깨달음의 길)이 둘이 아닌 한마음의 세계임을 교시(敎示)한 것이다.

이 책은 언제부터인지 우리나라에서 볼 수가 없는데, 다행히도 일본에 있는 금택문고(金澤文庫)에 필사본(筆寫本)이 전해지고 있어, 이종익과

김지견에 의해서 우리나라에 알려지게 되었다.

이 필사본은 권수(卷首)에 1207년의 지눌의 서문이, 그리고 권말(卷末)에는 이통현장자(李通玄長者)의 행장(行狀)이 실려 있고, 이어서 해동조계산수선사(海東曹溪山修禪社) 도인(道人) 충담(冲湛) 모공조판인시무궁자동사도인(募工彫板印施無窮者同社道人) 혜심서(慧諶書) 시주사내도인(施主社內道人) 담령(湛靈) 시주나주호장직승처(施主羅州戶長直升妻) 진의금(珍衣金) 등 간행에 관련된 기록이 있다. 서문과 권말의 간행기록을 보면 충담(冲湛)에게 부탁하여 간행하도록 했고, 이 때 수선사(修禪社) 2세(世) 혜심(慧諶)이 필사하여 1207년에 간행되었음을 알 수 있다. 당시 사람들이 교의 참뜻을 모르고 교는 한갓 방편이고 선은 교외별전이라는 이원론에 집착하고 있었다. 화엄론절요는 이통현의 화엄론에서 교와 선이 둘이 아니라는 근본원리를 명확하게 해주고 깨달음의 체험을 얻었을 수 있는 내용을 정리한 것이다.

이 책은 1207년에 간행되고 바로 일본에 전해진 것 같다. 이 책이 간행된 지 6년 후에 일본의 명혜상인(明惠上人)의 『최사론(摧邪論)』 등에 인용되고 있음을 볼 수 있기 때문이다.(日本思想大系16. 鎌倉舊佛教 岩波書店 1971年 鎌田茂雄, 田中久夫 共著 p.65 참조.) 이 판본을 구하여 필사하고 구두점을 찍어 가면서 읽었던 원종(圓種)은 권1말에 '영인삼년(1295)12월 5일 재견지료(再見之了)'라고 하고, "『화엄론절요』를 우러르면 태산과 같이 높고, 굽어보면 큰 바다와도 같이 넓다. 내가 전생에 어떤 인연이 있어서 지금 절요를 애독할 인연을 얻었을까? 이 기쁨, 그리고 불법을 믿는 마음 어디에 비하랴. 다만, 부끄러운 것은 종일 화엄세계에 있으면서도 그 구극의 이치를 터득하지 못하였으니, 부끄럽기 짝이 없구나, 어찌하랴. 불가빈인원종(佛家貧人圓種)"이라고 기록했다. 또 권2말에는 "반견지료(再反見之了)', 권3말에는 '1295년에 불자원종(佛子圓

種)이 두 번씩 읽으면서 구독점을 찍기를 완료했다'는 내용이 주서(朱書)로 기록되어 있다.

이통현의 『신화엄경론』은 구도자의 원돈오입문(圓頓悟入門)의 귀감이 되고 화엄교학의 전통에 구애됨이 없이 실천을 중시했기 때문에 이해하기 곤란한 점이 많고, 40권이나 되는 분량을 일독하자면 많은 시간이 필요하기 때문에 그 강요를 뽑아 절요했던 것이다. 선과 화엄의 통로를 여는데 귀중한 책이다.

07

법집별행록절요병입사기(法集別行錄節要幷入私記)

이 책은 지눌의 입적 1년 전인 52세(1209)때 저술로서 사상적으로 가장 완숙한 시기에 집필되었다. 당나라 종밀(宗密, 780-841)의 『法集別行錄』을 간략하게 줄여 싣고 자기의 사상을 여러 문헌을 인용하면서 돈오점수와 경절문사상(徑截門思想)을 정리함으로 참다운 수행의 길을 제시한 내용이다.

『법집별행록』은 현재 전하지 않는데, 설암추붕(雪巖秋鵬) 사기(私記)의 발문에 의하면 10권이라고 하였지만 당시에 있었는지 알 수 없다. 이 책의 전체 분량 중 『법집별행록』을 절요하여 인용한 부분은 15%밖에 안된다. 나머지는 지눌 자신의 선사상(禪思想)을 논하고 있다. 전체의 내용은 크게 서문과 절요한 부분, 지눌 자신의 견해로 해석한 부분의 셋으로 나누어 볼 수 있다.

서문에서 지눌은 교(敎)에 의하여 마음을 깨달으려고 하는 사람들을 위해, 『법집별행록』에서 번거로운 말을 줄이고 요긴한 강령만을 뽑아서 관행(觀行)의 귀감으로 삼고자 함을 밝히고 있다. 그리고 마음 닦는 사람들은 진실한 가르침에 의지하고 근본과 지엽을 분명히 알아서 마음을 관조(觀照)할 것을 강조하였다.

절요한 내용은 종밀이 『법집별행록』을 저술할 당시 중국에 있었던 하택종(荷澤宗), 신수종(神秀宗), 홍주종(洪州宗), 우두종(牛頭宗) 등의 선문(禪門) 4종의 해(解)와 행(行)에 대한 것이다. 4종 가운데 신수종만은 북종(北宗)이고 나머지 3종은 남종(南宗)계통인데, 4종 중에서 하택종이 가장 진실한 종파라고 하였다.

하택종은 모든 법(法)이 꿈과 같은 것으로 망념(忘念)은 본래 고요한 것이요, 티끌의 경계 또한 공(空)한 것임을 가르치고 있고, 공적(空寂)한 마음에 영지(靈知)가 밝게 작용함을 주장하고 있다. 따라서 모든 형상의 공함을 깨달으면 망념이 저절로 사라지게 됨을 알아야 함을 강조했으며, 이것을 수행의 묘문(妙門)으로 삼고 있다. 이와 같은 하택종의 근본 가르침은 이 책의 중심 사상이 되어 일관되게 흐르고 있다.

그러나 미혹한 사람은 불변과 수연의 이치가 있음을 모른 채 범부의 삶을 그대로 따르면서 살게 된다고 한다. 이러한 불변과 수연의 이치를 갖춘 종파는 선문 4종 중 하택종뿐이라고 주장하였다.

선수행의 방법인 돈오(頓悟)와 점수문(漸修門)에 대해서도 4종의 입장을 밝히고, 4종을 분별한 뒤 하택종의 장점을 천명했지만, 무엇보다도 중요한 것은 수행인이 법의 본질을 정확히 깨달아 진면목을 찾을 것임을 강조하였다. 지눌은 수행인이 본래의 진면목을 회복하기 위해서는 먼저 공적영지(空寂靈知)한 본성을 단박에 깨달은 뒤 그 깨달음에 의해 닦아가야 한다는 돈오점수(頓悟漸修)를 주장하고 돈오와 점수의 내용을 간략히 설명하였다.

돈오는 미혹에 빠져 있던 범부가 어느 날 깊은 법문을 듣고 신령스러운 앎이 곧 자기의 참 마음이요, 마음은 본래부터 항상 고요할 뿐이며, 이 몸과 마음이 부처의 몸이나 마음과 조금도 다를 바 없다는 것을 깨닫는 것이라고 하였다.

점수는 오랜 기간 동안 차근차근 닦아 가는 것으로, 이치로는 깨우쳤다고 하지만 오랫동안 익혀 온 버릇을 갑자기 버리기는 어려운 것이기 때문에, 돈오에 의지하여 차차 닦아서 오랜 버릇을 버려 나가다가 버릴 것이 없는 곳까지 이르면 부처가 된다고 설명하였다. 지눌은 이어서 『화엄경정원소(華嚴經貞元疏)』, 『선원제전집도서(禪源諸銓集都序)』, 『동귀집(同歸集)』 등을 인용하여 돈오점수설을 뒷받침하였다.

이어서 지눌은 깨달아야 할 마음이 무엇인가를 설명하고 있다. 그 마음은 곧 공적영지심(空寂靈知心)이다. 지눌은 망령된 생각이 본래 고요하고 티끌 같은 대상이 본래 공한 것이기 때문에 공적이라 하고, 그 공적한 마음에는 신령스럽게 아는 영지가 있다고 보았다. 이 공적영지한 마음은 곧 달마(達磨)가 말한 부처의 마음이라고 하였다.

중생은 스스로 미혹되어 나와 내 것, 사랑과 미움, 선악 등의 분별을 일으키지만, 공적한 영지를 깨달으면 저절로 분별심이 없어지고 자비와 지혜가 샘솟게 되어 성불할 수 있다고 주장하였다. 그리고 분노와 교만을 버리고 자비와 인욕을 수행의 기본으로 삼을 것을 여러 차례 반복하여 말하고 있다. 언제나 스스로의 허물을 살펴 자기를 꾸짖으며 꾸준히 노력하고, 몸과 말과 뜻을 잘 다스리면서 본성의 공한 이치를 따라가면 해탈은 반드시 보장된다고 하였다. 또한 헛되이 일어나는 번뇌를 애써 버리거나 끊으려고 하지 말고, 그 끊으려는 마음이 어디에서 일어나는지

를 돌이켜 비추어 볼 것을 가르치고 있다.[會光反照]

자리이타(自利利他)에 대해서도, 참선한 사람이 본성만을 밝게 보면 이타의 행원(行願)이 원만하게 이루어진다는 설이 있으나, 이것은 잘못된 것이므로 반드시 만행(萬行)을 닦아서 자리이타를 갖추어야 한다고 하였다. 실천해야 함을 강조한 것이다.

특히, 비방과 망념과 방종에 빠지거나 수행을 게을리 하는 이가 교만한 마음으로 깨달음을 자처하는 경우가 있음을 경고하고, 올바로 돈오점수문에 의지하여 부처를 이룰 것을 간곡히 권하였다.

그러나 지눌은 단박에 깨닫기보다는 여러 가지 알음알이에 걸려서 수행을 올바로 하지 못하는 이를 위하여 경절문(徑截門)의 수행법을 밝히고 있다. 경절문은 부처의 지위로 바로 뛰어넘어서 들어간다는 뜻으로, 이러한 경절의 이치에 부합하기 위해서는 화두(話頭)를 들어야 한다고 하였다. 그리고 화두를 들 때에도 뜻을 헤아리는 참의(參意)가 아니라, 생각으로 헤아리고 따지는 것을 철저하게 배격하고 의심을 갖는 참구(參究)가 되어야 함을 강조하였다.

경절문 화두의 참구법을 설명하기 위해 지눌은 조주(趙州)의 '구자무불성(狗子無佛性)' 화두를 예로 들어서 설명하였다. 이 화두는 "개에게도 불성이 있습니까, 없습니까?"를 물은 제자에게 조주가 "없다[無]."라고 대답한 것을 의심하는 것이다. 이에 대하여 지눌은 이 '무'라는 글자는 모든 나쁜 지견을 부수는 무기로, 곧바로 '무'를 참구할 뿐 조주의 뜻을 참구하는 것이 아니라고 하였다.

따라서 불교의 화두는 궁극적인 경지에 도달하는 데 방해가 되는 지해(知解)를 부수는 무기가 됨을 천명한 것이다.

이 책은 우리나라 선종(禪宗)의 전통적 특색과 사상을 규정지어준 선서(禪書)로 평가될 뿐 아니라, 지눌의 선사상이 분명하게 집약된 책이다. 조선 초기의 고승 정심(正心)은 수행인의 지견(知見)을 세우는 지침으로 삼았다.

이 책은 한국불교강원(韓國佛敎講院)에서 교과목으로 채택되기도 해, 가장 많이 읽혀온 책이다. 그리고 한국고승의 저술 가운데 가장 많이 간행되었다. 뿐만 아니라, 이 책에 대한 고승의 연구 주석서로는 정원(淨源)의 『절요사기분요과(節要私記分要科)』를 비롯해 정혜(定慧)의 『법집별행록절요사기해(法集別行錄節要私記解)』, 유일(有一)의 『법집별행록절요과목병입사기(法集別行錄節要科目幷入私記)』, 설암추붕(雪巖秋鵬)의 사기(私記) 등이 전해지고 있어 고승(高僧)의 저술로 주석서가 4건이나 간행되었음은 이 책의 위치가 어떠했는가를 짐작할 수 있다.

현존 고본(古本)을 보면 1486년 무등산(無等山) 규봉암본(圭峰庵本)을 비롯하여 약 20여 종에 이르고 있다. 1486년(성종 17) 광주(光州) 무등산 규봉암(圭峰庵)에서 간행한 판본은 간행연대가 가장 오래된 판본으로 보물 1148호와 1222호로 지정되어 있다. 1537년 지리산(智異山) 신흥사본(神興寺本), 1570년 해주(海州) 신광사본(神光寺本), 1570년 대청산(大靑山) 해탈사본(解脫寺本), 해주 신광사본(神光寺本), 1574년 진산(珍山) 서대사본(西臺寺本), 1576년 속리산(俗離山) 관음사본(觀音寺本), 1578년 오대산(五臺山) 월정사본(月精寺本), 1579년 지리산(智異山) 신흥사본(神興寺本), 1588년 호거산(虎踞山) 운문사본(雲門寺本), 1604년 지리산(智異山) 능인암본(能仁庵本), 1608년 조계산(曹溪山) 송광사본(松廣寺本), 1612년 향산(香山) 내원사본(內院寺本), 1618년 계룡산(鷄龍山) 율사본(栗寺本), 1628년 삭녕(朔寧) 용복사본(龍腹寺本), 1633년 설봉산(雪峯山) 석왕사본(釋王寺本), 1635년 운주산(雲住山) 용장사본(龍藏寺本), 1640년 지제산(支提山) 천관사본(天冠寺本), 1647년 경상도 보현산(普賢山) 보현사본(普賢寺本), 1662년 금강산(金剛山) 표훈사본(表訓寺

本), 1680년 묘향산(妙香山) 보현사본(普賢寺本), 1681년 원적산(圓寂山) 운흥사본(雲興寺本), 1686년 금화산(金華山) 징광사본(澄光寺本), 1701년 희양산(曦陽山) 봉암사본(鳳巖寺本) 등이 전래되고 있다.

08

육조법보단경발문(六祖法寶壇經跋文)

이 발문(跋文)은 1207년에 쓴 육조단경(六祖壇經) 간행발(刊行跋)이다. 보조국사 지눌이 청원사(淸源寺)에서 『육조법보단경(六祖法寶壇經)』을 읽다가 "진여자성(眞如自性)이 생각을 일으켜서 육근(六根)이 비록 견문각지(見聞覺知)하지만 만상(萬像)에 물들지 않고 진성(眞性)이 항상 자재(自在)하다."는 문구에서 커다란 전기를 마련했다. 그는 단경(壇經)을 스승으로 삼았으며, 입법연의(立法演義)할 때는 반드시 단경을 기본으로 하였다. 그는 발문에서 남양(南陽) 혜충국사(慧忠國師)의 '신생멸심불생멸(身生滅心不生滅)'이라고 비방했다는 말에 대해서는 혜충국사가 오히려 은혜를 갚은 것이라 하고 '제 마음이 본래 부처임'을 돌이켜보아 단상(斷常)에 떨어지지 말고 이 『육조단경(六祖壇經)』의 글에 의해 뜻을 얻어 자세히 구하라는 내용이다. 이 발문은 1574년 안심(安心) 광제원본(廣濟院本)과 1703년 송천사본(松川寺本), 1883년 해인사본(海印寺本) 육조단경에 실려 있다.

보조국사 지눌 연표

서력(西曆)	시호(諡號)	세수(世壽)	내용
1158년	의종 12년	1세	· 황해도 서흥(洞州)에서 국학(國學)의 학정(學正)인 부친 정광우(鄭光遇)와 모친 개흥군(開興郡) 부인 사이에서 출생
1165년	의종 19년	8세	· 사굴산문 종휘선사에게 동진출가
1174년	명종 4년	17세	· 수계득도
1182년	명종 12년	25세	· 승선(僧選) 합격 · 개경 보제사(普濟寺) 담선법회 (談禪法會)에서 결사의 발의 · 개경을 떠나 창평 청원사(淸源寺)에서 『육조단경』을 보고 깨침
1185년	명종 15년	28세	· 하가산(下柯山) 보문사(普門寺)에서 3년간 대장경 열람을 시작
1188년	명종 18년	31세	· 『화엄경』에서 선교회통(禪敎會通)의 원리를 깨침 · 거조사(居祖寺) 재공(材公) 선백(禪伯)이 결사 하자는 편지를 하가산 보문사로 거듭 보내옴 · 팔공산 거조사(居祖寺)로 거처를 옮김
1190년	명종 20년	33세	· 거조사(居祖寺)에서 정혜결사를 출범시킴 · 『권수정혜결사문』 저술

서력(西曆)	시호(諡號)	세수(世壽)	내용
1197년	명종 27년	40세	· 천진(天眞), 곽조(廓照)가 송광사 불사를 시작
1198년	신종 1년	41세	· 지리산 상무주암(上無住庵)에서 『대혜어록』을 보다가 깨침 · 공산(公山) 염불갑(念佛岬)에 주석하며 영통산(靈洞山) 장연사(長淵寺)에 있던 원묘(圓妙)에게 수선(修禪)을 권하는 게를 보냄 · 『수심결』 저술(41세 이후)
1200년	신종 3년	43세	· 결사를 공산에서 강남 조계산으로 옮김 · 『정혜결사문』을 목판에 새겨 반포
1202년	신종 5년	45세	· 무의자 혜심을 제자로 맞이함 · 『진심직설』 저술(?)
1205년	희종 1년	48세	· 억보산에 주석 · 길상사(吉祥寺) 중창불사 완성 · 산 이름을 송광산에서 조계산(曹溪山)으로, 정혜결사의 이름은 수선사(修禪社)로 개칭 · 120일간 경찬법회를 열면서 『大慧語錄』을 강설 · 『계초심학인문』 저술
1207년	희종 3년	50세	· 『화엄론절요』 간행
1208년	희종 4년	51세	· 혜심에게 수선사의 법석을 물려주고 규봉암으로 물러나려 함 · 『六祖法寶壇經跋』 저술(?)
1209년	희종 5년	52세	· 『법집별행록절요병입사기』 저술

서력(西曆)	시호(諡號)	세수(世壽)	내용
1210년	희종 6년	53세	· 모친을 천도하기 위해 법회를 개최 · 3월 20일, 시질(示疾)하여 8일 째인 3월 27일(음력) 입적
1211년	희종 7년	사후 1년	· 사법제자 혜심(慧諶) 등이 스님의 행장(行狀)을 갖추어 임금께 올려 입비(立碑)를 청함 · 『불일보조국사비명병서』 건립
1213년	강종 2년	사후 3년	· 송광사에 스님의 비석을 세움
1215년	고종 2년	사후 5년	· 혜심발 『원돈성불론』 『간화결의론』 간행

보조 연구업적 총목록

▶ 저서

각초(2000). 『초발심자경문』, 서울, 보림출판사.

강건기

1986 『불교와 기독교 : 보조국사 지눌과 토마스 머튼의 만남』, 서울, 민족출판사.

1990 『수심결 강의-마음 닦는 길』, 서울, 불일출판사.

2001 『목우자 지눌연구 지눌의 생애와 저술』, 전주, 부처님 세상.

2004 『진심직설 강의-참마음 이야기』, 서울, 불일출판사.

강건기; 김호성(1992). 『깨달음, 돈오점수인가 돈오돈수인가-돈점논쟁의 역사와 현재』, 서울, 민족사

길희성(2001). 『知訥의 禪思想 : 禪』, 서울, 소나무.

김달진

1985 『普照國史法語』, 서울, 동화출판공사.

1988 『普照國師全書』, 서울, 고려원.

김잉석(1963). 『普照法語』, 서울, 法通社.

김형효 외(1996). 『지눌의 사상과 그 현대적 의미』, 한국사상가대계3, 성남, 한국정신문화원.

김호성(1993). 『계초심학인문-정혜결사의 윤리』, 서울, 민족사.

무관(1998). 『초발심자경문강의』, 서울, 민족사.

박석천(1987). 『초발심자경문』, 서울, 선문출판사.

법성(1993). 『간화결의론 과해』, 큰수레총서 8, 서울, 큰수레.

법정(1991). 『보조선사법어-밖에서 찾지 말라』, 울: 불일출판사.

법흥(2008). 『(普照國師와 松廣寺)禪의 世界』, 서울, 호영.

서정형(2007). 『정혜결사문: 지눌이 밝힌 선정과 지혜의 길』, 서울, 풀빛.

小螟(1934). 『普照禪師修心訣』, 東京, 洗心書房.

심만춘(1997). 『초발심자경문』, 서울, 경서원.
심재룡
2005 『지눌연구: 보조선과 한국불교』, 서울, 서울대학교출판부.
2007 『(解說)普照法語』, 서울, 보성문화사.
여호종(1999). 『초발심자경문』, 서울, 운주사.
오광익 연의(1994). 『수심결－마음 닦는 요결』, 서울, 동남풍.
우학(1997). 『계초심학인문』, 서울, 좋은인연.
이종욱 외(1979). 『불교사상』, 세계의대사상 35, 서울, 휘문출판사.
인경(2006). 『화엄교학과 간화선의 만남』, 서울, 명상상담연구원.
證峯 林秋梧(1933). 『眞心直說白話』, 臺南 [臺灣], 南一書局.
현고;활안(2005). 『불일 보조국사와 조계산 송광사』, 가평, 불교정신문화원.
혜광(1995). 『참 나를 찾아서－修心訣 解說』, 서울, 둥근마음.
황하년 외 2명(1999). 『佛光普照: 佛教』, 北京, 世界知識出版社.

▶ **편역서**

景文社 編(1981). 『高麗普照禪師語錄』, 서울, 경문사.
京仁文化社 編
1993a 『大覺國師文集』 2; 『知訥和尙文集』 1, 서울, 경인문화사.
1993b 『知訥和尙文集』 2, 서울, 경인문화사.
金知見 編
1968 『(高麗國 知訥錄)華嚴論節要』 影印版, 日本國 大阪, 平岡宕峯.
1972 『(高麗國 知訥錄)華嚴論節要』 影印版, 서울, 寶蓮閣.
김달진 역
1977 『보조국사법어』, (한국의사상대전집 2), 서울, 동화출판공사.
1987 『보조국사전서』, 서울, 고려.
大正一切經刊行會 編
1928a 『大正新修大藏經』 48권, 「諸宗部」(5), 東京, 大正一切經刊行會.

1928b『大正新修大藏經』82권, 「諸宗部」(13), 東京, 大正一切經刊行會.
대한불교조계종총무원 편(1958). 『曹溪宗源流』油印版, 서울, 대한불교조계종총무원.
東國大學校 佛典刊行委員會 編(1979). 『韓國佛教全書』 第4冊, 「高麗時代篇」1, 서울, 동국대학교출판부.
民族文化 編(1985). 『續佛教大藏經』3, 「中國撰述 禪宗著述部」, 부산, 민족문화.
朴性焙(1969). 「수심결」, 『한국의 명저』, 서울, 현암사.
방한암 외 2명(1948). 『원문국역대조 고려보조국사법어』, 서울, 鍊心社
법홍(1992). 『禪의 世界』, 서울, 효영출판사.
普照思想研究院 編(1989). 『普照全書』, 서울, 불일출판사.
寶蓮閣 影印(1981). 『續藏經』113, 「禪宗著述部」, 서울, 寶蓮閣.
불교사학연구소 엮음(1995). 『普照國師 知訥과 修禪社』, 서울, 중앙승가대학.
知黙(1988). 『誡初心學人文』, 서울, 불일출판사.
佛教書局(1982). 『佛教大藏經』 84, 「撰述部」, 부산, 고전강독회.
佛教學研究會 編
1974a 『韓國高僧集』 5, 「高麗時代」 1, 서울, 경인문화사.
1974b 『韓國高僧集』 6, 「高麗時代」 2, 서울, 경인문화사.
불함문화사 편(1998). 『韓國思想論文選集 30 : 均如의 佛教思想·知訥 및 結社運動,1』, 고양, 불함문화사.
上院寺(1937). 『高麗國普照禪師語錄』, 日本, 五臺山(平昌).
석승암 편(1994). 『초발심수행문-기초지식』, 서울, 촛불.
新文豊出版公司 編
1997 『卍續藏經』 113, 「中國撰述 禪宗著述部」, 台北, 新文豊出版公司.
1987 『禪宗正脈』(『嘉興大藏經』 9), 台北, 新文豊出版公司.
심재열 역
1979 『해설 보조법어』, 서울, 보성문화사.
1995 『초발심자경문』 서울, 보성문화사.

윤해관 편(1982). 『초발심자경문』, 서울, 寶蓮閣.
이기영 역
1977 『한국의 불교사상』(세계사상전집 11), 서울, 삼성출판사.
1978 『진심직설』(현대불교신서 9), 서울, 동국대학교 역경원.
이덕진 편
2002 『지눌』, 서울, 예문서원.
2003 『(한국의 사상가 10人)지눌』, 서울, 예문서원.
이종욱 역
1948 『(原文國譯對照)高麗普照國師法語』, 서울, 鍊心社.
1972a 『(原文國譯對照)高麗普照國師法語』影印版, 서울, 寶蓮閣.
1972b 『고려 보조국사 법어』, 서울, 寶蓮閣.
1991 『보조법어』(이종욱전집 2), 서울, 삼장원.
이혜성 역해(1992). 『초발심자경문』, 서울, 명문당.
中央僧伽大學 佛教史學研究所 編(1995). 『普照國師 知訥과 修禪社』, 서울, 中央僧伽大學 佛教史學研究所.
中華大藏經 編輯局(1994). 『中華大藏經』(漢文部分 80), 北京, 中華書局.
지묵
1988a 『계초심학인문』, 서울, 불일출판사.
1988b 『誡初心學人文』, 서울, 불일출판사.
1995 『초발심자경문』, 서울, 우리출판사.
탄허
1970 『초발심자경문』(교열), 서울, 불서보급사.
1974 『법집별행록절요병입사기』,(현토・번역) 서울, 교림.
1982 『초발심자경문』(현토・번역), 서울, 교림.
1994 『보조법어』(현토・번역), 서울, 교림.
한불은 편역(1992). 『주인공아, 나의 말을 들어라』, 서울, 아제아제.
漢岩 懸吐

1937a 『高麗普照國師語錄』, 평창, 상원사.

1937b 『보조선사법어』, 평창군, 월정사.

1940 『고려보조국사어록』(원보산 편), 평창, 월정사.

1963 『고려국보조선사어록』(탄허 역해), 서울, 법보원

1973 『고려국보조선사어록』, 서울, 화엄학회.

1978 『고려국보조선사어록』, 서울, 삼보법회불이반원 외 일동.

1981a 『高麗普照禪師語錄』, 서울, 景文社 影印版.

1981b 『고려국보조선사어록』油印版, 서울, 경문사.

1982 『普照禪師法語』, 서울, 보경문화사.

▶ 〈碑銘, 注, 疏, 撰, 述, 記〉

「松廣寺事蹟」, 『普照思想』 3집, 승주군, 보조사상연구원, 1989.

「松廣寺事蹟」, 『普照思想』 3집, 승주군, 보조사상연구원, 1989.

「昇平曹溪山松廣寺嗣院事蹟碑」, 『普照思想』 3집, 승주군, 보조사상연구원, 1989.

「昇平曹溪山松廣寺嗣院事蹟碑」, 『普照思想』 3집, 승주군, 보조사상연구원, 1989.

「貞陵願堂曹溪宗本寺興天寺造成記」, 『普照思想』 3집, 승주군, 보조사상연구원, 1989.

「貞陵願堂曹溪宗本寺興天寺造成記」, 『普照思想』3집, 승주군, 보조사상연구원, 1989.

「曹溪宗三重神化爲禪師官誥」, 『普照思想』 3집, 승주군, 보조사상연구원, 1989.

「曹溪宗三重神化爲禪師官誥」, 『普照思想』 3집, 승주군, 보조사상연구원, 1989.

「興天寺監主尙聰上書」, 『普照思想』 3집, 승주군, 보조사상연구원, 1989.

「興天寺監主尙聰上書」, 『普照思想』 3집, 승주군, 보조사상연구원, 1989.

김춘배 보해(1992). 『世界一花-『眞心直說』을 새롭게 밝힌다』, 서울, 여강출판사.

李奎報 撰(1982). 「曹溪山第二世故斷俗寺住持修禪社主贈謚眞覺國師碑銘幷序」, 『東國李相國集』 35卷, 서울, 明文堂影印本.

『眞覺國師語錄』(『韓國佛敎全書』 6冊, 서울, 동국대학교출판부, 1982)

▶ 석사학위논문

구본술(1993). 「지눌 불교사상의 교육적 이해」, 전주, 전북대학교 교육대학원.

金邦龍(1994). 「知訥의 定慧結社 硏究」, 전주, 全北大學校 대학원 철학과.

金永斗(1974) 「禪의 頓漸硏究」, 익산, 圓光大學校.

金昌淑(1990). 「太古普愚의 思想과 淨化運動」, 서울, 東國大學校.

金學奉(1984). 「看話決疑論 硏究」, 서울, 東國大學校.

金孝元(1994). 「太古普愚의 禪思想 硏究」, 익산, 圓光大學校.

김명란(1988). 「普照의 禪敎一元思想 硏究」, 서울, 梨花女子大學校.

김상래(1991). 「원효와 보조의 인간관 비교 연구」, 서울, 동국대학교 교육대학원.

김영숙(2005). 「普照知訥의 頓漸觀 硏究」, 서울, 동국대학교.

김영찬(1998). 「知訥 사상에 있어서 '心'에 관한 연구」, 청원군, 한국교원대학교 대학원.

김철회(1989). 「太古普愚의 佛敎敎育論 硏究」, 서울, 東國大學校.

김학태(1985). 「普照의 看話禪硏究」, 서울, 고려대학교 대학원.

김형록(인경)(1995). 「普照知訥의 定慧觀 硏究」, 서울, 東國大學校.

김효원(1985). 「曹溪宗祖에 關한 考察」, 서울, 고려대학교 대학원.

魯權用(1977). 「起信論 一心思想의 成立史的 硏究」, 서울, 東國大學校.

이상저(덕상)(1998). 「宗密會通思想對普照定慧結社之影響」, 북경, 북경대학 철학계.

朴相國(1976). 「『法集別行錄節要幷入私記』를 통해 본 普照의 禪思想硏究」, 서울, 東國大學校.

박석분(1991). 「知訥의 眞心論 －『修心訣』·『眞心直說』·『法集別行錄節要竝入私記』를 中心으로」, 부산, 부산대학교 대학원.

朴殷穆(1991). 「知訥의 敎育思想에 關한 硏究」, 익산, 圓光大學校.

박재영(1997). 「高麗後期 修禪社의 結社運動－知訥과 慧諶을 中心으로」, 서울, 淑明女子大學校 교육대학원.

박정환(2000). 「知訥과 九山의 禪思想 比較硏究」, 서울, 서강대학교.

박혜명(1995). 「선불교와의 비교를 통한 요한 웨슬레의 성화영성 재발견-웨슬레의 성화시작과 지눌의 선 시작 단계의 비교」, 서울, 서울신학대학교 대학원.

서성원(1970). 「太古和尙의 法統考」, 서울, 東國大學校.

宋琴仙(1987). 「知訥의 禪敎觀 研究」, 서울, 東國大學校 교육대학원.

송승규(1986). 「恭愍王代 臣僚들의 排佛性向과 佛敎界의 覺醒」, 서울, 東國大學校.

안상호(2009). 「普照知訥의 看話禪에 관한 研究」, 서울, 동국대학교.

양방주(1987). 「普照禪의 修行門 研究」, 인천, 인하대학교 대학원.

李京源(2002). 「元曉와 知訥의 心體論 比較 研究」, 서울, 東國大學校.

李斗煥(1974). 「普照國師知訥의 佛敎思想 研究」, 서울, 東國大學校.

이용우(1990). 「선불교의 명상과 기독교 신비주의 비교연구-Thomas Merton과 보조국사 지눌의 사상을 중심으로」, 서울, 감리교 신학대학교 대학원.

이원구(1996). 「普照知訥의 頓悟漸修 研究」, 익산, 원광대학교 교육대학원.

李日宰(慈明)(1985). 「普照知訥의 看話禪研究」, 서울, 東國大學校.

李宰昇(1995). 「知訥의 眞心直說 研究」, 전주, 全北大學校.

이정선(2000). 「지눌의 깨달음과 마음닦기의 실천적 의미: 한국 교육 현실의 개선을 위하여」, 인천, 인하대학교 교육대학원.

이종군(1991). 「太古禪師의 名號詩 研究」, 부산, 釜山大學校.

이찬수(1988). 「禪과 信 - 普照國師 知訥의 禪思想을 中心으로」, 서울, 서강大學校.

李曦載(1984). 「普照知訥의 禪思想」, 서울, 高麗大學校 교육대학원.

전행욱(보경)(2010). 「목우자 지눌의 정혜결사 연구」, 서울, 동국대학교.

鄭淑景(1997). 「知訥의 眞心論에 關한 研究」, 익산, 圓光大學校 교육대학원.

鄭舜日(1981). 「圭峰宗密의 禪敎一致觀」, 익산, 圓光大學校.

정인호(1982). 「韓國 禪家의 淨土觀에 대한 考察: 지눌, 보우, 혜근, 휴정을 중심으로」, 서울, 동국대학교.

趙庸克(1982). 「普照의 禪思想 研究」, 익산, 圓光大學校.

정명옥(천봉)(2000). 「普照의 華嚴觀 연구」, 서울, 동국대학교.

천정권(2000). 「普照 知訥과 존 웨슬리의 救援觀 比較硏究」, 서울, 동국대학교 불교대학원.

최진석(1976). 「知訥의 修行法과 精神治療와의 比較考察」, 서울, 高麗大學校 교육대학원.

최창식(1975). 「高麗時代 禪宗淸規에 대한 硏究」, 서울, 東國大學校.

홍승철(1999). 「지눌의 돈오사상과 웨슬리의 성화사상 대조연구」, 대전, 목원대학대학원.

Charles Mark muller(1997). "A comparative study of Chinul's doctrine of sudden-enlightenment/ gradual-cultivation and Songchol's doctrine of sudden-enlightenment/ sudden-cultivation", 춘천, 한림대학교.

Henrik H. Sorensen(1987). "The history and doctrines of early Korean Son Buddhism", Copenhagen, Univ. of Copenhagen.

Ronald J. Dziwenka(1998). "The application of Chinul's framework of Buddhist spiritual practice to material arts", 서울, 연세대학교 국제대학원.

▶ **박사학위논문**

鏡日(1985). 「普照禪旨硏究」, 대만, 大灣文化大學教.

權奇悰(1986). 「高麗後期의 禪思想 硏究」, 서울, 東國大學校.

金敬執(1996). 「韓國佛教 開化期 教團史 硏究」, 서울, 東國大學校.

金邦龍(1999). 「普照知訥과 太古普愚의 禪思想 比較硏究」, 익산, 원광대학교.

金永斗(1991). 「圓佛教 禪思想의 硏究」, 익산, 圓光大學校.

金浩星(1995). 「禪觀의 大乘的 淵源 硏究」, 서울, 東國大學校.

김광민(1998). 「教育理論으로서의 知訥의 佛教 修行理論-教育認識論的 觀點」, 서울, 서울대학교.

金富龍(承垣)(2005), 「知訥의 禪修行體系 硏究」, 서울, 동국대학교.

魯權用(1987). 「佛陀觀의 硏究」, 익산, 圓光大學校.

朴殷穆(1991). 「知訥의 教育思想에 關한 硏究」, 익산, 圓光大學校.
심재룡(1979). 「韓國禪佛教의 哲學的基礎: 知訥(1158-1210)의 禪敎統合」, Hawaii, Univ. of Hawaii.
梁銀容(1986). 「高麗佛教の硏究」, 日本, 東京, 佛教大學.
유영숙(1993). 「高麗後期 禪宗史 硏究」, 서울, 東國大學校.
이덕진(1999). 「보조지눌의 선사상 연구-중국불교와 관련하여」, 서울, 고려대학교.
이시온(1999). 「退溪와 知訥의 心性論에 관한 硏究」, 서울, 성균관대학교.
李鍾益(1974). 「高麗普照國師の硏究」, 日本, 東京, 大正大學.
鄭舜日(1988). 「華嚴性起思想 硏究」, 익산, 圓光大學校..
秦星圭(1986). 「高麗後期 眞覺國師 慧諶 硏究」, 서울, 中央大學校.
崔成烈(2006). 「牧牛子 知訥의 圓頓觀 硏究」, 서울, 동국대학교.
Hee-Sung Keel(1977). "Chinul, The Founderof Korean Zen Tradition", Mass, Harvard Univ.
Jae-Ryong Shim(1979). "The Philosophical foundation of Korean Zen Bu-ddhism : the integration of Son and Kyo by Chinul", Honolulu, Hawaii Univ.
Kun-Ki Kang(1979). "Thomas Merton and Buddhism: A comparative study of the spiritual thought of Thomas Merton and that of national teacher Bojo", Newyork, Newyork Univ.
Sung-Do Kang(1992). "The potential contribution of Korean Buddhism: Updating Bojo Chinul through mutual transformation with Alfred North Whitehead", Claremont, Claremont Graduate School.

▶ 연구논문

姜健基

1982 「神秘Paradox를 통하여 본 知訥의 空寂靈知心」, 『韓國佛教學』 7집, 서울,

韓國佛教學會.
1983「知訥禪의 性格과 意義」,『사대논문집』 제9집, 전주, 전북대 사범대학.
1984「知訥의 頓悟漸修說에 관한 考察」,『普照國師 知訥의 思想』, 대한전통불교 연구원.
1985「知訥의 頓悟漸修 思想」,『인문논총』 제14집, 전주, 전북대 인문과학연구소.
1986「정혜결사문·보조국사·거조암-古典과 古人과 古刹」『大圓』46호, 대원회.
1987a「Prayer and the Cultivation of Mind ; An Examination through the writings of Thomas Merton and Chinul」, Berkley 大.
1987b「보조사상 硏究의 現況과 課題」,『佛日會報』76, 승주군, 보조사상연구원.
1987c「普照思想의 比較思想的 考察에 대한 硏究」,『보조사상』 제1집, 승주군, 보조사상연구원.
1988a「祈禱와 修心-토마스 머튼과 보조국사 지눌의 사상을 중심으로」,『宗敎·神學硏究』1, 서울, 서강대학교 종교·신학연구소.
1988b「토마스 머튼과 지눌사상에 있어서의 '하나'의 의미」,『동서철학연구』5호, 대전, 한국동서철학연구회.
1988c「普照思想의 現代的 意味」,『보조사상』 제2집, 승주군, 보조사상연구원.
1990a「普照思想에 있어서 닦음의 의미」,『보조사상』 제4집, 승주군, 보조사상 연구원.
1990b「普照思想-한국선 확립한 고려불교의 거봉」,『한국불교인물사상사』 제4집, 서울, 민족사.
1992a「보조사상에 있어서 닦음(修의) 의미」,『깨달음, 돈오점수인가 돈오돈수인가』, 서울, 민족사.
1992b「知訥의 定慧結社」,『伽山 李智冠스님 華甲紀念論叢-韓國佛敎文化思想史(上』)』, 서울, 가산불교문화진흥원.
1992c「현대결사운동에 미친 知訥의 定慧結社」,『보조사상』 제5·6합집, 승주군, 보조사상연구원.
1993「현대과학기술문명과 인간성 회복」,『東西哲學硏究』10집, 한국동서철학회.

1997 「『法集別行錄節要幷入私記』를 통해 본 지눌의 사상」, 『녹원스님고희기념 학술논총-한국불교의 좌표』, 서울, 불교시대사.
1999 「『修心訣』의 체계와 사상」, 『보조사상』 제12집, 순천, 보조사상연구원.
2001a 「『법집별행록절요병입사기』를 통해서 본 지눌의 사상」, 『목우자 지눌연구』, 전주, 부처님 세상.
2001b 「『진심직설』의 체계와 사상」, 『목우자 지눌연구』, 전주, 부처님 세상.
2001c 「목우자 지눌사상에 나타난 인간상실과 인간 회복」, 『목우자 지눌연구』, 전주, 부처님 세상.
2001d 「보조사상의 비교사상적 고찰」, 『목우자 지눌연구』, 전주, 부처님 세상.
2001e 「『진심직설』의 체계와 사상」, 『보조사상』 제15집, 순천, 보조사상연구원.
2004 「보조국사의 『수심결』」, 『불교와 문화』 56, 서울, 대한불교진흥원.
2009 「인간학으로서의 보조사상」, 『보조사상』제31집, 순천, 보조사상연구원.
2010 『보조국사 지눌의 생애와 사상:佛日 보조스님 이야기』, 서울, 불일출판사.

강문선(혜원)
1987 「북종선과 보조선의 상통성-정혜쌍수를 중심으로」, 『한국불교학』12집, 서울, 한국불교학회.
1995 「北宗禪과 普照禪의 相通性」, 『한국불교학』 제12집.
1997 「荷澤神會의 頓漸觀」, 『한국불교학』 제14집.
1999 「北宗禪と普照禪との相通性」, 『印度學佛敎學硏究』47, 2[94], 東京, 日本印度學佛敎學會.
2003 「普照禅と大慧禅」, 『印度學佛敎學硏究』51, 2[102], 東京, 日本印度學佛敎學會.

강현자;최금성;김종서(2003). 「순천 송광사 불일보조국사 비문 교감 및 역주」, 『중앙논단』22, 서울, 중앙대학교 대학원학생회.

鎌田茂雄
1978 「朝鮮佛敎のあゆみ3:曹溪山松廣寺」 『大法輪』45,10, 東京, 大法輪閣.
1982 「화엄사상에서 본 지눌의 선」, 『불일회보』15, 승주군, 승보종찰송광사조계

총림.
1984 「『진심직설』의 사상적 의의」, 『불교사상』8, 서울, 불교사상사.
鏡日(1987). 「曹溪宗의 成立史的 側面에서 본 普照」, 『보조사상』 제1집, 승주군, 보조사상연구원.
고영섭
1999 「지눌의 정혜론」, 『한국불학사』, 서울, 연기사.
2001 「지눌의 진심사상: 돈참(정) 축과 이사(혜) 축의 긴장과 탄력」, 『보조사상』 15, 순천, 불일출판사.
高翊晋
1977 「韓國佛敎의 護國的 展開」, 『佛敎學報』 제14집.
1984 「普照禪의 定慧結社」, 『韓國의 思想』, 尹絲淳;高翊晋編, 열음사.
1986a 「韓國 佛敎哲學의 源流와 展開」, 『哲學思想의 諸問題』Ⅳ, 韓國精神文化研究院.
1986b 「普照禪脈의 淨土思想收容」, 『불교학보』 제23집.
高亨坤
1970a 「海東 曹溪宗의 淵源 및 그 潮流」, 『학술원 논문집』 9~1집, 서울, 대한민국학술원.
1970b 『海東曹溪宗의 淵源 및 그 潮流: 知訥과 慧諶의 想思를 中心으로』, 서울, 東國譯經院.
1971 「海東 曹溪宗의 存在現前-知訥과 慧諶의 禪旨를 中心으로」, 『禪의 世界』, 서울, 삼영사.
1975 「韓國佛敎의 傳統思想」 『이종익박사학위기념논문집』, 서울, 보련각.
高嬉淑(1995). 「『勸修定慧結社文』에 나타난 普照 禪思想의 考察-특히 引用文獻의 書誌學的 分析을 中心으로」, 『보조사상』 제8집, 순천, 보조사상연구원.
權奇悰
1981 「看話禪과 '無字' 公案考」, 『동국대논문집』 제20집.
1982 「慧諶의 禪思想 研究-知訥의 禪思想과 比較하면서」, 『불교학보』 제19집,

서울, 동국대학교 불교문화연구원.
1985「高麗時代 禪師의 淨土觀」,『韓國 淨土思想 硏究』, 서울, 동국대출판부.
1989「高麗後期佛敎와 普照思想」,『普照思想』 제3집, 승주군, 보조사상연구원.
1989「韓國佛敎에 있어서 禪과 淨土와의 關係」,『불교학보』 제26집
1992「定慧結社의 現代的 意義」,『보조사상』 제5·6합집, 승주군, 보조사상연구원.
1995「誡初心學人文의 硏究」,『보조사상』 제12집, 순천, 보조사상연구원.
1997a「太古普愚 禪思想과 그 史的 位置」,『태고보우논총』, 대륜불교문화연구원.
1997b「현대 한국불교 연구경향에 대하여」,『종교와 문화』 제3집, 서울대 종교문제연구소.
2009「지눌사상의 재조명: 지눌을 다시 만나다」,『보조사상』31, 순천, 불일출판사.
金洛必(1982).「事·理槪念의 特性」,『圓佛敎思想』 제6집, 원광대 원불교사상연구원.
金塘澤(1981).「高麗崔氏武人政權과 修禪社」,『歷史學硏究』 제10집, 광주, 全南大學校史學會.
金大鉉
1976「普照知訥의 思想 硏究」,『원광대 논문집』 제10집, 익산, 원광대학교.
1980「普照禪과 圓佛敎 禪의 比較硏究-圓佛敎 禪思想을 中心으로」,『원광대 논문집』 제14집, 익산, 원광대학교.
1988「禪思想의 現代的 意義-普照禪의 論理를 中心으로」,『원광대 논문집』 제22집, 익산, 원광대학교.
金邦龍
1997a「普照知訥 硏究의 現況과 課題」,『韓國宗敎史硏究』 제5집, 익산, 한국종교사학회.
1997b「知訥의 定慧結社 理念과 性格」,『한국종교』 제22집, 익산, 원광대 종교문제연구소.
1997c「知訥의 定慧結社運動과 少太山의 佛敎改革運動의 意義」,『圓佛敎思想』

제21집, 익산, 원광대학교 원불교사상연구원.
1998「知訥의『眞心直說』에 나타난 修行論」,『韓國宗教史研究』제6집, 익산, 한국종교사학회.
2001a「『眞心直說』역주」,『普照思想』15집, 순천, 보조사상연구원.
2001b「『眞心直說』의 著書에 대한 考察-『眞心直說』은 보조 지눌의 저서이다」,『普照思想』15집, 순천, 보조사상연구원.
2001c「태고보우국사와 보조지눌국사의 사상과 수행-교화법 비교연구」,『태고사상』1, 불교춘추사.
2003「여말 선초 보조선의 영향」,『普照思想』19집, 순천, 보조사상연구원.
2005「간화선과 화엄, 단절을 넘어 회통으로-보조지눌과 퇴옹 성철의 입장을 비교하여」,『불교평론』7, 3(24), 서울, 현대불교신문사.
2006「조선 후기 보조선의 영향」,『普照思想』25집, 순천, 보조사상연구원.
2008「지눌과 나옹의 간화선 사상」,『한국불교학』별집, 한국불교학회.
2009a「지눌 선사상 형성에 미친 중국불교의 영향」,『불교학연구』23, 불교학연구회.
2009b「보조 지눌과 소태산 박중빈의 선사상 비교」,『한국선학』23, 한국선학회.
金永斗
1982「菩提達摩의 二入四行論 研究」,『한국종교』제7집, 익산, 원광대 종교문제연구소.
1984「圓佛教의 禪思想」,『숭산기념논문집』, 익산, 원광대학교.
1985「圓佛教의 頓悟·漸修觀」,『한국문화와 원불교사상』, 익산, 원광대출판국.
1991a「『念佛要門』고찰」,『한국종교』제16집, 익산, 원광대 종교문제연구소.
1991b「頓漸의 論爭點과『壇經』의 頓漸觀」,『東과 西의 思惟世界』, 서울, 민족사.
金映遂
1942「太古和尙의 宗風에 對하여」,『불교계』제40권.
1984a「조계문답」,『한국불교사상논고』, 익산, 원광대학교출판국.
1984b「조계선종에 대하여」,『한국불교사상논고』, 익산, 원광대학교출판국.

1984c 「조계종과 전등통규」, 『한국불교사상논고』, 익산, 원광대학교출판국.
1984d 「宗祖・宗名의 質疑에 대하여」, 『한국불교사상논고』, 익산, 원광대학교출판국.
1984e 「조선불교종지에 대하여」, 『한국불교사상논고』, 익산, 원광대학교출판국.
1986 「조계선종에 대하여」, 『한국조계종의 성립사적 연구』, 서울, 민족사.
金煐泰
1965 「지눌－순수선종의 대승」, 『인물한국사』 2, 서울, 박우사.
1972 「지눌－중세불교의 높은 달관자」, 『한국인물대계』 2, 서울, 박우사.
1978 「高麗曹溪宗名考」, 『동국사상』세10・11합집, 서울, 동국대학교 불교대학.
1979 「한국불교 諸宗 成立考 － 五教九山의 문제를 중심으로」, 『새로운 정신문화의 창조와 불교』, 서울, 우리출판사.
1985 「朝鮮 禪家의 法統考」, 『불교학보』 제22집, 불교문화연구원.
1988 「中國과 티벳에서의 頓漸爭論과 步調의 頓悟漸修」, 『보조사상』제2집, 승주군, 보조사상연구원.
1989 「朝鮮朝佛敎와 牧牛子思想」, 『보조사상』 제3집, 승주군, 보조사상연구원.
1990 「九山禪門 形成과 曹溪宗의 展開」, 『한국사론』 제20집, 국사편찬위원회.
1992a 「구산선문과 조계종」, 『불교사상사론』, 서울, 민족사.
1992b 「고려의 조계종명에 대하여」, 『불교사상사론』, 서울, 민족사.
1992c 「조선승가에 자리해 왔던 목우자 유풍」, 『불교사상사론』, 서울, 민족사.
1995a 「九山禪門의 成立과 그 性格에 대하여」, 『보조사상』 제9집, 승주군, 보조사상연구원.
1995b 「普照國師 禪敎觀의 文學的 探索」, 『禪的 상상력과 문예비평』, 부산, 지평.
1997 「조계종명을 쓴 시기와 그 까닭」, 『왕봉김영태교수정년기념 한국불교사정론』, 서울, 불지사.
2004 「佛日 普照國師」, 『韓國佛敎學硏究叢書119: 普照國師 知訥(1)』, 고양, 불함문화사.
金榮鎬(1988). 「中國과 티벳에서의 頓漸論爭에서 본 普照의 頓悟漸修:그 會通的

意義」, 『보조사상』 제2집, 승주군, 보조사상연구원.
金芿石(1964). 「佛日普照國師」, 『佛教學報』 제2집, 서울, 동국대학교 불교문화연구원.
金知見
1966 「高麗知訥の壇経跋文について」, 『印度學佛教學研究』15-1, 東京, 印度學佛教學会.
1967 「華嚴論節要について」, 『印度學佛教學硏究』 16권 2호, 東京, 印度學佛教學会.
1968a 「圓頓成佛論について」, 『印度學佛教學硏究』 17권 2호, 東京, 印度學佛教學会.
1968b 「『華嚴論節要』について」, 『(高麗國 知訥錄)華嚴論節要』, 日本國 大阪, 平岡宕峯.
1970 「『法集別行錄節要弁入私記』について」, 『印度學佛教學硏究』18-2 [36],東京, 印度學佛教學会.
1984 「원돈성불론」, 『불교사상』 8, 서울, 불교사상사.
1987 「知訥에서의 禪과 華嚴의 相依」, 『보조사상』 제1집, 승주군, 보조사상연구원.
金昌淑(1996). 「『禪苑淸規』와 『勅修百丈淸規』의 亡僧條에 관한 고찰」, 『한국불교학』 제21집.
金恒培(1978). 「普照國師의 定慧雙修에 관한 一考察」, 『釋林』 제12집, 동국대학교 석림회.
吉津宜英(1990). 「華嚴禪と普照禪」, 『보조사상』 제4집, 승주군, 보조사상연구원.
吉熙星
1982 「知訥의 心性論」, 『歷史學報』 93집, 서울, 歷史學會.
1986 「頓悟漸修論의 基督教적 理解」, 서강대 종교 신학연구소.
1987a 「普照思想 理解의 解釋學的 考察」, 『보조사상』 제1집, 승주군, 보조사상연구원.
1987b 「A Christian Understanding of Zen ; A Comparative Study of

Chinul and Karl Barth on Salvation」, Berkley大.
1988a 「韓國佛教 修行傳統에 대한 一考察」, 『보조사상』 제2집, 승주군, 보조사상연구원.
1988b 「돈오점수론의 그리스도교적 이해 - 지눌과 칼 바르트의 사상을 중심으로」, 『宗教・神學研究』제1집, 서울, 서강대학교 종교 신학연구소.
1990 「간화선에 대한 지눌의 양자택일적 관점과 돈오돈수와의 관련성, Buswell」, 『보조사상』제 4집, 순천, 불일출판사.
1991 「高麗佛教의 創造的 綜合-義天과 知訥」, 『韓國思想家大系』3 中世篇, 성남, 한국정신문화연구원.
1996a 「知訥 禪 사상의 구조」, 『지눌의 사상과 그 현대적 의의』, 『韓國思想家大系』3, 성남, 정신문화연구원.
1996b 「지눌의 사상」, 『한국사』21, 과천, 국사편찬위원회.
2002 「『법집별행록절요병입사기』와 지눌 선사상의 구조」, 『보조사상』 제 17집, 순천, 불일출판사.
2009 「비교사상적 관점에서 본 지눌의 선사상」, 『보조사상』31, 순천, 불일출판사.
김경희(1997). 「知訥の禪と浄土信仰-『定慧結社文』を中心として」, 『印度學佛教學研究』46-1[91], 東京, 日本印度學佛教學會.
김광민(1998). 『지눌의 교육이론』(교육과정철학총서8), 서울, 교육과학사.
김기대(1991). 「보조사상의 종교학적 해석」, 『한국학대학원논문집』6, 성남, 한국정신문화연구원.
김도용(1993). 「普照國師 知訥에 대한 考察」, 『考古歷史學誌』9, 부산, 동아대학교박물관.
김무찰(2001). 『불일 보조국사 법어』, 가평, 불교 통신교육원.
김복희(1989). 「소태산 심전개발과 지눌의 돈오점수에 대한 소고」, 『정신개벽』 7・8합집, 익산, 신룡교학회.
김봉식(1984). 「頓悟와 漸修 - 불교사의 쟁점」, 『佛教思想』13, 서울, 불교사상사.
김상영(1991). 「고려중기의 선승 혜조국사와 수선사」, 『이기영박사고희기념논총-

불교와 역사』, 서울, 한국불교연구원.

김석암(2003). 「知訥の看話経裁について」, 『印度學仏教學研究』 51-2 (102), 日本印度學仏教學会.

김성환(1996). 「知訥知『眞心直說』初探」, 『불교사연구』1, 중앙승가대학교 불교사학연구소.

김승동(1980). 「보조의 선사상에 관한 연구」, 『문리과대학논문집』19집, 부산, 부산대학교.

김승철(1992). 「보조국사 지눌의 '선교일치'의 해석학」, 『변선환학장은퇴기념논문집-종교다원주의와 한국적 신학』, 천안군, 한국신학연구소.

김영(1985). 『新羅寶林寺普照禪師靈塔碑銘』, 서울, 동국대학교출판사.

김용태(1985). 「知訥 禪敎一元思想의 文學的 探索」, 『睡蓮語文論集』, 부산, 부산여자대학 國語敎育科.

김인덕(1984). 「지눌 보조국사의 기본사상」, 『민족문화를 빛낸 선현』, 서울, 문화공보부.

김재범(1998). 「돈점논쟁의 사회학방법론적 함의」, 『백련불교논집』 8집, 합천군, 백련불교문화재단.

김종명

1997 「한국불교학연구의 바람직한 미래」, 『불교와 문화』 3호. 서울.

1998 「知訥의 『法集別行錄節要幷入私記』에 미친 조선 초기 선종서의 사상적 영향」, 『보조사상』 제11집, 순천, 보조사상연구원.

1999 「원효와 지눌의 수증론 비교연구」, 『구산논집』 3집, 서울, 구산장학회.

김천학

1995 「지눌의 보현행」, 『한국학대학원논문집』10, 성남, 한국정신문화연구원.

1997 「지눌의 보현행」, 『원불교사상』21, 익산, 원광대학교.

김하우(1985). 「지눌의 기초사상」, 『철학연구』10집, 서울, 고려대학교 철학연구소.

김형효

1996 「지눌사상의 실존성과 본질성」, 『지눌의 사상과 그 현대적 의미』(한국사상

가대계3, 성남: 한국정신문화연구원.

2000「지눌의 사상과 실존적 해명」,『원효에서 다산에서－한국사상의 비교철학적 해석』, 서울, 청계출판사.

김호동(1992).「고려 무신정권시대 승려지식인 지눌·혜심의 현실대응」,『민족문화론총』13집, 경산, 영남대학교 민족문화연구소.

김호성

1988「한암의 '도의－보조 법통설'－'해동초조에 대하야'를 중심으로」,『보조사상』2집, 승주군, 보조사상연구원.

1990a「돈오점수의 새로운 해석－돈오를 중심으로」,『한국불교학』15집, 서울, 한국불교학회.

1990b「보조의 정토수용에 대한 재고찰－『정혜결사문』을 중심으로」,『여산유병덕박사화갑기념논문집－한국철학종교사상사』, 익산, 원광대학교 종교문제연구.

1990c「普照의 二門 定慧에 對한 思想史的 考察」,『韓國佛敎學』제14집, 韓國佛敎學會.

1990d「보조선의 실제론적 경향과 그 극복－초기 불교와 선의 동질성을 중심으로」,『동서철학연구』7집, 대전, 한국동서철학연구회.

1990e「한암선사－보조선 계승한 종문의 선지식」,『한국불교인물사상사』, 서울, 민족사.

1991a「보조선의 사회윤리적 관심」,『동서철학연구』제8집, 대전, 한국동서철학연구회.

1991b「해동 화엄의 근대적 계승과 한암: 보조의 화엄관과 관련하여」,『아세아에 있어서의 화엄의 위상』, 서울, 동방원.

1992a「定慧結社의 倫理的 性格과 그 實踐」,『한국불교학』제 16집.

1992b「보조의 돈점관과 정토관」,『선의 세계』, 서울, 효영출판사.

1994「慧諶 禪思想에 있어서 敎學이 차지하는 意味」,『보조사상』제7집, 승주군, 보조사상연구원.

1995 「결사의 근대적 전개양상」, 『보조사상』 제8집, 승주군, 보조사상연구원.
1996 「『看話決疑論』 역주-華嚴과 看話禪의 辨證法」, 『보조사상』 제9집, 승주군, 보조사상연구원.
노르벳 쉬퍼스(Norbet Schiffers)(1988). 「지눌과 아씨시의 프란치스코-보조와 프란치스코에 나타난 청빈과 자연합일사상; 역사적인 관점에서의 비교연구」, 한상우 역, 『종교신학연구』 제1집, 서강대 종교·신학연구소.
대한불교조계종 역경위원회(1971). 『한국고승』 3(한글대장경 153) 서울, 동국역경원.
魯權用(1997). 「近代 開化期 佛敎의 改革理念」, 『한국종교사연구』 제5집, 한국종교사학회.
樓宇烈(1993). 「神會的 頓悟說」, 『백련불교논집』 제3집, 백련불교문화재단.
류동호(1996). 『땅에서 넘어진 자 땅을 딛고 일어나라』, 서울, 우리출판사.
柳炳德(1975). 「日帝時代의 佛敎」, 『韓國佛敎思想史』, 익산, 원광대학교.
睦楨培
1992a 「수선사불교의 수행가풍과 청규」, 『선의 세계』, 서울, 효영출판사.
1992b 「한국선의 위치와 전망」, 『깨달음-돈오점수인가 돈오돈수인가』, 서울, 민족사.
1993 「頓悟思想의 現代的 意味」, 『백련불교논집』 제3집.
木村淸孝(1988). 「李通玄と普照國師 知訥; 『華嚴論節要』研究への一視點」, 『보조사상』 제2집, 승주군, 보조사상연구원.
무염(2006). 「지눌의 선교일치사상에 대한 고찰-『원돈성불론』을 중심으로」, 『수다라』17, 합천, 해인승가대학.
閔泳圭(1993). 「中國禪과 韓國禪」, 『백련불교논집』 제3집, 백련불교문화재단.
閔賢九
1968 「辛旽의 執權과 그 政治的 性格」, 『역사학보』 제38, 40집, 서울.
1989 「高麗 恭愍王의 反元的 改革政治에 대한 考察」, 『진단학보』 제68집.
朴相國

1976 「보조의 선사상 연구」『연구논집』6집, 서울, 동국대학교.
1989 「普照國師의 生涯와 思想」, 『보조사상』 제3집, 승주군, 보조사상연구원.
朴商洙(1994). 「頓悟頓修의 起源과 主張者 및 佛敎歷史上의 評價」, 『백련불교논집』 제4집, 백련불교문화재단.
박선영(1979) 「지눌:수심결」, 『교육명저해제』, 서울, 능력개발.
朴性焙
1963a 「목우자에 있어서의 '悟'와 '修'의 문제」, 『한국사상』6집, 서울, 한국사상연구회.
1963b 「悟의 문제」, 『동국사상』 제2집, 서울, 동국대 불교대학.
1965a 「普照」, 『한국의 人間像』 제3권, 서울, 신구문화사.
1965b 「보조-정혜쌍수의 구현자」, 『한국의 인간상』3, 서울, 신구문화사.
1967 「普照國師知訥」, 『漢陽』6,7[65], 東京, 漢陽社.
1969 「(지눌)수심결」, 『한국의 고전백선』, 서울, 동아일보사.
1975 「목우자의 '悟'와 '修'에 대하여」, 『한국사상총서』2, 서울, 태광문화사.
1976a 「牧牛子의 悟와 修에 대하여」, 『한국사상』 제6집.
1976b 「정혜쌍수의 구현:보조」, 『고려·조선의 고승 11인』, 신구문고40, 서울, 신구문화사.
1988 「知訥의 頓悟漸修說과 退溪의 四端七情說의 구조적 유사성에 대하여 : 수행론적인 해석」, 『보조사상』 제2집, 승주군, 보조사상연구원.
1990a 「論知訥對壇經的觀點」, 『佛光山國際學術會議實錄』(臺北:佛光出版社, 1990)
1990b 「성철스님의 돈오점수설 비판에 대하여」, 『보조사상』4집, 승주군, 보조사상연구원.
1992a 「보조스님은 證悟를 부정했던가」, 『깨달음, 돈오점수인가 돈오돈수인가』, 서울, 민족사.
1992b 「性徹스님의 頓悟漸修說 비판에 대하여」, 『깨달음-돈오점수인가 돈오돈수인가』, 서울, 민족사.
1993 「頓悟頓修論」, 『백련불교논집』 제3집, 백련불교문화재단.

2004「牧牛子에 있어서의 悟와 修의 問題」,『韓國佛教學研究叢書119: 普照國師知訥(1)』, 고양, 불함문화사.
박영제
1996「수선사의 성립과 전개」,『한국사』21, 과천, 국사편찬위원회.
1997「지눌은 왜 불교계를 비판하고 결사를 창립했나」,『고려시대 사람들은 어떻게 살았을까』, 서울, 청년사.
朴殷穆
1982「돈오점수의 교육철학적 논고」,『공산성』17, 공주, 공주교육대학.
1986「보조지눌의 교육사상 연구」,『대전대론문고』5,2, 대전, 대전대학.
1987「지눌」,『교육사상가평전1－한국편』, 서울, 교육과학사.
1988a「지눌 불교사상의 교육이론 연구」,『대전대론문집』7, 대전, 대전대학.
1988b「지눌 불교사상의 교육이론 연구」,『한국교육사학』10, 서울, 한국교육학회교육사연구회.
1992「知訥의 教育思想」,『韓國宗教』第17집, 익산, 원광대 종교문제연구소.
박종홍
1972「지눌의 사상」,『한국사상』10, 서울, 한국사상연구회.
1975「지눌의 사상」,『한국사상총서』1, 서울, 태광출판사.
1976「지눌의 사상」,『한국사상사－불교사상편』, 서문문고11, 서울: 서문당.
1998「지눌의 사상」,『한국사상논문선집』30권, 서울, 불함문화사.
박진영(2005).「메를로－뽕띠의 철학과 보조 지눌의 간화선언어, 사고, 그리고 질문이라는 행위」,『불교평론』7, 2(23), 서울, 불교평론사.
박창화(1990).「지눌 및 그의 불교철학사상」,『조선학연구』3, 연길, 연변대학출판사.
박해당(2000).「조계종 법통설에 대한 비판적 검토」,『철학사상』11, 서울, 서울대학교철학사상연구소.
법산(이태경)
1987「조계종의 성립사적 측면에서 본 보조」,『보조사상』1집, 승주군, 보조사상

연구원.
1994「曹溪宗에 있어서 普照의 位置-形成과 法統問題」,『보조사상』 제8집, 승주군, 보조사상연구원.
法頂(1983).「한국불교 중흥조 普照」,『佛日會報』.
법혜(최창식)
1989「보조선사의『계초심학인문』과 선종청규-계초심학인문」,『수다라』4, 합천군, 해인승가대학.
1992「보조 정혜결사와 수선사 청규」,『보조사상』5·6합집, 승주군, 보조사상연구원.
변희욱(1997).「선불교의 마음공부와 세상구제-지눌『권수정혜결사문』의 한 분석」,『철학논구』25, 서울, 서울대학교.
보광(한태식)
1998「보조의 정토관」,『불교학보』35집, 서울, 동국대학교 불교문화연구원.
1999 「知訥の 『定慧結社文』における淨土觀」, 『印度學佛教學研究』47-2[94], 東京, 印度學佛教學會.
2000「보조의 정토관」,『신앙결사연구』, 서울, 여래장.
보조사상연구원
1987a「보조관계 논저목록」,『보조사상』1집, 승주군, 보조사상연구원.
1987b「보조관계 논저목록」2,『보조사상』1집, 승주군, 보조사상연구원.
1989「보조관계자료」,『보조사상』3집, 승주군, 보조사상연구원.
불일출판사 편집부(1999).「보조지눌 스님 관련 책 두권-『普照思想』제12집,『普照全書』」『불일회보』219, 서울, 법련사.
불함문화사
1998a『韓國思想論文選集 31 : 知訥 및 結社運動,2』, 고양, 불함문화사.
1998b『韓國思想論文選集 32 : 知訥 및 結社運動,3·高麗後期의 佛教』, 고양, 불함문화사.
2004a『韓國佛教學研究叢書 119: 普照國師 知訥(1)』, 고양, 불함문화사.

2004b『韓國佛教學研究叢書 120: 普照國師 知訥(2)』, 고양, 불함문화사.
徐閏吉(1994).「高麗 臨濟禪法의 受容과 展開」,『보조사상』 제8집, 승주군, 보조사상연구원.
徐宗梵(1989).「講院教育에 끼친 普照思想의 영향」,『보조사상』 제3집, 승주군, 보조사상연구원.
석길암(2008).「지눌의 돈오와 점수에 대한 화엄성기론적 해석」,『보조사상』30, 순천, 불일출판사.
石井修道(1993).「南宗禪の頓悟思想の展開」,『백련불교논집』 제3집.
小島岱山(1983).「韓國佛教における華嚴思想の展開」,『理想』, 東京, 理想社.
宋錫球
1975「普照의 人間觀」,『국민대 논문집』 제9집, 서울, 국민대학교.
1978「普照의 和思想」,『불교학보』 제15집.
1979「普照의 看話決疑論 小考」,『동국사상』 제12집, 서울, 동국대학교.
1985a「보조의 인간관」,『한국의 유불사상』, 서울, 사사연.
1985b「선의 중국적 전개와 보조의 간화선」,『한국의 유불사상』, 서울, 사사연.
1985c「한국불교의 和사상: 보조를 중심으로」,『한국의 유불사상』, 서울, 사사연.
1992「원효와 보조의 염불관 비교연구」,『가산이지관스님화갑기념논총－한국불교문화사상사(上)』, 서울, 가산문고.
1994「보조국사의 和思想」,『한국불교의 통일사상』, 서울, 五眞園.
송차선(2006).「가톨릭의 구원관과 보조국사 지눌의 구원관 비교」,『종교학연구』25, 서울, 종교학연구회.
宋天恩
1975「知訥의 禪思想」,『韓國佛教思想史』, 익산, 원광대학교.
1979「고려승 지눌의 선사상」,『종교와 원불교』, 익산, 원광대학교출판국.
1987「지눌, 불교에큐메니칼 운동의 기수」,『한국인의 원형을 찾아서』, 서울, 일념.
1992「지눌, 불교에큐메니칼 운동의 기수」,『열린 시대의 종교사상』, 익산, 원

광대학교출판국.
시영주(2001). 「돈오점수의 철학적 정초 : 지눌의 『법집별행록병입사기』를 토대로」, 『철학연구』79, 서울, 대한철학회.
沈在龍
1979 「The Structure of Faith and Practice in Hua-yen Buddhism」, 『철학』 제13집.
1981a 「傳統的な韓國禪の脈絡とその特質-普照禪を中心に韓國の佛教思想」, 『アジア公論』 10, 4[101], 서울, アジア公論社.
1981b 『韓國禪佛教의 哲學的 基礎: 知訥의 禪教統合』, 시울, 太學社.
1982 「전통적 한국선의 맥락과 특질」, 『한국사상의 심층 연구』, 서울, 우석.
1985 「한국 선불교의 철학적 연구: 지눌의 중국선 이해를 중심으로」, 『철학논구 1987』13, 서울, 서울대학교 철학회.
1987a 「普照國師의 華嚴禪에 관하여」, 『불일회보』.
1987b 「普照禪을 보는 視角의 變遷史」, 『보조사상』 제1집, 승주군, 보조사상연구원.
1988a 「頓漸論으로 본 보조선의 위치」, 『보조사상』2집, 승주군, 보조사상연구원.
1988b 「돈점론상 보조선의 위치」, 『불일회보』95, 승주군, 승보종찰송광사조계총림.
1990a 「돈점론(頓漸論)으로 본 보조선의 위치」, 『동양의 지혜와 선』, 서울, 세계사.
1990b 「한국 선불교의 맥락과 특징-보조선을 중심으로」, 『동양의 지혜와 선』, 서울, 세계사.
1990c 「보조선을 보는 시각의 변천」, 『동양의 지혜와 선』, 서울, 세계사.
1990d 「보조국사 지눌의 중국선 이해-한국선의 철학적 기초」, 『동양의 지혜와 선』, 서울, 세계사.
1990e 「보조국사의 화엄선에 관하여」, 『동양의 지혜와 선』, 서울, 세계사.
1991a 「지눌의 화엄사상」, 『아세아에 있어서 화엄의 위상』, 서울, 동방원.

1991b 「'돈오점수'로 풀어 본 보조사상」, 『역사산책』9, 서울, 범우사.

1992 「돈점론으로 본 보조선의 위치」, 『깨달음, 돈오점수인가 돈오돈수인가』, 서울, 민족사.

1993 「보조의 돈오점수」, 『미주현대불교』.

1994 「普照禪과 臨濟禪- 죽은 말 귀 살려내기」, 『보조사상』 제8집, 승주군, 보조사상연구원.

1997 「현대 한국불교 돈점론의 비판적 소고-퇴옹 성철의 돈오돈수 대 보조지눌의 돈오점수」, 『불교연구』14집, 서울, 한국불교연구원.

2000 「보조국사 지눌의 『원돈성불론』상역」, 『보조사상』13집, 순천, 보조사상연구원.

安啓賢

1973 「曹溪宗과 五敎兩宗」, 『한국사』 제7권, 국사편찬위원회.

1982 「조계종과 오교양종」, 『한국불교사연구』7, 서울, 동화출판공사.

안병희

1985 「『별행록절요언해』에 대하여」, 『어문학』9·10합집, 서울, 건국대학교국어국문학연구회.

1992 「『별행록절요언해』」, 『국어사자료연구』, 서울, 문학과지성사.

양백의(1984). 「『수심결』의 선오후수론」, 『불교사상』8, 서울, 불교사상사.

梁銀容

1990 「『眞心直說』에 있어서 心의 問題」, 『安晉吾博士 回甲論文集』.

1992 「西山休靜의 道家龜鑑에 대하여」, 대한전통문화연구원.

蓮潭有一(1982). 『法集別行錄節要科目併入私記』, 『韓國佛教全書』 10冊, 서울, 동국대학교출판부.

吳光爀(1959). 「修禪社 成立の背景について」, 『印度學佛教學硏究』, 제7권 2호, 日本, 東景, 印度學佛教學會.

오형근(1996). 「원효대사와 지눌선사의 청규사상」, 『불교대학원논총』3, 서울, 동국대학교 불교대학원.

源弘之(1970). 「高麗時代における浄土教の研究 : 知訥の『念佛要門』について」, 『仏教文化研究所紀要』9, 龍谷大学仏教文化研究所.

유영숙

1986 「최씨무신정권과 조계종」, 『백산학보』33호, 서울, 백산학회.

1990 「圓證國師 普愚와 恭愍王의 改革政治」, 『한국사론』 제20집, 국사편찬위원회.

윤원철(1995). 「한국 선학에 있어서 방법론적 성찰의 부재에 대한 단상-돈점논쟁의 몇 가지 편린에 대한 회고를 통하여」, 『종교와 문화』1, 서울, 서울대하교종교문제연구소.

윤종갑(2004). 「지눌의 중도의 공부론」, 『동서철학연구』31, 서울, 한국동서철학연구회.

李萬(1985). 「談禪法會에 對한 考察」, 『한국불교학』 제10집.

이건희(1992). 「普照祖師と道元禪師について１」, 『花園大学禅学研究』70, 京都, 花園大学禅学研究会.

이계표(1990). 「고려후기의 불교개혁운동-수선사와 백련사」, 『전남지방사서설』, 서울, 김향문화재단.

이기남(1971). 「충선왕의 개혁과 사림원의 설치」, 『역사학보』 52.

李箕永

1974a 「高麗後期의 民族思想」, 『韓國民族思想大系』3 中世편, 서울, 형설출판사.

1974b 「지눌의 십종염불에 관하여」, 『불교문화』2, 서울, 월간불교문화사.

1975 「진심의 의미:보조국사 지눌의 무신론-현대의 무신론」, 『사목』38, 서울, 한국천주교중앙협의회.

1976 「지눌 『권수정혜결사문』외 해제」, 『한국의 불교사상』, 서울, 삼성출판사.

1978 「지눌의 진심」, 『불교와 사회』, 서울, 한국불교연구원.

1982 「韓國的 思惟의 一傳統」, 『한국 불교연구』, 서울, 한국불교연구원.

1998 「지눌의 십종염불에 관하여」, 『다시 쓰는 한국 불교유신론』, 서울, 한국불교연구원.

이기운(2005). 「간화선과 화엄, 회통인가 단절인가-보조 지눌과 퇴옹 성철의 관점을 중심으로」, 『불교학연구』11, 서울, 불교학연구회.

李能和

1916 「臨濟宗風과 高麗 太古普愚」, 『조선불교계』 제2호.

1918 「普照後始設曹溪宗」, 『조선불교통사』하편, 서울, 신문관.

이덕진

1997 「혜심의 선사상에 대한 연구-지눌과의 연관관계를 중심으로」, 『철학연구』20집, 서울, 고려대학교 철학연구소.

1998 「깨달음의 방법에 관한 논쟁-돈오돈수와 돈오점수 논쟁」, 『논쟁으로 보는 불교철학』, 서울, 예문서원.

1999a 「나옹혜근의 연기설 연구-보조지눌의 성기설과의 관계를 중심으로」, 『지공·나옹·무학화상』, 서울, 불천.

1999b 「지눌 선사상에 있어서 돈오의 함의」, 『가산학보』8집, 서울, 가산학회,

2000a 「지눌의 성기설에 대한 일고찰」, 『보조사상』13집, 순천, 보조사상연구원,

2000b 「보조지눌과 규봉종밀 사상의 同處와 不同處」, 『구산논집』4집, 서울, 구산장학회.

2000c 「간화선의 구자무불성에 대한 일고찰-대해종고·보조지눌·진각혜심을 중심으로」, 『한국선학』창간호, 서울, 한국선학회.

2001a 「21세기 지눌학의 새로운 도약을 위하여」, 『오늘의 동양사상』4, 서울, 예문동양사상연구원.

2001b 「지눌관련 연구물 목록」, 『오늘의 동양사상』4, 서울, 예문동양사상연구원,2001)

2002 「고려 선불교의 성립과 전개」, 『자료와 해설-한국철학사상사』, 서울, 고려대학교 민족문화연구원.

2007 「근·현대불교에 끼친 보조사상의 영향」, 『보조사상』27, 순천, 보조사상연구원.

이동욱(1974). 「보조사상: 선교관을 중심으로」, 『석림』8, 서울, 동국대학교석림회.
이동준(1992). 「돈오돈수와 돈오점수의 통시적 고찰」, 『깨달음, 돈오점수인가 돈오돈수인가』, 서울, 민족사.
李培鎔(1970). 「恭愍王의 卽位敎書에 대하여」, 『알파 파이 알파회 연구논집』 제3집.
李丙旭
1999 「宗密과 普照의 禪敎觀 比較」, 『보조사상』 제12집, 순천, 보조사상연구원.
2000 「돈오점수의 수행법과 '무자'화두 참구법의 관계에 대한 대혜종고와 보조지눌의 견해 비교」, 『보조사상』13집, 순천, 보조사상연구원.
2001 「보조지눌의 선교통합의 여러 유형」, 『보조사상』14집, 순천, 보조사상연구원.
이병호
1991a 「한국불교역사와 조계종」1 『운문』36, 청도, 운문사승가대학.
1991b 「한국불교역사와 조계종」2 『운문』37, 청도, 운문사승가대학.
李逢春(1997). 「太古 普愚時代의 佛敎社會」, 『태고보우논총』, 대륜불교사상연구.
李英茂
1976a 「普照國師 知訥의 人物과 思想」, 『인문과학논총』 제9집, 서울, 건국대 인문과학연구소.
1976b 「太古 普愚國師의 人物과 思想」, 『건대사학』 제5집, 서울, 건국대학교사학회.
1977 「韓國佛敎史上의 太古普愚國師의 地位-한국불교의 宗祖論을 중심으로」, 『한국불교학』 제3집.
1987 「보조국사 지눌의 인물과 사상-한국불교 종조설을 중심으로」, 『한국의 불교사상』, 서울, 민족문화사.
1997 「太古 普愚의 法統과 法界」, 『태고보우논총』, 대륜불교사상연구원.
이이화(1994). 「사상의 통합자 보조」, 『한국사의 주체적 인물들』, 서울, 여강.
이일영(1995). 「보조국사의 약전」, 『상서』13, 서울, 지선당.
이일재(1985). 「다시 읽는 보조스님의 삶과 사상」, 『불일회보』89, 승주군, 승보종찰송광사조계총림.
이재운(1982). 「보조지눌」, 『불교』126, 서울, 불교사.
李鍾益
1942 「보조국사의 소록인 『화엄론절요』의 신발견」, 『불교』신36호, 서울, 불교사.
1972a 「普照國師의 禪敎觀」, 『불교학보』 제9집.
1972b 「불일보조국사」, 『법시』87, 서울, 법시사.
1974a 「한국불교 조계종과 『금강경오가해』」 『불교학보』11집, 서울, 동국대학교 불교 문화연구원.
1974b 『高麗普照國師の硏究－その思想體系と普照禪の特質』, 油印版, 서울, 동국대학교.
1974c 『普照國師の思想とその宗風』, 서울, 동국대학교.
1975a 「선교일원을 기점으로 한 보조국사의 사상체계」, 『이종익박사학위기념논문집』, 서울, 보련각.
1975b 「지눌의 화엄사상」, 『숭산박길진박사회갑기념논문집－한국불교사상사』, 이리, 원광대학교 원불교사상연구원.
1975c 「지눌의 화엄사상에 대하여」, 『원대학보』8, 이리, 원광대학교.
1976 「公安・看話禪의 源流考」, 『한국불교학』 제2집.
1979 「韓國佛敎諸宗派成立의 歷史的 考察」, 『불교학보』 제16집.
1980 『韓國佛敎の硏究－ 高麗普照國師を中心として』, 東京, 國會刊行會.
1981 「불교의 심성설과 오수돈점론」, 『소암이동식선생화갑기념논문－도와 인간과학』, 서울, 삼일당.
1982 「보조선과 화엄 」, 『한국화엄사상연구』, 서울, 동국대학교출판부.
1983 「보조국사와 현대사상」, 『불일회보』30, 승주군, 승보종찰송광사조계총림.
1984a 「普照禪과 華嚴」, 『한국화엄사상연구』, 불교문화연구소.
1984b 「한국통불교구현자 보조국사 전기와 사상개요」, 『효정채수한박사회갑기념논문집』, 대구, 효정채수한박사화갑기념논문집간행위원회.
1984c 「보조선의 특수성」, 『불교사상』8, 서울, 불교사상사.

1985「해동 불일보조국사: 중심사상과 그 특질-한국불교의 얼」,『금강』11, 서울, 월간금강사.
1986a「한국불교 제종파 성립의 역사적 고찰」,『한국조계종의 성립사적연구』, 서울, 민족사.
1986b「한국 통불교 구현자 보조국사」,『불일회보』65, 승주군, 승보종찰송광사 조계총림.
1987a「진심직설(眞心直說)에 대하여(上)」,『불일회보』78, 승주군, 승보종찰송광사조계총림.
1987b「진심지설(眞心지설)에 대하여(下)」,『불일회보』79, 승주군, 승보종찰송광사조계총림.
1987c「普照撰述의 思想概要와 書誌學的 考察」,『보조사상』 제1집, 승주군, 보조사상연구원.
1988「法寶壇經과 普照」,『보조사상』 제2집, 승주군, 보조사상연구원.
1989a「普照著述의 書誌學的 解題」,『보조사상』 제3집, 승주군, 보조사상연구원.
1989b「『육조단경』과 보조」,『육조단경의 세계』, 서울, 민족사.
1990a「禪修證에 있어서 頓悟漸修」,『보조사상』 제4집, 승주군, 보조사상연구원.
1990b『元曉大師와 普照國師의 生涯와 思想』, 서울, 동국문화사.
1992a「『定慧結社文』의 思想體系」,『보조사상』 제5·6합집, 승주군, 보조사상연구원.
1992b「정혜결사의 사상체계」,『선의 세계』, 서울, 효영출판사.
1993「지눌보조선의 문학적 추이」,『한국불가시문학사론』, 서울, 불광출판부.
1994a「보조국사의 생애와 사상」,『고법운이종익박사논문집』, 서울, 문창기획.
1994b「『법보단경』과 보조」,『고법운이종익박사논문집』, 서울, 문창기획.
1994c「보조국사의 선사상」,『고법운이종익박사논문집』, 서울, 문창기획.
1994d「보조선과 화엄」,『고법운이종익박사논문집』, 서울, 문창기획.
1994e「보조저술의 서지학적 해제」,『고법운이종익박사논문집』, 서울, 문창기획.
1994f「선수증에 있어서 돈오점수의 과제」,『고법운이종익박사논문집』, 서울,

문창기획.
1994g「조계종 성립사적 고찰」, 『고법운이종익박사논문집』, 서울, 문창기획.
1994h「조계종법통고」, 『고법운이종익박사논문집』, 서울, 문창기획.
1994i「한국불교 제종파 성립의 역사적 고찰」, 『고법운이종익박사논문집』, 서울.
이지관
1984「지눌의 정혜결사와 그 계승」, 『한국선사상연구』, 서울, 동국대학교출판부.
1987「순천 송광사 불일보조국사 비명」, 『(校勘譯註)역대고승비문-고려편4』, 서울, 가산불교문화연구원.
李昌求
1996「한을 통해서 본 지눌의 사상」, 『한국종교』21, 이리, 원광대학교 종교문제연구소.
1999「『節要』를 통해 본 悟의 體驗과 解釋」, 『보조사상』 제12집, 순천, 보조사상연구원.
1999「『진심직설』을 통해서 본 진심과 오수의 구조」, 『구산논집』3집, 서울, 구산장학회.
2004「조선 중기 보조선의 영향-서산을 중심으로」, 『보조사상』21, 순천, 보조사상연구원.
이청(1999). 「가르칠 수 없는 것을 가르친다-보조국사에서 효봉스님까지」, 『불교춘추』15, 서울, 불교춘추사.
이평래(1984). 「수선사의 결성에 대하여」, 『불교사상』8, 서울, 불교사상사.
이효걸
1995a「돈점논쟁」, 『(강좌)한국철학』, 서울, 예문서원.
1995b「돈점논쟁의 새로운 전개를 위하여」, 『논쟁으로 보는 한국철학』, 서울, 예문서원.
印鏡
1995「보조의 돈오점수사상」, 『교육개발』94, 서울, 교육개발원.
1998「보조 인용문을 통해본『法寶記壇經』의 성격, 『보조사상』 제 11집, 순천,

보조사상연구원.
1999「知訥 禪思想의 體系와 構造」, 『보조사상』 제12집, 순천, 보조사상연구원.
2000「『권수정혜결사문』에 나타난 정혜사상」, 『불교학의 해석과 실천』, 서울, 불일출판사.
2001「화엄 법계연기설과 간화선사상: 보조의 『원돈성불론』과 『간화결의론』을 비교하면서」, 『보조사상』15집, 순천, 보조사상연구원.
2003「보조의 화엄교학의 수용과 비판연기문과 성기문에 대한 해석을 중심으로」, 『보조사상』20, 순천, 불일출판사.
인환(채택수)(1992). 「보조선과 도원선」, 『선의 세계』, 서울, 효영출판사.
일진(2000). 「무상대도의 선사 보조국사」, 『한국불교인물사상사』, 서울, 승가대학교승가대신문사.
林錫珍
1932a「普照國師硏究」, 『불교』, 101, 서울, 불교사.
1932b「普照國師硏究」, 『불교』, 102, 서울, 불교사.
1933「普照國師硏究」, 『불교』, 103, 서울, 불교사.
임선영(1999). 「부처는 어디에 있는가－지눌(1158∼1210」, 『한국철학, 화두로 읽는다』, 서울, 동녘.
임영숙(1986). 「지눌의 찬술선서와 그 소의전적에 관한 연구」, 『서지학연구』 1집, 서울, 서지학회.
임영창(1984). 「정혜결사문의 이론적 전개」, 『불교사상』8, 서울, 불교사상사.
자명(1986). 『普照 知訥의 看話禪 硏究』, 서울, 禪學硏究會.
張元圭
1963「曹溪宗의 成立과 發展에 대한 考察」, 『불교학보』 제1집, 서울, 동국대학교 불교문화연구원.
1986「조계종의 성립과 발전에 대한 고찰」, 『한국 조계종의 성립사적 연구』, 서울, 민족사.
전임호(1991). 「조계종의 성립」, 『법계명성화갑기념－불교학논문집』, 청도군, 운문사승가대학동문회.
정묘(1991). 「불일보조의 정해결사운동의 현대적 고찰」, 『논단석림』24, 서울, 동국대학교석림회.
정수(1995). 「보조, 태고의 불교쇄신운동과 그 사상 비교」, 『론단석림』29, 서울, 동국대학교 석림회1995)
鄭景奎(1994). 「普照 圓頓門의 實體와 性徹禪師의 圓頓批判」, 『백련불교논집』 제4집, 백련불교문화재단.
鄭性本
1995 「新羅禪의 思想的 特性」, 『보조사상』 제9집, 순천, 보조사상연구원.
1997 「看話禪의 수행과 실천구조」, 『녹원스님 고희기념 학술논총－한국불교의 좌표』, 불교시대사.
2003 「普照知訥と 『六祖壇経』」, 『印度学仏教学研究』51－2(102), 東京, 日本印度学仏教学会.
鄭舜日
1981 「普照禪의 頓漸基礎」, 『圓佛教學研究』 제12집, 원광대.
1983a 「宗密의 會通思想 研究」, 『한국불교학』 제8집.
1983b 「華嚴 原人論 研究」, 『한국종교』 제8집, 서울, 종교문제연구소.
1987 「智嚴의 華嚴性起思想」, 『한국불교학』 제12집.
정우영(2009). 『(역주)목우자수심결언해·사법어언해』, 서울, 세종대왕기념사업회.
鄭泰爀
1978 「보조국사의 교화활동－고승들의 법시운동」, 『법시』, 서울, 법시사.
1996 「태고 보우국사의 원융사상과 한국불교의 법맥」, 『다보』 제20집, 대한불교진흥원.
정혜정
1996 「지눌의 수심론과 현대교육의 위상」, 『동국사상』27·28, 서울, 동국대학교불교대학.
2000 「지눌과 동학의 수심체계 비교」, 『보조사상』14집, 순천, 보조사상연구원.

조광해(1980). 「창조하는 지식인의 원상 보조국사－인맥사류 신답기」, 『정경문화』185, 서울, 정경연구소.

조달공(1994). 「고려와 보조국사 : 다시 새겨보는 보조사상〈8〉」, 『불일회보』157, 서울, 법련사.

조선학회(1992). 「小倉本『牧牛子修心訣』, 『朝鮮学報』143, 天理大学朝鮮学科研究室内　朝鮮学会.

조승환

1964「보조의 철학사상」, 『철학연구』12, 평양, 과학원출판사.

1982「고려시기 지눌의 '조계종' 불교철학사상의 비판」, 『철학논문집』6, 평양, 김일성종합대학출판사.

조영록(1994). 「중개산기 : 태안주보조선사중개산제일대운공만공선사탑비명기」, 『동국사학』29, 서울, 동국대학교 사학회.

종림(1988). 「돈오와 점수의 논리적 구조」, 『수다라』, 합천군, 해인승가대학.

종범(서정문)

1989「강원교육에 끼친 선사상에 대한 제조명」, 『보조사상』3집, 승주군, 보조사상연구원.

1992「보조사상과 강원교육」, 『선의 세계』, 서울, 효영출판사.

종진(최종수)

1992「보조지눌의 선사상에 대한 재조명」, 『가신이지관스님화갑기념논총－한국불교문화사상사(상)』, 서울, 가산문고.

1994「보조지눌의 저술과 사상적 경향」, 『한국불교사의 재조명』, 서울, 불교시대사.

佐藤秀孝(1995). 「孤峰覺明と古劍知訥；臨済宗法燈派と曹洞宗瑩山下の交渉を踏まえて」, 『(駒澤大学)仏教学部論集』26, 東京, 駒澤大学仏教学研究室.

中島志郎

1992「知訥『眞心直說』訓注試案(上)」, 『禪文化研究所紀要』18, 京都, 花園大學禪文化研究所.

1994 「知訥の頓悟漸修論 『法集別行錄節要并入私記』を中心に」, 『禪文化研究所紀要』220, 京都, 花園大學禪文化研究所.
1995 「知訥に於ける『華嚴論節要』の意味」, 『印度學佛教學研究』44-1(87), 東京, 印度學佛教學會.
1997 「知訥の三玄門体系について」, 『印度學佛教學研究』46-1, 東京, 印度學佛教學会.
1998a 「知訥と慧諶」, 『禪文化研究所紀要』24, 京都, 花園大學禪文化研究所.
1998b 「知訥の 『看話決疑論』について:基礎的研究1」, 『(花園大學)研究紀要』29, 京都, 花園大學禪文化研究所.
2000 「知訥と了世」, 『禪学研究』78, 京都:花園大學禪学研究会.
중원(1930). 「해동초조에 대하여」, 『불교』70, 서울, 불교사.
지묵(1987). 「현등사와 보조스님」, 『불일회보』83, 승주군, 승보종찰송광사조계총림.
秦星圭
1984 「高麗後期 修禪社의 結社運動」, 『한국학보』 36집, 일지사.
1986 「고려후기 선사상의 결사운동」, 『고려후기 불교전계사의 연구』, 서울, 민족사.
1992a 「고려후기 불교사에 있어서 수선사의 위치」, 『가산이지관스님화갑기념논총-한국불교문화사상사(상)』, 서울, 가산문고.
1992b 「최씨무신정권과 선종」, 『불교연구』6・7합집, 서울, 한국불교연구원.
1992c 「고려후기 신앙결사운동-수선사와 백련사를 중심으로」, 『증가』9, 서울, 한국불교연구원)
1992d 「定慧結社의 時代的 背景에 對하여」, 『보조사상』 제5・6합집, 승주군, 보조사상연구원.
振虛捌關(1982). 『三門直指』, 『韓國佛教全書』10冊, 서울, 동국대학교출판부.
蔡尙植
1990 「高麗後期 修禪結社 成立의 社會的 基盤」, 『韓國傳統文化研究』제6집, 경

산, 효성여자대학교 한국전통문화연구소.
1994「고려시대 결사운동의 시대적 인식」,『한국불교사의 재조명』, 서울, 불교시대사.
蔡楨洙
1966「韓國 禪佛敎의 形成過程에 있어서의 普照禪의 性格」,『동아논총』제3집, 부산, 동아대학교.
1988「大慧의 書狀과 普照禪」,『보조사상』, 제2집, 승주군, 보조사상연구원.
1993「儒佛道 三敎에 相依된 頓悟思想」,『백련불교논집』 제3권,.
최명관(1987). 「보조선사법어록에 관하여」,『허원선생 · 이경선생화갑기념논문집』, 서울, 허원선생;이경선생화갑기념논문집 간행위원회.
최민홍(1976). 「지눌의 통일불교사상」,『법시』134, 서울, 법시사.
崔柄憲
1986「太古普愚의 佛敎史的 位置」,『한국문화』 제7집, 서울대학교 한국문화연구소.
1987a「修禪結社의 思想史的 意義」,『보조사상』, 제1집, 승주군, 보조사상연구원.
1987b「지눌비문의 문제점」,『불일회보』77, 승주군, 승보종찰송광사조계총림.
1988「高麗時代 佛敎法統說의 問題」,『한국사론』 제19집, 서울대학교 국사학과.
1992「定慧結社의 趣旨와 創立過程」,『보조사상』 제5 · 6합집, 승주군, 보조사상연구원.
1993「진각혜심, 수선사, 최씨무인정권」,『보조사상』7집, 승주군, 보조사상연구원.
1995「조선후기 浮休善修系와 송광사: 보조법통설 · 태고법통설 갈등의 한 사례」,『同大史學』12, 서울, 동덕여자대학교 국사학과.
1996「지눌의 수행과정과 정혜결사」,『지눌의 사상과 그 현대적 의미』, 한국사상가대계3, 성남, 한국정신문화연구원.
최봉익(1966). 「지눌의 철학사상」,『철학연구』 4, 서울, 과학백과사전출판사.
崔成烈
1988「普照, 修心訣의 一考察」,『한국불교학』 제13집, 서울, 한국불교학회.

1989 「보조의 기본 사상과 『육조단경』」, 『인문과학연구』10집, 광주, 조선대학교 인문학연구소.
1990 「'無'자 화두와 보조지눌의 간화십종선병」, 『석산한종만박사화갑기념논문집-한국사상사』, 익산, 원광대학교출판국.
1991 「간화십종선의 체계분석」, 『불교학보』28집, 서울, 동국대학교 불교문화연구원.
1992 「원돈성불론의 십신에 대하여」, 『불교학보』29집, 서울, 동국대학교 불교문화연구원.
1996a 「『화엄론절요』중 要簡節要의 체계에 대한 연구」, 『한국불교학』21집, 서울, 한국불교학회.
1996b 「보조지눌의 『화엄론절요』연구」, 『범한철학』12집, 광주, 범한철학회.
1997a 「간화결의론의 분석적 연구」, 『범한철학』15집, 광주, 범한철학회.
1997b 「보조의 『화엄신론』이해」, 『범한철학』15집, 광주, 범한철학회.
최연식
1998 「法集別行錄節要幷入私記를 통해본 보조 三門의 성격」, 『보조사상』 제12집, 순천, 보조사상연구원.
2000a 「한국 간화선의 형성과 변화과정」, 『불교평론』2, 1[2], 서울, 불교평론사.
2000b 「『진심직설』의 저자에 대한 재고찰」, 『한국도서관·정보학회지』 31-2, 한국도서관 정보학회.
최은규(1998). 「『법집별행록절요언해』해제」, 『서지학보』22, 서울, 한국서지학회.
최진석
1987 「지눌사상에 있어서의 정서문제」, 『경희사학』, 서울, 경희대학교 전통문화연구소.
1998 「지눌사상의 일연구」, 『인덕대논문집』20, 서울, 인덕대학.
崔昌植(1992). 「普照 定慧結社와 修禪社 淸規」, 『보조사상』, 제5·6합집.
崔玄覺(1991). 「禪學資料論攷(Ⅰ)」, 『申法印스님 華甲紀念佛教思想論叢.

卓萬植

1977 「高麗國普照國師知訥の修心訣について」, 『印度學佛教學研究』26, 1 [51], 東京, 日本印度學佛教學會.

1977 「高麗國普照國師知訥の六祖壇經觀」, 『大學院佛教學研究會年報』11, 東京, 駒澤大學.

1978a 「『法集別行錄節要幷入私記』に現われた知訥禪師の禪觀」, 『駒沢大学』12, 東京, 駒沢大学.

1978b 「定慧結社と曹溪宗源流」, 『印度學佛教學研究』 27, 1 [53], 東京, 印度學佛教學會.

1978c 「牧牛子法語頌」, 『석림』 제12집, 서울, 동국대학교.

1979a 「『法集別行錄節要幷入私記』に現われた知訥禪師の禪觀」, 『學術院論文集』 9, 東京, 朝鮮獎學會.

1979b 「知訥禪師の圓頓成佛論」, 『大學院佛教學研究會年報』13, 東京, 駒澤大學.

1980 「高麗知訥禪師の徑截門活句禪」, 『大學院佛教學研究會年報』14, 東京, 駒澤大學.

1981 「高麗知訥禪師の 行蹟」, 『印度學佛教學研究』 29권 2호, 東京, 印度學佛教學會.

1982a 「高麗知訥禪師の定慧結社と松広清規」, 『印度學佛教學研究』29-2[58], 東京, 印度學佛教學會.

1982b 「高麗知訥禪師の行跡」, 『印度學佛教學研究』30-2[60], 東京, 印度學佛教學會.

학담(2002). 「다시 보조선사의 간화선 제창을 돌아보며」, 『보조사상』17, 순천, 불일출판사.

韓京洙

1990 「普照知訥禅師の浄土観」 『印度學佛教學研究』39-1, 東京, 日本印度學佛教學會.

1991 「普照知訥禅師の生涯及び唯心浄土説」, 『(大正大学)総合仏教研究所年報』13,

東京, 大正大学総合仏教研究所.

韓基斗

1973「太古 普愚 研究」,『논문집』제7집, 익산, 원광대학교.

1975「高麗佛敎의 結社運動」,『승산박길진박사화갑기념논문집-한국불교사상사』, 익산, 원광대.

1978「普照의 三種門에 대한 考察」,『원광대 논문집』제12집, 익산, 원광대학교.

1980a「普照禪의 信仰觀」,『韓國宗敎』제4·5집, 익산, 원광대 종교문제연구소.

1980b「傳承統合의 祖上 普愚」,『한국불교사상연구』서울, 일지사.

1984「보조사상이 후대 한국불교에 미친 영향」,『불교사상』8, 서울, 불교사상사.

1987a「수선사의 결사 운동」,『불일회보』76, 승주군, 승보종찰송광사조계총림.

1987b「知訥의 禪敎融會思想」,『韓國宗敎』, 제11·12집.

1988a「한국 선사상에 있어 돈점의 문제」,『한국학의 과제와 전망-제5회 국제학술대회 한국학대회논문집』2, 성남, 한국정신문화연구.

1988b「定慧結社의 本質과 그 變遷」,『보조사상』, 제1집, 승주군, 보조사상연구원.

1989a「普照禪의 本質構造」,『보조사상』제2집, 승주군, 보조사상연구원.

1989b「近代 韓國佛敎에 있어서 壇經의 受用과 그 援用」,『六祖壇經의 世界』, 金知見編, 民族社.

1992「東林結社의 思想的 源泉과 修禪結社」,『보조사상』제5·6합집, 승주군, 보조사상연구원.

1994「普照와 普愚의 思想的 比較」,『보조사상』제8집, 승주군, 보조사상연구원.

2000「『진심직설』의 한 고찰」,『보조사상』13집, 순천, 보조사상연구원.

한중광(1998).「지눌과 경허의 선사상 연구-선교관과 간화선을 중심으로」,『구산논집』2집, 서울, 구산장학회.

한형조(1996).「지눌의 구원론과 신유학과의 대비」,『지눌의 사상과 그 현대적 의미』(한국사상가 대계3, 성남, 한국정신문화연구원.

해주(전호련)

1989「의상 성기사상이 보조선에 끼친 영향」,『한국불교학』14집, 서울, 한국불

교학회.
1991 「의상 화엄과 보조선」, 『장봉김지견박사화갑기념사우록－동과 서의 사유세계』, 서울, 민족사.
1992 「澄觀과 宗密의 頓漸觀 비교」, 『깨달음－돈오점수인가 돈오돈수인가』, 서울, 민족사.
허우성(1996). 「지눌의 윤리사상의 특성과 한계」, 『지눌의 사상과 그 현대적 의미』, 한국사상사 대계3, 성남, 한국정신문화연구원.
許興植
1977 「高麗初 佛教界의 動向」, 『문학과 지성』 제29호, 문학과 지성사.
1982 「고려중기 선종의 부흥과 간화선의 전개」, 『규장각』6집, 서울, 서울대학교 도서관.
1986a 「고려중기 선종의 부흥과 간화선의 전개」, 『고려중·후기불교사론』, 서울, 민족사.
1986b 「선종의 부흥과 간화선의 전개」, 『고려불교사연구』, 서울, 일조각.
1989 「한국불교의 종파형성에 관한 시론」, 『한국조계종의 성립사적 연구』, 서울, 민족사.
1993a 「수선사 중창기의 사료 가치」, 『고문서연구』4집, 서울, 한국고문서학회.
1993b 「普照國師碑文의 異本과 拓本의 接近」, 季刊 『書誌學報』 9, 韓國書誌學會.
1995 「曹溪宗의 起源과 展開」, 「보조사상」 제9집, 승주군, 송광사.
현각(최창술)(1998). 「한국의 화두의 연원」, 『불교학보』35집, 서울, 동국대학교 불교문화연구원.
慧諶(1982). 「看話決疑論跋」, 『韓國佛教全書』 第4冊, 서울, 동국대학교출판부.
황인규(2003). 「목우자 지눌의 선풍과 고려후기 조선초 불교계의 고승들」, 『보조사상』19, 순천, 불일출판사.
황훈영(1999). 「부처는 사람의 마음 속에 있다－지눌사상」, 『우리 역사를 움직인 33가지 철학』, 서울, 푸른 숲.
晦庵定慧(1982). 『法集別行錄節要私記解』, 『韓國佛教全書』 9冊, 서울, 동국대학

교출판부.

Chi-kwan Yi(1998). "The meditation and wisdom community of master Chinul and its evolution", Son thought in Korean Buddhism, 서울, 동국대학교 출판부.

Hee-Sung Keel, Chinul

1984 "The Founderof Korean Zen Tradition", L. A.: University of California, *International & Area Studies*.

1987 "A Christian Undemanding of Zen: A Comparative Study of Chinul and Karl Barth on Salvation", Berkeley, Univ of Cal, Berkeley, 1987.

Henrik Sorensen(1988). "The Contents of Chinul's Sŏn Seen in relation to the "Nine Mountain Schools.", 『보조사상』 제2집, 승주군, 보조사상연구원.

Ik-Chin Ko(1996). "Chnul's explanation of emptiness in the meditation school", *Buddhism in Koryo*: Royal religion/ed Lewis R. Rancaster, Berkeley, Univ of Cal, Berkele.

Jae-Ryong Shim(1979). "The philosophical foundarion of Korean Zen Buddhism: The integration of Son and Kyo by Chinul(1158-1210)", *Journal of Social Sciences and Humanities* 50, 서울.

Jae-Ryong Shim

1979 "The structure of Faith am Practice in the Hua-yen Buddhism-Chinul. Li Tung hsun and Fa-tsang", 『철학』13집, 서울, 한국철학회.

1981 "Son Buddhist tradition in Korea: As represented by Chinul's Bojo Son", *Korea Journal*, 서울, 유네스코 한국위원회.

1995 "Chinul's Place in Asian Buddhism", UCLA Center for Korean Studies Conference.

Jae-Ryong Shim(1981). *The Philosophical foundation of Korean Zen Buddhism*, 서울, 태학사.

Jan Yün-Hua(1988). "FA-CHI and Chinul's Understanding of Tsung-MI", 『보조사상』 제2집, 승주군, 보조사상연구원.

Kun-Ki Kang

1986 Thomas Merton and Buddhism : A comparativestudy study of the spiritual thought of Thomas Merton and that of national teacher Bojo, 서울, 민족문화사.

1989 "Prayer and the Cultivation of Mind; An Examination of Thomas Merton and Chinul", *The Merton Annual II*, Berkeley, Univ of Cal, Berkeley.

Oaksook Chun Kim(1988). "Philosophical Implications of Chinul's Thought: An Essay on Buddhism and Neo-Confucianism", 『보조사상』 제2집, 승주군, 보조사상연구원.

Peter Gregory(1988). "The Integration of Ch'an / Son and teachings(Chiao/Kyo in Tsung-MI and Chinul", 『보조사상』 제2집, 승주군, 보조사상연구원.

Robert E. Buswell

1983 *The Korean Approach to Zen: The Collected Works of CHINUL*, Honolulu: University of Hawaii Press.

1986 "Chinul's Systematization of chinese meditative teachings in Korean Son Buddhism, tradition of Meditation in Chinese Buddhism", Honolulu: The Universityof hawaii Press.

1988 "Chinul's Ambivalent Criitique of Radical Subitism", 『普照思想』2집, 승주군, 보조사상연구원.

1990 "Chinul's Alternative Vision of Kanhwa Sŏn and its Implications for Sudden Awakening/Sudden Cultivation", 『보조사상』 제4집, 승주군, 보조사상연구원.

1991 *Tracing Back the Radiance: Chinul's Korean way of Zen*, Honolulu:

University of Hawaii Press.

Robert M. Gimello(1990). "Sudden Enlightment and Gradual Practice", 『보조사상』 제4집, 승주군, 보조사상연구원.

Song bae Pak(1971). "The life of the Ven Chinul", *Korea Journal* 11, 21, 서울, 유네스코 한국위원회.

▶ **일반논설**

강건기

1984 「돈오점수의 고찰」, 『佛敎思想』8, 서울, 불교사상사.

1986a 「普照國師 知訥의 思想」, 『考試硏究』13, 4, 서울, 고시연구사.

1986b 「普照國師 知訥의 思想」, 『昇進講座』131, 서울, 고시연구사.

1986c 「眞心과 하느님」1, 『불교와 기독교의 대화모임』, 서울, 크리스챤 아카데미.

1986d 「眞心과 하느님」1, 『佛日會報』72, 승주군, 승보종찰송광사조계총림.

1986e 「眞心과 하느님」2, 『佛日會報』73, 승주군, 승보종찰송광사조계총림.

1986f 「普照國師 知訥의 생애와 사상」, 『금호문화』21, 광주, 금호문화재단.

1986g 「정혜결사문・보조국사・거조암・古典과 古人과 古刹」, 『대원』46, 서울, 대원정사.

1987 「보조사상 연구의 현황과 과제」 『불일회보』76, 서울, 법련사.

1988a 「보조사상의 현대적 의미」, 『불교문학』3, 서울, 불교문학사.

1988b 「한국선 확립한 고려불교의 거봉」, 『불일신문』, 서울, 불교신문사.

1988c 「보조사상의 현대적 의미」, 『불일회보』96, 승주군, 승보종찰송광사 조계총림.

1989 「대중불교결사의 이념」 『대원』82호, 서울, 대원정사.

1990 「보조국사 지눌의 삶과 사상」, 『전북불교』2, 전주, 전북불교대학.

1992a 「지눌스님의 「수심결」 뒤바뀐 사람−강건기의 〈마음 닦는 길〉 중」, 『불일회보』218, 서울, 법련사.

1992b 「현대결사운동에 미친 지눌의 정혜결사」, 『多寶』2, 서울, 대한불교진흥원.

1993a「우리는 보조스님 지눌로부터 무엇을 배울 수 있을까? : 보조국사제783 회종재일을 맞이하여」『불일회보』148, 서울, 법련사.
1993b「소치는 삶: 다시 새겨보는 보조사상〈5〉」,『불일회보』153, 서울, 법련사.
1998「수심결의 체계와 사상」,『불일회보』214, 서울, 법련사.
1999「지눌스님의「수심결」뒤바뀐 사람－강건기의〈마음 닦는 길〉중」,『불일회보』218, 서울, 법련사.
고형섭(1976).「普照國師의 根本思想」,『佛光』20, 서울, 불광회.
공종원(2002).「조계종주 보조국사 지눌」,『선문화』27, 선문화사.
권기종
1993「선수행에도 경을 읽어야 : 다시 새겨보는 보조사상〈4〉」,『불일회보』152, 서울, 법련사.
1998「계초심학인문의 연구」,『불일회보』214, 서울, 법련사.
金芿石
1941「佛日普照國師」1,『佛敎』신31집, 서울, 불교사.
1942a「佛日普照國師」2,『佛敎』신33집, 서울, 불교사.
1942b「佛日普照國師」3,『佛敎』신35집, 서울, 불교사.
1943「佛日普照國師」4,『佛敎』신50집, 서울, 불교사.
1959「普照國師의 화엄관」1,『현대佛敎』1호, 서울, 현대불교사.
1960a「普照國師의 화엄관」2,『현대佛敎』3호, 서울, 현대불교사.
1960b「普照國師의 화엄관」3,『현대佛敎』6호, 서울, 현대불교사.
김경집(1998).「보조스님의 유훈을 느끼며」,『불일회보』216, 서울, 법련사.
김동화
1973a「보조국사」,『한국역대고승전』, 삼성문화문고 38, 서울, 삼성문화재단.
1973b「지눌」,『인물로 본 한국사』, 서울, 중앙일보사.
김묘주(1991).「보조지눌의 생애와 정혜결사 설립」,『논단석림』24, 서울, 동국대학교석림회.
김상영(1996).「조계종 종조와 중흥조 논쟁의 연구사」,『다보』20, 서울, 대한불교진흥원.
김승동(1989). 「지눌의 『보조법어』-철학 고전에의 초대」, 『원광』178, 익산, 월간원광사.
김영수
1933 「朝鮮佛教 宗旨에 대하여」, 『佛教』105, 서울, 불교사.
1937a 「五教兩宗에 대하여」, 『震檀學報』제8호, 서울, 진단학회.
1937b 「朝鮮佛教宗旨에 취하여」1, 『佛教』신7집, 서울, 불교사.
1937c 「朝鮮佛教宗旨에 취하여」2, 『佛教』신7집, 서울, 불교사.
1938 「曹溪禪宗에 就하여」, 『震檀學報』제9호, 서울, 진단학회.
1942a 「曹溪宗과 傳燈通規」1, 『佛教』신43집, 서울, 불교사.
1942b 「曹溪宗과 傳燈通規」2, 『佛教』신43집, 서울, 불교사.
1942c 「曹溪宗과 傳燈通規」3, 『佛教』신43집, 서울, 불교사.
1944a 「宗教・宗名의 質疑에 對하여」, 『佛教』신61집, 서울, 불교사.
1944b 「曹溪問答」, 『佛教』신62집, 서울, 불교사.
김영욱(1999). 「『육조단경』의 돈오와 점수 비판」, 월간 『구룡』134, 서울, 구룡사.
김인소(1989). 「소태산의 심전계발과 지눌의 돈오점수에 대한 소고」, 『원광』183, 익산, 월간 원광사.
김지견
1987 「지눌선 『원돈성불론』」, 『불일회보』75, 승주군, 승보종찰 송광사조계총림,.
1988 「지눌에 있어서의 선과 화엄:선과 화엄의 상의 관계」, 『수다라』3, 합천군, 해인승가대학.
1992a 「보조국사의 화엄관 소묘」, 『선의 세계』, 서울, 효영출판사.
1992b 「知訥의 檀經跋 學習記」, 『佛日會報』139, 승주군, 승보종찰송광사조계총림.
1993 「만목청산 : 다시 새겨보는 보조사상〈6〉」, 『불일회보』155, 서울, 법련사.
김호성
1988 「돈오돈수・돈오점수」, 월간 『숲과 나무』, 서울, 숲과 나무.
1989 「보조선의 계승자, 漢岩禪師」, 『佛教新聞』, 서울, 불교신문사.

1991「돈오점수의 새로운 해석－돈오를 중심으로」, 『현대불교』18, 서울, 월간현대불교사.

1993「혜심 선사상에 있어서 교학이 차지하는 의미－보조지눌 스님과의 관계를 중심으로」, 『불일회보』155, 서울, 법련사.

1994「법통으로부터의 해방」, 『불일회보』167, 서울, 법련사.

2003「보조 이후 통현화엄의 한국적 전개」, 『선문화』41, 선문화사.

대원회(1986).「보조지눌의 걱정어린 말씀」, 『대원』46호, 서울, 대원회.

도안(탁만식)

1978「목우지 법어송」, 『논딘석림』12집, 시울, 동국대학교식림회.

1984「목우자 법어송」, 『논단석림』18집, 서울, 동국대학교석림회.

도현(1991).「돈오점수론에 대한 비판적 고찰」, 『논단석림』 24, 서울, 동국대학교 석림회.

돈연(1988).「『진심직설 』과 열반무명론－돈오점수의 사상배경」, 『수다라』3, 합천군, 해인승가대학.

동유(2006).「지눌에 관하여」, 『석림』40, 서울, 동국대학교 석림회.

로버트 버스웰(1988).「돈오돈수와 간화선」, 김호성 옮김, 『불일회보』94, 승주군, 승보종찰송광사조계총림.

명정(1997).「지눌의 선사상 연구」, 『석림논총』31, 서울, 동국대학교석림회.

박봉석(1944).「조계종의 근본이념」, 『불교』신58, 서울, 불교사.

박부영(1994).「조계종 종헌・종법 개정사」, 『선우도량』6, 남원, 선우도량.

박성배

1963「보조대사 목우자의 연구」, 『心苑』3.5, 서울, 法施舍.

1988「지눌의 돈오점수설과 퇴계의 사단칠정설」, 『불일회보』92, 승주군, 승보종찰송광사조계총림.

1990「성철스님의 돈오점수 비판에 대하여」, 『현대불교』16, 서울, 월간현대불교사.

1994「법성스님의 돈점논쟁 비판에 대하여－법성스님의 실천은 성철스님의 실천과 다르다」, 『창작과 비평』22-1[83], 서울, 창작과 비평사.

박해당(2000). 「조계종 법통설의 형성과정과 문제점」, 『불교평론』2.3[3], 서울, 불교평론사.
백운
1983a 「불일보조국사」1, 『불일회보』35, 승주군, 승보종찰송광사조계총림.
1983b 「불일보조국사」2, 『불일회보』36, 승주군, 승보종찰송광사조계총림.
1984 「불일보조국사」3, 『불일회보』38, 승주군, 승보종찰송광사조계총림.
법련사
1981a 「無上菩提의 성취 - 보조스님 修心訣중에서」, 『불일회보』12, 서울, 법련사.
1981b 「無上菩提의 성취 - 보조스님 修心訣중에서」, 『불일회보』13, 서울, 법련사.
1981c 「無上菩提의 성취 - 보조스님 修心訣중에서」, 『불일회보』14, 서울, 법련사.
1982 「無上菩提의 성취 - 보조스님 修心訣중에서」, 『불일회보』15, 서울, 법련사.
법산(이태경)
1985 「보조사상의 현대적 조명」, 『불일회보』54, 서울, 법련사.
1988 「보조사상의 체계와 돈오점수 재조명」, 『불일회보』92, 서울, 법련사.
1989 「보조사상 연구의 전기마련」, 『불일회보』107, 서울, 법련사.
1993a 「불제자의 본분사 : 다시 새겨보는 보조사상 〈2〉」, 『불일회보』150, 서울, 법련사.
1993b 「보조스님의 걱정 : 다시 새겨보는 보조사상 〈7〉」, 『불일회보』156, 서울, 법련사.
1994 「보조 지눌과 태고 보우의 선사상」, 『불일회보』167, 서울, 법련사.
1997a 「보조법어 해설을 시작하며」, 『불일회보』201호, 서울, 법련사.
1997b 「권수정혜결사문 제목 해설」, 『불일회보』202, 서울, 법련사.
1998a 「정혜결사의 결의」, 『불일회보』208, 서울, 법련사.
1998b 「권수정혜결사문 연구」, 『불일회보』214, 서울, 법련사.
1999a 「관조의 행법 - 권수정혜결사문」, 『불일회보』222, 서울, 법련사.
1999b 「선의 종류 - 권수정혜결사문」, 『불일회보』226, 서울, 법련사.
1999c 「선정은 선심에서 - 권수정혜결사문」, 『불일회보』227, 서울, 법련사.

1999d 「수선일문－권수정혜결사문」, 『불일회보』224, 서울, 법련사.
1999e 「수행과 신통광명－권수정혜결사문」, 『불일회보』220, 서울, 법련사.
1999f 「참선과 불선－권수정혜결사문」, 『불일회보』228, 서울, 법련사.
2007 「보조국사의 선과 자비사상」, 『불타』227, 통도사 포교당.
법장(1992). 「보조와 보우의 선교일치론에 대한 비교연구」, 『논단석림』 25, 서울, 동국대학교 석림회.
법정(1942). 「보조국사의 소록인 '화엄론절요'의 신발견」, 『신불교』13, 불교사.
보경
1987 「한국의 간화선 연구－보조를 중심으로」, 『석림』21집, 서울, 동국대학교석림회.
1994 「조계종의 종지논쟁을 지켜보면서」, 『불일회보』165, 승주군, 승보종찰송광사조계총림.
사집반(1998). 「절요에 나타난 보조스님의 사상－절요에 나타난 보조스님의 사상1」, 『東鶴』50, 동학사 승가대학.
서윤길
1976 「보조국사의 생애」, 『불광』20, 서울, 불광회.
1985 「보조국사의 생애: 고려불교의 외로운 등대지기－해동 불일보조국사」, 『금강』11, 서울, 월간금강사.
석화산인(1973). 「보조국사의 사상 : 특히 수심결을 중심으로」, 『불교』36, 월간불교사.
선문화사(2001). 「우리 시대의 최대 화두 돈오돈수와 돈오점수」, 『선문화』11, 선문화사.
선사상사(1996). 「한국선의 뿌리 구산선문, 보조지눌, 태고보우를 중심으로」, 『선사상』40, 선사상사.
송석구(1976). 「보조국사가 고려불교에 끼친 영향」, 『불광』20, 불광회.
송천은(1986). 「지눌, 불교에큐메니칼 운동의 기수」, 『광장』158, 서울, 세계평화교수협의회.

송춘경(2000).「불일보조국사 감로탑에 대한 재검토」,『불일회보』229, 서울, 법련사.

沈在龍

1981a「전통적 한국선의 맥락과 특질」,『월간 朝鮮』 제2권 2호.

1981b「伝統的韓国禅の脈絡と特質 : 普照禅を中心して」,『アジア公論』10, 韓国国際文化協会.

1982「韓國의 傳統的 禪」,『佛日會報』, 18호.

1985a「조계종풍의 선양-한국불교의 얼:해동 불일보조국사」,『금강』11, 월간금강사.

1985b「해동 불일보조국사: 조계종풍의 선창」,『금강』11, 서울, 월간금강사.

1987a「보조국사의 화엄선에 관하여 상」,『불일회보』80, 서울, 법련사.

1987b「보조국사의 화엄선에 관하여 하」,『불일회보』81, 서울, 법련사.

1992「'돈오점수'로 풀어 본 보조사상」,『다보』1, 서울, 대한불교진흥원.

2001「서평 : 보조지눌, 한국 선불교 전통의 창립자 : 길희성,『知訥의 禪思想』」,『철학과 현실』50, 철학문화연구소.

심재열(1996).「조계종조는 왜 보조국사인가」,『多寶』20, 서울, 대한불교진흥원.

연탁(1996).「불일보조국사 지눌의 생애」,『승가』13, 서울, 중앙승가대학.

오강남(1988).「보조스님의 발자취를 찾아서」,『불일회보』92, 승주군, 승보종찰 송광사조계총림.

원목향인(1970).「수심결에 나타난 수도인의 정신」,『원광』66, 익산, 월간 원광사.

원종(1998).「절요에 대한 소고」,『수다라』2, 합천군, 해인승가대학.

유법성(1971).「불일보조국사의 일대기」,『불교』10, 서울, 불교사.

이능화(1934).「朝鮮禪門看話源流」,『조선불교』96, 서울, 조선불교사.

이덕일(2001).「(이달의 문화인물) 한국 조계종의 완성자 보조국사 지눌」,『월간중앙』27, 5(306), 서울, 중앙일보시사미디어.

이덕진

1999「지눌 사상의 심성론적 토대-'진심'에 대한 견해를 중심으로」,『전통과 현

대』7호, 서울, 전통과 현대사.

2001a 「고려불교의 자기화 과정－보조선」, 『법회와 설법』76, 서울, 대한불교조계종 포교원.

2001b 「자신만이라도 작은 규모의 불교적 도덕공동체를 만들라!」, 『법회와 설법』75, 서울, 대한불교조계종 포교원.

2001c 「지눌, 독창적 한국선의 정립(上)」, 『법회와 설법』75, 서울, 대한불교조계종 포교원.

2001d 「지눌, 독창적 한국선의 정립(下)」, 『법회와 설법』76, 서울, 대한불교조계종 포교원.

이병욱(1990). 「了世思想의 특징－지눌과의 비교를 통해서」, 『석림』24, 서울, 동국대학교석림회.

이이화(2001). 「무신세력집권과 보조의 출현－다시 쓰는 한국 불교사(26)」, 『불교신문』1801, 서울, 불교신문사.

李在烈

1968 「한국불교의 선교양종사－어떻게 연구할 것인가」, 『법시』6, 서울, 법시사.

1969 「한국불교의 선교양종사－어떻게 연구할 것인가」, 『법시』23, 서울, 법시사.

1986 「오교양종과 조계종통에 관한 고찰－조계종조 보조파의 임제선 유통고」, 『한국조계종의 성립사적 연구』, 서울, 민족사.

1973a 「五敎兩宗과 曹溪宗統에 관한 考察－조계종조 보조파의 임제선 유통고」1, 『불교사상』 1, 서울, 보련각.

1973b 「五敎兩宗과 曹溪宗統에 관한 考察－조계종조 보조파의 임제선 유통고」2, 『불교사상』 2, 서울, 불교사상사.

1973c 「五敎兩宗과 曹溪宗統에 관한 考察－조계종조 보조파의 임제선 유통고」3, 『불교사상』 3, 서울, 불교사상사.

1974a 「五敎兩宗과 曹溪宗統에 관한 考察－조계종조 보조파의 임제선 유통고」4, 『불교사상』 4, 서울, 불교사상사.

1974b 「五敎兩宗과 曹溪宗統에 관한 考察－조계종조 보조파의 임제선 유통고」5,

『불교사상』 5, 서울, 불교사상사.

1974c 「五敎兩宗과 曹溪宗統에 관한 考察-조계종조 보조파의 임제선 유통고」6, 『불교사상』 6, 서울, 불교사상사.

1975 「한국선의 전승문제에 대하여」, 『법륜』81, 서울, 불교사.

이찬수

1989 「선이 말하는 믿음의 길-보조국사 지눌을 중심으로」, 『불일회보』99, 승주군, 승보종찰송광사조계총림.

1993 「선이 말하는 믿음의 길-보조국사 지눌을 중심으로」, 『구원이란 무엇인가』, 서울, 창.

이철교(2001). 「염불을 통해 극락정토관을 제시한 보조국사의 『염불인유경』」, 『불교와 문화』 20, 서울, 대한불교진흥원.

이태호;황호균(1994). 「보조 선사 체징이 개창한 가지 산문의 중심도량-"참선 좀 합시다"」, 『해인』148, 합천, 해인사.

이희재

2001 「보조국사 감로탑을 찾아」, 『선문화』11호, 선문화사.

2004 「송광사의 보조국사」, 『선문화』통합42호, 선문화사.

이희태(1998). 「불교와 인터넷」, 『불일회보』210, 서울, 법련사.

일광(1996). 「「법집별행록 절요병입사기」를 통해서 본 보조스님의 사상」, 『동학』 42, 동학사 승가대학.

정병삼(2000). 「보조국사탑비」, 『불일회보』240, 서울, 법련사.

정창우(2006). 「보조스님 수행한 남도제일의 관음도량 무등산 규봉암」, 『송광사』 No.10, 순천, 조계총림 송광사.

최명우(1995). 「송광사 '풍수삼보'-대웅전·보조국사 부도·치락대 자리-풍수답산기」, 월간 『산』311, 서울, 조선일보사.

최병헌

1987 「지눌비문의 문제점」, 『불일회보』77, 서울, 법련사.

1994 「지눌의 정혜결사의 교훈 : 다시 새겨보는 보조사상〈8〉」, 『불일회보』158,

서울, 법련사.

2002「지눌의 불교 사상 체계와 불교 토착화 문제」,『사목』284, 서울, 한국천주교 중앙협의회.

최연식(1995).「규장각 소장의 보조국사 저술 두편」,『불일회보』172, 서울, 법련사.

한기두(1984).「보조사상이 후대 한국불교에 미친 영향」,『불교사상』8, 불교사상사.

해인사(1991).「보조국사 : 진리의 등불을 이어온 이땅의 스님들(20)」,『海印』111호, 합천, 해인사.

현응(1998).「깨달음과 역사: 돈오점수, 돈오돈수설 비판」,『수다라』3, 합천군, 해인승가대학.

혜원(강문선)(1982).「華嚴思想에서 본 知訥의 禪」,『불일회보』15, 승주군, 승보종찰송광사조계총림.

홍준현(1986).「한국불교의 기틀을 다진 보조국사와 송광사」,『월간법회』22, 서울, 한국청년승가회.

Robert E, Buswell(1992).「보조국사 지눌에 있어서의 覺의 의미 1」,『求道』86, 한국불교연구원.

목우가풍 지눌평전
보조국사의 생애와 사상

인쇄일 2011년 2월 15일 인쇄
발행일 2011년 2월 20일 발행

지 은 이 보조국사 열반 800주년 기념사업회
발 행 인 玄虎(윤정수)
발 행 처 불일출판사

등 록 1984. 6. 20 (제1호)
본 사 전남 순천시 송광면 송광사
서울지사 서울시 종로구 사간동 121-1 법련사
연 락 처 전화 02) 733-5322 팩스 02) 733-5312

값 15,000원
ISBN 978-89-963169-3-0 [03200]